驾驭风险

CONTROL THE RISK

企业经营365个法律痛点解决之道

雍雪林　刘庭清　贺　俊　主编

法律出版社 | LAW PRESS

本书编委会

序　言

“他山之石，可以攻玉。”企业的成长总是与各种法律风险相伴而生。然而，如何有效地防范法律风险，将出现的风险或可能带来的负面影响降到最低，是每一个公司管理人应细细思量的问题。看看其他公司已出现的法律风险及相关法律规定，相信对您或您的公司会有所启发，有所帮助。

有人说，法律是理性的。我们是坚定执著的律师，是喜欢堆砌文字的律师，用理性和激情演绎律师的职业角色。在多年的执业生涯中，我们深深感到，法律规定浩如烟海，法律条文晦涩难懂，司法解释时时更新，法律事件千变万化。在这日新月异的社会，法律规定处于不断的调整和变动之中。许多经典判例的背后，有着深刻的法理精神支撑。

在公司的日常运营中，每天都会遇到各种类型的法律问题。招聘员工，购买原材料，签订合同，财务筹划，对外融资，债务处理，每个部门、每项工作均与法律相关。任何企业都处于一个既定的法律环境中，当然也就离不开对法律风险的防范和控制。风险并不可怕，可怕的是对风险来临浑然不觉。

当公司的一个法律事件发生时，企业家搜索到的只是看似简单的法律条文，而法律条文背后是立法宗旨、法理精神、司法解释、过往案例、实践经验。法律事件千差万别，可能因为一个细节的忽视，会产生迥异的法律责任。因此，我们有了用鲜活的小案例作为载体，编撰关于中小企业运营风险防范的想法。

我们根据以往处理过的案例和实务经验，提炼了公司在设立、运营及终结阶段365个经典的法律痛点问题，通过一个个生动的情景案例，用通俗易懂的语言，描述法律如何适用、事件如何处理、有哪些防范措施，希望为企业家提供参考和指引。

我们带着对法律的挚爱，对职业的激情，对文字的喜悦，对实务的归类，在理性的法律天空不断思索和探寻。我们走进公司法，梳理公司的脉络；走进劳动法，解开法理的纽结；走进合同法，厘清合同的首尾；走进担保法，细化担保的运用；走进民事诉讼法，辨析程序的层次；走进刑法，触摸法律的温度。

虽然我们是完美主义者，但这本书肯定还有很多不尽如人意的地方，文字表述可能不够精练、案例分析观点可能存在争议、防范建议可能不够全面。但是，我们还是要感谢《团队为赢》的策划人，感谢参与本书写作的全体编委，感谢关注这本书的每一位朋友，这是我们真诚付出的结果，是我们实务总结的智慧结晶，是我们集体努力的成果。

在享受文字的一个个夜晚，在敲击键盘的一个个瞬间，我们在心中描绘着法律人一个美丽的梦，一个关注现代法治进步与发展、预防企业法律风险、维护公平正义与社会和谐的梦。

雍雪林　刘庭清

2016年10月26日

目　录

第一章 企业设立

企业设立如初升的太阳,宏大,热烈。从这一刻起,发起人美好的愿望和无尽的才能将在这一平台上展现。

企业成立的标志为工商部门颁发营业执照。营业执照颁发,企业成立,企业设立结束。

企业成立的结果固然令人欣喜,但企业设立时首先要考虑的法律风险,亦不可小觑,基础如磐石,才可抗风险。

一、企业类型

1. 个体工商户和有限公司有何区别?

情景案例

孙某与刘某想创办一家五金厂,刘某希望注册一家个体工商户,孙某却坚持注册一家有限责任公司,两人的意见发生分歧。

刘某认为,个体工商户注册方便、少交税。孙某认为,有限公司以出资额对工厂债务承担有限责任,个体工商户以家庭财产对工厂债务承担连带责任。

请问:孙某与刘某的说法正确吗?

本案分析

在实践中经常遇到此类问题。在企业的初创时期,由于规模小、利润少等因素,设立个体工商户还是有限公司,是投资者必须考虑的问题。

个体工商户是指有经营能力,经工商行政管理部门登记,从事工商业经营的公民。有限责任公司的股东以其认缴的出资额为限对公司承担责任,公司以其全部财产对公司的债务承担责任。

个体工商户与有限责任公司有什么区别呢? 主要有以下几点:

第一,个体工商户不具备法人资格,对债务承担无限责任。有限责任公司具备法人资格,公司以其全部财产对债务承担责任。

第二,个体工商户一般不需要会计做账,无论有无收入均按照定税金额交税,只缴纳个人所得税;有限责任公司须每月做账和报税,除了缴纳企业所得税,还要缴纳个人所得税。

本案中,孙某与刘某的说法都是正确的。个体工商户注册手续较简单,费用少,经营灵活。但有限责任公司是企业法人,可以享受税收优惠。公司性质不同,各有利弊,需要根据个人及企业经营规划情况而定。

风险防范建议

企业的性质决定企业、股东(投资人)的责任,因此在设立经营企业时应注意以下事项:

(1)注册有限公司,也不等于股东仅以出资额对公司债务承担有限责任。在特殊情况下,如股东做出损害公司利益的行为,也要承担连带责任。

(2)注册个体工商户,在对外签订合同及经营管理上,要格外注意,因为关系到自己及家庭的财产。

相关法规

《民法通则》第29条 个体工商户、农村承包经营户的债务,个人经营的,以个人财产承担;家庭经营的,以家庭财产承担。

《公司法》第3条 公司是企业法人,有独立的法人财产,享有法人财产权。公司以其全部财产对公司的债务承担责任。

有限责任公司的股东以其认缴的出资额为限对公司承担责任;股份有限公司的股东以其认购的股份为限对公司承担责任。

2. 一人有限责任公司资不抵债时,以个人财产还债吗?

情景案例

2013年8月,林某创办了一家一人有限责任公司,注册资本30万元,主要经营陶瓷生意。由于市场行情不好,截至2015年3月,公司对外累积欠债42万元。

请问:如果公司申请破产,林某还需要用个人及家庭财产偿还债务吗?

本案分析

一人有限责任公司是一种较为独特的有限公司形式,一般情况下按照“有限公司承担有限责任”的原则处理,但如果股东无法证明公司财产独立于个人财产,则股东要承担连带责任。也就是说,公司法对于一人有限责任公司采取更为严格的举证责任倒置方式,只有能够证明个人财产和公司财产相互独立的股东才能免责,否则就是“混同”。“混同”一般表现为:办公和生活场所同一、账户同一、收支账目不清,也就是常人理解的公司就是老板,老板就是公司。

本案中,林某按照《公司法》的规定,要证明个人财产与公司财产独立,能够证明二者独立后确定属于公司债务的,则由公司承担,否则需要以个人资产承担连带责任,甚至牵连家庭。

风险防范建议

一人有限责任公司设立条件限制较少、管理相对简单，具有一定优势，但也需要注意以下事项：

(1)一人有限责任公司并非没有约束。必须从思想上打破“有限公司承担有限责任”的思维惯性，一人有限责任公司的设立门槛低，但责任要求相对更高。

(2)分清个人和公司的财产。必须清晰建立公司财产账目，对公司支出、收入予以详细记载，不以个人账户用于公司的日常经营，保持个人、家庭资产与公司资产的独立。

相关法规

《公司法》第20条 公司股东应当遵守法律、行政法规和公司章程，依法行使股东权利，不得滥用股东权利损害公司或者其他股东的利益；不得滥用公司法人独立地位和股东有限责任损害公司债权人的利益。

公司股东滥用股东权利给公司或者其他股东造成损失的，应当依法承担赔偿责任。

公司股东滥用公司法人独立地位和股东有限责任，逃避债务，严重损害公司债权人利益的，应当对公司债务承担连带责任。

《公司法》第63条 一人有限责任公司的股东不能证明公司财产独立于股东自己的财产的，应当对公司债务承担连带责任。

3. 合伙企业的合伙人要承担无限连带责任吗？

情景案例

2013年6月，刘先生与黄先生各出资20万元，成立了一家食品厂，登记为合伙企业。

2014年12月3日晚上，食品厂突然遭遇火灾，工厂化为灰烬，还烧毁了相邻的两家商铺，造成经济损失30万元。此时，供货商也派人前来催款。

请问：刘先生与黄先生对合伙企业的债务承担连带责任吗？

本案分析

合伙企业是指由各合伙人订立合伙协议，共同出资，共同经营，共享收益，共担风险，并对企业债务承担无限连带责任的营利性组织。合伙企业分为普通合伙企业和有限合伙企业。

普通合伙企业由普通合伙人组成，合伙人对合伙企业债务承担无限连带责任。有限合伙企业由普通合伙人和有限合伙人组成，普通合伙人对合伙企业债务承担无限连带责任，有限合伙人以其认缴的出资额为限对合伙企业债务承担责任。有限合伙企业相对而言适用范围较小，规定也较为特殊，因此一般说的合伙企业通常是指普通合伙企业。

本案中,刘、黄二人共同出资合伙经营食品厂,突遭大火并烧毁他人房屋,同时也欠下债务。根据《合伙企业法》的规定,二人应该对上述损失和债务承担连带清偿责任。

风险防范建议

合伙企业形式灵活,具有一定的优势,但在责任承担方面也存在较大的风险,往往会牵扯合伙人自身利益,因此在选择企业类型时应当根据经营情况、经营类型等具体情况综合确定。

相关法规

《合伙企业法》第2条 本法所称合伙企业,是指自然人、法人和其他组织依照本法在中国境内设立的普通合伙企业和有限合伙企业。

普通合伙企业由普通合伙人组成,合伙人对合伙企业债务承担无限连带责任。本法对普通合伙人承担责任的形式有特别规定的,从其规定。

有限合伙企业由普通合伙人和有限合伙人组成,普通合伙人对合伙企业债务承担无限连带责任,有限合伙人以其认缴的出资额为限对合伙企业债务承担责任。

4. 有限合伙企业的合伙人承担债务后,可以向其他合伙人追偿吗?

情景案例

2010年6月,甲、乙、丙共同投资设立一家有限合伙企业。根据三方签订的有限合伙协议的约定,甲以现金20万元出资,乙以房屋作价10万元出资,丙以现金5万元出资。甲为普通合伙人,乙、丙均为有限合伙人。

2013年10月,企业因管理不善,资不抵债,负债总额达50万元。公司的资金链断裂,无法继续经营。

请问:甲、乙、丙分别承担什么责任?

本案分析

有限合伙企业是一种非常特殊的企业形式,由普通合伙人和有限合伙人组成,普通合伙人对合伙企业债务承担无限连带责任,有限合伙人以其认缴的出资额为限对合伙企业债务承担责任。

本案中,甲作为普通合伙人对企业的50万元债务承担连带还款责任,乙、丙分别在10万元和5万元出资范围内承担责任,但如果甲一人承担了债务,甲有权向乙、丙在其出资范围内追偿。

风险防范建议

合伙企业对合伙人承担责任方式存在较为严格的要求,而有限合伙企业又是合伙企业中更为特殊的方式。合伙人在吸纳有限合伙人时应慎重考虑,与有限合伙企业存在业务往来的企业更应谨慎。

相关法规

《合伙企业法》第2条第3款　有限合伙企业由普通合伙人和有限合伙人组成，普通合伙人对合伙企业债务承担无限连带责任，有限合伙人以其认缴的出资额为限对合伙企业债务承担责任。

5. 公司的股东与合伙企业的合伙人有何不同？

情景案例

甲与乙想创办一家塑料厂，甲希望注册一家有限责任公司，乙希望注册一家合伙企业，两人持不同意见。甲认为，有限责任公司股东以出资额为限对公司的债务承担责任，合伙企业的合伙人要以家庭财产对工厂债务承担连带责任；为降低风险，一定要注册有限责任公司。乙认为，注册合伙企业可以少交税，省下来的钱就是利润。

请问：公司的股东与合伙企业的合伙人有什么不同呢？

本案分析

公司的股东和合伙企业的合伙人均是对企业出资并享有相应权利的自然人或法人，但是公司的股东与合伙企业的合伙人，在企业中的地位和权利义务却有很大的不同。

(1)合伙企业中的合伙人均在企业拥有执行权，但公司的股东不一定参与公司管理。

(2)公司的全部财产属于公司所有，而非股东共有，股东向公司缴纳出资，获得股权，但丧失对所出资财产的所有权；普通合伙企业的财产属于合伙人共有，由全体合伙人共同经营。

(3)公司股东向股东以外的第三人转让股权的自由度，在一定程度上说高于合伙企业的合伙人向合伙人以外的第三人转让财产份额。

(4)公司股东一般不得退股，合伙人可以要求退伙。

风险防范建议

设立有限公司也好，设立合伙企业也罢，需要根据投资人的具体情况和经营需要而定。注册有限公司，并不意味着股东无须承担任何责任，在特殊情况下，如股东做出损害公司利益的行为，也要承担连带责任。成立合伙企业也并不代表投资人或投资人的家庭财产就面临灾难。

相关法规

《公司法》第3条　公司是企业法人，有独立的法人财产，享有法人财产权。公司以其全部财产对公司的债务承担责任。

有限责任公司的股东以其认缴的出资额为限对公司承担责任；股份有限公司的股东以其认购的股份为限对公司承担责任。

《合伙企业法》第2条第2款、第3款 普通合伙企业由普通合伙人组成,合伙人对合伙企业债务承担无限连带责任。本法对普通合伙人承担责任的形式有特别规定的,从其规定。

有限合伙企业由普通合伙人和有限合伙人组成,普通合伙人对合伙企业债务承担无限连带责任,有限合伙人以其认缴的出资额为限对合伙企业债务承担责任。

二、公司章程

6. 章程可以使用网上的范本吗?

情景案例

甲、乙准备共同成立一家广告公司,在制定公司章程时,甲、乙的意见产生分歧。甲认为,公司章程是"公司的宪法",最好委托专业律师起草,这样比较规范。乙认为,网上有很多章程范本,下载一份即可。

请问:甲、乙的说法正确吗?

本案分析

公司的章程是对公司的经营期限、出资股权、职务分配、利润与责任的承担等最重要事项的系统规范,涉及的内容只要不违反法律强制性规定都可以进行约定,一旦产生纠纷直接可以按照章程约定进行裁判,因此被称为"公司的宪法",直接关系公司、投资人最为直接的利益。

虽然网上有一些公司章程的范本,但并不完全规范,尤其是针对企业特殊性约定条款,未必能够完全适用或者完备。因此,对于如此重要的企业文件,必须慎重对待,请专业人士根据股东之间的约定、公司经营规划等具体情况拟定条款,更有利于企业的健康发展。

本案中,甲可能对公司章程有一定程度的了解,所以建议采取比较恰当的方式确定公司章程,笔者对此也非常赞同。

风险防范建议

公司章程被称为"公司的宪法",可见其重要性,其中的每一项内容均涉及公司、股东自身权利和义务,因此必须重视。同时,每一家公司均具有自身的独特性,网上的资料可予以参考、借鉴,但最终应根据公司实际情况确定章程的设置,不能一概照搬。

相关法规

《公司法》第11条 设立公司必须依法制定公司章程。公司章程对公司、股东、董事、监事、高级管理人员具有约束力。

《公司法》第12条 公司的经营范围由公司章程规定,并依法登记。公司可以修改公司章程,改变经营范围,但是应当办理变更登记。

公司的经营范围中属于法律、行政法规规定须经批准的项目,应当依法经过批准。

《企业法人登记管理条例施行细则》第18条第1款 企业法人章程的内容应当符合国家法律、法规和政策的规定,并载明下列事项:

（一）宗旨；
（二）名称和住所；
（三）经济性质；
（四）注册资金数额及其来源；
（五）经营范围和经营方式；
（六）组织机构及其职权；
（七）法定代表人产生的程序和职权范围；
（八）财务管理制度和利润分配形式；
（九）劳动用工制度；
（十）章程修改程序；
（十一）终止程序；
（十二）其他事项。

7. 章程中同股不同价的约定是否有效？

情景案例

甲、乙、丙共同成立一家有限责任公司，章程中约定的公司股权结构为：甲出资 10 万元持股 20%，乙出资 10 万元持股 30%，丙出资 25 万元持股 50%。

请问：甲与乙出资相同，但所占股权不同，约定有效吗？

本案分析

公司章程是“公司的宪法”，只要不违反国家法律强制性规定都可以进行自由约定。《公司法》对股东的出资形式、出资额等作出明确规定，但对于相同出资不同股权比例并未进行强制性的要求，这是公司法尊重股东自治的体现，只要是股东个人真实意思表示，股东有权对自身财产权进行处分。

本案中，甲、乙、丙三股东在章程中同股不同价的约定，涉及的股权比例问题是有效的。

风险防范建议

同股不同价是股东对企业进行管理的自由，可以根据实际情况进行约定。建议如下：

(1)股权比例与出资额是不同的概念。一般情况下，股权比例都是按照出资比例来确定的，但并不禁止自行约定。

(2)股权比例影响其他权益。分红权、表决权等关系股东利益的权益，如无特别约定一般会按照股权比例确定，因此，涉及更为广泛的利益时，需要特别注意。

(3)股权比例与责任承担。公司法规定了股东以其出资额为限对公司承担责任，这是法律的强制性规定，也就是说，股东责任是以其出资额为限，而不是以股权比例为限。因此，承担的责任是以出资额为标准的。

相关法规

《公司法》第3条第2款 有限责任公司的股东以其认缴的出资额为限对公司承担责任；股份有限公司的股东以其认购的股份为限对公司承担责任。

《公司法》第42条 股东会会议由股东按照出资比例行使表决权；但是，公司章程另有规定的除外。

8. 公司章程与设立协议的内容不一致，以哪个为准？

情景案例

甲、乙、丙三人成立了一家有限责任公司，注册资本200万元，甲出资150万元，占75%的股权；乙出资25万元，占12.5%的股权，丙出资25万元，占12.5%的股权。

三位股东签订的公司设立协议中明确约定："股东按股权比例行使股东表决权。"但公司章程中约定："股东按照一人一票行使股东表决权。"半年后，在对公司的一个重大投资进行表决时，乙、丙同意，甲感觉风险很大，以大股东身份反对。

请问：甲的反对有效吗？

本案分析

有限公司是"人合"和"资合"性质兼备的企业形式，在股东人数、查账权、股权转让优先购买权等方面均体现了人合因素。在行使股东表决权时，如涉及修改章程、增加或减少注册资本、公司合并、分立、解散、变更等特殊情形时，公司法强制规定以2/3以上表决权方式表决通过，其他的表决可以依据公司章程进行。

当公司章程与设立协议的内容不一致时，从时间上来看，设立协议在前，公司章程在后，后制定的自然取代先签订的；公司设立协议通常是为了设立公司而签订的，公司一旦成立，公司协议即告终止。而公司章程是在吸收设立协议内容后，针对公司的经营、管理等事项作出的特别约定，又被称为"公司的宪法"。当二者的内容发生冲突时，应以章程为准。

本案中，甲、乙、丙三人在公司章程中关于"一人一票行使股东表决权"的条款，充分体现了股东权利自治原则，是合法有效的。甲即使反对投资决策，仍应予执行。

风险防范建议

很多企业在设立时，经常使用工商局提供的章程版本，但正如"一千个人眼中就有一千个哈姆雷特"，企业应根据有自身的独特性起草章程，并注意以下事项：根据公司的实际情况，尽可能量身定做企业章程，使之具有可操作性、实用性，这样有利于提高公司的决策效率。

相关法规

《公司法》第42条 股东会会议由股东按照出资比例行使表决权；但是，公司章程另有规定的除外。

《公司法》第 43 条　股东会的议事方式和表决程序，除本法有规定的外，由公司章程规定。

股东会会议作出修改公司章程、增加或者减少注册资本的决议，以及公司合并、分立、解散或者变更公司形式的决议，必须经代表三分之二以上表决权的股东通过。

9. 章程中能否限制股权转让？

情景案例

2011 年 8 月，孙某、张某、吴某三人共同成立了一家医疗器械公司，在公司章程中明确约定："公司正常经营期间，股东不得转让股权。"

2015 年 3 月，吴某由于即将移民美国，于是向孙某、张某提出退股或转让股权的要求，但遭到二人拒绝。因为吴某负责销售，有很多的客户资源，如果退出公司，业务会受到很大的影响。

请问：章程中限制股权转让的条款有效吗？

本案分析

《公司法》第 71 条对于股权转让问题提出了非常科学的解决方案，但又在第 4 款中有"章程中另有规定的，从其规定"的表述，这就造成了本案例中出现的困惑。

章程中对于禁止股权转让或者变相禁止股权转让的条款，也就是通常所说的同生共死条款，如果单纯地从法条字面上理解似乎是符合规定的。但第 71 条第 4 款立法原意实际是指股权转让另有规定从其规定，在一定程度上也反映出了适用章程另有规定的前提是存在股权转让的情况，而禁止转让或变相禁止转让的实质是根本就不存在股权转让情况的可能，假如是这样就无须专门立法规定。

本案中，吴某向孙某、张某提出退股或转股的要求，如果执行章程中禁止转让股权的条款，使公司可以无须任何原因与理由均可拒绝股权转让事宜，无疑使吴某丧失了所有的救济渠道，与公司法规定的资合原则相背离。因此，该公司章程中禁止股权转让条款是无效的。

风险防范建议

有限公司虽然强调人合属性，但更多还是倾向于资合性，在不损害其他股东权益且符合其他法定条件的前提下，应当允许股权转让，方符合现代公司经营理念。建议股东在实际经营过程中，本着协商一致的原则，妥善解决。

股东转让股权既可对内（现有股东）也可对外（非公司内部股东）转让，对外转让需要经半数以上的股东同意，并书面征求意见，30 日内未答复的视为同意对外转让。如半数以上的股东不同意转让，则不同意的股东应购买该股权，不购买也视为可以转让。

股东也可在符合《公司法》第 75 条规定的情形下，要求公司回购股权从而退出，但在资本恒定原则下，实践操作中难度相对较大。

相关法规

《公司法》第71条 有限责任公司的股东之间可以相互转让其全部或者部分股权。

股东向股东以外的人转让股权,应当经其他股东过半数同意。股东应就其股权转让事项书面通知其他股东征求同意,其他股东自接到书面通知之日起满三十日未答复的,视为同意转让。其他股东半数以上不同意转让的,不同意的股东应当购买该转让的股权;不购买的,视为同意转让。

经股东同意转让的股权,在同等条件下,其他股东有优先购买权。两个以上股东主张行使优先购买权的,协商确定各自的购买比例;协商不成的,按照转让时各自的出资比例行使优先购买权。

公司章程对股权转让另有规定的,从其规定。

《公司法》第74条 有下列情形之一的,对股东会该项决议投反对票的股东可以请求公司按照合理的价格收购其股权:

(一)公司连续五年不向股东分配利润,而公司该五年连续盈利,并且符合本法规定的分配利润条件的;

(二)公司合并、分立、转让主要财产的;

(三)公司章程规定的营业期限届满或者章程规定的其他解散事由出现,股东会会议通过决议修改章程使公司存续的。

自股东会会议决议通过之日起六十日内,股东与公司不能达成股权收购协议的,股东可以自股东会会议决议通过之日起九十日内向人民法院提起诉讼。

10. 章程中约定对股东处以罚款,有效吗?

情景案例

2010年8月,雷某入职A公司,任工程部技术总监。2011年3月,公司增资时,雷某投资10万元,持有公司2%的股权。

2012年3月,A公司修订公司章程,规定如果股东故意侵占财产或损害公司利益的,公司回购其全部股份,强制取消其股东身份,并处以罚款抵偿公司的损失。

2013年9月,雷某将A公司的技术资料泄露,导致公司的新产品研发失败,于是A公司作出股东决议:强行回购雷某的全部股份,并处以6万元的罚款。

请问:A公司对雷某处以罚款,有效吗?

本案分析

公司章程在不违反法律强制性规定的前提下,均是合法有效的,应被优先适用。

本案中,A公司经股东会决议通过了"罚款"条款,对全体股东均具有约束力,股东应予遵守执行,视为因个人过错行为引起的对自身财产权的自由处分。A公司须提供证据证明雷某有损公司利益的行为,还要证明因其行为造成公司损失的数额,如既未约定,又无法提供确切证据证明损害金额的,有可能存在败诉的风险。

风险防范建议

建议企业在章程中约定对股东处以罚款时，要明确约定损害赔偿金额。因为法院审理案件的标准就是事实依据和法律依据，如公司未明确提供证据证明存在损害行为和损失事实的话，法院是无法支持诉讼请求的。

相关法规

《公司法》第11条 设立公司必须依法制定公司章程。公司章程对公司、股东、董事、监事、高级管理人员具有约束力。

《公司法》第37条 股东会行使下列职权：

（一）决定公司的经营方针和投资计划；

（二）选举和更换非由职工代表担任的董事、监事，决定有关董事、监事的报酬事项；

……

（十）修改公司章程；

（十一）公司章程规定的其他职权。

三、股东出资

11. 公司股东可以人力资本出资吗？

情景案例

陈某是某IT公司技术总监，有多年互联网技术工作经验，准备以自己的技术为资本，与黄某、张某共同成立一家注册资本为100万元的网络技术公司。

经商量，黄某、张某各以货币40万元出资，各占公司40%的股权；陈某以技术入股，占公司20%的股权。与此同时，陈某担心不出资获得股权不受法律保护。

请问：陈某以技术出资合法吗？

本案分析

根据《公司法》第27条的规定，股东可以用货币出资，也可以用实物、知识产权、土地使用权等可以用货币估价并可以依法转让的非货币财产作价出资。由于公司是独立的法人，股东出资即转让了所有权，因此要求出资内容必须是能够转让的，并且能够用货币估价的。

本案中，黄某、张某以货币40万元出资符合法律规定，但陈某以技术入股，并非知识产权，实质是一种经验或者劳动技能，显然无法达到《公司法》所规定的可以转让且能估价的要求，因而该出资方式不合法。

风险防范建议

法律对有限公司出资有明确规定，只有符合法律规定的内容方可作为出资，衡量标准主要是有价值、能转移所有权。因此特别注意以下事项：

（1）不能以劳动技能出资。劳动技能是无法估价也无法独立转让的隐性资本，不符合公司法出资方式,不得以此作为出资。

(2)将技能上升为知识产权。如果能够将该技能转化为知识产权的,如发明、实用新型等知识产权,则可以估价并转让,从而实现出资。

(3)可通过股权赠送方式持股。技术骨干人才是企业经营不可多得的隐性资产,因此很多企业为实现人才发展计划,均采取股权赠送的方式激励员工。

相关法规

《公司法》第27条第1款 股东可以用货币出资,也可以用实物、知识产权、土地使用权等可以用货币估价并可以依法转让的非货币财产作价出资;但是,法律、行政法规规定不得作为出资的财产除外。

12. 公司增资,有些股东不愿出资,如何处理?

情景案例

A公司有甲、乙、丙、丁四位股东,分别持股40%、30%、20%、10%。2013年6月,甲、乙、丙在股东会上要求增加公司注册资本,每个股东要增加出资50万元,丁表示反对,并在股东会上投了否决票。

2013年7月底,公司规定的增资时间截止,甲、乙、丙出资均已到位,丁明确放弃增资,甲、乙、丙决定不向丁分配公司利润。

请问:丁放弃增资时,如何处理?

本案分析

本案例针对的是公司如何实现增资及增资后股权如何处理的问题。在出现增资时,首先,查看公司章程如何规定,有规定按规定处理。其次,涉及增资、减资问题时属于特别表决,应由超过2/3表决权的股东通过。因此,本案中丁只有10%的表决权,无法阻止增资决议的通过。

丁拒绝增加出资,应对拟增资计划进行修改,减少增资金额或者调整增资方式。增资后丁的股权比例如无特别约定将进一步减少,其股权被稀释。但丁仍占有一定比例的股权,有权享有该股权范围内的利润,因此公司增资仍应对丁分配利润。

风险防范建议

公司章程是公司的宪法,根据《公司法》第43条的规定,对于增资等涉及企业重大利益的事项必须2/3以上表决权的股东同意方可获得通过,因此要特别注意以下事项:

(1)章程规定很重要。章程只要不违反强制性法律规定则优先适用,因此对于增资时可能预见的情况应详细说明,避免产生纠纷。

(2)增资必须经2/3以上表决权的股东通过。增资是涉及公司发展的重大事项之一,属于特别表决权规定,因而必须2/3以上表决权的股东同意方可获得通过。

相关法规

《公司法》第43条　股东会的议事方式和表决程序，除本法有规定的外，由公司章程规定。

股东会会议作出修改公司章程、增加或者减少注册资本的决议，以及公司合并、分立、解散或者变更公司形式的决议，必须经代表三分之二以上表决权的股东通过。

13. 部分股东出资不到位，已足额出资的股东对债权人承担连带责任吗？

情景案例

2013年3月，黄某和刘某成立A公司，注册资本为200万元，其中黄某出资120万元，占有60%的股份，刘某出资80万元，占有40%的股份。公司成立后，黄某的120万元出资并未到位，实际出资50万元。2014年11月A公司宣布解散，开始清算。

2015年1月，B公司向人民法院起诉，要求A公司支付拖欠的货款200万元，并要求股东刘某、黄某对出资不到位的70万元承担连带清偿责任。刘某认为自己出资已到位，不应再承担责任。

请问：B公司的主张合法吗？

本案分析

有限公司的股东了解公司内部运作状况，股东之间负有相互督促出资的义务，否则这种“恶意的默契”将直接损害作为独立法人主体的公司的利益。根据《公司法》的相关规定，公司资产不足以清偿债务时，债权人可以要求未足额出资的股东、其他股东及发起人对未清缴的部分承担连带责任。

本案中，刘某虽已足额出资，由于股东黄某的出资款70万元尚未到位，刘某仍在未足额出资范围内承担连带清偿责任。另外，刘某承担相应责任后，可依法向黄某追偿。

风险防范建议

有限公司的股东以其出资额为限对公司债务承担有限责任是原则，但也存在需要以个人资产承担公司债务的可能。其中对于未足额出资的股东应对公司债务在未足额出资部分承担清偿责任，而其他股东承担连带责任。这就要求股东之间在履行出资义务时务必对其他股东出资情况进行监督，要求其足额出资，否则将造成自身不必要的损失。

相关法规

《公司法》第30条　有限责任公司成立后，发现作为设立公司出资的非货币财产的实际价额显著低于公司章程所定价额的，应当由交付该出资的股东补足其差额；公司设立时的其他股东承担连带责任。

《最高人民法院关于适用〈中华人民共和国公司法〉若干问题的规定（二）》第22条　公司解散时，股东尚未缴纳的出资均应作为清算财产。股东尚未缴纳的出资，包括到期应缴未缴的出资，以及依照公司法第二十六条和第八十条的规定分期缴纳尚未届满缴纳期限的出资。

公司财产不足以清偿债务时，债权人主张未缴出资股东，以及公司设立时的其他股东或者发起人在未缴出资范围内对公司债务承担连带清偿责任的，人民法院应依法予以支持。

14. 股东未全额履行出资义务，其他股东能否索赔？

情景案例

2015年3月1日，甲、乙、丙三人签订投资合作协议。协议约定三人共同成立某旅游开发有限公司，公司注册资金为500万元。甲投资300万元，占公司股份60%；乙投资150万元，占公司股份30%；丙投资50万元，占公司股份10%。公司拟投资空中玻璃栈道。乙、丙陆续将投资款项划至公司账户。但甲仅到账200万元，剩余100万元一直未到账。

2015年6月，公司完成登记注册，承包了某旅游项目工程。由于公司的资金不足，导致工程工期延误，造成经济损失20万元。乙、丙认为，该损失系甲未按期注资造成，于是向甲主张赔偿损失20万元。

请问：股东乙、丙可以向甲索赔损失吗？

本案分析

股东出资义务是指股东根据协议的约定以及法律和章程的规定向公司交付财产或履行其他给付义务。股东的出资义务既是一种约定义务，也是一种法定义务。

本案中，由于甲、乙、丙三方签订的投资合作协议内容完备，形式合法，是合法有效的。乙、丙作为股东，已履行了相应的出资义务，甲拖欠投资款100万元，应负有补足投资款的法定义务。由于公司的旅游项目工程延期，造成公司损失20万元。

由于在协议中未明确约定甲投资款的付款期限及逾期违约责任，故乙、丙向甲追索损失的依据不足。公司可向甲发出书面通知，要求立即补足出资款100万元，履行股东的法定出资义务。

风险防范建议

在公司设立过程中，如何避免类似问题发生呢？建议如下：

（1）签订投资合作协议时，一定要明确约定出资的期限及违约责任，及时收集相关证据。一旦发生纠纷，有明确的合同约定和相应的证据作为依据。

（2）在开发项目时，做到防患于未然，避免不必要的经济损失。

相关法规

《公司法》第26条 有限责任公司的注册资本为在公司登记机关登记的全体股东认缴的出资额。

法律、行政法规以及国务院决定对有限责任公司注册资本实缴、注册资本最低限额另有规定的，从其规定。

15. 股东控股 51% 是最佳股权设置吗?

情景案例

甲、乙、丙、丁四人计划共同出资 30 万元成立了一家广告公司。甲从朋友处得知，占公司 51% 股权就可控制公司。

由于甲具有十多年的广告设计工作经验，经营管理能力强，行业资源丰富，故乙、丙、丁也同意让甲持公司 51% 的股权，希望公司以甲为领导核心。不久，甲又得知，如果要绝对控制公司，须占公司 67% 以上的股权才行。

请问：甲的理解正确吗?

本案分析

公司股东持股比例设置是一门非常精细化的管理科学，确定股东控股比例与公司理念、股东经营规划等因素有关，股权设置没有最佳，适合本企业的才是最佳的。

案例中反映的是相对控股和绝对控股的概念，公司的控股权通常体现在表决权的行使，公司遇重大事项或者股东之间存在争议的事项可以通过股东会议表决，此时表决权的多少即可充分反映对公司的控股能力。

如果章程中未明确规定的，在公司一般事项表决上可以以相对多数(过半数)通过，但在涉及《公司法》第 43 条章程修改、增减注册资本、合并、分立等重大事项时必须经 2/3 以上股东表决通过。也就是说，如果公司章程中没有特别规定，股东占公司 51% 股权是相对控股，占公司 67% 的股权是绝对控股。

在本案中，如果甲想实现控股，在其他股东认可的前提下，在公司章程中作出相应约定即可实现目的。因为股东在章程中可以自行约定表决权比例，不受出资比例的约束。

风险防范建议

表决权的多少应以保障公司顺利运营为目标。股东的表决权是为了确保公司决策的正确实施，保障公司顺利运行，绝对控股未必完全适合所有公司，对股东监督、调动小股东的积极性方面应做更多的考虑。

相关法规

《公司法》第 42 条　股东会会议由股东按照出资比例行使表决权；但是，公司章程另有规定的除外。

《公司法》第 43 条　股东会的议事方式和表决程序，除本法有规定的外，由公司章程规定。

股东会会议作出修改公司章程、增加或者减少注册资本的决议，以及公司合并、分立、解散或者变更公司形式的决议，必须经代表三分之二以上表决权的股东通过。

四、股东权利

16. 隐名股东受法律保护吗?

情景案例

2013年3月,甲和乙签署协议,约定由甲委托乙与丙共同投资设立A公司,投资额为100万元。双方约定,实际出资及股东的权利和责任由甲享有和承担,与乙无关。

2013年4月,乙和丙签署了成立A公司的投资协议,各人出资50万元,各持50%股权;2014年9月,甲和乙对A公司的经营意见不一致,此时甲要求乙配合其取回A公司的股权;乙拒不配合。双方就A公司的50%股权的归属问题发生争议。

请问:甲的权利受法律保护吗?

本案分析

隐名股东之争通常发生在关系较为密切或者相互比较信任的人之间,不仅对企业运营产生影响,还对个人感情造成非常大的伤害,因此在进行此类投资运作时必须慎之又慎。

实际投资人出资设立公司但用其他人的名义代为持股,法律不仅未强制性禁止,反而在《最高人民法院关于适用〈中华人民共和国公司法〉若干问题的规定(三)》[以下简称公司法司法解释(三)]中通过专门的条文进行疏导规范,进一步明确了隐名股东的合法性地位。

本案中,甲、乙双方签订的协议没有违反强制性规定,一般应认定为有效,同时甲还须提供证据证明相关款项是由甲提供的,以对相关协议予以佐证。

风险防范建议

在企业经营中,如何保护隐名股东的权利呢?建议如下:

(1)必须签订书面协议。隐名股东由于不对外公示,不具有对抗第三人的效力,如果没有直接证据证明双方之间存在这种特殊的委托关系,则很难令外人信服,也不会得到法院的支持。

(2)保留相关凭证。隐名股东会涉及出资从何而来、由谁出资等问题,主要是为了印证上述协议的真实性。

相关法规

《最高人民法院关于适用〈中华人民共和国公司法〉若干问题的规定(三)》第24条 有限责任公司的实际出资人与名义出资人订立合同,约定由实际出资人出资并享有投资权益,以名义出资人为名义股东,实际出资人与名义股东对该合同效力发生争议的,如无合同法第五十二条规定的情形,人民法院应当认定该合同有效。

前款规定的实际出资人与名义股东因投资权益的归属发生争议,实际出资人以其实际履行了出资义务为由向名义股东主张权利的,人民法院应予支持。名义股东以公司股东名册记载、公司登记机关登记为由否认实际出资人权利的，人民法院不予支持。

实际出资人未经公司其他股东半数以上同意，请求公司变更股东、签发出资证明书、记载于股东名册、记载于公司章程并办理公司登记机关登记的，人民法院不予支持。

17. 未出资的股东享有表决权吗？

情景案例

甲、乙、丙于2011年6月登记成立一家有限责任公司，甲持股70%，乙、丙各持股权15%，由于资金紧张，甲一直未按照公司章程规定出资，乙、丙的出资已于2012年8月15日前到账。

2014年2月，公司召开股东会就修改公司章程等重大事项进行决策，因甲与乙、丙意见不一致，甲以大股东为理由，否决乙、丙的意见，但乙、丙认为甲没有出资，故无权进行表决。

请问：甲享有表决权吗？

本案分析

本案例是公司经营过程中经常遇到的情形。关于股东没有出资、出资不足或瑕疵出资时是否享有表决权的问题，目前在法律上并无明确规定，而是由章程自由设定或股东决议确定。

《公司法》明确规定股东以其认缴的出资额对公司承担责任，如果股东没有出资或者出资不足，应补足出资，并对其他股东承担违约责任。也就是说，公司股东没有出资或者出资不足的，并未明确是否影响其表决权的行使，只是应对其他足额出资的股东承担违约责任。

实际上，股东资质的取得是以其实际出资或者在规定期限内认缴的出资为依据，如果让未出资或瑕疵出资的股东通过行使表决权控制公司，不符合权利与义务对等、利益与风险一致的原则，有违公平信用原则，因而甲不享有表决权。

风险防范建议

权利与义务往往是对等的，不对等则不公平，法律也不予以保护，因此请注意以下事项：

（1）章程中明确约定表决权事项。公司章程在不违反法律强制性规定时具有优先适用权，章程中如约定了未出资或者出资不足的按实际出资比例行使表决权具有较强的约束力。

（2）督促股东依法出资。股东按照其认缴资本足额出资是法定义务，股东不足额出资将影响企业的运行，同时将给其他足额出资的股东带来不当的损害。

（3）未出资或未足额出资影响分红。分红权是按照股东实缴出资比例享有的，如不出资或不足额出资将影响分红权。

相关法规

《公司法》第3条 公司是企业法人,有独立的法人财产,享有法人财产权。公司以其全部财产对公司的债务承担责任。

有限责任公司的股东以其认缴的出资额为限对公司承担责任;股份有限公司的股东以其认购的股份为限对公司承担责任。

《公司法》第28条 股东应当按期足额缴纳公司章程中规定的各自所认缴的出资额。股东以货币出资的,应当将货币出资足额存入有限责任公司在银行开设的账户;以非货币财产出资的,应当依法办理其财产权的转移手续。

股东不按照前款规定缴纳出资的,除应当向公司足额缴纳外,还应当向已按期足额缴纳出资的股东承担违约责任。

《公司法》第42条 股东会会议由股东按照出资比例行使表决权;但是,公司章程另有规定的除外。

18. 公司股东被人冒名更改,怎么办?

情景案例

2012年8月,张某成立了一家有限公司,张某持70%的股权,刘某持30%的股权。因张某和刘某是好朋友,张某很信任刘某,公司的公章及法定代表人章由刘某管理。

2014年11月,张某在浏览市工商局网站时,发现公司股东信息发生变更。经核实,刘某于一个月前冒名签字将张某名下的股权办理了转让,刘某持股80%,其妻子陈某持股20%。

请问:张某可以请求确认股权变更协议无效吗?

本案分析

本案涉及股权转让程序问题。有限公司的股权转让分为内部转让和外部转让两种类型。内部转让是指现有股东之间相互转让股权,外部转让是指现有股东向股东以外的人转让股权。我国法律规定,民事法律行为的构成要件之一是意思表示真实。受让股份成为有限责任公司的股东,必须有转让方、受让方真实的意思表示,否则即无效。

本案中,刘某通过冒名张某签字的方式,将张某名下股权变更至自己及妻子名下,该股权转让行为违背了张某的意思表示,且股权转让协议及股东会决议均不真实,故变更登记行为是无效的。

如果刘某在申请变更登记过程中,工商部门审查不严,则张某作为利害关系人可向工商行政管理机关申请撤销登记,并予以补正。

风险防范建议

企业在日常运营中,如何防范相关风险呢?建议如下:

(1)加强对公司印章、个人印鉴的管理,如果因管理不当引发问题,公司要对外承担法律责任。

(2)建立严格的印章使用制度,谨防经办人利用管理疏漏钻空子或做违法之事。

相关法规

《公司登记管理条例》第27条第1款　公司申请变更登记,应当向公司登记机关提交下列文件:

(一)公司法定代表人签署的变更登记申请书;

(二)依照《公司法》作出的变更决议或者决定;

(三)国家工商行政管理总局规定要求提交的其他文件。

19. 股东不参与经营,但约定取得固定收益,可以吗?

情景案例

甲与乙共同成立一家贸易公司,在经营过程中,因双方经营理念不同,经常出现矛盾。经双方协商同意,公司经营交由甲负责,乙离开公司;无论公司经营是否赢利,公司每年保证给乙50万元利润。

请问:甲乙之间的约定有效吗?

本案分析

公司是兼具人合和资合性质的企业,股东之间可以根据实际情况约定出资但不参与实际经营,根据约定分享利润,其实质属于投资。但任何投资都是有风险的,只分享利润不承担风险造成了权利义务的不对等,同时也违反《公司法》第3条关于股东以其认缴出资或认购股份为限承担责任之规定。

本案中,甲、乙双方约定乙不负责公司的具体经营是有效的,但无论盈亏每年支付50万元利润是无效的,且对甲、公司和其他第三方都是非常不利的。

风险防范建议

公司股东按照规定履行出资义务,可参与公司日常经营,也可只负责出资不负责经营,按照出资比例或约定分享公司利润,但同时也需要承担因经营不善出现的亏损风险。

相关法规

《公司法》第3条　公司是企业法人,有独立的法人财产,享有法人财产权。公司以其全部财产对公司的债务承担责任。

有限责任公司的股东以其认缴的出资额为限对公司承担责任;股份有限公司的股东以其认购的股份为限对公司承担责任。

《公司法》第34条　股东按照实缴的出资比例分取红利;公司新增资本时,股东有权优先按照实缴的出资比例认缴出资。但是,全体股东约定不按照出资比例分取红利或者不按照出资比例优先认缴出资的除外。

20. 股东可以在章程中放弃表决权吗？

情景案例

甲、乙、丙三人共同出资100万元成立了一家有限责任公司，甲出资40万元，占40%股权；乙出资35万元，占35%股权，丙出资25万元，占25%股权。

公司章程约定："丙放弃股东表决权，其权利由甲行使。"三个月后，公司要做一个重大投资决策，甲同意，乙、丙感觉风险很大，极力反对。但是，公司章程已约定丙的股东表决权由甲来行使。

请问：章程中约定丙放弃股东表决权，有效吗？

本案分析

每个人都是自己的主人，完全民事行为能力人有权处分自己的权利。股东表决权是股东体现自己意愿的最直接表现形式，关系股东和企业切身利益，因此股东应慎重对待表决权的行使。

本案中，公司章程规定由甲行使丙的表决权，丙对此予以认同，在丙无反对意见时应当是合法有效的。但丙有不同意见时，由于该章程表述实质是一种授权行为，授权人丙可以收回授权或者直接表达反对意见，因此丙可按照规定行使表决权。

风险防范建议

《公司法》属于民商类法律，意思自治是该类法律重要的原则，只要不违反法律强制性规定均可自行设定，主要内容体现在公司章程中。但对于涉及股东人身权益的禁止限制，即使限制一般也属无效。

相关法规

《公司法》第42条 股东会会议由股东按照出资比例行使表决权；但是，公司章程另有规定的除外。

《公司法》第43条第1款 股东会的议事方式和表决程序，除本法有规定的外，由公司章程规定。

21. 股东以书面邮寄文件的方式征求股权转让事项，可以吗？

情景案例

A公司由甲、乙、丙三位股东投资设立，甲持10%股份。2013年6月10日，甲将所持的全部股份转让给丁，并给乙、丙邮寄了一份股权转让事项书面通知书。

请问：甲通过邮寄股权转让事项书面通知书的方式征求其他股东对其转让股权的意见，是否符合法律规定？

本案分析

股权转让是对市场经济领域的特定财产关系的特别规定，更应尊重当事人对股权自由处分的意愿。公司内部的股权转让,同样需要保证出资转让方相对自由地转让其出资,尽可能地维护公司股东间的信任基础。

甲向股东之外的第三人转让股权,需要经半数以上股东(不含转让人)同意,并书面征求意见,30日内未答复的视为同意对外转让。如半数以上股东不同意转让的,则不同意的股东应购买该股权,不购买也视为同意转让。

本案中,甲对外转让股权给丁,应经其他股东过半数同意,并书面告知,其邮寄的股权转让事项书面通知书符合法律规定的形式要件。

风险防范建议

在办理股权转让手续时,需要特别注意以下事项:

(1)公司应当注销原股东的出资证明书,向新股东签发出资证明书,并相应修改公司章程和股东名册中有关股东及其出资额的记载。

(2)要修改公司合同、章程,并将变更文件报相关审批机关审批、登记。

相关法规

《公司法》第71条　有限责任公司的股东之间可以相互转让其全部或者部分股权。

股东向股东以外的人转让股权,应当经其他股东过半数同意。股东应就其股权转让事项书面通知其他股东征求同意,其他股东自接到书面通知之日起满三十日未答复的,视为同意转让。其他股东半数以上不同意转让的,不同意的股东应当购买该转让的股权;不购买的,视为同意转让。

经股东同意转让的股权,在同等条件下,其他股东有优先购买权。两个以上股东主张行使优先购买权的,协商确定各自的购买比例;协商不成的,按照转让时各自的出资比例行使优先购买权。

公司章程对股权转让另有规定的,从其规定。

《公司法》第73条　依照本法第七十一条、第七十二条转让股权后,公司应当注销原股东的出资证明书,向新股东签发出资证明书,并相应修改公司章程和股东名册中有关股东及其出资额的记载。对公司章程的该项修改不需再由股东会表决。

五、法律责任

22. 公司未能设立,可否要求其他发起人承担公司设立费用?

情景案例

2014年1月,A公司和张某、高某经过协商,拟设立公司,三方签订了共同投资协议书,约定三位发起人各出资30万元。如发起人违反约定,则由违约方支付违约金20万元。协议签订后,A公司向高某账户转款6万元,张某未办理转款手续,高某花去相关费用9万元。

2014年3月,张某在成立公司大会上明确表示不参加公司组建,故三方共同签署确认书,同意公司不再设立,互不追究法律责任。两个月后,A公司要求张某、高某退还投资款,同时要求其承担违约金20万元。

请问：A公司可以要求发起人承担设立费用吗？

本案分析

当公司不能成立时，先前发生的与设立公司相关的费用及债务就失去了公司这一拟制的承担主体，只能改由设立行为的主体发起人来承担。

本案中，三位发起人因公司设立失败引发纠纷。A公司和张某、高某三人达成共同设立公司的合意，在公司设立未果的情况下，成立公司产生的费用应由三位发起人共同承担。

三位发起人设立公司的费用共计9万元，应该各自承担3万元。A公司出资6万元，扣除3万元设立费用，可以退回3万元。至于A公司主张的违约金，由于三方均同意不再设立公司且互不追究法律责任，公司不能设立，不能归咎于某一方的过错或责任，故不能主张赔偿违约金。

风险防范建议

在公司设立失败后，往往容易引发纠纷。但是对于公司未能设立的原因，可能是多方面的，如未足额出资、不具备公司的成立条件、未经主管机关或审批机关批准等。那么如何防范风险呢？建议如下：

(1)谨慎确定设立企业的性质，如个体户、合伙企业、有限公司等形式，均应调查了解清楚，再做决定。

(2)监管公司设立费用及投资款的使用情况，规范管理，规范票证，这些票据以后都要记入账册的。

(3)约定发起人的权利、义务、责任。

相关法规

《公司法》第23条 设立有限责任公司，应当具备下列条件：

(一)股东符合法定人数；

(二)有符合公司章程规定的全体股东认缴的出资额；

(三)股东共同制定公司章程；

(四)有公司名称，建立符合有限责任公司要求的组织机构；

(五)有公司住所。

《最高人民法院关于适用〈中华人民共和国公司法〉若干问题的规定(三)》第1条 为设立公司而签署公司章程、向公司认购出资或者股份并履行公司设立职责的人，应当认定为公司的发起人，包括有限责任公司设立时的股东。

23. 公司因故未能设立，发起人要承担什么责任？

情景案例

2015年3月，张某与A公司、B公司商讨共同筹建C公司，注册资金为500万元。张某与B公司以现金出资，A公司以厂房出资。5月，以筹建机构的名义向D公司购买了一批价值50万元的装修材料，用于房屋装修，并承诺C公司一经成立一次性付清货款。

两个月后，三方投资人协商不再设立C公司。D公司向张某、A公司、B公司催要货款，三方均未支付。于是，D公司向法院提起诉讼。

请问：这笔债务应该由谁承担？

本案分析

本案谈论的焦点问题在于公司最终未成立，其间产生的债务应由谁承担。

公司设立的发起人类似于自然人的监护人，公司设立前所产生的义务、责任由发起人承担也符合情理。

公司法司法解释(三)的规定针对上述问题给出的解决方案，发起人需要对债务承担连带清偿责任。履行了清偿责任的发起人可以要求其他未履行或者未足额履行清偿责任的发起人根据此前约定的比例分担；未约定的按出资比例分担；未约定出资比例的按平均分担的原则处理。

本案中，张某与A公司、B公司作为C公司设立的发起人，应承担连带还款责任。D公司可同时要求三位发起人或者要求其中某一发起人承担付款责任。

风险防范建议

公司的发起人相当于"婴儿的父母"，需要承担孕育过程中的相关责任。为防范相关风险，建议如下：

(1)公司设立前，发起人应签订协议。协议中不仅应明确各自的权利义务，也应针对可能存在的设立风险进行约定，避免在公司无法设立时自身承担不必要的责任。

(2)明确约定公司无法设立时出资如何处理。在公司无法成立时，如何将前期投入的人力、物力、财力重新转回发起人，这需要根据具体情况设置必要条款。

相关法规

《最高人民法院关于适用〈中华人民共和国公司法〉若干问题的规定(三)》第4条　公司因故未成立，债权人请求全体或者部分发起人对设立公司行为所产生的费用和债务承担连带清偿责任的，人民法院应予支持。

部分发起人依照前款规定承担责任后，请求其他发起人分担的，人民法院应当判令其他发起人按照约定的责任承担比例分担责任；没有约定责任承担比例的，按照约定的出资比例分担责任；没有约定出资比例的，按照均等份额分担责任。

因部分发起人的过错导致公司未成立，其他发起人主张其承担设立行为所产生的费用和债务的，人民法院应当根据过错情况，确定过错一方的责任范围。

24. 股东虚构债权债务关系将注册资金转出，合法吗？

情景案例

甲、乙共同出资成立了一家有限责任公司，各持有50%的股份，甲的50万元出资是向朋友借来的，公司成立后，甲以公司名义和朋友制造了假的购货凭证、货单等，将50万元转账至朋友名下。

请问：甲的行为合法吗？

本案分析

本案涉及股东抽逃出资问题。股东抽逃出资是指在公司验资注册后，股东将所缴出资暗中撤回，却仍保留股东身份和原有出资数额的一种欺诈性违法行为。抽逃出资包括抽逃注册资本和抽逃股东出资。

股东出资以后，资产就变成了公司的财产，股东不能撤回出资，只能通过转让的方式收回自己的出资，而不能直接撤回自己的资本。股东撤回自己的出资，属于侵犯公司财产权的行为，公司有权要求股东返还财产。

本案中，甲、乙共同出资设立有限公司，甲向朋友借款50万元用于出资。在公司成立后，甲以公司名义与朋友虚构债权债务，将50万元资金转到朋友账户，甲的行为构成股东抽逃出资行为，这是不合法的。

风险防范建议

实践中，抽逃出资行为是一种严重的违法行为，甚至可能涉及刑事责任。如何防范相关风险呢？建议如下：

(1)完善公司财务制度，财务支出做到有序透明，坚决杜绝抽逃出资行为。

(2)加大公司的监管力度，掌握公司的资金流向，股东充分行使账册的查阅权、监督权。

(3)一旦发生抽逃出资事件，可通过股东代表诉讼来维护公司权益，追回流出的资金，减少损失。

相关法规

《公司法》第35条　公司成立后，股东不得抽逃出资。

《公司法》第200条　公司的发起人、股东在公司成立后，抽逃其出资的，由公司登记机关责令改正，处以所抽逃出资金额百分之五以上百分之十五以下的罚款。

《最高人民法院关于适用〈中华人民共和国公司法〉若干问题的规定(三)》第12条　公司成立后，公司、股东或者公司债权人以相关股东的行为符合下列情形之一且损害公司权益为由，请求认定该股东抽逃出资的，人民法院应予支持：

(一)制作虚假财务会计报表虚增利润进行分配；将出资款项转入公司账户验资后又转出；

(二)通过虚构债权债务关系将其出资转出；

(三)利用关联交易将出资转出；

(四)其他未经法定程序将出资抽回的行为。

《刑法》第159条　公司发起人、股东违反公司法的规定未交付货币、实物或者未转移财产权，虚假出资，或者在公司成立后又抽逃其出资，数额巨大、后果严重或者有其他严重情节的，处五年以下有期徒刑或者拘役，并处或者单处虚假出资金额或者抽逃出资金额百分之二以上百分之十以下罚金。

单位犯前款罪的，对单位判处罚金，并对其直接负责的主管人员和其他直接责任人员，处五年以下有期徒刑或者拘役。

25. 公司设立期间，以个人名义签订租赁合同，责任由谁承担？

情景案例

2014 年 3 月，甲与乙共同成立一家贸易公司，两人各出资 100 万元，各持 50% 的股份，甲为公司的法定代表人。

公司申请成立期间，甲在楼下看到一间商铺招租，由于地理位置很好，甲以个人名义与房东签订了租期三年的《租赁合同》，并支付了 2 个月押金。

2015 年 8 月，由于市场整体不景气，贸易公司出现了严重亏损，拖欠房东 3 个月房租。房东到法院起诉甲，要求甲与贸易公司共同偿还拖欠的租金，并承担相应的违约责任。

请问：甲和贸易公司共同承担偿还责任吗？

本案分析

根据《合同法》的规定，依法成立的合同，对当事人具有法律约束力。当事人应当按照约定履行自己的义务，不得擅自变更或者解除合同。股东以个人名义租赁的房屋，合同的权利和义务原则上由股东个人享有和承担。

公司处于设立阶段，股东先以个人名义租赁房屋，在公司成立之后，公司作为实际租赁者，享有使用房屋的权利，承担缴纳租金的义务。从发起人的角度来看，如果未及时将租赁使用人变更为公司，在公司经营不善、资不抵债时，由股东个人承担债务。

本案中，贸易公司作为实际的商铺承租人和使用人，由于股东甲未与房东签订变更合同书，故股东甲仍是承担法律责任的主体之一。在贸易公司出现严重亏损而无力承担给付房租义务时，房东有权向甲和贸易公司主张权利，要求其共同承担合同责任。

风险防范建议

在企业设立过程中，如果涉及房屋租赁，需要注意以下事项：

(1)审核房屋产权人与合同经办人是否一致，建议以公司名义直接签订合同。

(2)审查房屋是否可用于商业用途，如果属于住宅性质的房屋，要求相关单位出具可作商业用途的相关证明。

(3)房屋附属设施开列清单，明确租赁前的各项费用已保证清结，明确房屋的维修义务等，确保房屋使用正常。

相关法规

《最高人民法院关于适用〈中华人民共和国公司法〉若干问题的规定(三)》第 1 条 为设立公司而签署公司章程、向公司认购出资或者股份并履行公司设立职责的人，应当认定为公司的发起人,包括有限责任公司设立时的股东。

《最高人民法院关于适用〈中华人民共和国公司法〉若干问题的规定(三)》第2条 发起人为设立公司以自己名义对外签订合同,合同相对人请求该发起人承担合同责任的,人民法院应予支持。

公司成立后对前款规定的合同予以确认,或者已经实际享有合同权利或者履行合同义务,合同相对人请求公司承担合同责任的,人民法院应予支持。

《最高人民法院关于适用〈中华人民共和国公司法〉若干问题的规定(三)》第3条第1款 发起人以设立中公司名义对外签订合同,公司成立后合同相对人请求公司承担合同责任的,人民法院应予支持。

26. 提交虚假的材料进行公司登记,承担什么法律责任?

情景案例

2015年8月5日,A公司向某市工商部门申请办理法定代表人变更手续,法定代表人由张某变更为刘某。

2015年8月7日,市工商部门予以核准登记并备案。后经刘某举报,刘某的身份证于2015年6月20日丢失,A公司变更材料中的身份证系刘某丢失的证件,属于身份证件被冒用。刘某在完全不知情的情况下成为A公司的法定代表人,未在变更材料上签过名字,未签订过股权转让协议。

请问:A公司需要承担什么法律责任呢?

本案分析

实践中,有些公司在经营不善的情况下,为逃避债务,通过非法冒用他人身份信息和伪造签名的方式,将股东、法定代表人变更为被冒用人,企图为真实股东和公司经营管理人员逃避法律上的出资、违规赔偿及清算等责任。提交虚假材料进行公司登记,是妨碍公司管理秩序的行为,扰乱了商事登记秩序,使债权人和其他权利人遭受侵害,是法律所禁止的行为。

本案中,A公司通过冒用刘某的身份、伪造签名的方式,擅自变更登记法定代表人,违反了公司法的相关规定,属于提交虚假材料取得公司变更登记的违法行为,如果因此造成公司债权人损失或其他严重后果的,还可能受到刑事处罚。

工商部门作为登记部门,根据刘某的举报,在查清相关事实后,应及时撤销变更登记,并对责任人处以罚款;如果案件涉及严重后果的,可移送公安部门处理,依法追责。同时由于冒名登记行为侵犯了刘某的合法权益,由责任人承担相应的民事赔偿责任。

风险防范建议

在公司登记或变更登记过程中,有什么注意事项呢?建议如下:

(1)公司在变更名称、住所、注册资本、经营范围、类型、分公司设立等事项时,应及时到工商局办理变更登记手续。

(2)如果涉及股东信息变更、法定代表人变更等重大事项,应提交原公司法定代表人签署的《公司变更登记申请书》《指定代表或共同委托代理人的证明》及《公司章程修正案》,并注明委托事项、授权期限等。

相关法规

《公司登记管理条例》第2条　有限责任公司和股份有限公司(以下统称公司)设立、变更、终止,应当依照本条例办理公司登记。

申请办理公司登记,申请人应当对申请文件、材料的真实性负责。

《企业登记程序规定》第8条　申请人应当如实向企业登记机关提交有关材料和反映真实情况,并对其申请材料实质内容的真实性负责。

《公司法》第198条　违反本法规定,虚报注册资本、提交虚假材料或者采取其他欺诈手段隐瞒重要事实取得公司登记的,由公司登记机关责令改正,对虚报注册资本的公司,处以虚报注册资本金额百分之五以上百分之十五以下的罚款;对提交虚假材料或者采取其他欺诈手段隐瞒重要事实的公司,处以五万元以上五十万元以下的罚款;情节严重的,撤销公司登记或者吊销营业执照。

《公司登记管理条例》第65条　提交虚假材料或者采取其他欺诈手段隐瞒重要事实,取得公司登记的,由公司登记机关责令改正,处以5万元以上50万元以下的罚款;情节严重的,撤销公司登记或者吊销营业执照。

《企业登记程序规定》第17条第2款　被许可人以欺骗、贿赂等不正当手段取得登记的,应当予以撤销。

第二章　公司治理

良好的治理可以促进企业的股权结构合理化,加强企业的内部控制,增强企业的竞争力,提高企业的经营业绩,实现企业的可持续发展。

公司治理结构是股东会、董事会、监事会、经理层之间的责、权、利安排和相互制衡的机制。

企业的格局,决定了企业的命运。

一、股东会

27. 股东可以口头委托他人代为参加股东会吗?

情景案例

刘先生是某有限责任公司的股东,公司现有股东5人。2013年8月10日上午9点,公司召开全体股东会,刘先生因患急性肠胃炎,无法参加公司股东会,于是想电话委托其他股东参加股东会并行使表决权,但公司认为口头委托无据可查,不接受刘先生的口头委托。

请问:刘先生可以电话委托他人代为参加股东会吗?

本案分析

参加股东会并行使表决权是股东的重要权利之一。股东可以亲自出席股东会,也可以委托代理人出席和表决。比如,股东由于急事、生病或其他原因无法亲自出席股东会时,可以委托他人代自己参加,并依法行使表决权。

本案中,刘先生确因临时患病无法参会,刘先生委托其他股东代其参加股东会和进行表决,是委托他人代行股东权利的行为。因电话委托无法查证,公司不接受口头委托无可厚非。刘先生须出具书面授权委托书,载明委托事项、委托范围等相关事项,受托人方可代刘先生参加股东大会。

风险防范建议

公司召开股东会,股东参加会议并行使表决权,是股东权利的体现。但股东因各种原因无法参加股东会时,想委托其他股东参加股东会,应该注意哪些事项呢?建议如下:

(1)委托股东要审查受托人的身份,即受托人是否具有民事行为能力,如未成年人、无法正确表达自己意志或行为能力受限的人均不能做受托人。

(2)委托股东出具书面授权委托书,载明委托事项、授权范围、是否有表决权等。

(3)受托人参加股东会时应携带授权委托书及身份证件,按照委托股东的指示行使表决权。

相关法规

《公司法》第106条 股东可以委托代理人出席股东大会会议,代理人应当向公司提交股东授权委托书,并在授权范围内行使表决权。

《合同法》第399条 受托人应当按照委托人的指示处理委托事务。

28. 实际出资人与代持人的意见不一致时,如何行使表决权?

情景案例

甲向某有限责任公司实际投资30万元,占公司30%股权。由于某种原因,甲委托股东乙持有该股权,公司向甲出具了出资证明书。2015年3月,公司拟召开股东会讨论是否将办公室搬到本市CBD办公区。为了节省公司成本,甲不赞成搬迁。乙认为高档写字楼有利于公司业务开展,大力支持搬迁。

请问:在这种情况下,甲如何行使股东表决权?

本案分析

公司的实际出资人以委托他人代持股的方式持股,目前并不罕见。代持股关系中的名义股东与实际股东之间的关系,实际上是一种受托的关系。如果受托人代为行使股东权利不能体现委托人的意愿,委托人经公司确认股东身份,可以直接出席股东会议,行使表决权。

通常实际投资人和代持股人签订一份代持股协议,明确该股权系代为持有,股东权利名义上由受托人行使,但实质的经济利益由隐名投资人享有,有关股权的处置、变更等事项须有实际投资人授权方可进行。

本案中,甲是公司的实际投资人,乙是甲的代持股人。通常情况下,甲委托乙代为持股,那么股东的表决权均由乙代为行使,出现的法律后果由甲承担。由于甲、乙因公司搬迁意见发生分歧,在这种情况下,建议甲亲自参加公司股东会,自己行使股东表决权。

风险防范建议

在公司经营中,遇到由自然人代实际投资人持股的情形,建议双方委托专业律师,签订规范的委托持股协议,尽可能明确双方权利、义务、责任。那么代持股现象存在哪些法律风险呢?

(1)由于代持股人受投资人委托,享有股东的表决权、分红权、增资优先权、剩余财产分配权等,必然导致潜在的风险。如果受托人出现擅自转让股份、质押股份的行为,实际出资人很难控制此类事件发生。

(2)代持股人滥用经营管理权、表决权、分红权、增资优先权、剩余财产分配权等权利,可能会给出资人造成财产损失。

(3)当代持股人因经济困难不能偿还自己名下债务时,可能会导致司法机关查封该股权,并将代持股权用于偿还代持股人的债务。

(4)如果代持股人意外死亡或离婚,其名下的股权可能涉及继承或离婚分割的法律纠纷,导致实际出资人遭受不必要的损失。

相关法规

《最高人民法院关于适用〈中华人民共和国公司法〉若干问题的规定(三)》第24条第2款

前款规定的实际出资人与名义股东因投资权益的归属发生争议,实际出资人以其实际履行了出资义务为由向名义股东主张权利的,人民法院应予支持。名义股东以公司股东名册记载、公司登记机关登记为由否认实际出资人权利的,人民法院不予支持。

29. 股东会利润分配方案与章程发生冲突，如何处理？

情景案例

某软件公司的公司章程规定:“公司每年利润的50%用于分红。”2013年,公司利润为60万元。甲占公司30%股权,乙占公司40%股权,丙占公司20%股权,丁占公司10%股权。甲、乙想将今年公司利润的80%用于分红,但丙、丁不同意,希望留存更多资金用于公司发展。

请问:股东会作出利润分配决议,是否违反公司章程?

本案分析

股东会是公司的最高权力机关,它由全体股东组成,对公司重大事项进行决策。股东会可以针对增资、分红、股权转让、修改章程等事项作出决议,股东会决议对各股东具有法律效力,但不得违反公司章程的规定。

公司章程是各股东共同制定的,对各股东均有约束力,是公司内部的自治准则。公司章程已明确规定利润的50%用于分红,所以不能随意改变。当股东会的决议与章程内容发生冲突时,应当遵守章程的事先约定。

如果股东会按照表决程序作出决议,更改章程中的利润分配方案,即将利润中用于分红的比例由50%提升到80%,也是可以实现的。但无论公司章程修改还是股东会作出决议,均应按照法定的程序和流程进行,避免股东之间产生纠纷。

风险防范建议

在公司经营中,如果股东一致同意调整章程的约定,如何进行具体操作呢?

(1)召开股东会,按照表决规则,通过修改章程的股东会决议,作出关于利润分配方案的决议。

(2)待章程修改后,再由股东会作出决议事项,形成书面的股东会决议。

相关法规

《公司法》第11条　设立公司必须依法制定公司章程。公司章程对公司、股东、董事、监事、高级管理人员具有约束力。

《公司法》第37条第1款　股东会行使下列职权：

（一）决定公司的经营方针和投资计划；

（二）选举和更换非由职工代表担任的董事、监事，决定有关董事、监事的报酬事项；

（三）审议批准董事会的报告；

（四）审议批准监事会或者监事的报告；

（五）审议批准公司的年度财务预算方案、决算方案；

（六）审议批准公司的利润分配方案和弥补亏损方案；

（七）对公司增加或者减少注册资本作出决议；

（八）对发行公司债券作出决议；

（九）对公司合并、分立、解散、清算或者变更公司形式作出决议；

（十）修改公司章程；

（十一）公司章程规定的其他职权。

30. 小股东可以召开临时股东会吗？

情景案例

甲、乙、丙、丁四人成立了一家网络培训公司，甲任董事长，占公司40%股权，负责公司的全面管理；乙、丙、丁不参与公司经营，各占公司20%股权。2014年4月，甲在未告知其他股东的情况下，私下安排亲戚刘某担任公司培训讲师，由于刘某专业能力不够，很多学员投诉，给公司造成很坏的影响。股东乙提议召开股东会讨论，解聘刘某。

请问：乙可以召开临时股东会吗？

本案分析

临时股东会是指在两次年度股东会之间，因法定事由临时召开的股东会，对临时出现的需要股东会表决的公司重大事项进行表决。临时股东会召集程序，是为了避免公司法定代表人或董事长对股东的提议置若罔闻，是激活股东会的一种方式，可以使股东会弘扬“程序严谨、内容合法”的主旋律，提高公司决策效率，确保公司顺畅运行。召集临时股东大会是股东权益保护的重要体现，但必须符合召集条件和召集程序。

本案中，乙占公司股权20%，按照公司法的规定，代表1/10表决权的股东可以提议召开临时会议。乙完全符合提议召集临时股东会的条件。甲是公司董事长，对股东的召集请求，必须无条件地予以服从和执行，不得制造理由或敷衍塞责。

风险防范建议

在哪些情况下，可以召开临时股东会呢？

（1）公司的内部情况发生变化，如董事不满规定的人数、公司亏损到一定程度等。

(2)特定主体的请求,如股东、董事、监事请求或提议;或者为了解决特别重要的问题,如股东变更、收购兼并、重大人事变动、调整股利政策等。

(3)公司章程规定的其他情形。

相关法规

《公司法》第39条 股东会会议分为定期会议和临时会议。定期会议应当依照公司章程的规定按时召开。代表十分之一以上表决权的股东,三分之一以上的董事,监事会或者不设监事会的公司的监事提议召开临时会议的,应当召开临时会议。

《公司法》第40条 有限责任公司设立董事会的,股东会会议由董事会召集,董事长主持;董事长不能履行职务或者不履行职务的,由副董事长主持;副董事长不能履行职务或者不履行职务的,由半数以上董事共同推举一名董事主持。

有限责任公司不设董事会的,股东会会议由执行董事召集和主持。

董事会或者执行董事不能履行或者不履行召集股东会会议职责的,由监事会或者不设监事会的公司的监事召集和主持;监事会或者监事不召集和主持的,代表十分之一以上表决权的股东可以自行召集和主持。

二、公司决议

31. 公司作出增资决议，必须经代表2/3股权的股东表决通过吗?

情景案例

2010年8月,吴某、雷某、张某、陈某四人共同出资成立了一家服装厂,注册资本100万元。吴某出资40万元,占40%的股权,雷某、张某、陈某每人出资20万元,各占20%的股权。2014年10月,因公司业务发展需要,吴某与雷某想将公司注册资本增加到200万元,但张某、陈某不同意,股东之间发生分歧。

请问:公司作出增资决议,必须经代表2/3股权的股东表决通过吗?

本案分析

公司增资是指在原有注册资本的基础上增加注册资本,这是每个公司在经营中都会遇到的问题。增资属于公司经营中的重大事项,在作出决议时,按照《公司法》的规定,应由公司代表2/3股权的股东表决通过。

本案中,对于吴某与雷某增加注册资本的表决事项,由公司召开股东会作出决议,如果经代表公司2/3表决权的股东通过,则可以执行增资决议。

风险防范建议

在召开股东会时,除公司增资外,还有哪些决议需要经代表2/3表决的股东通过呢?

(1)公司减少资本、公司合并、分立以及解散时;

(2)公司修改章程;

(3)变更公司形式。

相关法规

《公司法》第43条第2款　股东会会议作出修改公司章程、增加或者减少注册资本的决议，以及公司合并、分立、解散或者变更公司形式的决议，必须经代表三分之二以上表决权的股东通过。

32. 股东会程序召集不合法，股东可以请求撤销决议吗？

情景案例

2014年3月，周某与9位朋友共同成立一家网络技术有限公司，每人出资5万元，各占10%的股权。但是，由于生意惨淡，公司出现严重亏损。其中5位股东认为公司继续经营没有意义，提议对公司进行清算。

2014年11月1日，公司发出通知，将于2011年11月10日召开股东会，但通知上未载明决议事项。周某以为没什么重大事项就未参会。公司经过决议，通过了公司停止经营、进行清算的股东会决议。周某得知后，向公司提出反对意见。

请问，周某可以请求撤销决议吗？

本案分析

如果股东会决议任由控股股东违反法定程序自由操纵公司，股东会的存在就会失去价值。有些股东认为，既然召集会议的股东占绝对控股地位，小股东即使不参加股东会，也不影响股东决议的形成，程序上的瑕疵无须计较。但在实际操作中，股东会决议的有效性，不仅要求决议内容合法，决议的程序严谨同样重要。按照《公司法》的规定，有限责任公司股东会应当提前15日通知，而股份有限公司则应当于召开20日前通知。

本案中，网络公司的召集会议通知仅提前10日发出，没有严格遵守这一期限要求，且未通知决议事项，召集程序存在瑕疵。对于公司停止经营这一重大决议，由于股东会的召集存在程序问题，股东可要求公司撤销决议，如果公司拒不改正的，股东可向法院提起撤销之诉。

风险防范建议

哪些情况可能导致股东会出现程序瑕疵，存在被撤销的风险呢？

(1)召集程序瑕疵。如发送召集通知时遗漏了部分股东，召集时通知期间过短，召集通知中未载明事由、议题及概要等。

(2)表决程序瑕疵。如表决人数未达到法定人数，对委托表决文件审查不严，应回避表决的股东直接行使表决权，未达到法定比例等。

(3)决议内容违反章程。如参加决议人员身份与章程规定不相符等。

相关法规

《公司法》第22条第1、2款　公司股东会或者股东大会、董事会的决议内容违反法律、行政法规的无效。

股东会或者股东大会、董事会的会议召集程序、表决方式违反法律、行政法规或者公司章程，或者决议内容违反公司章程的，股东可以自决议作出之日起六十日内，请求人民法院撤销。

《公司法》第41条第1款 召开股东会会议，应当于会议召开十五日前通知全体股东；但是，公司章程另有规定或者全体股东另有约定的除外。

33. 股东会强行确定股权回购价格，有效吗？

情景案例

于某系某有限公司的股东，占公司股权20%。公司章程明确规定："股东因办理退休离开公司的，股权由公司负责回购再转让。"2014年3月，于某退休离职。当时资产评估所出具报告书，公司净资产为280万元。

三个月后，公司遇到市场跌价风暴。公司召开全体股东会，作出决议："对于离职人员按照净资产180万元折算股权回购价值。"于某找到公司，公司以市场变化、净资产缩水为由，要求按照180万元的净资产折算股权回购价格，双方为此发生纠纷。

请问：股东会强行确定股权回购价格，有效吗？

本案分析

确定股权价格应当遵循公平合理的原则，按照净资产市值回购才能真正体现股权的实际价值，公司的股权价格应当依据评估报告，而不是随意定价。股东会是股东行使权利的决策机构，如果强行定价，势必会损害股东权益，也不符合公司治理的准则。

股权是公民的合法财产，既然各股东在章程中明确约定以股东退休为股权回购的前提条件，这种约定属于股东自由处置财产的行为，是有效的。

本案中，于某已符合章程中约定的公司回购的条件，应按照离休时间的净资产价值280万元折算回购股权价值，公司决议擅自定价为180万元，是不能成立的，也是无效的。

风险防范建议

实践中，如果财产权益遭到股东会的侵犯，股东应如何应对呢？建议如下：

(1)股东应立即与公司协商，要求撤销股东会决议，重新作出按照评估结果来确定股权回购价格，并重新作出决议。

(2)在协商无果的情况下，可依据《公司法》及章程的约定，在收到通知的60日内向法院提起确认股东会决议无效的诉讼。

(3)股东会决议一旦被法院确认无效，要重新作出决议。

相关法规

《公司法》第11条 设立公司必须依法制定公司章程。公司章程对公司、股东、董事、监事、高级管理人员具有约束力。

《公司法》第22条第1、2款 公司股东会或者股东大会、董事会的决议内容违反法律、行政法规的无效。

股东会或者股东大会、董事会的会议召集程序、表决方式违反法律、行政法规或者公司章程，或者决议内容违反公司章程的，股东可以自决议作出之日起六十日内，请求人民法院撤销。

34. 公司作出未按照股东的占股比例扩股的决议，有效吗？

情景案例

王先生是一家贸易有限公司的股东，占公司股权的17%。2013年6月，王先生因公司经营方向与其他股东产生分歧，遂辞去了董事长的职务，之后公司选举了新的董事长。

2014年12月，公司发来一份通知，通知上郝然写着："根据本公司股东会议决议，公司决定扩股，公司股东每人最高扩股为5股，最低为2股，每股3000元，请于收到通知书10日内到公司办理股权变更手续。逾期视为放弃此次扩股权。"王先生十分纳闷，自己没有接到股东会议通知，查阅公司章程条款的规定，未发现特别约定扩股的相关事项。

请问：公司作出未按照股东的占股比例扩股的决议，有效吗？

本案分析

股东的优先认股权也叫优先认缴权，是公司增发新股时为保护老股东的利益而赋予老股东的一种特权。法律规定股东优先认缴权的意义在于，在不损害他人合法权益的前提下，尽可能地维护股东间的信任基础，保持公司内部原有的平衡与和谐，稳定已建立起来的法律关系，从而维护公司的利益。

本案中，公司在增资扩股时，如章程无特别约定，增资扩股的比例应与所持公司的股权比例一致，贸易公司通过股东会决议的形式强行确定扩股比例，剥夺了王先生的优先认购权。同时，股东会的召集、决议的程序须合法。公司未将召开股东会的时间、地点、决议内容通知王先生，剥夺了王先生的股东表决权。

因此，公司的决议内容无形中稀释了王先生的股权，严重侵犯了其股东权益，可按照章程或法律规定申请撤销或确认无效。

风险防范建议

在增资扩股时，如果个别股东不配合公司召开会议、作出决议，在这种情况下如何使增资扩股顺利进行呢？建议如下：

（1）为了确保公司的决议事项有较强的执行力，可在公司章程中事先约定增资扩股时的适用比例以及定价原则。

（2）完善股东大会的召集程序、表决方式，避免程序及实体上的重大瑕疵，影响公司决策效率。

（3）严格遵循"内容合法、程序严谨"的八字方针，防止股东会滥用职权，将公司卷入侵犯股东权利的纠纷中。

相关法规

《公司法》第34条 股东按照实缴的出资比例分取红利;公司新增资本时,股东有权优先按照实缴的出资比例认缴出资。但是,全体股东约定不按照出资比例分取红利或者不按照出资比例优先认缴出资的除外。

《公司法》第103条第1款 股东出席股东大会会议,所持每一股份有一表决权。但是,公司持有的本公司股份没有表决权。

《公司法》第22条第2款 股东会或者股东大会、董事会的会议召集程序、表决方式违反法律、行政法规或者公司规章,或者决议内容违反公司章程的,股东可以自决议作出之日起六十日内,请求人民法院撤销。

35. 股东会将未按约定履行出资义务的股东除名,合法吗?

情景案例

2014年3月1日,甲、乙、丙三人共同出资成立了一家有限责任公司,其中甲认缴出资35万元,占15%的股权,但甲一直以未筹到资金拖延。2014年11月,经公司及乙、丙两次向甲发出限期缴纳出资通知书,甲仍拒绝履行补足义务。乙、丙遂召开股东会,根据章程规定以甲未履行义务为由取消其股东资格,并拟办理公司减资手续。甲不服,诉至法院。

请问:股东会将未履行出资义务的股东除名,合法吗?

本案分析

股东除名权是弘扬股权文化,强化公司管理的重要手段。公司开除股东或将股东除名,是通过强制的方式,让某一股东转让其在公司所持有的股份或股权,进而取消其股东资格,让其退出公司。

对股东予以除名,原则上应当以公司章程有对未履行股东义务或严重违反公司章程规定的股东予以除名的规定为前提。股东会根据章程规定及表决程序,作出除名决议,是公司强化股东诚信义务的体现,也是对失信股东的一种惩罚。

本案中,甲作为股东,负有按期缴纳全额出资的法定义务。甲在公司多次催促的情况下,仍未履行,属严重违反股东义务的行为,理应承担相应的法律责任。因此,股东会可以作出除名决议。

风险防范建议

关于股东除名,公司要注意,哪些相关程序呢?

(1)为防止公司出现僵局,应事先在公司章程中规定对股东予以除名的条件与程序。

(2)公司要发书面通知,督促股东在合理期间内缴纳出资或返还出资。

(3)如果该股东逾期仍不履行出资义务，召开股东会决议开除股东。

(4)公司办理减资手续或由其他愿意出资的新老股东出资，并办理股东变更手续。

相关法规

《最高人民法院关于适用〈中华人民共和国公司法〉若干问题的规定(三)》第17条第1款 有限责任公司的股东未履行出资义务或者抽逃全部出资，经公司催告缴纳或者返还，其在合理期间内仍未缴纳或者返还出资，公司以股东会决议解除该股东的股东资格，该股东请求确认该解除行为无效的，人民法院不予支持。

《公司法》第28条 股东应当按期足额缴纳公司章程中规定的各自所认缴的出资额。股东以货币出资的，应当将货币出资足额存入有限责任公司在银行开设的账户；以非货币财产出资的，应当依法办理其财产权的转移手续。

股东不按照前款规定缴纳出资的，除应当向公司足额缴纳外，还应当向已按期足额缴纳出资的股东承担违约责任。

三、公司经营

36. 大股东控制公司财务事项，小股东如何处理？

情景案例

2010年8月，甲、乙、丙三人成立A公司，甲占50%的股份，乙占25%的股份，丙占25%的股份。甲担任公司的法定代表人、总经理，控制公司银行账户、账册、重要文件等，对公司日常经营事项擅自决策。乙、丙对公司的经营及财务情况无法了解。

2014年11月，乙、丙要求查阅公司账册被甲拒绝，于是产生纠纷。

请问：乙、丙如何处理？

本案分析

在合伙经营公司过程中，确实会出现大股东凭借其掌握公司股权、人事、财务等重要权力，在公司中拥有较大的话语权和控制权，进而忽视小股东权利的情况。小股东的意见得不到尊重和实现，最终影响公司的经营状况，使公司陷入不利局面。

《公司法》原则上规定按照股权比例行使表决权，有利于保护大股东的利益，有助于大股东意志得到落实。对于保护小股东的合法权益也有相应规定，小股东如果联合股份达到一定比例也可通过或拒绝通过决议，且专门有保障小股东查阅账目的条款。

本案中，甲作为公司的法定代表人、总经理，有权按照公司章程及法律规定充分行使经营权力，但也应保障乙、丙作为小股东的权益。乙、丙对于企业的经营状况有知情权和查账权，对于违反公司章程、法律规定损害公司或个人利益的情况可以根据自身的股权比例提出不同意见，必要时可申请法院依法予以保障。

风险防范建议

实践中，大股东侵犯小股东利益的事件经常发生，如何防范此类情况发生？建议如下：

(1)章程应予以明确规定。为防止股东在合作过程中产生矛盾,可在公司章程中明确规定,股东不论持股比例大小,对公司财务均享有知情权,同时应对知情内容予以保密。

(2)设置破解公司僵局方案。股东通过协商不能解决的,可以考虑转让股权,也可以请求人民法院解散公司和进行清算。

(3)如涉及大股东严重违规,损害公司或其他股东合法权益的,小股东完全可以通过法律途径解决。

相关法规

《公司法》第20条第1款 公司股东应当遵守法律、行政法规和公司章程,依法行使股东权利,不得滥用股东权利损害公司或者其他股东的利益;不得滥用公司法人独立地位和股东有限责任损害公司债权人的利益。

《公司法》第33条第1款 股东有权查阅、复制公司章程、股东会会议记录、董事会会议决议、监事会会议决议和财务会计报告。

37. 有限责任公司的股东可以"退伙"吗?

情景案例

张某和何某一起创办了一家有限责任公司,何某是大股东,负责营销与财务,张某负责生产。由于张某不懂财务,又十分信任何某,公司的重大事项均由何某处理。公司经营了两年,张某感觉经营状况还不错,到了年底,账面显示公司每年都在亏损。现在张某想退出公司,不知如何处理。

请问:有限责任公司的股东可以"退伙"吗?

本案分析

有限责任公司的股东之间可以相互转让其全部或者部分股权。股东不愿意继续参与经营的,在征得其他股东同意后可以转让手中股权。根据《公司法》的规定,有限公司的股东可以转股,但不能退股。

根据《公司法》的相关规定,有限责任公司的股东可以通过对内或对外转让股权的方式退出公司,对"退伙"有严格限制。第一种情况,在"公司经营期限届满"之后,应请求公司解散;第二种情况,张某与何某达成合意,由股东会作出解散公司的决议;第三种情况,经何某同意,张某向第三人转让股权,或者将股权转让给何某。

在以上三种情形均不符合的情况下,张某作为股东,在公司经营期限尚未届满的情况下,其单方退出公司的想法是无法实现的。

风险防范建议

如果遇到这种情况,如何防范风险呢?建议如下:

(1)细化公司章程,明确股东权利义务,制定保护小股东权益的特殊措施,防止大股东操纵公司，损害小股东权益。

(2)如果因股东不和，出现公司僵局或大股东完全操纵公司的局面，大小股东要以大局为重，化解矛盾、打破僵局。如果无法协商，小股东有权起诉要求解散公司。

相关法规

《公司法》第71条第1款　有限责任公司的股东之间可以相互转让其全部或者部分股权。

《公司法》第74条　有下列情形之一的，对股东会该项决议投反对票的股东可以请求公司按照合理的价格收购其股权：

(一)公司连续五年不向股东分配利润，而公司该五年连续盈利，并且符合本法规定的分配利润条件的；

(二)公司合并、分立、转让主要财产的；

(三)公司章程规定的营业期限届满或者章程规定的其他解散事由出现，股东会会议通过决议修改章程使公司存续的。

自股东会会议决议通过之日起六十日内，股东与公司不能达成股权收购协议的，股东可以自股东会会议决议通过之日起九十日内向人民法院提起诉讼。

38. 小股东控制公司时，如何处理？

情景案例

A公司是一家有限责任公司，股东共3人，其中，大股东魏先生持股60%，两个小股东分别持股25%、15%。公司章程规定，所有股东会决议须经全体股东按照一人一票的规则，由2/3以上的股东表决同意方有效。

2015年6月，魏先生看中一套有升值潜力的营业房，想购买用于营业，但公司多次召开股东会，两个小股东均不同意，无法形成决议。半年过去了，该房果然升值。魏先生眼看商机错过，甚是苦闷。更重要的是，这只是日常公司经营决策中的一个小缩影，类似情形经常发生，严重影响了公司的决策效率和经营。魏先生不知如何是好。

请问：小股东控制公司时，如何处理？

本案分析

要打造和谐的公司治理环境，必须重视章程条款和股东协议的起草，有些股东担心，过细的条款会影响股东的关系，但恰恰相反，一些粗略的章程条款往往给日后的经营埋下了矛盾的种子。精心设计公司章程的条款不仅仅是为了打造和谐的公司内部环境，而且是公司活力和决策力所必需的。

在公司运营中，经常会发生大股东控制公司的局面，但小股东控制公司的情形也时有发生。有些股东在制定章程时粗心大意，忽视某些细微条款的设定，影响了公司的决策和命运。章程条款的设定既要维护公司利益，又要保护各股东的利益。

通过修改公司章程的方式解决尴尬局面，但前提是股东之间还能够协商一致，达成修改公司章程的共识。如果控制局面的小股东不作让步，大股东魏先生只能请求解散公司以打破僵局。

本案中,魏先生虽然在公司持股60%,占公司股权比例近2/3,根据公司章程中规定的一人一票的表决原则,魏先生实际上只享有1/3的表决权。由于这种条款已阻碍了公司的发展,各股东应协商一致,更改章程条款及表决规则,以推动公司良性发展。

风险防范建议

公司股东发起成立公司,切不可对公司章程的制定稀里糊涂。一定要在精心设计公司治理结构和机制的基础上,聘请具有公司法专业知识和实务经验的律师,对公司章程的条款进行周严、精细的设计和反复审议,努力实现决策机制的科学性和股东权利义务的均衡性。

相关法规

《公司法》第42条 股东会会议由股东按照出资比例行使表决权;但是,公司章程另有规定的除外。

《公司法》第43条 股东会的议事方式和表决程序,除本法有规定的外,由公司章程规定。

股东会会议作出修改公司章程、增加或者减少注册资本的决议,以及公司合并、分立、解散或者变更公司形式的决议,必须经代表三分之二以上表决权的股东通过。

39. 法定代表人被刑事拘留,股东会能否变更法定代表人?

情景案例

某贸易有限公司的大股东田某持有公司55%的股权,担任公司法定代表人和董事长,黄某是公司的小股东和监事。2015年6月21日,田某因涉嫌故意伤害罪被依法刑事拘留。由于公司日常事务一直由田某负责,在田某被拘留后,公司无法正常运作。公司章程规定:变更公司法定代表人必须由代表二分之一以上表决权的股东通过并形成决议。

请问:田某被刑事拘留期间,股东会可以变更法定代表人吗?

本案分析

企业的法定代表人是代表企业行使职权的法定负责人。企业的法定代表人的产生方式主要有任命、委派、选举、招聘或其他合法方式。企业的法定代表人还具有一定的稳定性,其任免需要经过合法的程序予以确认。

按照《公司法》第147条的规定,公司高管因贪污贿赂、侵占财产等侵害财产型犯罪被判处刑罚的,不得担任公司高管。田某虽然被刑事拘留,但因其涉嫌的犯罪不属于侵害财产型犯罪,且尚未被法院生效判决确定有罪。因此,其尚未丧失担任公司法定代表人的资格,股东会不可以因其被刑事拘留而解除其法定代表人职务,并作出更换法定代表人的决定。

公司为了经营方便,可暂时指定临时负责人,全权处理公司日常事务。

风险防范建议

如果公司遇到这种情况,应该如何处理呢?

(1)以不影响公司经营和利益为原则,由黄某暂时负责公司的事务。

(2)委托律师会见,由法定代表人出具书面变更手续后,再行办理。

(3)如果法院判决田某承担刑事责任,再向工商部门申请变更法定代表人。

相关法规

《公司法》第13条　公司法定代表人依照公司章程的规定,由董事长、执行董事或者经理担任,并依法登记。公司法定代表人变更,应当办理变更登记。

《公司法》第146条　有下列情形之一的,不得担任公司的董事、监事、高级管理人员:

(一)无民事行为能力或者限制民事行为能力;

(二)因贪污、贿赂、侵占财产、挪用财产或者破坏社会主义市场经济秩序,被判处刑罚,执行期满未逾五年,或者因犯罪被剥夺政治权利,执行期满未逾五年;

(三)担任破产清算的公司、企业的董事或者厂长、经理,对该公司、企业的破产负有个人责任的,自该公司、企业破产清算完结之日起未逾三年;

(四)担任因违法被吊销营业执照、责令关闭的公司、企业的法定代表人,并负有个人责任的,自该公司、企业被吊销营业执照之日起未逾三年;

(五)个人所负数额较大的债务到期未清偿。

公司违反前款规定选举、委派董事、监事或者聘任高级管理人员的,该选举、委派或者聘任无效。

董事、监事、高级管理人员在任职期间出现本条第一款所列情形的,公司应当解除其职务。

四、公司管理

40. 任用近亲属掌控公司,可以吗?

情景案例

甲、乙、丙三人共同出资创办了一家公司,其中甲占公司51%的股权,是公司最大的股东,全面负责公司运营。乙兼职负责公司财务工作,丙不参与公司经营。公司成立初期,生意火爆,利润可观。

不久,甲安排妻子担任公司财务总监,安排妻弟担任收银部经理,安排侄女担任人事经理。从财务报表上看,公司现在每月都在亏损,乙、丙发现甲在财务及运营上做了手脚,但甲是公司大股东,乙、丙不知该怎么办。

请问:乙、丙如何处理呢?

本案分析

股权是因出资形成的与股东身份相联系的权利和义务的集合,本质上是股东对公司及其事务的控制权。如果公司的人员配制不当,又缺乏监督机制,其他股东的权益很难得到维护。

甲作为公司控股股东，甲的妻子担任公司财务总监，妻弟担任收银部经理，这种做法欠妥，形成了公司由甲一人操控，而其他股东的权利均被排斥的局面，且存在弄虚作假行为，严重损害其他股东的合法权益。甲的行为严重违反公司股东的决策规则和公司高管对公司所负的忠实义务。乙、丙可以提议召开临时股东会，要求作出撤销甲任人唯亲的人事安排的决议。如果因乙、丙不能获得通过决议所需多数，可以依据《公司法》的规定对甲提起诉讼，要求其因滥用股东权利给公司和乙、丙所造成的损失承担赔偿责任。

乙、丙还可以行使股东知情权，要求查阅公司的财务收支情况，如果发现有侵占公司业务款或其他违法违纪行为，可按照法律程序进行追查。

风险防范建议

针对一些规模不大的有限公司，为了维护公司财产权益，防止大股东操纵公司，建议如下：

(1)通过设立监事会或监事的方式完善监督机制，对公司的财产状况、高管人员的行为及其他损害公司利益的事项进行全面监督。

(2)股东有权按照章程及《公司法》规定查阅财务会计报告，充分行使股东权利。

(3)对监督过程中发现的问题及时纠正，或向股东会提出议案，确保公司正常运营。

相关法规

《公司法》第20条 公司股东应当遵守法律、行政法规和公司章程，依法行使股东权利，不得滥用股东权利损害公司或者其他股东的利益；不得滥用公司法人独立地位和股东有限责任损害公司债权人的利益。

公司股东滥用股东权利给公司或者其他股东造成损失的，应当依法承担赔偿责任。

公司股东滥用公司法人独立地位和股东有限责任，逃避债务，严重损害公司债权人利益的，应当对公司债务承担连带责任。

《公司法》第33条 股东有权查阅、复制公司章程、股东会会议记录、董事会会议决议、监事会会议决议和财务会计报告。

《公司法》第152条 董事、高级管理人员违反法律、行政法规或者公司章程的规定，损害股东利益的，股东可以向人民法院提起诉讼。

41.董事长一定要由控股股东或选派的代表担任吗？

情景案例

A与5位朋友共同成立一家有限责任公司，A占公司70%的股权，是大股东。公司成立后，A计划委任弟弟B担任公司董事长，但遭到全体股东反对。A认为：“董事长是由控股股东或选派的代表担任的，所以我有权让弟弟B担任公司董事长，合法合规，其他股东无权干涉。”公司章程规定：董事长的任命由股东按照一人一票的原则表决。

请问:A的说法符合相关法律规定吗?

本案分析

董事长是公司执行机构的主持人,董事长由董事会选举产生。董事长也是董事之一,由董事会选出,董事长的职权是召集和主持董事会。

本案中,董事长的选举是依据公司章程而产生的,章程规定董事长的任命由股东按照一人一票的原则表决,既然其他股东均表示反对,即使A是大股东,也无权决定董事长的任命。法律并未禁止股东以外的其他人担任公司的董事长,公司股东会进行表决,可任命股东担任董事长,也可任命股东之外的其他人担任董事长。

A认为,董事长的任命由大股东决定,这种说法是错误的。

风险防范建议

关于董事长的职权,公司可在章程中明确予以限制,以维护股东的合法权益。具体职权如下:

(1)董事长的职权是召集和主持董事会,行使法定职权。

(2)批准和签署在达到公司净资产的某个百分比(可设定具体数额)以下的公司财务支出款项;批准和签署一定数额以下的投资项目文件和款项。

(3)在出现灾害等不可抗力事件的紧急情况下,对涉及公司利益的合法事务有特别处置权。

相关法规

《公司法》第37条 股东会行使下列职权:

(一)决定公司的经营方针和投资计划;

(二)选举和更换非由职工代表担任的董事、监事,决定有关董事、监事的报酬事项;

……

《公司法》第44条第3款 董事会设董事长一人,可以设副董事长。董事长、副董事长的产生办法由公司章程规定。

42. 董事滥用董事权利,给公司造成损失,应当由谁行使追偿权?

情景案例

A公司的董事郑某与郭某主管公司的采购和财务,两人商议后以明显高于市场的价格引进生产材料,使公司蒙受损失30万元,而二人私拿回扣各7万元。从此以后,两人利用职权所得的各种好处费都两人平分。不久,两人利用职权牟取私利的行为被股东会发现。

请问:谁有权向郑某与郭某行使追偿权?

本案分析

公司董事作为从事和负责公司经营活动的主要成员,享有广泛的权利。只有切实规范董事的经营行为，才能让董事依法履行义务。作为公司董事，如果滥用董事权利为自己牟取私利，给公司造成损失，自然应当承担相应的法律责任。

本案中，郑某与郭某是公司的高级管理人员，应切实维护公司利益，郑某与郭某未尽到高级人员的忠实义务。由于公司的经济利益受到侵犯，公司可向郑某和郭某追偿，要求二人退回不法收益，并赔偿公司的经济损失。

此外，郑某与郭某的行为还涉嫌刑事犯罪，可向公安机关报案，提请公安机关立案侦查，依法追究郑某与郭某的刑事责任。

风险防范建议

在公司治理过程中，要严格约束和管理高管人员，防止侵害公司利益的事件发生。建议如下：

(1)实行以公开、公平、公正的竞争程序竞聘上岗的制度，将优秀的管理人员引进管理层。

(2)制定详细的考核规则，对高管人员的业绩进行考核，一旦发现违纪或违法行为，及时作出处理。

(3)对高管人员的持股、转股等权利进行适当限制，使个人利益与公司利益捆绑在一起，一损俱损，一荣俱荣。

相关法规

《公司法》第148条 董事、高级管理人员不得有下列行为：

(一)挪用公司资金；

(二)将公司资金以其个人名义或者以其他个人名义开立账户存储；

(三)违反公司章程的规定，未经股东会、股东大会或者董事会同意，将公司资金借贷给他人或者以公司财产为他人提供担保；

(四)违反公司章程的规定或者未经股东会、股东大会同意，与本公司订立合同或者进行交易；

(五)未经股东会或者股东大会同意，利用职务便利为自己或者他人谋取属于公司的商业机会，自营或者为他人经营与所任职公司同类的业务；

(六)接受他人与公司交易的佣金归为己有；

(七)擅自披露公司秘密；

(八)违反对公司忠实义务的其他行为。

董事、高级管理人员违反前款规定所得的收入应当归公司所有。

《公司法》第149条 董事、监事、高级管理人员执行公司职务时违反法律、行政法规或者公司章程的规定，给公司造成损失的，应当承担赔偿责任。

《公司法》第152条 董事、高级管理人员违反法律、行政法规或者公司章程的规定，损害股东利益的，股东可以向人民法院提起诉讼。

43. 公司一定要设监事会吗？

情景案例

甲是一位海归金融博士，回国后打算与10位朋友一起成立一家P2P公司。在制定公司章程的过程中，关于如何设置监事部门，股东们发生了分歧。甲认为："为保证公司的正规化运作，一定要设置监事会。"其他股东认为，"安排一位股东担任监事即可，没必要那么复杂"。

请问：公司一定要设监事会吗？

本案分析

设立监事会，是为了实现经营权与监督权的相互制衡，避免控股股东与经营层的滥用权利或失信行为。根据《公司法》的规定，一人公司可不设置监事会；股东人数较少或者规模较小的有限公司，可以设置1～2名监事，不设监事会。当然，在实际运作过程中，可根据公司的资本规模、雇工规模及其他实际情况决定是否设立监事会，但董事、高级管理人员不得兼任监事。

本案中，公司的股东人数较多，建立监事会有利于健全公司的治理结构，保障公司的正常运行。

风险防范建议

公司法框架下的监事会，除了日常的监督权，还有哪些权利呢？

(1)监事会有权对违反法律法规或公司章程的董事、高管人员提出罢免建议；

(2)监事会有权在董事会不履行本法规定的召集和主持职责时提议召开临时股东会会议；

(3)监事会有权向股东会会议提出提案；

(4)监事会有权对违反诚信义务的董事、高管人员提出诉讼。

相关法规

《公司法》第51条　有限责任公司设监事会，其成员不得少于三人。股东人数较少或者规模较小的有限责任公司，可以设一至二名监事，不设监事会。

监事会应当包括股东代表和适当比例的公司职工代表，其中职工代表的比例不得低于三分之一，具体比例由公司章程规定。监事会中的职工代表由公司职工通过职工代表大会、职工大会或者其他形式民主选举产生。

监事会设主席一人，由全体监事过半数选举产生。监事会主席召集和主持监事会会议；监事会主席不能履行职务或者不履行职务的，由半数以上监事共同推举一名监事召集和主持监事会会议。

董事、高级管理人员不得兼任监事。

《公司法》第52条　监事的任期每届为三年。监事任期届满，连选可以连任。

监事任期届满未及时改选，或者监事在任期内辞职导致监事会成员低于法定人数的，在改选出的监事就任前，原监事仍应当依照法律、行政法规和公司章程的规定，履行监事职务。

《公司法》第53条 监事会、不设监事会的公司的监事行使下列职权：

(一)检查公司财务；

(二)对董事、高级管理人员执行公司职务的行为进行监督，对违反法律、行政法规、公司章程或者股东会决议的董事、高级管理人员提出罢免的建议；

(三)当董事、高级管理人员的行为损害公司的利益时，要求董事、高级管理人员予以纠正；

(四)提议召开临时股东会会议，在董事会不履行本法规定的召集和主持股东会会议职责时召集和主持股东会会议；

(五)向股东会会议提出提案；

(六)依照本法第一百五十一条的规定，对董事、高级管理人员提起诉讼；

(七)公司章程规定的其他职权。

第三章 劳动人事

法律追求多方利益的保护与权衡，劳动合同法也是如此，既维护劳动者的利益，也维护企业的利益。

劳动合同法对用工管理提出了更高的要求，企业经营管理面临更加严峻的考验。在处理劳动关系时，法律要求企业承担更多法律义务。

企业的任何不遵守法律法规的行为都有可能引起劳动纠纷，给企业造成不良影响和经济损失。

一、劳动合同

44. 企业与员工续签合同，可以再次约定试用期吗？

情景案例

2013年2月，高某入职某网络公司任文员。双方签订了书面劳动合同，约定试用期为1个月，合同期限为1年。2014年1月15日，高某收到公司人力资源部的通知，“由于你工作出色，公司决定升你为办公室副主任，与你续签劳动合同。按照公司规定，新上任人员必须有半年的试用期”。高某十分开心。

两天之后，公司与高某重新签订了劳动合同，合同期限为3年，试用期为3个月，工作岗位为办公室副主任。2个月之后，公司以高某不符合录用条件为由，解除了劳动合同。高某不服，要求网络公司支付双倍赔偿金。

请问：企业与员工续签合同，可以再次约定试用期吗？

本案分析

试用期制度是用人单位通过约定一定期限来检验劳动者是否符合本单位特定工作岗位要求的制度，以此实现相互了解、双向选择的用工目的。试用期是对企业的一个保护期，如果使用得当，可以起到考察员工工作能力、综合素质等的作用，从而决定是否录用；反之，如果企业不能依法用好试用期，会影响企业的声誉。

通常情况下，公司为了考察员工能否胜任新的工作岗位，对员工设定试用期，并无不妥。但在本案中，网络公司和高某于2013年2月17日重新签订劳动合同，这是续签合同的行为。续签的合同是对到期合同的延续，如果约定试用期，等于变相减少劳动者的工作年限，无形中赋予了企业随意解除劳动合同的权利，对劳动者是不公平的。

有些公司认为,由于员工的岗位发生了变化,如果不重新约定试用期,如何充分了解员工的专业能力是否与岗位相匹配呢?需要注意的是,无论员工岗位是否发生变化,均禁止在续签劳动合同中重新约定试用期。既然网络公司已与高某续签了劳动合同,高某应享受正式员工的相关待遇。因此,网络公司与高某在劳动合同中约定的试用期条款无效,网络公司属于无法定理由解除合同,应承担相应法律责任。

风险防范建议

企业在劳动合同中约定试用期时,还要注意哪些问题呢?建议如下:

(1)公司在招工时,应当制定完整的、有操作性的、具体的录用规则,在录用时要求劳动者对招聘标准予以书面确认。如果发现劳动者不符合录用条件,应及时在试用期内解除劳动合同。比如提供虚假信息者、患有精神病者、吸毒者、被通缉者等相关问题均可罗列在招聘标准中。

(2)在约定的试用期届满后,企业要么让员工转为正式员工,要么辞退员工,不得以任何借口延长试用期。

相关法规

《劳动合同法》第10条第1、2款 建立劳动关系,应当订立书面劳动合同。

已建立劳动关系,未同时订立书面劳动合同的,应当自用工之日起一个月内订立书面劳动合同。

《劳动合同法》第16条 劳动合同由用人单位与劳动者协商一致,并经用人单位与劳动者在劳动合同文本上签字或者盖章生效。

劳动合同文本由用人单位和劳动者各执一份。

《劳动合同法》第19条第1、2款 劳动合同期限三个月以上不满一年的,试用期不得超过一个月;劳动合同期限一年以上不满三年的,试用期不得超过二个月;三年以上固定期限和无固定期限的劳动合同,试用期不得超过六个月。

同一用人单位与同一劳动者只能约定一次试用期。

45. 试用期间,企业可以随时辞退员工吗?

情景案例

2013年3月12日,周某进入某模具厂上班,并与公司签订了为期1年的劳动合同。合同约定试用期为1个月,试用期结束后,如果周某通过公司测评,就可转为正式员工;在试用期内,公司随时有权解除劳动合同。

2013年4月10日,人事部通知他到财务领工资,明天不用上班了。周某很意外,询问辞退理由,人事部经理答复:“在试用期间,工厂可以随时辞退任何人,员工也可以随时辞职,不需要理由,我们一直以来都是这样做的。”

请问:试用期间,企业可以随时辞退员工吗?

本案分析

作为企业，在录用员工、辞退员工时均应遵照《劳动法》的规定。试用期是用人单位和员工为互相了解而约定的一定期限的考察期。在试用期间，双方的劳动关系处于不确定状态。但这并不意味着企业可以随时辞退员工，更不意味着企业可以没有正当理由地辞退员工。企业试用期的辞退权不能滥用，如果企业随时辞退员工，则可能面临不利的局面。

本案中，尽管双方在劳动合同中明确约定，公司和周某均可随时解除劳动合同，但该约定与《劳动合同法》规定的原则相抵触，是无效条款。如果模具厂在试有期内发现周某不符合录用条件，可以解除劳动合同，但须提供相应的依据并说明理由。因此，人事部经理的说法是不符合法律规定的。

风险防范建议

企业在签订劳动合同时，除了应明确约定试用期外，还须注意以下事项：

(1)在员工入职1个月之内，要与员工签订书面劳动合同，否则可能会面临支付2倍工资的风险；劳动合同到期后，在同薪同岗的情况下及时签订劳动合同。

(2)如果企业以员工不符合录用条件为由解除劳动关系，则企业须保留“试用期员工不符合录用条件”的证据，且解除劳动合同的期限必须在试用期届满前。

(3)有些企业为防止员工在工作中失误后不赔偿就不辞而别，在录用时要求劳动者提供担保、风险抵押金、集资款或服装费等，这些做法是违法的，有的可能会承受更高的成本。

相关法规

《劳动合同法》第40条 有下列情形之一的，用人单位提前三十日以书面形式通知劳动者本人或者额外支付劳动者一个月工资后，可以解除劳动合同：

……

(二)劳动者不能胜任工作，经过培训或者调整工作岗位，仍不能胜任工作的；

……

《最高人民法院关于民事诉讼证据的若干规定》第6条 在劳动争议纠纷案件中，因用人单位作出开除、除名、辞退、解除劳动合同、减少劳动报酬、计算劳动者工作年限等决定而发生劳动争议的，由用人单位负举证责任。

《劳动合同法》第9条 用人单位招用劳动者，不得扣押劳动者的居民身份证和其他证件，不得要求劳动者提供担保或者以其他名义向劳动者收取财物。

46. 劳动合同可约定违约金吗？

情景案例

张某大学毕业后到某广告公司上班，试用期结束后，公司总经理告诉张某，由于他缺乏工作经验，公司需要花经费并指派资深设计师培养他。公司担心张某学成之后离开公司，为保障公司利益，双方至少要签订3年的合同，如果张某未满3年离开公司，每提前1年，承担违约金12万元。

当时张某没想太多就答应了。在合同签订后第2年，张某因为考取研究生，向公司递交了辞职书，第二天就离开了公司。公司要求张某承担12万元违约金，张某不愿意承担，双方发生纠纷。

请问：劳动合同中可约定违约金吗？

本案分析

根据《劳动法》的规定，企业和员工可以在劳动合同中约定违反劳动合同的责任。针对某些特定的违约情形，可以在劳动合同中约定违约金。由于劳动法规中没有对违约金的具体问题作出进一步的规定，违约金的数额应当按照公平、合理的原则进行自由约定，但并不意味着用人单位可以漫天要价。有的企业为了约束员工跳槽而约定高额违约金，旨在达到制约员工、稳定劳动关系的目的。实践中，有些"天价违约金"索赔案的诱因就是企业为留住人才而采取的权宜之计。

本案中，公司与张某签订的劳动合同约定了12万元的违约金，但公司并未向张某提供任何专业技术培训或支出专项培训费，且12万元这个数额与张某的工资收入差距悬殊，该条款属无效条款，对双方不具有法律约束力。

张某在辞职前，应提前30日以书面形式向公司提交辞职申请，履行法定的通知程序，在得到公司的批准后，方可与公司解除劳动关系。

风险防范建议

企业在劳动合同中约定违约金时，应注意以下事项：

(1)劳动合同仅可针对员工违反服务期或竞业限制约定违约金，其他事项禁止约定违约金。即使约定了相应条款，也可能因违反法律规定而被认定为无效条款。

(2)企业与员工在约定违约金具体数额时，通常应当结合员工的工资收入，确定一个较为合适的范围，便于违约情形发生时向员工主张赔偿。

相关法规

《劳动合同法》第22条 用人单位为劳动者提供专项培训费用，对其进行专业技术培训的，可以与该劳动者订立协议，约定服务期。

劳动者违反服务期约定的，应当按照约定向用人单位支付违约金。违约金的数额不得超过用人单位提供的培训费用。用人单位要求劳动者支付的违约金不得超过服务期尚未履行部分所应分摊的培训费用。

用人单位与劳动者约定服务期的，不影响按照正常的工资调整机制提高劳动者在服务期期间的劳动报酬。

《劳动合同法》第23条 用人单位与劳动者可以在劳动合同中约定保守用人单位的商业秘密和与知识产权相关的保密事项。

对负有保密义务的劳动者，用人单位可以在劳动合同或者保密协议中与劳动者约定竞业限制条款,并约定在解除或者终止劳动合同后,在竞业限制期限内按月给予劳动者经济补偿。劳动者违反竞业限制约定的,应当按照约定向用人单位支付违约金。

《劳动合同法》第25条　除本法第二十二条和第二十三条规定的情形外,用人单位不得与劳动者约定由劳动者承担违约金。

47. 企业被合并后，原来的劳动合同还继续履行吗?

情景案例

阿乐从事电器销售业务多年,2009年8月,阿乐经朋友介绍,入职一家小电器公司工作。阿乐与电器公司签订了为期3年的劳动合同。2010年年底,因电器公司的国外订单减少,资金链断裂,公司的经营状况举步维艰。

2014年3月,电器公司被同市的另一家大型电器公司合并,公司遂更名并更换了法定代表人。2014年3月20日,公司在院内张贴通知:“本公司股东会决定,原电器公司的员工与公司的劳动合同从即日起解除,员工须于3日内到人力资源部办理离职手续。”阿乐没有理会,次日正常到公司打卡上班,遭到拒绝。双方引起纠纷。

请问:企业被合并后,原来的劳动合同还继续履行吗?

本案分析

本案涉及劳动合同的承继履行问题。用人单位在依法享有自主用工权利的同时,应充分尊重劳动者的合法权益,努力构建和谐劳动关系。公司在经营决策及人员调整过程中,应尽可能建立稳定的劳动关系,确保公司运营不受影响。

企业的法人代表在劳动关系中的行为是代表企业,而不是个人,只要企业法人资格不变,无论法定代表人如何变换,都不影响企业享有权利和承担义务。

本案中,尽管公司变更了名称和法定代表人,但由于新公司是原公司的承继,应当继续履行合同。在阿乐与原公司的劳动合同尚未到期的情况下,新公司不能随意解除劳动合同。

因此,本案中阿乐与电器公司签订的原劳动合同仍然有效,新公司必须按照劳动合同的约定履行对劳动者的义务,否则,就属于违约行为,应承担相应的违约责任。

风险防范建议

在实践中,经常会遇到企业合并、收购、企业法定代表人变更等情形,此时应如何处理劳动关系呢？建议如下:

(1)公司在被合并注销前先与员工签署协商解除劳动关系的协议,再由新公司与员工签订劳动合同,并对之前的工作年限予以承继和保留。

(2)如果企业以上述理由要求与劳动者重新签订劳动合同,变更劳动者的工作岗位、工资待遇,进而规避原劳动合同的义务,此举显然侵害了劳动者的合法权利,用人单位也将为此承担不利的法律后果。

相关法规

《劳动合同法》第33条 用人单位变更名称、法定代表人、主要负责人或者投资人等事项，不影响劳动合同的履行。

《劳动合同法》第34条 用人单位发生合并或者分立等情况，原劳动合同继续有效，劳动合同由承继其权利和义务的用人单位继续履行。

48. 企业可随意调动劳动者的岗位吗？

情景案例

陈某在某电子公司上班已一年多，从事质检工作。公司突然要将陈某调到行政部。陈某不同意，陈某说："我能胜任本职工作，没有犯什么错误，劳动合同中已明确约定我的工作岗位，故公司无权调动我的岗位。"人事部经理说："陈某是公司花钱聘请的，公司让他做什么就做什么，如果不愿意就走人，没得商量。"

请问：企业可随意调动劳动者的岗位吗？

本案分析

随着企业经营情况的变化，会不可避免地遇到对员工的岗位和职责进行调整的问题。劳动合同的变更，是指劳动合同生效以后，未履行完毕之前，劳动关系双方当事人就已订立的劳动合同部分条款达成修改、补充或者废止的约定。企业在调岗过程中，如果未与员工充分协商，未履行合同变更程序，极易引发纠纷。

公司和员工的劳动合同一经签订，双方均应全面、充分履行。在劳动合同履行期间，调岗、调薪均属于变更劳动合同的内容。本案中电子公司在未与陈某协商一致的情况下，单方擅自调岗，这种简单粗暴的做法是不可取的。

如果陈某拒绝接受调整，那么公司应恢复陈某的原工作岗位，继续履行合同。

风险防范建议

公司在遇到变更劳动合同的情形时，建议如下：

(1)公司应遵循平等自愿、协商一致的原则，与员工充分协商，如果协商一致，可签订书面的变更劳动合同协议书。

(2)在签订劳动合同时，可以与员工协商确定较为广泛的岗位职责，在劳动合同中约定"员工必须服从单位在约定岗位范围内安排的工作"的条款，避免在局部调岗时引发争议。

(3)公司可在劳动合同或规章制度中就调岗的条件和情形作出约定，例如，员工在连续若干个考核周期内不达标的，可以调整其工作岗位；可以对员工在一定范围内实行轮岗；涉密人员合同终止或解除前，可以调整其工作岗位。

(4)在劳动合同中明确约定在哪种情况下公司可以单方变更员工的劳动合同内容，如符合《劳动合同法》第40条第1、2款的规定情形时。

相关法规

《劳动合同法》第35条　用人单位与劳动者协商一致，可以变更劳动合同约定的内容。变更劳动合同，应当采用书面形式。

变更后的劳动合同文本由用人单位和劳动者各执一份。

《劳动合同法》第40条　有下列情形之一的，用人单位提前三十日以书面形式通知劳动者本人或者额外支付劳动者一个月工资后，可以解除劳动合同：

（一）劳动者患病或者非因工负伤，在规定的医疗期满后不能从事原工作，也不能从事由用人单位另行安排的工作的；

（二）劳动者不能胜任工作，经过培训或者调整工作岗位，仍不能胜任工作的；

（三）劳动合同订立时所依据的客观情况发生重大变化，致使劳动合同无法履行，经用人单位与劳动者协商，未能就变更劳动合同内容达成协议的。

《劳动合同法》第41条第1款　有下列情形之一，需要裁减人员二十人以上或者裁减不足二十人但占企业职工总数百分之十以上的，用人单位提前三十日向工会或者全体职工说明情况，听取工会或者职工的意见后，裁减人员方案经向劳动行政部门报告，可以裁减人员：

（一）依照企业破产法规定进行重整的；

（二）生产经营发生严重困难的；

（三）企业转产、重大技术革新或者经营方式调整，经变更劳动合同后，仍需裁减人员的；

（四）其他因劳动合同订立时所依据的客观经济情况发生重大变化，致使劳动合同无法履行的。

二、工资福利

49. 员工自愿加班的，企业要支付加班费吗？

情景案例

小华是某贸易公司的财务总监，2012年8月，他与公司签订了期限为3年的劳动合同。合同约定，公司实行每日8小时、每周40小时的工作时间制度。小华工作十分努力，得到公司领导的赞赏。小华在工作过程中，发现下属公司有些账目调整得不到位，就利用自己的休息时间将账目做好。

2015年8月，劳动合同到期后，公司决定不再与小华签订劳动合同。小华向劳动部门投诉，要求公司支付加班费。

请问：员工自愿加班的，企业要支付加班费吗？

本案分析

通常情况下，用人单位根据实际需要，安排员工在法定标准工作时间以外进行工作，用人单位应支付加班工资。如果员工的工作既不是用人单位的要求、决定，也没有用人单位认可的加班记录，而属于自愿加班的情况，用人单位无须支付加班费。

本案中，小华利用休息时间为公司规范账目，不是公司安排的加班工作，属于员工自愿加班,这种情况公司是没有加班记录的。法律意义上劳动者有权获得加班工资的必备条件是用人单位安排加班,所以贸易公司无须向小华支付加班费,小华的请求无法得到支持。

风险防范建议

在实践中,企业与员工之间因工资引发的纠纷非常多,对此建议如下:

(1)企业应建立明确详细的工资支付方案。

(2)规范加班制度,包括加班申请制度,即只有申请加班得到批准后方视为加班。

(3)薪资中要有正常工作时间的概念,确定正常工作时间中工作的范围,且约定加班工资是以正常工作时间作为计算基数的。

相关法规

《劳动合同法》第31条 用人单位应当严格执行劳动定额标准,不得强迫或者变相强迫劳动者加班。用人单位安排加班的,应当按照国家有关规定向劳动者支付加班费。

50. 企业可以以发放补助方式替代加班费吗?

情景案例

小于是某电器公司的生产部副经理,与公司签订了为期5年的劳动合同。小于头脑灵活,工作勤奋,在公司获得一致好评。2015年3月,电器公司接到一个急单,于是公司办公室下发文件,生产部人员即日起每天加班2小时,每人每天发放100元的伙食补助费。

劳动合同到期后,公司决定不再与小于签订劳动合同。小于依据考勤记录及工资单向劳动部门投诉,要求公司支付未付的加班费。

请问:企业以发放补助方式替代加班费,可以吗?

本案分析

在现代社会,追求利润最大化是企业的终极目标,很多企业通常加班加点或减少员工休息时间,以达到增加效益的作用。我国法律并未禁止延长劳动者的工作时间,但有相应的限制条件。如果企业为了完成订单而使员工大量、超额劳动,得不到休息,轻者会因疲劳操作而使企业受损,严重的可能会危害员工的身体健康,导致"过劳死"等恶劣事件发生。

劳动合同履行过程中,加班费是员工在提供额外劳动后应当享有的相应报酬。公司以补助、奖金或其他方式发放的费用不能替代加班费,电器公司发放给小于的伙食补助费,可视为公司的福利,与加班费的性质是根本不同的。小于依据考勤记录及工资单向劳动部门投诉,公司应当承担补发加班费的法律责任。

风险防范建议

实践中,有些企业在签订劳动合同时或口头约定工资中包含加班费,这些约定都是无效的。那么如何规范企业加班行为,避免企业受损呢?

(1)企业与员工签订合同时,除了协商好劳动报酬外,还要确定好加班费的基数,通常是以劳动合同中约定的工资基数为准来计算员工的加班费。

(2)企业在发放工资时,同时发放加班费,并在工资发放清单中列明加班费的项目,避免出现加班费发放含混不清的现象。

(3)在劳动合同中注明,员工的薪酬按照企业的薪酬管理规定执行。如果遇到薪资调整情形,无须另行变更劳动合同,但调整后的薪酬不低于原薪酬标准。

相关法规

《劳动法》第44条 有下列情形之一的,用人单位应当按照下列标准支付高于劳动者正常工作时间工资的工资报酬:

(一)安排劳动者延长工作时间的,支付不低于工资的百分之一百五十的工资报酬;

(二)休息日安排劳动者工作又不能安排补休的,支付不低于工资的百分之二百的工资报酬;

(三)法定休假日安排劳动者工作的,支付不低于工资的百分之三百的工资报酬。

51. 企业未安排员工带薪年休假,如何处理?

情景案例

2002年9月,阿勇入职一家汽车修理厂,任修理工一职。2014年8月,阿勇与汽车修理厂解除劳动合同。2014年3月,阿勇向劳动局申请仲裁,要求企业支付2011年、2012年、2013年未休年假的工资。

在仲裁开庭时,公司拿出阿勇在2013年2月的请假条,上面写着"因春节回家探亲,申请请假8天",认为阿勇已享受2013年的带薪年休假。

请问:阿勇的要求是否合理?

本案分析

职工带薪年休假制度是我国2008年颁布的一项新制度,这项制度可以保障员工休息休假权利,调动员工的工作积极性。很多企业不重视这个制度,认为员工的休假时间可由企业自由安排。如果企业强行安排员工休假或强行取消员工年休假,都会引发纠纷。

本案中,汽车修理厂主张阿勇已享受年薪年休假的假期,但提供的员工请假条上明确为探亲假,与带薪年休假是无关的。因此,公司应按照阿勇未休年薪假的天数,向阿勇补发相当于日工资额300%的工资。

风险防范建议

企业在实际经营过程中,如何落实带薪年休假制度,防范相关风险呢?建议如下:

(1)如果员工在企业履行了一年的劳动合同,已经满足了连续工作12个月的条件,企业应当为员工安排带薪年休假或者发放经济补偿金。如果员工因个人原因,自动放弃年休假,公司可要求其签订放弃休假的书面声明。

(2)公司制定年休假的时间规划,由员工根据各部门的繁忙程度分批安排休假;对于确实无法安排休假的员工，按照法律规定按照未享受假期天数补发300%的工资。

相关法规

《职工带薪年休假条例》第3条 职工累计工作已满1年不满10年的，年休假5天；已满10年不满20年的，年休假10天。

《职工带薪年休假条例》第5条第3款 单位确因工作需要不能安排职工休年休假的，经职工本人同意，可以不安排职工休年休假。对于职工应休未休的年休假天数，单位应当按照该职工日工资收入的300%支付年休假工资报酬。

52. 企业与员工约定由员工自行缴纳社保，合法吗？

情景案例

付某应聘到某公司做会计，双方签订劳动合同，期限为2年，同时签订补充协议约定：付某自己缴纳社保费，公司无须缴纳；付某在离开该公司后，不能以任何理由要求公司补缴社保费。

合同到期后，公司告知付某不再续签劳动合同，付某也同意离开公司，但提出公司应补缴2年社保费，遭公司拒绝。

请问：企业与员工约定由员工自行缴纳社保，合法吗？

本案分析

为员工缴纳社保费用，是企业的法定义务。有的企业通过不为员工办理社保或通过约定逃避承担社会保险的义务，从而达到节约资金的目的。有的员工为了得到工作，默认企业的做法，但随着员工法律意识的增强，一旦发生纠纷，公司将承担不利后果。

社会保险是指劳动者因年老、伤残、死亡、生育等原因造成劳动能力丧失或失业等情形而致经济困难时，由国家和社会给予一定补偿或物质帮助的保障制度。我国现行社会保险的待遇包括养老保险待遇、负伤与疾病保险待遇、残疾保险待遇、死亡保险待遇、生育保险待遇、失业保险待遇等。

本案中，尽管公司与员工在补充协议中约定，付某自行缴纳社会保险费，但由于违反了国家的强制性规定，双方的约定不具有法律约定力，是无效的。公司应承担补缴相关费用的法律责任。

风险防范建议

公司在为员工购买社会保险时，有哪些注意事项呢？

(1)公司应增强法律意识，足额为员工购买社会保险，以履行劳动法中规定的法定义务。

(2)如果遇到有些员工已在外地购买保险或由于其他原因无法购买保险的情形，由员工出具书面说明，并提供已在其他地区购买保险的证明，以规避相应风险。

(3)在为员工购买社会保险时，通过公示程序公布购买基数，或者由员工本人签字确认。

相关法规

《劳动法》第72条 社会保险基金按照保险类型确定资金来源,逐步实行社会统筹。用人单位和劳动者必须依法参加社会保险,缴纳社会保险费。

《社会保险法》第4条 中华人民共和国境内的用人单位和个人依法缴纳社会保险费,有权查询缴费记录、个人权益记录,要求社会保险经办机构提供社会保险咨询等相关服务。

个人依法享受社会保险待遇,有权监督本单位为其缴费情况。

《人力资源和社会保障部关于实施〈中华人民共和国社会保险法〉若干规定》第20条 职工应当缴纳的社会保险费由用人单位代扣代缴。用人单位未依法代扣代缴的,由社会保险费征收机构责令用人单位限期代缴,并自欠缴之日起向用人单位按日加收万分之五的滞纳金。用人单位不得要求职工承担滞纳金。

三、合同解除

53. 员工在医疗期内,企业可以解除劳动合同吗?

情景案例

A系某家具厂的木工,与公司签订了无固定期限的合同,任保管员工作。工作期间,A多次迟到、早退,公司多次进行批评。

2014年5月,A因胃疼到医院检查,被医院诊断为胃溃疡,需要进行治疗。A向公司提供了一份医院诊断证明后,就休息了半个月。到期后,A再次向公司申请半个月的病假,并出具医院证明。

一个月后,A到公司上班,收到了人力资源部送给他的一份通知书,双方的合同已于一个月前终止,工资也支付到合同终止日。于是A向劳动局申请仲裁,要求公司赔偿。

请问:员工在医疗期内,企业可以解除劳动合同吗?

本案分析

当企业的员工发生工伤和患病时,无疑会给企业带来沉重的负担。医疗期是指企业职工因患病或非因工负伤停止工作、治病休息不得解除劳动合同的时限。根据《劳动合同法》的规定,企业不能与处于医疗期内的员工解除劳动合同,待员工医疗期满,且不能从事原工作,也不能从事企业另行安排的工作,才能有条件地解除劳动合同。也就是说,延续至该情形消失之日,才能解除。

本案中,在公司向A送达解除合同书时,A提供的医院诊断证明显示,其正处于治疗期间,故公司与处于医疗期内的A终止劳动合同是违法的,因此A向劳动局申请仲裁,公司承担败诉后果也是必然的。由于A尚在医疗期内,享受领取病假工资等相应待遇。

风险防范建议

对于企业来讲,在员工发生工伤或患疾病时,如果不能妥当处理,会影响企业与员工之间的关系。当出现这种情况时,企业如何处理呢?

(1)企业加强员工管理,对患病员工或工伤员工在医疗期内的医院诊断手续严格审查与把关。

(2)双方的劳动合同一直延续至医疗期满才能依法解除。如果属于工伤,解除合同还要一次性支付工伤赔偿金。

相关法规

《劳动合同法》第42条 劳动者有下列情形之一的,用人单位不得依照本法第四十条、第四十一条的规定解除劳动合同:

……

(三)患病或者非因工负伤,在规定的医疗期内的;

……

《劳动合同法》第40条 有下列情形之一的,用人单位提前三十日以书面形式通知劳动者本人或者额外支付劳动者一个月工资后,可以解除劳动合同:

(一)劳动者患病或者非因工负伤,在规定的医疗期满后不能从事原工作,也不能从事由用人单位另行安排的工作的;

……

54. 依据末位淘汰制的规章制度解除合同,是否合法?

情景案例

2013年6月,小王与某广告有限公司签订了为期3年的劳动合同。小王工作勤奋,但因刚大学毕业,人脉资源少,缺乏销售经验等,业绩不太理想。2013年12月底,公司进行业绩考核,销售业绩分为五个档次即特别优秀、优秀、一般、合格、不合格,小王的综合评定成绩位列公司倒数第一。

2014年1月12日,小王接到了公司的解除劳动合同通知书。公司的销售主管解释称,因小王销售业绩不佳,绩效考核倒数第一,不能胜任工作,按照公司的规章制度中的"末位淘汰制",决定与小王解除劳动合同。

请问:广告公司依据末位淘汰制解除合同,是否合法?

本案分析

企业为提高盈利,调动员工的积极性,往往各出奇招,制定各种各样的绩效考核制度。企业制定规章制度无可厚非,但制定的制度必须是合理的。公司规章制度中的"末位淘汰制",在一定程度上可以起到激励员工的作用,但如果以此作为解约的理由,可能引发违法解除合同的法律纠纷。

在任何领域、任何部门的考核中,总会有人居于末位,但居于末位与不能胜任工作之间不具有关联性。根据《劳动合同法》的规定,如果员工不能胜任工作,且经过培训或者调岗仍然不能胜任工作的,才能解除劳动合同。

由于末位淘汰制不能作为用人单位解除劳动合同的依据,公司据此解除与小王的劳动合同是不合法的,应承担相应法律责任。

风险防范建议

企业在制定考核制度时,有哪些注意事项呢？建议如下：

(1)针对不同岗位制定合理的考核方案,明确规定优秀、胜任、不能胜任的具体标准,使得考核有据可查。

(2)重视日常工作中各项考核的记录与存档,并注意在绩效考核中排名末位与不胜任工作的区别。

相关法规

《劳动合同法》第40条　有下列情形之一的,用人单位提前三十日以书面形式通知劳动者本人或者额外支付劳动者一个月工资后,可以解除劳动合同:

……

(二)劳动者不能胜任工作,经过培训或者调整工作岗位,仍不能胜任工作的;

……

《最高人民法院关于民事诉讼证据的若干规定》第6条　在劳动争议纠纷案件中,因用人单位作出开除、除名、辞退、解除劳动合同、减少劳动报酬、计算劳动者工作年限等决定而发生劳动争议的,由用人单位负举证责任。

55. 员工在外兼职，企业可以与其解除劳动合同吗？

情景案例

阿花是一家布料公司的工作人员,与公司签订了为期3年的劳动合同,目前在企业已经工作一年多了。2012年8月,公司发现阿花每天晚上都在公司加班,经公司的人力资源部约谈,阿花承认因自己购房压力大,在外找了一份兼职,并承诺立即辞掉兼职。

1年之后,公司其他同事反映阿花在外兼职,经调查,确认阿花在另一家公司做兼职。于是,公司向阿花发送了解除劳动合同通知,阿花认为自己的兼职工作都是利用业余时间完成的,并不影响公司的正常工作,双方因此产生纠纷。

请问:阿花在外兼职,公司可与其解除劳动合同吗?

本案分析

随着市场经济体制的逐步建立,劳动力逐渐市场化,用工制度也逐渐走向多样化、灵活化,很多员工为达到丰富人生、积累财富的目的,利用空余时间在外兼职,公司普遍存在员工在外兼职的现象。我国劳动法并未禁止员工在外兼职,不同公司在规章制度中事先设定的有关兼职的限制条件不同。

兼职是指劳动者在某一时期内,同时受雇于两个以上用人单位而从事双重或者多重的有报酬的职业劳动。合理使用兼职人员,可以提高企业的科技水平、劳动生产率和市场竞争力;对于劳动者,可以增加经济收入、提高生活水平。

通常情况下,公司对在外兼职的员工提出解除合同,需要具备两个条件:一是兼职对本公司已经造成严重影响;二是公司对兼职提出反对意见,劳动者拒不改正。这两个条件都是由公司负举证责任的。

本案中,如果公司仅向阿花提出了警告,但不能证明阿花因兼职严重影响本公司工作且拒不改正,则不能据此提出解除劳动合同。

风险防范建议

劳动法实施以后,法律并不禁止员工在外兼职,但为了不对本职工作造成影响,仍对员工的兼职权利进行了限制。那么如何防范风险呢?建议如下:

(1)可以在员工手册中明确,员工在外兼职的,须先向企业报备。未履行报备的,视为违反规章制度的行为。

(2)如果发现员工在外兼职的,要及时制作谈话笔录、警告函、工作考核记录等,以证实"企业提出但拒不改正"。

相关法规

《劳动合同法》第39条 劳动者有下列情形之一的,用人单位可以解除劳动合同:

……

(四)劳动者同时与其他用人单位建立劳动关系,对完成本单位的工作任务造成严重影响的,或者经用人单位提出,拒不改正的;

……

《劳动合同法》第91条 用人单位招用与其他用人单位尚未解除或者终止劳动合同的劳动者,给其他用人单位造成损失的,应当承担连带赔偿责任。

56. 员工醉驾被刑事拘留期间,企业可以解除劳动合同吗?

情景案例

2012年7月,赵某入职一家电器公司,任行政主管,与公司签订了为期2年的劳动合同。2014年3月16日,赵某与老乡聚餐,驾车回家途中遇到警察查车,经测试赵某血液中的酒精含量为108mg/100mL,赵某被刑事拘留。

当晚本市电视台制作了一档宣传交通安全的节目,在接受记者采访时,赵某还是醉意昏沉的样子,此事给公司造成了不良影响。2014年5月20日,赵某被法院判处拘役2个月,罚金5000元。

赵某回家后得知,公司于2014年4月15日已向其送达解除合同通知书,内容是赵某危险驾驶的行为系重大违纪行为,故解除了双方的劳动合同。

请问:员工醉驾被刑事拘留期间,企业可以解除劳动合同吗?

本案分析

本案涉及过失性辞退问题。过失性辞退是指企业在劳动者有过错的情况下,无须提前30天通知,而即刻辞退职工的行为。按照我国《劳动法》的规定,员工被判刑即属于过失性辞退的情形之一，企业可以解除劳动合同。如果刑事案件还处于立案侦查、审查起诉或审理阶段，均不属于被追究刑事责任的情形，此时不能依据过失性辞退的规定解除劳动合同，但劳动合同暂时中止履行。

本案中，公司于 2014 年 4 月 15 日向赵某发出书面解除合同通知书，当时赵某处于被司法机关刑事拘留期间，任何公民在判决之前均不能被认定有罪，只是犯罪嫌疑人。在公司发出通知的当天，赵某的行为尚未被定性为犯罪，故公司解除合同的依据不足。公司以赵某属于重大违纪行为的理由不充分，公司擅自解除合同的行为是不合法的。

但在赵某被判刑后，公司可以在通知赵某的情况下依法解除劳动合同，且无须支付任何经济补偿金。

风险防范建议

劳动者在严重违反规章制度时，企业可以不用支付经济补偿金，即时解除与员工的劳动合同。但公司在解除劳动合同时，如何认定重大违纪行为呢？

（1）公司的规章制度要经过民主讨论产生和公示，这个相当于公司“内部法律”的规章制度才能作为解除劳动合同的依据。

（2）处理员工时不能以“严重失职”“重大损失”“不可估量”等模糊的语言表述，要区分轻微违纪行为、一般违纪行为和重大违纪行为，以确定是否达到解除合同的标准。

（3）处理时应遵从先批评教育后处理、先评估后处理、先调查后处理的原则，综合情况而定，使得处理结果有据可查，有法可依。

相关法规

《劳动法》第 25 条 劳动者有下列情形之一的，用人单位可以解除劳动合同：

……

（四）被依法追究刑事责任的。

《劳动部关于贯彻执行〈中华人民共和国劳动法〉若干问题的意见》第 28 条 劳动者涉嫌违法犯罪被有关机关收容审查、拘留或逮捕的，用人单位在劳动者被限制人身自由期间，可与其暂时停止劳动合同的履行。

暂时停止劳动合同期间，用人单位不承担劳动合同规定的相应义务。劳动者经证明被错误限制人身自由的，暂时停止履行劳动合同期间劳动者的损失，可由其依据《国家赔偿法》要求有关部门赔偿。

《最高人民法院关于民事诉讼证据的若干规定》第 6 条 在劳动争议纠纷案件中，因用人单位作出开除、除名、辞退、解除劳动合同、减少劳动报酬、计算劳动者工作年限等决定而发生劳动争议的，由用人单位负举证责任。

57. 员工未按时上交回收货款，企业可以开除员工吗？

情景案例

肖某为某公司的业务员，负责公司的产品销售工作。2014 年 1 月，肖某收取客户某装饰公司的货款32,000元,用于个人消费。同年11月10日,肖某向单位负责人如实说明情况,与公司达成还款协议书,肖某保证于2014年11月底前还清挪用的32,000元,并以自己的住房提供抵押,公司也盖章确认。

2014年12月10日,公司再次通知肖某当天内还清货款,因肖某一时无法筹款返还,公司当即报警,随即肖某被派出所以涉嫌挪用资金罪刑事拘留,但3天之后又将肖某释放。肖某回到公司上班,却被告知在拘留期间已被公司解雇。

请问:员工未按时上交回收货款,公司可以开除员工吗?

本案分析

劳动合同的解除是指劳动合同订立后,尚未全部履行,由于某种原因导致劳动合同一方或双方当事人提前解除劳动关系的法律行为。劳动合同的解除分为协商解除、法定解除和约定解除三种。本案涉及劳动合同的法定解除问题。

本案中,由于肖某未按照规定上交货款,之后与公司达成了还款协议,司法机关未对肖某追究刑事责任,只作普通债务的民事案件处理。公司在拘留期间将肖某辞退,不属于法定解除劳动合同的情形。基于肖某的具体情况,公司可考虑按照严重违反规章制度的情形予以辞退处理。

风险防范建议

如果出现员工严重违反规章制度的情形,属于过失性辞退,企业应如何处理呢?建议如下:

(1)细化公司规章制度,将挪用公款、侵占公司财产等行为列入严重违反公司规章制度的范围。

(2)收集违纪材料,如报警回执、询问笔录、法院判决书等,并将违法事实报工会,通知企业工会与员工解除劳动合同。

(3)向员工送达书面的解除劳动合同通知书,告知员工本人因违法被开除并限期办理交接手续,结清薪资。

相关法规

《劳动法》第25条 劳动者有下列情形之一的,用人单位可以解除劳动合同:

(一)在试用期间被证明不符合录用条件的;

(二)严重违反劳动纪律或者用人单位规章制度的;

(三)严重失职,营私舞弊,对用人单位利益造成重大损害的;

(四)被依法追究刑事责任的。

《劳动合同法》第39条 劳动者有下列情形之一的,用人单位可以解除劳动合同:

……

(三)严重失职,营私舞弊,给用人单位造成重大损害的;

……

(六)被依法追究刑事责任的。

《劳动部关于贯彻执行〈中华人民共和国劳动法〉若干问题的意见》第28条第1款　劳动者涉嫌违法犯罪被有关机关收容审查、拘留或逮捕的，用人单位在劳动者被限制人身自由期间，可与其暂时停止劳动合同的履行。

四、经济补偿

58. 未与劳动者签订无固定期限的合同，要支付经济补偿金吗？

情景案例

A于2006年入职B公司，担任仓管员。A入职后签订了两份劳动合同，2011年12月24日，双方又签订了第三份劳动合同，合同期限为一年。2012年5月10日又签订了劳动合同变更书，将第三份劳动合同的期限变更为2011年12月26日至2013年12月31日。

2013年12月31日，A在休假期间，向B公司邮寄签订无固定期限合同通知书，B公司收到后向A发出解除劳动合同通知。A申请劳动仲裁，要求B公司支付双倍工资及违法解除合同的双倍赔偿金。

请问：未与员工签订无固定期限的劳动合同，要支付经济补偿金吗？

本案分析

无固定期限劳动合同，是指用人单位与劳动者约定无确定终止时间的劳动合同。由于缺乏对无固定期限劳动合同制度的正确认识，不少人认为无固定期限劳动合同一经签订就不能解除。有些劳动者把无固定期限劳动合同视为"护身符"，认为无固定期限劳动合同是一种终身保障，有些企业则将无固定期限劳动合同看成了"终身包袱"，想方设法避免签订无固定期限劳动合同。

本案中，A与B公司于2012年5月10日签订第三份劳动合同，但A与B公司签订第三份固定期限的合同时，A并未提出任何异议，在双方均属于真实意思表示的情况下，B公司无须承担加付一倍工资的法律责任。

A与B公司的合同期限于2013年12月31日届满，由于之前双方已签订了两次以上固定期限合同，A要求B公司签订无固定期限劳动合同，但B公司以合同届满为由解除合同，这种做法已构成违法解除，故应承担经济赔偿金即双倍补偿金。

风险防范建议

许多企业担心与员工签订劳动合同，会增加购买社保、提供福利等经济负担，甚至在调薪调岗时处于被动地位。其实，这种想法是错误的。关于企业与员工签订劳动合同的问题，建议如下：

(1)即使不签订劳动合同，双方也会形成事实上的劳动关系，同样受到劳动法的保护，如果发生纠纷，企业可能会承受支付加倍工资等更多的成本。

(2)如果员工愿意与企业签订劳动合同，一定要在员工到岗后一个月内以书面形式通知员工签订合同，并告知不签订劳动合同的法律后果。这样，如果是员工自己的原因导致合同未签订的，在发生劳资纠纷时，企业可减少不必要的损失。

相关法规

《劳动合同法》第14条第2款 用人单位与劳动者协商一致,可以订立无固定期限劳动合同。有下列情形之一,劳动者提出或者同意续订、订立劳动合同的,除劳动者提出订立固定期限劳动合同外,应当订立无固定期限劳动合同:

……

(三)连续订立二次固定期限劳动合同,且劳动者没有本法第三十九条和第四十条第一项、第二项规定的情形,续签劳动合同的。

《劳动合同法》第47条第1款 经济补偿按劳动者在本单位工作的年限,每满一年支付一个月工资的标准向劳动者支付。六个月以上不满一年的,按一年计算;不满六个月的,向劳动者支付半个月工资的经济补偿。

59. 企业搬迁厂区,是否向员工支付经济补偿金?

情景案例

某化工公司原在A市,2014年11月因环保问题,需要搬迁到B市,公司现有员工200人,将全部安置到新厂区上班。大部分员工选择跟随公司搬迁,少数人不愿意搬迁。

公司向员工承诺,如果愿意跟公司搬迁的,按照5%的幅度增加工资;同时公司提供配套宿舍,免费居住。刘生便是少数不愿搬迁中的一个,他认为新厂区上班太远,生活不便。于是刘生拒绝到新厂区上班,并要求工厂支付经济补偿金,双方因此发生争议。

请问:企业搬迁厂区,是否应向员工支付经济补偿金?

本案分析

企业因经营需要而调整工作地点的现象已司空见惯,或为节约成本,或为规划变更,或因发展需要,但随之而来的是因工作地点调整产生的劳动争议。有的企业向市外搬迁,有的在市内搬迁,在企业搬迁至新的工作厂区后,如果员工拒绝上班,是作旷工论处还是据此解除劳动合同,成为企业的一个难点问题,如果处理不当,可能引发群体性纠纷。

本案中,化工公司因环保问题整体搬迁,但由于新旧工厂的距离遥远,客观上导致刘某等员工在途时间延长、上班不方便等,影响了他们的日常生活,这种情况可视同与劳动合同订立时所依据的客观情况发生了重大变化。

如果刘生拒绝搬迁,坚持不去新厂址上班,双方就变更劳动合同地点的内容不能达成协议的,刘生以此理由辞职,化工公司应依照相关规定向刘生支付经济补偿金。

风险防范建议

企业在搬迁过程中,如何解决相关问题呢?

(1)有些企业从一个城市搬迁至另一个城市,有的企业从一个区搬迁至另一个区,针对不同类型的问题,全国各地市中级法院均出台了相应的指导意见,明确了补偿的具体原则。比如深圳市中院、东莞市中院均明确向市行政区域外搬迁的,需要补偿。

(2)企业新设立公司的,不属于搬迁的情形。如果以新设公司为用工主体,员工到新公司工作,用人单位发生了变化。由于新公司与老公司系关联公司,那么旧公司的权利义务由新公司继续承继,即由新的公司承担用人单位的职责和义务。

相关法规

《劳动合同法》第40条 有下列情形之一的,用人单位提前三十日以书面形式通知劳动者本人或者额外支付劳动者一个月工资后,可以解除劳动合同:

……

(三)劳动合同订立时所依据的客观情况发生重大变化,致使劳动合同无法履行,经用人单位与劳动者协商,未能就变更劳动合同内容达成协议的。

《劳动合同法》第46条 有下列情形之一的,用人单位应当向劳动者支付经济补偿:

(一)劳动者依照本法第三十八条规定解除劳动合同的;

(二)用人单位依照本法第三十六条规定向劳动者提出解除劳动合同并与劳动者协商一致解除劳动合同的;

(三)用人单位依照本法第四十条规定解除劳动合同的;

(四)用人单位依照本法第四十一条第一款规定解除劳动合同的;

(五)除用人单位维持或者提高劳动合同约定条件续订劳动合同,劳动者不同意续订的情形外,依照本法第四十四条第一项规定终止固定期限劳动合同的;

(六)依照本法第四十四条第四项、第五项规定终止劳动合同的;

(七)法律、行政法规规定的其他情形。

60. 企业已经支付了保密费,还要支付竞业限制补偿金吗?

情景案例

某外资公司需要技术员,从人才市场上招聘了阿天,从事研发工作。2010年,公司与阿天签订劳动合同,合同期限为5年,劳动报酬为基本工资5000元、各种津贴2000元、保密费600元。

同时,双方还签订了一份竞业限制协议,协议约定,无论由于何种原因离职,阿天在离职后2年内均不得到竞争类同行业公司工作。

2013年7月,阿天入职另一家公司,担任研发部部长。公司得知后,认为阿天现在任职的公司与原公司生产的产品基本相同,于是向劳动部门申请仲裁,要求阿天返还已支付的竞业限制津贴。

请问:企业已经支付了保密费,还要支付竞业限制补偿金吗?

本案分析

竞业限制补偿金,是指公司的高级职员在其任职期间或离职之后,不得兼职或兼营竞争性业务,在劳动者离职后由原公司向劳动者支付竞业限制补偿金。有的企业将保密费与竞业限制补偿金等同,有的则在劳动合同中约定工资中已包含竞业限制补偿金。这些做法均不能根本解决竞业限制补偿金的支付问题。那么,保密费和竞业补偿金如何区分呢?

(1)作用不同。保密费是用人单位对劳动者保守单位的商业秘密而给劳动者的补偿金;竞业限制补偿金是用人单位对劳动者履行竞业限制义务的补偿,即对劳动者就业权限制的补偿。

(2)支付时间不同。保密费是用人单位在劳动者在职期间支付给劳动者的;竞业限制补偿金是用人单位在劳动者离职后支付给劳动者的。

(3)强制程度不同。保密费是企业支付给员工的津贴、补贴等福利。竞业限制是对员工离职后一定时间内重新择业的限制,从公平角度讲,必须支付劳动者相应的补偿金,法律也明确规定企业应当按月支付劳动者补偿金。

本案中,公司只向阿天支付了保密费,但并未支付竞业限制补偿金,其要求阿天返还竞业限制补偿金是不能得到支持的。

风险防范建议

企业如何在员工离职前预先做好竞业限制工作呢?建议如下:

(1)用人单位的规章制度或与员工签订的竞业限制合同中,均可约定在职期间无须支付竞业限制补偿金。对于员工离职后的竞业限制,要与员工签订合同约定,并支付一定的竞业限制经济补偿金。竞业限制的年限最高不得超过2年。

(2)关于竞业限制补偿金的数额问题,各地规定有所不同。例如江苏规定,每年的竞业限制补偿金不得低于员工在职期间年薪的1/3,而北京、深圳规定是1/2。用人单位在与员工约定竞业限制的同时,也是可以约定违约金的,对于违约金的上下限,法律没有作出明确规定。

相关法规

《劳动合同法》第23条 用人单位与劳动者可以在劳动合同中约定保守用人单位的商业秘密和与知识产权相关的保密事项。

对负有保密义务的劳动者,用人单位可以在劳动合同或者保密协议中与劳动者约定竞业限制条款,并约定在解除或者终止劳动合同后,在竞业限制期限内按月给予劳动者经济补偿。劳动者违反竞业限制约定的,应当按照约定向用人单位支付违约金。

《劳动合同法》第24条 竞业限制的人员限于用人单位的高级管理人员、高级技术人员和其他负有保密义务的人员。竞业限制的范围、地域、期限由用人单位与劳动者约定,竞业限制的约定不得违反法律、法规的规定。

在解除或者终止劳动合同后,前款规定的人员到与本单位生产或者经营同类产品、从事同类业务的有竞争关系的其他用人单位,或者自己开业生产或者经营同类产品、从事同类业务的竞业限制期限,不得超过二年。

《劳动合同法》第90条 劳动者违反本法规定解除劳动合同,或者违反劳动合同中约定的保密义务或者竞业限制,给用人单位造成损失的,应当承担赔偿责任。

61. 员工要求增加工资导致未续签合同，需要支付经济补偿金吗？

情景案例

2010年1月1日，刘生入职了一家布料公司，任销售部总经理，负责市场开发。双方签订了劳动合同，合同约定期限为5年，工作岗位一栏是空白。由于刘生有较好的人脉资源，加之刘生带领的团队效率高，公司的产品很快便占领了国内的市场。

2013年10月，公司新设立了创意部，因刘生平时主意多，头脑灵活，公司就让刘生兼任创意部总监。2015年1月1日，合同到期后，公司提出续签合同，刘生提出工作岗位已发生变化，要求增加工资，否则不再续签。公司明确表示以原待遇签订合同，否则视为刘生拒签。刘生向劳动局申请仲裁，要求公司支付经济补偿金。

请问：合同到期后，员工要求增资导致未续签合同，需要支付经济补偿金吗？

本案分析

劳动合同的续订是指劳动合同期满后，当事人双方经协商达成协议，继续签订与原劳动合同内容相同或者不同的劳动合同的法律行为。有的企业认为劳动合同的续订可有可无，就不加重视，由合同续订引发的劳动纠纷也屡见不鲜。

本案中，由于刘生和公司签订劳动合同时未对岗位作明确约定，公司可根据刘生的特长及业务能力进行调岗，公司在报酬不变的情况下，与刘生签订劳动合同是合理的。如果刘生拒签，公司无须支付经济补偿金。

风险防范建议

企业在遇到调薪、调岗问题时，如何操作才能避免风险呢？建议如下：

(1)了解相关的地方性法规，看其在劳动合同约定的岗位、薪资条款等方面有无特别规定，保证调整在合法的范围内进行。

(2)企业的规章制度中应制定明确的薪酬制度，各个岗位有一定的薪酬区间。在调薪、调岗的事由发生后，要采用书面形式，变更劳动合同的内容并经劳动者确认。

(3)如果企业为了留住人才，稳定劳动关系，可就员工提出的调整方案进行充分协商，进行劳动合同的变更。切勿单方或强制性变更或调整。

相关法规

《劳动合同法》第46条 有下列情形之一的，用人单位应当向劳动者支付经济补偿：

……

(五)除用人单位维持或者提高劳动合同约定条件续订劳动合同，劳动者不同意续订的情形外，依照本法第四十四条第一项规定终止固定期限劳动合同的；

……

《劳动合同法实施条例》第27条 劳动合同法第四十七条规定的经济补偿的月工资按照劳动者应得工资计算，包括计时工资或者计件工资以及奖金、津贴和补贴等货币性收入。劳动者在劳动合同解除或者终止前12个月的平均工资低于当地最低工资标准的,按照当地最低工资标准计算。劳动者工作不满12个月的,按照实际工作的月数计算平均工资。

62. 企业将劳务派遣的员工退回后,要承担经济补偿金吗?

情景案例

2013年5月,28岁的小曼被派遣公司聘用,双方签订了为期1年的劳动合同,小曼被安排至广州某化品公司做促销员,工作地点在一家大型超市。

工作期间,小曼多次用公司彩妆样品化妆被公司物资部巡查员发现,第一次警告,第二次罚款100元。小曼不服,坚决不交罚款。于是,超市向化妆品公司反映情况后,将小曼退回劳务派遣公司。派遣公司表示没有空岗,让她回家等通知。

一个月后,派遣公司称没有合适的工作,让小曼办理了离职手续。小曼认为,派遣公司和化妆品公司应支付其一个月的工资和经济补偿金。

请问:企业将劳务派遣的员工退回后,要承担经济补偿金吗?

本案分析

劳务派遣又称人力派遣、人才租赁、劳动派遣、劳动力租赁、雇员租赁,是指由劳务派遣机构与劳动者订立劳动合同,并支付报酬,把劳动者派向其他用工单位,再由其用工单位向派遣机构支付服务费用的一种用工形式。

劳务派遣公司虽然是一种特殊的用人单位,但它与其他用人单位一样,在享有合同解除权的同时,也须向劳动者支付相应的经济补偿金。通常情况下,符合约定条件退回劳动者时,用工单位不须支付任何补偿。

本案中,虽然小曼被指派到化妆品公司工作,但小曼与劳务派遣公司签订了劳动合同,双方形成了劳动关系。根据劳动合同的约定,履行期限为一年,由于派遣公司在合同尚未到期的情况下,以无合适工作为由与小曼解除劳动合同,是不符合劳动法规定的,应承担相应的法律责任。

至于化妆品公司与劳务派遣公司之间的因服务合同引起的纠纷,可按照二者之间服务合同的约定来处理。

风险防范建议

实践中,许多企业和劳务派遣单位在退回员工时发生纠纷。因此,应当规范双方约定,使得具体操作有章可循,从而保护企业的用工权益。建议如下:

(1)双方在服务合同中明确和细化员工退回的实质要件;

(2)双方在服务合同中明确用工单位在退回时需要提供的事实依据和相关证据;

(3)在用工单位收集事实和固定相关证据后,应和派遣单位就被派遣劳动者的退回问题进行协商,争取协商解决。

相关法规

《劳务派遣暂行规定》第12条第1款、第2款　有下列情形之一的，用工单位可以将被派遣劳动者退回劳务派遣单位：

……

（一）用工单位有劳动合同法第四十条第三项、第四十一条规定情形的；

……

被派遣劳动者退回后在无工作期间，劳务派遣单位应当按照不低于所在地人民政府规定的最低工资标准，向其按月支付报酬。

《劳动合同法实施条例》第31条　劳务派遣单位或者被派遣劳动者依法解除、终止劳动合同的经济补偿，依照劳动合同法第四十六条、第四十七条的规定执行。

《劳动合同法》第65条第2款　被派遣劳动者有本法第三十九条和第四十条第一项、第二项规定情形的，用工单位可以将劳动者退回劳务派遣单位，劳务派遣单位依照本法有关规定，可以与劳动者解除劳动合同。

63. 企业由于效益欠佳裁员，需要支付经济补偿金吗？

情景案例

林某在A公司就职已7年，平均每月工资为5000元。由于公司今年效益不好，决定裁员。林某和几个同事经过企业评定，被列为裁员对象。

企业下发一份通知："公司决定为下岗职工每人发放8000元作为补偿，一次性发放。"林某认为自己工龄长，公司只发放8000元补偿金实在太少。于是，和几个老同事商量后，决定向企业提出支付35,000元的请求。

领导得知后，以公司经营困难为由表示拒绝。无奈之下，林某向本地仲裁委会员提出仲裁。

请问：企业裁员应否支付劳动者经济补偿金？

本案分析

经济补偿金是用人单位解除劳动合同时，劳动者获得的经济补助。通常以货币形式支付给劳动者，故称之为"经济补偿金"。在实践中，由于劳资双方当事人处于不平等的地位，劳动者除了劳动力之外几乎一无所有，而用人单位却拥有强大的资本和丰富的生产资料，在订立劳动合同时，劳动者为了获得宝贵的工作机会，对用人单位提出的苛刻条件只能接受。因此，我国法律对经济补偿金制度的规定进行了丰富，规定当劳资双方解除合同时，劳动者有权获得经济补偿。

根据《劳动法》的规定，员工因企业裁员而解除劳动合同时，有权获得用人单位支付的经济补偿金。用人单位向劳动者发放的经济补偿金应根据劳动者在该单位工作的年限，按满1年支付1个月工资的标准计算，这里的月工资是指劳动者在劳动合同解除或者终止前12个月的平均工资。

本案中,A公司向所有被裁减员工都发放数额相同的补偿金,这种做法是不正确的。A公司应根据被裁减员工在本单位工作的不同年限,按照每满一年支付一个月工资的标准,分别向被裁减员工发放补偿金。林某在A公司正常生产情况下,劳动合同解除前12个月的月平均工资为5000元,那么他主张A公司支付35,000元经济补偿金的请求,是合理合法的,A公司不得以任何理由拒绝支付。

风险防范建议

企业在裁员时,应如何处理呢?建议如下:

(1)公司在进行个别裁员时,应及时、足额向员工发放经济补偿金。

(2)如果涉及20人以上大规模裁员或裁员人数占职工总数10%以上时,要提前30日向工会说明情况,并将裁员方案报劳动局备案。

(3)做好员工的思想安抚及经济补偿金的发放工作,避免群体性事件发生。

相关法规

《劳动合同法》第46条 有下列情形之一的,用人单位应当向劳动者支付经济补偿:

……

(四)用人单位依照本法第四十一条第一款规定解除劳动合同的;

……

《劳动合同法》第47条第1款 经济补偿按劳动者在本单位工作的年限,每满一年支付一个月工资的标准向劳动者支付。六个月以上不满一年的,按一年计算;不满六个月的,向劳动者支付半个月工资的经济补偿。

《违反和解除劳动合同的经济补偿办法》第2条 对劳动者的经济补偿金,由用人单位一次性发给。

五、法律责任

64. 聘用未解除劳动关系的员工,有何法律风险?

情景案例

A公司通过中介公司找到一位技术人才周某,周某与A公司协商建立劳动关系,周某立即向原单位B公司提出辞职。一个月后,在签订正式劳动合同时,公司询问周某是否离职,周某回复:"已经提前30日提交了辞职书的,不用担心。"

但合同履行不到一个月,A公司与周某都收到B公司发来的律师函,要求A公司与赵某共同承担培训费损失5万元。

A公司经询问得知,周某在B公司任职期间,被派往上海培训3个月,B公司承担5万元的培训费,双方劳动合同约定工作期限至少5年,如提前辞职应赔偿B公司的培训费损失。

请问:A公司需要承担法律责任吗?

本案分析

企业的招聘员工、办理入职手续从表面上看是事务性工作，但这个阶段的工作为合同履行奠定基础，企业应建立起完善的招聘流程和规章制度，履行必要的审查程序，以避免不符合录用条件的员工入职。如果企业在不知情的情况下，招聘尚未与其他单位解除劳动合同的劳动者，可能要承担连带赔偿的法律责任。

本案中，赵某在B公司工作期间，接受了公司的培训，提升了自己的服务技能，但未按照劳动合同的约定执行服务期，提前终止劳动合同，给原单位造成了经济损失，B公司可以向赵某追偿培训费损失。A公司在赵某与B公司未解约的情况下，又与赵某形成新的劳动合同关系，A公司要对员工赵某的赔偿承担连带赔偿责任。

风险防范建议

实践中企业在录用员工时如何防范风险呢？建议如下：

（1）要求员工提供与原单位已终止劳动关系的凭证，如终止、解除劳动合同通知书、证明，并向原用人单位进行核实。

（2）要求员工书面承诺其未与其他企业存在劳动关系，如造成损失由其承担，可以在出现纠纷时，避免因误招与其他公司存在劳动关系员工而承担连带赔偿责任。

相关法规

《劳动合同法》第39条　劳动者有下列情形之一的，用人单位可以解除劳动合同：

……

（四）劳动者同时与其他用人单位建立劳动关系，对完成本单位的工作任务造成严重影响，或者经用人单位提出，拒不改正的；

……

《劳动合同法》第91条　用人单位招用与其他用人单位尚未解除或者终止劳动合同的劳动者，给其他用人单位造成损失的，应当承担连带赔偿责任。

65. 企业招收童工，要承担什么法律责任？

情景案例

张某是某纸箱厂老板，2014年3月5日，工厂因生产需要招收一批新工人，其中雷某个子很高，人也机灵，张某就录用了他。在没有详细核实身份的情况下，纸箱厂和雷某签订了为期1年的劳动合同。

经过1个月的上岗培训后，雷某负责管理一台轧纸机。不久，雷某在切纸过程中，不慎将右手中指切断。在治疗期间，雷某的父母找到了工厂，告诉张某雷某刚满15周岁，由于学习不好，偷偷从家里跑出来，并要求纸箱厂除支付医疗费外，还要赔偿他们20万元精神损失费。

请问：企业招收童工，要承担什么法律责任呢？

本案分析

本案涉及非法用工的问题。非法用工是指违反劳动法律法规的规定,务工者与用工单位所建立的非法劳动关系。使用童工、未经备案登记招用员工、外籍员工未经批准在国内工作等都属于非法用工。

企业如果违法雇佣16周岁以下的童工,不但会被劳动行政部门处以罚款,受到行政制裁,一旦造成童工伤残、死亡,还将承担巨额的民事赔偿。如果出现拐骗童工、虐待童工、强令童工冒险作业造成伤亡事故等情形,还有可能负刑事责任。

本案中,纸箱厂与15周岁的张某签订劳动合同,给赵某进行岗前培训和安排他负责管理轧纸机的实际用工行为,已形成了纸箱厂违法使用童工的事实。赵某在切纸作业过程中受伤,纸箱厂应当支付赵某在治疗期间的生活费、医疗费、护理费、伙食补助费及交通费等;待赵某右手中指断裂的伤残等级经劳动能力鉴定委员会评定之后,纸箱厂还须向赵某支付相应伤残等级的一次性赔偿金。

风险防范建议

企业在招用人员时,如何防范相关风险呢?建议如下:

(1)员工入职时办理入职登记,核对身份证信息以及是否与本人相一致。

(2)如果发现员工有使用虚假证件或隐瞒真实年龄导致雇佣童工的,及时作出更正。

相关法规

《劳动法》第15条第1款 禁止用人单位招用未满十六周岁的未成年人。

《劳动法》第94条 用人单位非法招用未满十六周岁的未成年人的,由劳动行政部门责令改正,处以罚款;情节严重的,由工商行政管理部门吊销营业执照。

《禁止使用童工规定》第2条第1款 国家机关、社会团体、企业事业单位、民办非企业单位或者个体工商户(以下统称用人单位)均不得招用不满16周岁的未成年人(招用不满16周岁的未成年人,以下统称使用童工)。

66. 企业效益变差,可以单方面给员工减薪吗?

情景案例

某服装公司受国际金融危机影响,企业效益大幅下降,公司的资金相当紧张。于是,老板决定通过降薪来压缩企业开支。

2013年12月8日,公司公布了员工工资调整方案,内容为:“因今年企业订单减少,公司经营困难,全体员工个人工资总额降薪30%。”部分员工对公司这种做法很不满意,认为劳动合同已约定好工资标准,公司没有权力单方面降薪。于是,向当地的劳动仲裁委会员提出仲裁。

请问:服装公司单方面给员工减薪的行为合法吗?

本案分析

我国《劳动合同法》规定，如果企业在制定、修改或者决定有关劳动报酬、工作时间、休息休假、劳动安全卫生、保险福利、职工培训、劳动纪律以及劳动定额管理等直接涉及劳动者切身利益的规章制度时，应当经职工代表大会或者全体职工讨论，提出方案和意见，与工会或者全体职工讨论，提出方案和意见，与工会或者职工代表平等协商确定。

在劳动合同履行过程中，涉及减少劳动报酬的事项，属于劳动合同的重大事项的变更，应当由用人单位与员工协商一致，并采用书面形式签订变更协议或补充协议，作为双方履行的依据。

本案中，在服装公司因经营出现严重困难的情况下，关于全体员工减薪30%的问题，属于直接涉及劳动者切身利益的重大事项，依法应当通过民主程序确定。所以服装公司擅自单方给员工减薪的行为是违法的。

风险防范建议

受国际金融危机影响，企业效益下降，引发降薪潮，劳动争议案件增多，对此建议如下：

(1)涉及劳动者切身利益的重大事项时，企业要与员工用心沟通，把握员工心理，让员工了解企业状况，如果员工同意，可签订变更合同书。

(2)构建企业与员工之间的协调机制。

相关法规

《劳动法》第47条　用人单位根据本单位的生产经营特点和经济效益，依法自主确定本单位的工资分配方式和工资水平。

《劳动合同法》第4条第2款　用人单位在制定、修改或者决定有关劳动报酬、工作时间、休息休假、劳动安全卫生、保险福利、职工培训、劳动纪律以及劳动定额管理等直接涉及劳动者切身利益的规章制度或者重大事项时，应当经职工代表大会或者全体职工讨论，提出方案和意见，与工会或者职工代表平等协商确定。

67. 企业随意延长工作时间，要承担什么法律后果？

情景案例

2013年8月，赵某在某电子厂担任保安。劳动合同约定，赵某每天工作12小时，没有休息日，每月另付500元作为加班费。

刚开始的三个月，赵某还没发现什么问题，可时间一长，他感觉有点累，尤其是晚上加班很辛苦。于是向工厂人事部反馈意见，希望可以每天上班8小时，每周休息1天。但人事部经理说："工厂是严格按劳动合同约定办事的，当时合同约定是12小时，没有休息日，我们也没有权更改合同。"

请问：企业随意延长工作时间的行为合法吗？

本案分析

本案涉及综合工时制的问题。我国《劳动法》规定的工时制度有三种即标准工时制、综合工时制和不定时工时制。综合工时制是指分别以周、月、季、年等为周期，综合计算工作时间，但其平均每日工作时间和平均每周工作时间应与法定标准工作时间基本相同。

我国大部分企业实行每日工作8小时、每周工作40小时这一标准工时制。有些企业因工作性质和生产特点不能实行标准工时制，应保证劳动者每天工作不超过8小时、每周工作不超过40小时、每周至少休息1天。如果需要延长工作时间，则每日延长工作时间最高不超过3小时，每月延长工作时间不超过36小时，支付150%的加班费，同时保证员工每周至少休息1日。如果企业无法保障员工的法定休息权利，可能会陷入劳动纠纷，还将受到劳动行政部门警告、罚款的行政处罚。

本案中，赵某与电子厂签订的劳动合同所涉及的延长工作时间及无休息日的约定，都违反了《劳动法》的强制性规定，属于无效条款，对赵某不具有法律约束力，赵某有权拒绝执行。赵某提出每日工作8小时，每周休息1日的要求符合《劳动法》的规定，在向工厂人事部门反映无果的情况下，可以以电子厂违法强迫劳动者延长工作时间为由提起劳动仲裁。

风险防范建议

实践中，很多企业无法做到8小时定时工作制，如果实行不定时工时制，如何防范相关风险呢？

(1)企业可向劳动部门提出实行不定时工时制或综合计算工时制的申请，取得行政审批手续。

(2)如果企业实行不定时工时制，应主动告知员工，在劳动合同中明确工作时间、休息休假等必要内容，并在工作过程中进行考勤登记。

(3)根据企业具体情况安排员工休息休假，如果超过工作时间的，及时支付加班费。

相关法规

《宪法》第43条 中华人民共和国劳动者有休息的权利。

国家发展劳动者休息和修养的设施，规定职工的工作时间和休假制度。

《劳动法》第36条 国家实行劳动者每日工作时间不超过八小时、平均每周工作时间不超过四十四小时的工时制度。

《劳动法》第38条 用人单位应当保证劳动者每周至少休息一日。

《劳动法》第43条 用人单位不得违反本法规定延长劳动者的工作时间。

68. 请假未获批准，如果员工坚持不来上班，公司有权开除吗？

情景案例

2010年5月，赵某大学毕业后，在某食品加工厂任职采购专员。2014年11月10

日，赵某以家里有事为由，向公司人事部递交7天的请假单，当场遭到人事部门的拒绝。但是，赵某没有理会，第二天开始就没有上班，直至10天后才返回公司。

公司的考勤管理制度规定："员工请假须经领导批准，无故旷工五天以上的，公司有权解除劳动合同。"2014年11月22日，公司宣布，赵某因自动离职，已严重违反了公司规章制度，现终止与赵某的劳动关系。赵某不服，向本地劳动仲裁部门提出仲裁。

请问：公司有权开除赵某吗？

本案分析

根据我国《劳动法》的规定，企业的员工休假分为三类，第一类为有薪假，即国家规定的法定假日、年休假、婚假、丧假；第二类为有相关规定的有薪假，如产假、病假、工伤假；第三类为无薪假，即事假。

事假即员工因为自己的事向单位请的休假。由于事假并非公事，也不是国家规定的带福利性质的假期，所以事假通常是无薪的。如果员工因为个人的原因向公司请事假，须获得公司的同意或批准方可休假。倘若公司手续不齐全或规定不明确，容易产生争议。

本案中，由于赵某向公司请假未获批准，擅自休假，不能视同正常的休事假，其行为属于旷工行为。根据公司考勤管理制度的规定，员工请假须经领导批准，无故旷工5天以上的，公司有权解除劳动合同。而赵某无故旷工达10天之久，属于严重违反用人单位规章制度的行为，符合公司关于单方提前解除劳动合同的条件，所以公司有权开除赵某。

风险防范建议

企业在日常经营中会经常遇到员工请假的情形，如何防范相关风险呢？建议如下：

（1）企业的规章制度应明确细化请假相关事宜，对请假的种类及手续进行区分，严格执行。

（2）企业的规章制度的内容和程序均应合法，纳入严重违纪行为可提前解约的内容，并向全体员工公示。

（3）如果员工超过批准的假期仍未到岗，注意收集考勤表、打卡记录等，并及时书面通知员工或作出相应处理。

相关法规

《劳动法》第4条　用人单位应当依法建立和完善规章制度，保障劳动者享有劳动权利和履行劳动义务。

《劳动法》第25条　劳动者有下列情形之一的，用人单位可以解除劳动合同：

……

（二）严重违反劳动纪律或者用人单位规章制度的；

……

69. 员工给企业造成损失，企业可以扣除员工工资吗?

情景案例

徐某来自山区,家境贫穷,在某家具厂做学徒工。在一次上班中,由于徐某抽烟而导致家具厂仓库起火,给企业造成了10万元的损失。工厂要求徐某赔偿经济损失,由于徐某没钱,老板就把徐某的工资全部扣除,这样徐某的生活费就成了问题,他只得向朋友借钱过日。

随后,徐某与工厂商量,能否每月给自己支付一点生活费,未得到同意。徐某在与老板协商未果的情况下,向当地仲裁委员会提出仲裁,希望能争取回基本生活费。

请问:企业这样扣除员工的工资合法吗?

本案分析

根据我国《劳动合同法》的规定,如果员工因本人原因给企业造成经济损失的,可向员工追究赔偿责任。有些企业,针对员工毁坏机器、生产废品等行为,责令员工作出赔偿,但不得加倍惩罚。针对此类问题,在劳动合同中作出明确约定,或在企业规章制度中明确规定,是人力资源管理的一种必要手段。

按照工资支付的相关规定,为了保障劳动者的基本生活需要,公司在向员工追偿损失时,须遵守必要的限度,不能随意扣除。如果超越法律规定的标准进行强制性全额扣款,是不可取的,也不利于稳定与员工之间的关系。

本案中,公司在扣除徐某的赔偿款时,未执行"不得超过员工当月工资的20%、如果扣除的剩余工资低于当地月最低工资标准的,则按照最低工资进行支付"的规定,公司的做法是不合法的,公司应向徐某支付当地最低工资。

风险防范建议

公司在遇到此类问题时,应该如何处理呢?建议如下:

(1)如果因员工违纪或违章操作引发损失,要进行调查,并作出处理决定。

(2)公司的书面处理决定要送达员工,并告知员工享有申辩和申请复议的权利。

(3)在扣除员工工资时,要注意保留员工的生活费,不能低于当地最低工资水平的数额。

相关法规

《劳动法》第48条 国家实行最低工资保障制度。最低工资的具体标准由省、自治区、直辖市人民政府规定,报国务院备案。

《工资支付暂行规定》第16条 因劳动者本人原因给用人单位造成经济损失的,可按照劳动合同的约定要求其赔偿经济损失。经济损失的赔偿,可从劳动者本人的工资中扣除的部分不得超过劳动者月工资的20%。若扣除后的剩余工资部分低于当地月最低工资标准,则按最低工资标准支付。

第四章　合同管理

合同是企业从事经济活动取得经济效益的桥梁和纽带，同时也是产生纠纷的多发地带。

如果企业存在合同签约率不高、合同文本不规范、履约率较低等问题，将直接影响企业的经济效益，极易导致合同纠纷发生。

企业对合同起草、审查、履行等过程进行控制与监督，可以有效地防范各类合同纠纷的发生。运用法律手段来进行管理，是企业良性发展的关键。

一、合同订立

70. 企业应该如何签订商务合同？

情景案例

A公司经营机电产品。2014年7月，A公司和B公司达成合作意向，B公司向A公司购买价值390万元的机电产品。由于供货事项分批进行，B公司提出，由A公司先草拟一份购销协议。

A公司经办人员不太清楚合同中的具体内容，于是决定聘请律师专门处理相关法律事务。

请问：一份合同应该具备什么内容？

本案分析

在订立合同时应注意内容的合法性和完整性，合同的内容可以由当事人在法律规定的前提下，自由协商拟定。

本案的关键性问题，在于合同应该具备什么内容。按照《合同法》的规定，合同一般包括当事人的名称或姓名、标的、数量、质量、价款或报酬、履行期限、地点和方式、违约责任、解决争议的方法等。在签订合同时，可以根据自己的实际情况和需要，把以上合同内容写入合同中，就形成一份合同了。

风险防范建议

合同的重要性对于企业而言已经不言而喻。一份规范、详尽、周全的合同条款对于合同双方履行义务具有良好的督促效果，如果合同内容约定不明或加重己方责任，容易产生争议或造成巨大损失。

在合同草拟过程中,尽量由专业人员进行设计,并根据法律规定的必备内容进行规范化拟定,同时结合各方涉及的特别意见予以确定。

相关法规

《合同法》第12条 合同的内容由当事人约定,一般包括以下条款:
(一)当事人的名称或者姓名和住所;
(二)标的;
(三)数量;
(四)质量;
(五)价款或者报酬;
(六)履行期限、地点和方式;
(七)违约责任;
(八)解决争议的方法。

71. 合同是传真件,可以作为交易凭证吗?

情景案例

2014年5月27日,A公司订购B公司的化工原料,价值18万元。由于A公司在外地,于是将合同传真至B公司。

B公司加盖公章后,将采购合同回传A公司,之后开始陆续向A公司发货。A公司收货后,未在收货单上签字盖章,也未支付货款。

B公司将A公司诉至法院,A公司认为合同传真件无效。

请问:B公司提供的合同传真件,可以作为交易凭证吗?

本案分析

合同的生效是以合同方实际行动来履行约定的权利、义务,为避免空口无凭的情况发生,一般都建议采取书面方式订立合同且持有原件。由于互联网等信息传输技术的发展,采取传真、电子邮件等方式签订合同的做法越来越普遍,同时在确定合同文本的真实性方面带来了诸多问题。在缺乏相关证据予以佐证的情况下,此类证据难以得到认定。

本案中,B公司提供的采购合同是传真件,送货单无人签收,又未提供对账单或结算单,无法证明双方存在买卖关系的事实,更无法证明A公司拖欠货款的事实。一旦A公司否认双方发生交易,会产生对B公司极为不利的法律后果。因此,B公司提供的合同传真件,在无其他证据佐证的情况下,是无法作为交易凭证的。

风险防范建议

由交易双方签字、盖章确认的书面性文件是能最直接反映双方意思表示的资料,因此需要注意以下事项:

(1)认识合同原件的重要性。合同原件可直接辨别认定真实性,反映当事人签署合同时的意思表示，相关条款亦可直接适用，因此最具有效力。而复印件、传真件、电子邮件等证据存在被修改或涂改的可能，真实性存疑，因此无法直接认定。

(2)在合同中注明特定传真号码、邮箱。如果在合同中注明了双方交易往来可以通过电子邮件进行，并确定固定的邮箱账号，则电子邮箱的邮件内容在无相反证据的情况下，可能会被认定为真实的证据。

相关法规

《合同法》第13条 当事人订立合同，采取要约、承诺方式。

《合同法》第14条 要约是希望和他人订立合同的意思表示，该意思表示应当符合下列规定：

(一)内容具体确定；

(二)表明经受要约人承诺，要约人即受该意思表示约束。

《合同法》第16条 要约到达受要约人时生效。

采用数据电文形式订立合同，收件人指定特定系统接收数据电文的，该数据电文进入该特定系统的时间，视为到达时间；未指定特定系统的，该数据电文进入收件人的任何系统的首次时间，视为到达时间。

72. 企业超越经营范围订立合同后引起纠纷，如何解决？

情景案例

2014年5月，A公司与B门市部签订了钢材购销合同，合同约定，由A公司向B门市部供给一批进口螺纹钢，总价款40万元，同时约定收货地点为某港口。

10月25日，该批进口螺纹钢抵达港口后，A公司通知提货，B门市部一直拖延。为避免产生更多的仓储费用，A公司于11月10日将钢材从港口拉回，堆放在自己的露天货场。

A公司向法院起诉，要求B门市部履行提货义务、支付货款、违约金并赔偿损失。B认为自己是一家农业生产资料综合门市部，购销钢材为超越经营范围，要求确认合同无效。

请问：B门市部的说法合法吗？

本案分析

根据我国法律规定，企业应当在登记的经营范围内经营，超出登记的经营范围经营的应予变更，否则将受到行政处罚。企业超过经营范围经营所订立的合同，如未违反国家限制、特许经营或法律法规强制性规定，并不认为是无效。作为双方履行依据的合同，应当予以履行。

同时，根据《合同法》的规定，货物的风险和责任一般自交付时起转移，买受人违反约定不收取货物的风险和责任由买受人承担。

本案中，双方在合同约定收货时间和地点的情况下，A公司完全履行了交付义务，B门市部以超出经营范围为借口，不履行提货义务，所产生的法律风险和后果均应由B

门市部自行承担。

风险防范建议

自愿签署的合同只要不违反强制性法律规定通常会被认定为有效合同，应当予以遵守。

(1)超出经营范围会受到行政处罚，但所签订的合同一般会认定为有效；

(2)违反约定不予收货的，责任应当由买受人承担。

相关法规

《最高人民法院关于适用〈中华人民共和国合同法〉若干问题的解释(一)》第10条 当事人超越经营范围订立合同，人民法院不因此认定合同无效。但违反国家限制经营、特许经营以及法律、行政法规禁止经营规定的除外。

《合同法》第142条 标的物毁损、灭失的风险，在标的物交付之前由出卖人承担，交付之后由买受人承担，但法律另有规定或者当事人另有约定的除外。

《合同法》第146条 出卖人按照约定或者依照本法第一百四十一条第二款第二项的规定将标的物置于交付地点，买受人违反约定没有收取的，标的物毁损、灭失的风险自违反约定之日起由买受人承担。

73. 单方涂改的买卖合同有效吗？

情景案例

A公司是一家电子商务公司，经过多年的运营，销售团队不断扩大。为了提高办公效率，A公司决定向B公司采购一套办公软件。经过协商，双方签订买卖合同，合同约定办公软件的一次性采购价格为20万元，以后软件的升级和维护按照年度收费。

一年后，A公司收到B公司的催款通知并随附合同，经查看，B公司提供的合同中的部分条款已经单方涂改过。

请问：B公司提供的合同有效吗？

本案分析

对于合同，较为直观的理解就是当事方对书面所记载的权利义务达成一致，表现形式就是对书面的协议签字、盖章，以证明对记载的内容确认同意，一旦签订，合同内容就对双方发生约束力。合同内容的修改必须经合同当事方签字、盖章确认，如果单方修改且无其他证据予以证实的话，则修改内容不具有法律效力，但增加自身义务或减少他人责任且不损害第三方利益的除外。

本案中，B公司仅凭单方修改的合同是无法得到支持的。

风险防范建议

签订合同后出现新的问题需要修订或修改时，可以通过重新订立合同对此前的合同进行必要释明，也可以在原合同基础上进行修改，但无论何种方式都需要重新对内容进行确认,否则一般不发生效力。

相关法规

《合同法》第6条 当事人行使权利、履行义务应当遵循诚实信用原则。

《合同法》第8条第1款 依法成立的合同,对当事人具有法律约束力。当事人应当按照约定履行自己的义务,不得擅自变更或者解除合同。

《合同法》第77条第1款 当事人协商一致,可以变更合同。

74. 签订合同时,对方公司已被吊销营业执照,合同有效吗?

情景案例

2012年6月,某担保公司因违规经营被工商机关吊销营业执照,但未进行清算。半年之后,该公司原法定代表人李某以公司的名义,把营业楼将近半数的面积租给了周某,并在房屋租赁合同上加盖了公司的公章。合同约定租赁期限为5年,每年租金3万元。

合同签订后,周某利用所租房屋开了一家超市,并按照合同每年交纳租赁费。后来,李某因身体原因,将公司事情全权委托林某,林某以公司被吊销营业执照为由,认为李某与周某签订的房屋租赁合同无效,要求终止租赁合同,双方发生纠纷。

请问:这份租赁合同有效吗?

本案分析

公司的主体分为经营主体和诉讼主体,由于《公司法》规定公司经营必须向相关部门申请办理营业执照,如果公司被吊销营业执照即代表其经营资质被取消,不再具备经营主体资格,不得再以公司名义对外经营,但不妨碍其享有诉讼主体资格,其仍可以公司的名义起诉或者应诉。

本案中,该担保公司被吊销营业执照后,本应依法进行清算进而终止主体资格,但李某仍以公司名义出租房屋给周某并签订租赁合同,该合同是无效的,林某可以要求终止原租赁合同。但鉴于周某实际使用了租赁房屋,在租赁合同终止后,根据双方的实际情况,各自承担相应的法律责任。

风险防范建议

在实践中,应区分营业执照的吊销和注销,营业执照被吊销只是不具备营业主体资格,但仍具有诉讼主体资格,二者不可混淆。在营业执照被吊销或注销后不得再以原营业执照主体进行经营,否则产生的法律后果将由实际实施人承担。

相关法规

《合同法》第9条 当事人订立合同,应当具有相应的民事权利能力和民事行为能力。

《合同法》第52条 有下列情形之一的,合同无效:

……

(五)违反法律、行政法规的强制性规定。

《公司法》第180条 公司因下列原因解散：

……

（四）依法被吊销营业执照、责令关闭或者被撤销；

……

《企业法人登记管理条例》第20条 企业法人歇业、被撤销、宣告破产或其他原因终止经营，应当向登记主管部门办理注销登记。

75. 合同保管不善丢失后，如何主张合同权利？

情景案例

2014年5月，甲公司和乙公司签订一份汽车配件订购合同，合同约定甲公司订购价值56万元的汽车配件产品，乙公司于8月15日前须将货送至甲公司指定的仓库。甲公司于合同签订之日付款30%，收货3日内付清余款。

2014年9月，约定的发货日期已过，甲企业多次催促发货，乙均以各种理由推托。甲公司决定向法院起诉，发现签订的合同丢失了。

请问：甲企业应如何主张合同权利？

本案分析

合同系载有双方权利义务条款的正式文件，对于买卖双方均具有十分重要的意义，应予妥善保管。合同出现遗失的，应及时补充签订，或者收集双方履行合同过程中的记录予以证实，如电子邮件、对账信息、送货清单等资料均可证实相关情况，否则应承担不利后果。

本案中，甲公司由于保管不善造成合同丢失，造成其在向乙公司主张违约责任时处于不利地位，甲公司应及时收集、整理其他相关证据，以证实对方存在违约情况，否则将承担举证不利的后果。

风险防范建议

合同重要性不言而喻，因此合同保管也应特别重视以下几个方面：

（1）合同可以一式多份，由各方专人保管，也可以交由相关人士保管以备查。

（2）合同丢失后应及时请求对方补签，或者在原合同复印件上重新签字或盖章确认。

（3）合同履行过程中应注意证据的收集和保存，以证实相关事实存在。

相关法规

《民事诉讼法》第64条第1款 当事人对自己提出的主张，有责任提供证据。

二、合同履行

76. 双方按口头约定履行合同，发生争议如何处理？

情景案例

2014年3月，甲、乙公司口头约定，甲公司向乙公司订购一批瓶装酒，总货款为15

万元，预付定金5万元。乙公司须于5月25日前交货，如果超过约定的时间交货，按货款总额的1%扣除货款。

经甲公司催促，乙公司于6月15日将瓶装酒送至甲公司的仓库。甲公司在付款时扣除了违约金，双方因此发生争议。

请问：甲乙双方的争议如何解决？

本案分析

合同包括书面合同，也包括口头合同，只要系双方的真实意思表示，在不违反法律规定的前提下均受法律保护，只是口头合同因为没有客观载体，不利于查清双方责任，因此订立书面合同更为有利。合同达成之后，双方均应自觉遵守履行，未按合同约定履行的应当承担相应的违约责任。

需要指出的是，根据《担保法》的规定，定金不得超过主合同金额的20%，超过部分视为预付款，不适用定金罚则。

本案中，乙公司未按约定期限交付瓶装酒属于违约，甲公司按照约定有权扣除违约金，乙公司应承担相应的法律责任。

风险防范建议

签订书面合同有助于查清当事各方的权利义务，督促各方严格遵守合同。同时，在合同中明确违约责任有助于在出现违约时直接予以执行。

相关法规

《合同法》第114条第1款　当事人可以约定一方违约时应当根据违约情况向对方支付一定数额的违约金，也可以约定因违约产生的损失赔偿额的计算方法。

《担保法》第91条　定金的数额由当事人约定，但不得超过主合同标的额的百分之二十。

77. 分公司签订的合同，总公司要承担责任吗？

情景案例

A公司是一家化妆品公司，经营状况良好。2012年公司设立了分公司即B公司。B公司在当地办理了注册手续，领取了营业执照。

2014年7月，B公司因拖欠客户租金被起诉至法院，A公司与B公司均为被告，原告要求二者共同承担责任。

请问：该由谁来责任承担？

本案分析

分公司是指在业务、资金、人事等方面受总公司管理而不具有法人资格的分支机构，分公司可以以其名义对外经营，但其财产归属于总公司所有，并以总公司的资产对分公司所存在的债务承担法律责任。总公司与分公司的关系就如人与自己的手一样，手受控于人，最终责任由人来承担。

本案中,B分公司作为A公司的分支机构,已领取了营业执照,可以依法从事相关的业务。可以将A公司和B公司作为共同被告,共同承担连带清偿责任。

风险防范建议

如果将总公司形象化为人体,则分公司相当于人体的某一个部件,受控于人体,责任也应由人来承担。因此应注意以下事项:

(1)区别于子公司。子公司是指股份被另一公司控制或支配的公司,其有独立的财产权、经营权,具有企业法人资格。子公司以其自身资产独立于母公司承担责任,这是区别于分公司最重要的特征。

(2)管控分公司经营风险。在分公司经营过程中往往还会出现由个人承包分公司的情况,此时分公司所产生的后果首先仍然是总公司对外承担法律责任,因此总公司不能因为承包、独立核算等内部管理方式的变化而放松对分公司风险的管理。

相关法规

《公司法》第14条第1款 公司可以设立分公司。设立分公司,应当向公司登记机关申请登记,领取营业执照。分公司不具有法人资格,其民事责任由公司承担。

78. 公司能否以对方拖欠货款为由拒绝履行下一批发货义务?

情景案例

乙公司主要经营布料产品,几年来一直为甲公司供货,按照惯例,甲公司收货后一个月内付款。2015年7月,由于双方的供货量增加,甲公司与乙公司签订布料供货合同,约定第一批布料于8月10日前交货,第二批布料于9月10日前交货。但未约定付款时间。

2015年9月11日,甲公司催促乙公司继续交付第二批货,但乙公司以第一批货款未付清为由,拒绝供货。经过多次协商无果,甲公司将乙公司起诉至法院。

请问:乙公司的做法正确吗?

本案分析

实践中,经常遇到企业以未收到前期货款而拒绝提供下一批货物的情况,这一行为看似合情合理,但在法律上并非完全如此,具体还是要看双方合同是否有约定,有约定则按照约定执行。

如果合同双方未作明确约定,能否以拖欠货款为由停止发货,要考虑以下几方面因素:

(1)根据合同、交易习惯,是否存在先后履行顺序;没有先后履行顺序的应同时履行(一手交钱一手交货);有先后履行顺序的,后履行一方在先履行一方未履行或履行不符合约定的情况下可以拒绝履行;

(2)应当先履行的,如果有确切证据证明对方存在严重危害其权利的(如经营状况严重恶化、逃避债务、丧失商业信誉等行为)可以中止履行,中止履行应当通知对方,对方在合理期限内仍未恢复履行的则可解除合同，并追究相应责任；

(3)对方提供了适当担保并被先履行一方接受的，应当恢复履行。

本案中，如果甲公司与乙公司明确约定了相应条款，则乙公司可以拒绝发货。如果未明确约定，只有在甲公司出现严重危及债权安全的情形时，乙公司方可中止履行，否则应承担违约责任。

风险防范建议

买方未付清货款则卖方有权继续履行送货义务，这看似合理的背后实际隐藏着巨大的法律风险，应特别注意以下事项：

(1)签订合同中应约定未付清货款，卖方有权中止履行全部后续合同义务，保留主动权。

(2)需要收集充分的证据证明对方可能存在无法付款的情形。

(3)中止履行应在合理期限内提前通知对方。

相关法规

《合同法》第66条　当事人互负债务，没有先后履行顺序的，应当同时履行。一方在对方履行之前有权拒绝其履行要求。一方在对方履行债务不符合约定时，有权拒绝其相应的履行要求。

《合同法》第67条　当事人互负债务，有先后履行顺序，先履行一方未履行的，后履行一方有权拒绝其履行要求。先履行一方履行债务不符合约定的，后履行一方有权拒绝其相应的履行要求。

《合同法》第68条　应当先履行债务的当事人，有确切证据证明对方有下列情形之一的，可以中止履行：

(一)经营状况严重恶化；

(二)转移财产、抽逃资金，以逃避债务；

(三)丧失商业信誉；

(四)有丧失或者可能丧失履行债务能力的其他情形。

当事人没有确切证据中止履行的，应当承担违约责任。

《合同法》第69条　当事人依照本法第六十八条的规定中止履行的，应当及时通知对方。对方提供适当担保时，应当恢复履行。中止履行后，对方在合理期限内未恢复履行能力并且未提供适当担保的，中止履行的一方可以解除合同。

79. 已售出货物在运输途中造成损毁，客户要求退换，合理吗?

情景案例

甲公司是一家红木家具企业，乙公司到甲公司采购红木家具，双方签订了红木家具买卖合同，乙公司一次性付清了全部货款。

乙公司业务员要求甲公司代办物流托运，将购买的家具托运回公司。半个月后，家具到达乙公司，因运输途中货车侧翻，家具严重变形，部分毁损。乙公司向甲公司提出退换货，双方因此发生纠纷。

请问：乙公司要求退换货，合理吗？

本案分析

依法成立的合同具有法律约束力，合同双方均应严格遵守执行。其中，买卖合同是指出卖人转移标的物的所有权于买受人，买受人支付价款的合同。因此标的物的转移交付直接关系到标的物风险责任由谁承担的问题。

关于需要运输的货物在途中的损坏、灭失风险应由谁承担的问题，首先应看合同是否约定了运输责任，有约定按照约定处理。没有约定的（包括没有约定运输责任，也没有约定交付地点），则应依据《合同法》第141条处理，从卖方将货物交给第一承运人起风险由买受人承担。但无论是出卖人还是买受人承担了运输责任，其均有权依据运输合同向运输公司追偿。

本案中，乙公司与甲公司签订了购买红木家具的合同，另又约定由甲公司代办托运。代办托运，是指由卖方负责协助联系承运人，由买方负责运输费用。甲公司将货物托运给运输公司后即视为交付，风险责任由乙公司承担，因此乙公司不能要求退换货。

风险防范建议

合同签订过程中必须注意货物交付和运输风险条款，根据实际情况协商确定交付方式及运输责任承担方式。建议如下：

(1)代办托运中卖方只是负责联系承运人，安排将货装运至运输工具后即视为交付，风险由买受人承担。

(2)没有确定或者无法确定交付地点的，需要运输的货物交第一承运人后风险转移给买方，不需要运输的一般以货物所在地或卖方营业地为交付地点，由买方负责收取货物。

相关法规

《合同法》第130条 买卖合同是出卖人转移标的物的所有权于买受人，买受人支付价款的合同。

《合同法》第133条 标的物的所有权自标的物交付时起转移，但法律另有规定或者当事人另有约定的除外。

《合同法》第141条 出卖人应当按照约定的地点交付标的物。

当事人没有约定交付地点或者约定不明确，依照本法第六十一条的规定仍不能确定的，适用下列规定：

（一）标的物需要运输的，出卖人应当将标的物交付给第一承运人以运交给买受人；

（二）标的物不需要运输，出卖人和买受人订立合同时知道标的物在某一地点的，出卖人应当在该地点交付标的物；不知道标的物在某一地点的，应当在出卖人订立合同时的营业地交付标的物。

《合同法》第142条 标的物毁损、灭失的风险，在标的物交付之前由出卖人承担，交付之后由买受人承担,但法律另有规定或者当事人另有约定的除外。

80. 假冒公司工作人员签订的合同，公司可以拒绝履行吗？

情景案例

2014 年 3 月,陈某得知 A 公司新建的酒店准备内部装修,需要装修公司承包装修事宜。陈某冒充 B 公司的员工,与 A 公司签订了酒店室内装修合同,并当场收取了 A 公司的定金 10 万元。

10 天后,A 公司打电话催促 B 公司开工,才得知陈某不是 B 公司的员工,经核查,该合同上加盖的公章系陈某找人私刻的。B 公司拒绝履行。

请问:B 公司可以拒绝履行该合同吗?

本案分析

合法有效履行合同义务的前提必须是经合同主体之间签订的不违反法律强制性规定的条款,非真正主体签订的合同,如不追认或对方不同意履行则该合同自始无效。

本案中,陈某是冒充 B 公司与 A 公司签订合同,其根本不具有代表 B 公司的权限,合同并非 A、B 公司之间真实的意思表示,因此 B 公司可以拒绝履行。陈某的行为涉嫌刑事犯罪,可向公安机关报警,由司法部门追究其相应的刑事责任。

风险防范建议

合同应当是交易双方真实意思的体现,不是双方意思表示、未经授权或未被追认的都可能无效,因此应当注意以下事项:

(1)查清授权委托书。授权委托书是查明代办人是否有权签订合同的重要依据,如代办人非法定代表人则原则上必须具有委托授权。

(2)汇款应以公户为准。为避免所托非人的情况发生,造成不必要的财产损失,一般采用公对公的支付方式较为稳妥。

(3)签订合同时应及时考察对方是否具备相应资质或履行合同的能力。

相关法规

《合同法》第 48 条　行为人没有代理权、超越代理权或者代理权终止后以被代理人名义订立的合同,未经被代理人追认,对被代理人不发生效力,由行为人承担责任。

相对人可以催告被代理人在一个月内予以追认。被代理人未作表示的,视为拒绝追认。合同被追认之前,善意相对人有撤销的权利。撤销应当以通知的方式作出。

81. 供货方未履行机器设备的安装调试义务，可以拒付货款吗？

情景案例

2015 年 7 月,甲公司与乙公司签订《机器设备买卖合同》,合同约定甲公司向乙公司购买机器设备,甲公司收货 3 日内支付货款。8 月 12 日,设备送达后,甲公司要求乙公司派人完成机器设备的安装调试,乙公司要求先付清全部货款,再派出工作人员进行安装调试。

请问:甲公司可以拒付货款吗?

本案分析

合同双方应遵守诚实信用原则,全面、合理地履行合同义务。合同中有约定的,应严格履行约定条款,合同中未明确约定的,应按照合同目的诚实履行,不得以片面理解合同条款来替代法律规定。

本案中,由于合同中并未约定安装调试后付款的条件,造成甲公司处于被动不利地位,按照合同约定确实应付款。但根据诚实信用原则,乙公司也应及时进行安装调试,将符合合同约定标准的设备交付甲公司使用,不得扩大损失。如最终交付的设备不符合约定标准,甲公司仍然可以依法追究乙公司的违约责任。

风险防范建议

合同条款的设置是一项专业性极强的工作,需要由具备专业法律知识和经验的人员进行起草。对于机器设备类,由于生产者更清楚设备的安装和调试,因此建议在调试符合标准后支付款项,或者按完成进度情况付款更为公平合理。

相关法规

《合同法》第6条 当事人行使权利、履行义务应当遵循诚实信用原则。

82. 以快递方式邮寄解除合同通知,对方收到后合同是否自动解除?

情景案例

2014年2月,甲公司向乙公司订购一批保温杯,杯体上加印甲公司的名称和Logo,用于4月15日的10周年庆活动。双方在合同中约定,交货时间为2014年4月5日之前。

随着周年庆时间临近,甲公司仍未收到货品,多次电话催促,乙公司一直拖延。2014年4月16日,甲公司发出解除合同通知,用快递邮寄给乙公司。

乙公司认为,甲公司订制的是个性化产品,如果解除合同会给自己造成损失;甲公司则称,双方约定的送货期已过,待收到解除合同通知后合同自动解除,双方因此发生纠纷。

请问:甲公司可以解除合同吗?

本案分析

合同的解除分为约定解除和法定解除,约定解除的,在约定条件成立时自行解除,解除时应当通知对方,自通知到达对方时解除。法定解除则只有符合《合同法》第94条所规定的情形时方可解除,且也应通知对方,部分情况还需要经过催告程序。

本案中,乙企业由于违反合同要求未能按时供货显然已经违反合同约定,应承担违约的不利后果,如双方约定了解除的条件,则甲企业只需发出解除通知即可。如双方未约定解除条件的,应根据法律规定确定是否能够解除。

结合本案情况,由于甲企业定制的产品主要目的系为了公司十周年庆典,具有特殊的合同目的,超期则不再具有此意义,因此甲企业可以以当事人一方迟延履行债务或者有其他违约行为致使不能实现合同目的为由解除合同,并通知乙企业。

风险防范建议

合同的解除是一件非常严肃且非常有技术含量的工作,不能随意解除合同,即便在解除时也应特别注意:

(1)协商解除,无须通知对方;

(2)约定解除,符合解除条件时经通知可以解除;

(3)法定解除,只有符合法律规定情形时才能解除,且必须经过通知。

相关法规

《合同法》第94条 有下列情形之一的,当事人可以解除合同:

(一)因不可抗力致使不能实现合同目的;

(二)在履行期限届满之前,当事人一方明确表示或者以自己的行为表明不履行主要债务;

(三)当事人一方迟延履行主要债务,经催告后在合理期限内仍未履行;

(四)当事人一方迟延履行债务或者有其他违约行为致使不能实现合同目的;

(五)法律规定的其他情形。

《合同法》第96条第1款 当事人一方依照本法第九十三条第二款、第九十四条的规定主张解除合同的,应当通知对方。合同自通知到达对方时解除。对方有异议的,可以请求人民法院或者仲裁机构确认解除合同的效力。

三、合同效力

83. 合同签字盖章后就生效了吗?

情景案例

2014年3月6日,A公司与B公司签订了网站开发合同书,合同约定A公司委托B公司进行网站开发,两家公司负责人签字并加盖了公章。一个月后,B公司开发工作完成,因A公司的业务调整,A公司未向B公司支付款项。于是,B公司致电A公司,要求按合同约定尽快付款。

请问:合同签字盖章后就生效了吗?

本案分析

合同成立与生效是有所区别的。合同成立体现的是当事人的意志,即双方订立合同的意愿。合同生效体现的是对合同当事人的约束,合同生效后,双方当事人都有依据合同履行的义务。

合同成立是合同生效的前提,只有已经成立的合同,才存在是否生效的问题,即生效的合同必然已经成立;但成立了的合同未必就已经生效。通常情况下,合同是自签字、盖章之日起生效,但如合同约定了附条件、附期限才能生效的则应达到所附条件、期限才能生效。如果合同中有条款存在违反强制性法律规定的,即便签字、盖章了,该部分条款仍然是无效的。

本案中,A公司与B公司签订了网站开发合同,B公司已履行了合同中的开发网站的义务,故开发合同不存在影响合同生效的情形。因此,双方签订的合同自签字、盖章之日起生效。

风险防范建议

企业在合同签订过程中,要防范哪些法律风险呢?建议如下:

(1)公司签约时,要审查是否加盖公章、签约代表是否授权等,尤其是大的融资项目、企业联营等,在合同签订前要对签约主体的经营范围、经济实力、信誉情况等作充分了解。

(2)对于专业性强、技术含量高的合同,要经过专业人士进行审核,明确公司内部人员的签字、审核流程。

相关法规

《合同法》第32条 当事人采用合同书形式订立合同的,自双方当事人签字或者盖章时合同成立。

《合同法》第44条 依法成立的合同,自成立时生效。

法律、行政法规规定应当办理批准、登记等手续生效的,依照其规定。

《合同法》第45条第1款 当事人对合同的效力可以约定附条件。附生效条件的合同,自条件成就时生效。附解除条件的合同,自条件成就时失效。

《合同法》第46条 当事人对合同的效力可以约定附期限。附生效期限的合同,自期限届至时生效。附终止期限的合同,自期限届满时失效。

84. 仅加盖财务印章的合同,有效吗?

情景案例

甲公司与乙公司签订购销合同,乙公司负责人表示,公司的公章及合同专用章在公司保管,只能在合同上加盖财务印章,财务章和公章同样具有法律效力。

请问:仅加盖财务专用章的合同有效吗?

本案分析

对于合同是否成立、生效不在于加盖哪个印章,而在于合同双方对于合同条款是否出于自愿且不违反法律强制性规定。加盖公司印章的目的是为了增强合同真实性,确保合同履行过程中有相关书面依据,有利于对照书面条款督促双方履行合同义务。

一般而言,公司的公章和财务章是必须向相关部门进行备案,以确保印章的真实性和唯一性，故公章和财务章相对于其他印章而言具有较高的公信力，合同加盖了财务印章且能结合其他事实予以认定，通常会认为该合同是真实有效的。

本案中，乙公司在签订合同时加盖了财务印章，是乙公司签约时的真实意思表示，加盖财务印章同样可以代表乙公司，因此双方签订的合同是真实有效的。

风险防范建议

公司公章和财务章是最重要的印章，一旦盖章通常即代表公司认可，因此在签订合同时应注意以下几点：

(1)财务章要慎重。如前所述，财务章是公司印章中最为重要的印章之一，在相关文件上盖财务章，一般情况下会被认定为公司对文件所载事实予以确认。

(2)合同成立与生效是有所区别的。通常合同是自签字、盖章之日起生效，但对于存在附条件、附期限的合同，签字、盖章代表的是合同成立，如果合同中存在违反强制性法律规定的条款，则即便签字、盖章了，该部分条款仍然是无效的。

相关法规

《合同法》第 32 条　当事人采用合同书形式订立合同的，自双方当事人签字或者盖章时合同成立。

《合同法》第 44 条　依法成立的合同，自成立时生效。

法律、行政法规规定应当办理批准、登记等手续生效的，依照其规定。

《合同法》第 45 条第 1 款　当事人对合同的效力可以约定附条件。附生效条件的合同，自条件成就时生效。附解除条件的合同，自条件成就时失效。

《合同法》第 46 条　当事人对合同的效力可以约定附期限。附生效期限的合同，自期限届至时生效。附终止期限的合同，自期限届满时失效。

85. 企业高管人员越权签订的合同，有效吗？

情景案例

2015 年 9 月，甲公司的总经理谢某以甲公司的名义与乙公司签订了一份购销合同，合同总金额为 120 万元，谢某在合同上加盖了甲公司的印章。合同约定：甲公司于合同签订后 3 天内将 60 万元定金汇至乙公司指定账户。

合同签订后的第 10 天，乙公司未收到甲公司的汇款，于是向甲公司发出催告通知。甲公司回复："根据本公司的财务管理规定，公司支出 50 万元以上款项须经公司董事会讨论通过，由于谢经理未经董事会决定而签订合同，且总金额超过 100 万元，系越权签约，合同无效。"乙公司则坚持合同有效，要求甲公司尽快支付定金。

请问：甲乙双方签订的合同有效吗？

本案分析

根据《公司法》关于总经理权利义务的规定，其有权代表公司签订合同，进行相关业务往来，其代表公司签订的合同能够使相对方产生信赖利益，应当予以遵守执行。公司内部的相关规定，除非合同相对方知道，否则对外不具有效力，不能对抗合同相对方的权利。

本案中，甲公司总经理谢某代表甲公司签订了合同，且盖有甲公司印章，足以使乙公司产生信赖，因而该合同有效，应予遵守。

风险防范建议

公司法定代表人、总经理、参与经营的股东及高级管理人员代表公司所签订的相关文件通常而言均具有法律效力，应予诚实信守。

(1)上述人员与公司具有密切的关联关系，因而其所签订的文件在一定程度上可以代表公司的意志，尤其是此前交易习惯一直如此的情况更具说服力；

(2)内部文件对内有效，对外不具效力，公司人员违反内部文件越权签订的文件应由内部追责。

相关法规

《合同法》第49条 行为人没有代理权、超越代理权或者代理权终止后以被代理人名义订立合同，相对人有理由相信行为人有代理权的，该代理行为有效。

《合同法》第50条 法人或者其他组织的法定代表人、负责人超越权限订立合同，除相对人知道或者应当知道其超越权限的以外，该代表行为有效。

86. 公司业务员私刻公章对外签订的合同，有效吗？

情景案例

2014年3月，林女士通过某保险公司的业务员，购买了10万元的理财产品。2个月后，林女士到保险公司查询交费记录时，没有查到购买记录，保险公司办理的理财产品合同上加盖的公章是假的，公章为该业务员私刻。现在理财产品已经到期，林女士找到某保险公司，要求按合同取回属于自己的本金和利息。

请问：此份合同有效吗？

本案分析

正常情况下，公司的公章具有公示公信效力，在无相反证据证明签章非公司真实意思的情况下，一般都会被认可的，但假公章不具有此效力。根据规定，公章是需要经过相关部门备案的，私刻的公章经鉴定即可确定真伪，同时，严重的私刻公章行为可能涉嫌刑事犯罪。

本案中，林女士被某保险公司业务员所欺骗，能否取回本金和利息关键要看保险公司是否知情、确认，款项是否收归保险公司，否则该合同是无效的，林女士和保险公司均可报警处理。

风险防范建议

在日常经营管理过程中，应防止某些别有用心的人用假冒公章签订合同，建议如下：

(1)重要文件须加盖印章、当场签字。印章具有公信力，签字具有可信度，二者组合更能确保文件的真实性，签字的人必须是法人代表或者经授权的代表。

(2)款项收取应提供专项账户及票据。公司的款项收归公司账户且提供相应的票据才是完整的财务手续。

相关法规

《合同法》第32条　当事人采用合同书形式订立合同的，自双方当事人签字或者盖章时合同成立。

《最高人民法院关于适用〈中华人民共和国合同法〉若干问题的解释(二)》第5条　当事人采用合同书形式订立合同的，应当签字或者盖章。当事人在合同书上摁手印的，人民法院应当认定其具有与签字或者盖章同等的法律效力。

87. 离职员工以原单位名义对外签约，有效吗？

情景案例

2014年5月，吴某入职某网络公司，负责市场开拓和客户维护工作。2年后，吴某从公司辞职。不久，网络公司接到客户的投诉，要求按合同约定履行义务或者退回款项。

经查，原来是吴某从公司离职后，利用公司的品牌和客户的信任，以公司的名义与客户签订合同，并将订单外包给工作室，从而导致与客户的纠纷。

请问：这份合同对于网络公司而言，有效吗？

本案分析

本案涉及表见代理的问题。表见代理，是指行为人没有代理权、超越代理权或者代理权终止后仍签订合同的，而相对方也有理由相信其有代理权限的行为。例如，吴某离职后，公司仍以其名义与客户联络或者为吴某提供相应便利等，则客户完全有理由相信吴某仍是代表公司的职务行为，此时网络公司应当承担责任。

本案中，吴某离职后虽以公司名义签订合同，但后续制作、收款等行为均与此前不一致，因而只能认为是吴某个人的行为，如果公司拒绝追认所签订的合同，则对公司不产生约束力，对公司无效。

风险防范建议

企业对外经营过程中，应尽量避免代收款的情况，通过企业公账收支款项可避免出现案例中的情况，同时应注意以下几个方面：

(1)向客户发出告知函。对于某些特殊岗位，如高管、业务销售、采购等人员，一旦出现离职的情况，公司应及时跟进此前由其负责的客户，并告知相关注意事项。

(2)规范收付款行为。原则上均应由财务部门负责收、付款，不得通过具体经办人员个人账户收付款。

(3)签订合同时应及时要求对方提供相关授权、公司营业资料。

相关法规

《合同法》第49条 行为人没有代理权、超越代理权或者代理权终止后以被代理人名义订立合同，相对人有理由相信行为人有代理权的，该代理行为有效。

《最高人民法院关于适用〈中华人民共和国合同法〉若干问题的解释(二)》第13条 被代理人依照合同法第四十九条的规定承担有效代理行为所产生的责任后，可以向无权代理人追偿因代理行为而遭受的损失。

88. 公司人员持公司委托书与他人签订供货合同，公司应当承担责任吗?

情景案例

2015年5月，甲公司参加竞标一个安装工程，考虑到吴某有社会关系，便委托吴某代公司进行洽谈，同时向其出具了授权委托书。在此期间，吴某持甲公司的委托书与乙公司签订了一份供货合同，并收取了部分款项，随后，乙公司要求甲公司承担责任。甲公司则称，自己没有签订合同，货款也并非公司收取，此合同与自己无关。

请问：甲公司的说法合法吗?

本案分析

授权委托书是委托人出具的证明被委托人具有相应权限的文书，是足以让对方相信被委托人具有代表委托人处理相关事项的凭据，因此在企业日常经营活动中一定要注意办理委托授权、查阅授权资料的真实性。

本案中，甲公司作为委托人，向被委托人吴某出具了授权委托书，如果委托书中明确或足以让乙公司确信吴某有权代表甲公司签订合同，则乙公司以此为依据与吴某签订合同具有合法性，甲公司应承担相应责任。

风险防范建议

委托书代表的是委托人的意思表示，在委托权限范围内行使相应的权利，因此办理委托事务时应注意以下事项：

(1)查阅授权委托书：查阅授权的真实性及授权范围，未包含在授权范围内的，委托人有权拒绝追认。

(2)与授权人及时核实：在确定正式签订合同或履行合同时，应与委托人及时进行沟通确认，避免不必要的损失。

(3)款项的收取应按照正式手续办理：款项的支付与收取应采取公对公或者以授权书确定的内容为准。

相关法规

《合同法》第49条　行为人没有代理权、超越代理权或者代理权终止后以被代理人名义订立合同，相对人有理由相信行为人有代理权的，该代理行为有效。

《最高人民法院关于适用〈中华人民共和国合同法〉若干问题的解释（二）》第12条　无权代理人以被代理人的名义订立合同，被代理人已经开始履行合同义务的，视为对合同的追认。

《最高人民法院关于适用〈中华人民共和国合同法〉若干问题的解释（二）》第13条　被代理人依照合同法第四十九条的规定承担有效代理行为所产生的责任后，可以向无权代理人追偿因代理行为而遭受的损失。

89. 盖有企业公章的空白合同被员工擅自使用，企业要担责吗？

情景案例

郭某是A公司的销售代表，因业务需要手，必须持盖有A公司公章的空白合同书多张。一次，A公司让郭某代表公司到B公司购买大米50吨，并出具授权委托书。郭某到B公司将授权委托书给B公司看后，B公司同意与A公司签订合同。随后，郭某看到B公司的小麦不错，未经请示，直接用空白合同书又与B公司签订了15吨小麦合同。

请问：郭某签订合同的效力如何？企业要担责吗？

本案分析

公司公章只要是真实的就具有公示公信力，为保护善意相对人的合法权益，如无相反证据则原则上会直接予以采信。

本案中，A公司将盖有公司印章的空白合同交由郭某，后郭某的小麦采购行为并无代理权限，如无相反证据，则为了保护B公司的利益，A公司需要承担责任。至于郭某无代理权或超越代理权限所产生的责任将由A公司另行追究。

风险防范建议

公司公章是企业最重要的印章之一，是反映企业意思表示的载体，因而务必要注意：

（1）空白合同要慎重：盖有公司印章的合同，公司有妥善管理的义务，否则一旦流露出去就要承担重大风险；

（2）授权委托书须明确授权内容：涉及重大事项必须明确被授权人的权利范围、期限，超出范围的不得行使；

（3）明确被授权人的责任：被授权人没有代理权或超越代理权造成损失的，应承担相关责任。

相关法规

《合同法》第49条　行为人没有代理权、超越代理权或者代理权终止后以被代理人名义订立合同,相对人有理由相信行为人有代理权的,该代理行为有效。

《最高人民法院关于适用〈中华人民共和国合同法〉若干问题的解释(二)》第12条 无权代理人以被代理人的名义订立合同,被代理人已经开始履行合同义务的,视为对合同的追认。

《最高人民法院关于适用〈中华人民共和国合同法〉若干问题的解释(二)》第13条 被代理人依照合同法第四十九条的规定承担有效代理行为所产生的责任后,可以向无权代理人追偿因代理行为而遭受的损失。

四、违约责任

90. 合同金额的30%是违约金的上限吗?

情景案例

2015年3月5日,A公司与B公司签订了一份买卖合同。约定A公司将加工厂及设备出售给B公司,共作价100万元,B公司应在合同签订后10日内付款20万元,剩余80万元在2015年5月2日前付清。

合同同时约定,如B公司不能及时付清款项,要按每日千分之三加收违约金,直至款项付清为止。而B公司则称,法律规定违约金最多不超过本金的30%。

请问:B公司的说法正确吗?

本案分析

违约金是按照约定或法定,一方违约须向另一方支付金钱作为补偿,具有补偿性质,区别于损害赔偿金。违约金一般以弥补实际损失为原则,约定超过或低于实际损失的,当事人可以要求减少或增加,最高高出部分不得超过实际损失的30%。

本案中,A、B两公司对违约金进行了明确规定,但B公司主张所约定的每日千分之三计算方法过高,应不得高于本金的30%。B公司这一理解显然是错误的,违约金并不是按照本金来计算的,而是按照实际损失计算的。根据合同法的规定,违约金最高不得超过实际损失的30%。

风险防范建议

合同可以在法律允许的范围内自由设定相应的条款供遵守执行,违约金就是合同自由、自愿原则的充分体现。建议如下:

(1)约定的违约金条款优先适用于法律强制性规定,因此应尽量作出充分估算。

(2)实际损失无法估算的,如果有约定违约金条款,则一般会参照此约定执行。

相关法规

《合同法》第114条 当事人可以约定一方违约时应当根据违约情况向对方支付一定数额的违约金,也可以约定因违约产生的损失赔偿额的计算方法。

约定的违约金低于造成的损失的,当事人可以请求人民法院或者仲裁机构予以增加;约定的违约金过分高于造成的损失的,当事人可以请求人民法院或者仲裁机构予以适当减少。

当事人就迟延履行约定违约金的,违约方支付违约金后,还应当履行债务。

《最高人民法院关于适用〈中华人民共和国合同法〉若干问题的解释(二)》第27条 当事人通过反诉或者抗辩的方式,请求人民法院依照合同法第一百一十四条第二款的规定调整违约金的,人民法院应予支持。

《最高人民法院关于适用〈中华人民共和国合同法〉若干问题的解释(二)》第28条 当事人依照合同法第一百一十四条第二款的规定,请求人民法院增加违约金的,增加后的违约金数额以不超过实际损失额为限。增加违约金以后,当事人又请求对方赔偿损失的,人民法院不予支持。

《最高人民法院关于适用〈中华人民共和国合同法〉若干问题的解释(二)》第29条 当事人主张约定的违约金过高请求予以适当减少的,人民法院应当以实际损失为基础,兼顾合同的履行情况、当事人的过错程度以及预期利益等综合因素,根据公平原则和诚实信用原则予以衡量,并作出裁决。

当事人约定的违约金超过造成损失的百分之三十的,一般可以认定为合同法第一百一十四条第二款规定的"过分高于造成的损失"。

91. 合同中约定违约方赔偿律师费,有效吗?

情景案例

2014年5月,杨某在经营某酒店期间向某银行借款50万元,由某担保公司为其提供担保。合同约定,如果一方有违约行为,另一方聘请律师的费用由对方承担。

贷款到期后杨某因资金紧张未偿还到期债务,担保公司向某银行代偿了杨某所欠贷款本息53万元,随后将杨某起诉至法院,要求杨某支付其代偿的53万元的同时,赔偿担保公司本案的律师费2万元。

请问:担保公司关于律师费的要求合法吗?

本案分析

《合同法》最重要的是意思自由精神,也就是说在不违反法律法规强制性规定的前提下,双方约定了律师费由败诉方承担的一般都将按照双方约定的执行。对于律师费,目前法律上没有强制性规定由哪一方负责,如双方约定了则根据合同执行。

本案中,双方在合同中有明确约定律师费承担问题,因此,按照约定执行是合法的。

风险防范建议

合同一般是平等民事主体之间真实的意思表示,在法律允许的范围内,合同自由,签署自愿,不违反法律法规强制性规定则相关约定受到法律保护:

(1)明确相关损失赔偿:在合同中尽量明确损失项目及金额以便在产生纠纷时有明确操作依据;

(2)在知识产权案件中,由败诉方承担合理的维权费用已经有明确的法律依据,其中包含律师费。

相关法规

《合同法》第4条 当事人依法享有自愿订立合同的权利,任何单位和个人不得非法干预。

《合同法》第8条 依法成立的合同,对当事人具有法律约束力。当事人应当按照约定履行自己的义务,不得擅自变更或者解除合同。

《合同法》第52条 有下列情形之一的,合同无效:

……

(五)违反法律、行政法规的强制性规定。

92. 合同没有约定违约责任，对方违约如何处理？

情景案例

2014年7月,某门业公司与某木材厂签订了买卖合同,合同约定由木材厂为门业公司供应松木,用来制作木门,合同总款30万元,预付5万元。合同规定木材厂于8月30日前供货。合同中没有约定违约责任。合同签订后,门业公司履行了自己的付款义务。

合同约定的供货日期已过,木材厂还没有供货,多次催货无果。一个多月过去了,客户的交货期限一天天临近,门业公司还是没有收到木材厂提供的货物。

请问:门业公司如何维护合法权益?

本案分析

违约责任可以由合同双方约定,并且优先适用符合法律规定的约定,如果没有约定而法律有强制性规定,则依照法律规定予以适用。合同一方因对方违约造成损失的,完全可以依法主张权利,要求对方予以赔偿。

本案中,门业公司按约定支付了货款,履行了合同义务,在木材厂违约的情况下,可以依法要求木材厂承担违约责任。

风险防范建议

企业在签订合同时,应根据合同内容、双方履行合同的能力和存在的可能性风险,对违约金进行科学约定。约定违约金优先适用,过高或者过低还可以请求法院根据实际损失调整,但需要提供证据。

相关法规

《合同法》第107条 当事人一方不履行合同义务或者履行合同义务不符合约定的,应当承担继续履行、采取补救措施或者赔偿损失等违约责任。

《最高人民法院关于适用〈中华人民共和国合同法〉若干问题的解释(三)》第25条 出卖人没有履行或者不当履行从给付义务,致使买受人不能实现合同目的,买受人主张解除合同的,人民法院应当根据合同法第九十四条第(四)项的规定,予以支持。

93. 承租人违约，出租人能否留置其遗留物品？

情景案例

承租人A公司与出租人B商场于2012年3月8日签订了商铺租赁合同，由A公司向B商场承租商铺，租赁期限5年。

两年之后，A公司经营不善，于是向B商场提出降低租金，A公司不同意。2015年6月，A公司终止营业并撤离场地，而B商场以租约未到期为由，要求留置商铺内的物品以抵偿租金，双方引发纠纷。

请问：B商场是否有权留置A公司商铺内的物品？

本案分析

留置权，是指当债务人逾期不履行债务时，合法占有债务人财产的一方有权扣留物品并享有对该物品的优先受偿权。《担保法》此前规定了保管合同、运输合同、加工承揽合同适用留置权，而《物权法》颁布后解除了此限制，扩大到只要符合留置条件的均可以适用，但限定了留置权应属于同一法律关系（企业间的留置除外）。

对于非企业间的同一法律关系的理解，举例可以更为直观地说明：买卖合同中，买方未付款，卖方就可以留置产品，这就是很典型的同一法律关系。而在租赁关系中，出租方收取的是房屋使用价值所体现的租金，而承租方的物品与租金不属于同一法律关系，且很难说出租方此时属于合法占有承租方的财产。

本案中，B商场与A公司之间显然属于企业间的租赁关系，那就可以突破同一法律关系的限制，因此，B商场有权留置A公司的物品。

风险防范建议

留置权的行使有助于保障债权人的合法权益，但在行使过程中也应注意：

（1）在合同中约定留置权：在合同中约定留置权条款有助于保护双方权益、督促履行义务，同时也可以约定排除留置；

（2）行使留置权应通知对方：行使留置权应及时告知对方，避免产生不必要的损失，告知方式多种多样。

相关法规

《物权法》第230条　债务人不履行到期债务，债权人可以留置已经合法占有的债务人的动产，并有权就该动产优先受偿。

前款规定的债权人为留置权人，占有的动产为留置财产。

《物权法》第231条　债权人留置的动产，应当与债权属于同一法律关系，但企业之间留置的除外。

《物权法》第232条　法律规定或者当事人约定不得留置的动产，不得留置。

94. 未及时行使合同解除权，还可以解除合同吗？

情景案例

甲公司与乙公司于2014年1月20日签署租赁合同，约定由甲公司承建一幢厂房提供给乙公司承租使用，并明确约定："如甲公司未能在双方确定设计方案后3个月内取得《建设工程施工许可证》，乙公司有权单方解除合同。"

2014年3月25日，双方确认了设计方案。甲在未取得《建设工程施工许可证》的情况下，按照双方确定的方案进行施工。甲公司于2014年9月才取得《建设工程施工许可证》。

2015年3月，楼宇建成后，乙公司提出解除合同，双方发生了争议。

请问：乙公司有权主张解除合同吗？

本案分析

合同解除分为约定解除和法定解除，约定解除是根据双方合同约定的条件，条件成就则直接视为合同解除；法定解除则是指双方此前未约定合同解除条件，而达到法律规定情形时予以解除。

根据《合同法》第93、94、96条的规定，解除合同应通知对方，合同自通知到达对方时即解除。因此，解除合同应通知对方，但通知的形式多种多样，只要能向对方明确解除意思即可。

本案中，甲、乙公司约定了解除合同的条件，截至2014年9月甲公司才获得《建设工程施工许可证》，距离约定时间已超过5个月，甲公司仍未取得《建设工程施工许可证》，已符合解除合同的条件，乙公司有权行使合同解除权，理应通知甲公司，否则也可能视为乙公司对此予以默认。如未通知则乙公司存在过错，须承担部分过错责任。

风险防范建议

合同解除权影响到相对方的期待性利益，必须符合相关约定或规定，并应采取合理方式告知对方，因此应慎重行使。建议如下：

(1)明确约定解除权。合同双方就解除权约定条件有利于在履行合同过程中督促双方履行，同时也有利于保障当事人自身权益。

(2)必须履行通知义务。无论是约定解除还是法定解除，都有通知的义务，否则将产生不必要的责任，造成损失。

相关法规

《合同法》第93条 当事人协商一致，可以解除合同。

当事人可以约定一方解除合同的条件。解除合同的条件成就时，解除权人可以解除合同。

《合同法》第94条 有下列情形之一的，当事人可以解除合同：

(一)因不可抗力致使不能实现合同目的；

（二）在履行期限届满之前，当事人一方明确表示或者以自己的行为表明不履行主要债务；

（三）当事人乙方迟延履行主要债务，经催告后在合理期限内仍未履行；

（四）当事人一方迟延履行债务或者有其他违约行为致使不能实现合同目的；

（五）法律规定的其他情形。

《合同法》第 96 条 当事人一方依照本法第九十三条第二款、第九十四条的规定主张解除合同的，应当通知对方。合同自通知到达对方时解除。对方有异议的，可以请求人民法院或者仲裁机构确认解除合同的效力。

法律、行政法规规定解除合同应当办理批准、登记等手续的，依照其规定。

95. 合同约定内容与实际履行不符，如何要求赔偿？

情景案例

甲公司因业务需要，租赁了一个仓库用于货物储存，并与本市的乙仓储设备公司签订了一份货架订购合同，合同中约定了货架的规格、载重、数量和价格等。

2015 年 7 月，甲公司在仓储设备公司交货并安装完成后支付了货款，并投入使用。同年 9 月，甲公司在使用过程中货架倒塌，部分货物损坏，经检查，主要由于货架的质量不过关所造成。

甲公司要求仓储设备公司赔偿，对方则称合同已履行完毕，甲公司的损失与自己无关。

请问：甲公司有权要求仓储设备公司赔偿吗？

本案分析

根据我国《合同法》的相关规定，当事人订立合同应当遵循公平原则确定各方的权利和义务，同时，当事人行使权利、履行义务应当遵循诚实信用原则。在合同条款中应按照法律规定设置相关条款，卖方应当对所售产品承担质量履行保证义务，符合约定或规定标准，且该等质量义务一般均为后续义务。

本案中，甲、乙双方签订了合同，并对货架的规格、载重等进行了明确的规定，甲公司履行了支付货款的义务，乙公司应按照合同约定提供符合质量要求的货架产品。由于乙公司提供的产品部分存在质量缺陷，造成甲方损失，乙公司应当对其履行不符合约定行为承担赔偿责任，不得以合同已经履行完毕作为逃避责任的理由。

风险防范建议

合同一般优先适用当事人自愿约定的条款，因此在设定合同条款时应特别注意质量条款、违约条款的约定。建议如下：

（1）明确约定质量条款：质量条款对于合同当事人各方均具有保护作用，合同有约定按照约定执行，合同没有约定的将按照国家或行业标准，因此特殊质量要求的应及时封样留存备查；

（2）约定质保期限：任何产品均存在一定的使用期限，且在此期间也存在其他因素对产品质量造成影响,因此应明确质保期限条款。

相关法规

《合同法》第61条 合同生效后,当事人就质量、价款或者报酬、履行地点等内容没有约定或者约定不明确的,可以协议补充;不能达成补充协议的,按照合同有关条款或者交易习惯确定。

《合同法》第111条 质量不符合约定的,应当按照当事人的约定承担违约责任。对违约责任没有约定或者约定不明确,依照本法第六十一条的规定仍不能确定的,受损害方根据标的的性质以及损失的大小,可以合理选择要求对方承担修理、更换、重作、退货、减少价款或者报酬等违约责任。

《合同法》第155条 出卖人交付的标的物不符合质量要求的,买受人可以依照本法第一百一十一条的规定要求承担违约责任。

第五章 企业采购

高效的采购管理体系，对保证企业项目的顺利进行、降低成本和提高经济效益起着非常关键的作用。

当事人缔约能力风险、合同漏洞、恶意履行等问题，都可能存在于采购合同的立项至合同履行完毕的整个过程。

企业采购对企业的生存和发展也有着十分重要的意义。

一、合同效力

96. 送货单或收货单能否证明买卖合同关系成立？

情景案例

自2013年5月开始，甲公司陆续向某汽车配件公司供应汽车配件，基于双方信任关系，收货时由仓管员在签收单上签字，双方没有现场结算。截至2014年5月30日，某汽车配件公司共计欠甲公司货款62万元。

甲公司多次催要，配件公司的负责人相互推诿，并称双方未签订采购合同，拒绝付款。

请问：双方没有签订采购合同，买卖合同关系成立吗？

本案分析

市场交易过程中，有些人声称“你去告，反正没签合同”，这实际上反映出该人毫无法律意识，更不知什么是合同。通常讲的合同，是指白纸黑字签订的合同条款，这是狭义的合同，法律上的合同比这范围更广，只要达成合意且履行了相应义务就可认为成立了合同。

书面合同因为具有可视性、直观易操作，所以建议大家多采用此种方式。但如果有合乎法律要求的送货单、收货单，且上面注明了相关内容如单价、数量等内容，则也可以认定双方达成了交易，卖方履行了交货义务，买方应支付相应货款。

本案中，甲公司给汽配公司送货，且能够查实送货单的真实性，则足以认定双方已达成口头合同，甲公司已履行了交货义务，汽配公司应支付货款。

风险防范建议

由交易双方签字、盖章的书面合同是最直观反映双方意思表示的依据，因此应尽量签订书面合同，同时也要注意交易过程中资料的真实性。具体注意以下事项：

(1)及时签订书面合同。书面合同直观、清晰，直接查阅条款就可以明确权利义务关系。

(2)确保送货单、签收单的真实性。货物的签收人严格意义上应由收货方出具授权书或者合同明确收货人，但实际上经常会出现变动，故应要求送货方及时找到相关负责人签收或盖章收货，并予以对账确认。

相关法规

《合同法》第37条 采用合同书形式订立合同，在签字或者盖章之前，当事人一方已经履行主要义务，对方接受的，该合同成立。

《最高人民法院关于适用〈中华人民共和国合同法〉若干问题的解释(二)》第2条 当事人未以书面形式或者口头形式订立合同，但从双方从事的民事行为能够推定双方有订立合同意愿的，人民法院可以认定是以合同法第十条第一款中的"其他形式"订立的合同。但法律另有规定的除外。

《最高人民法院关于适用〈中华人民共和国合同法〉若干问题的解释(三)》第1条 当事人之间没有书面合同，一方以送货单、收货单、结算单、发票等主张存在买卖合同关系的，人民法院应当结合当事人之间的交易方式、交易习惯以及其他相关证据，对买卖合同是否成立作出认定。

对账确认函、债权确认书等函件、凭证没有记载债权人名称，买卖合同当事人一方以此证明存在买卖合同关系的，人民法院应予以支持，但有相反证据足以推翻的除外。

97. 供货方使用伪造公章签订的采购合同是否有效?

情景案例

2014年8月20日，某水果配送公司与某果园签订了一份采购合同，约定果园向水果配送公司提供10吨水果，预付定金30%，水果配送公司在收到货物后付清余款。预付完定金后，水果配送公司发现果园在采购合同中加盖的公章是伪造的，于是马上与果园进行交涉。

请问：水果配送公司与果园签订的合同有效吗?

本案分析

用伪造的公章与客户签订合同确实有出现在市场交易活动中，并且有些确实造成了守约方严重的经济损失，部分涉假人员甚至因为涉嫌合同诈骗罪受到刑事处罚。

本案中，配送公司发现果园的公章是伪造的，但要进一步查看签订合同的人是否可代表果园签订合同，如是经授权或法定代表人签订，并结合预付定金等事实行为则也可认定该合同有效。如果只有盖章，则可能会因签订合同主体不真实等因素造成该合同无效，因此应及时要求果园补正。

风险防范建议

合同应是交易各方最真实的意思表示，盖章是最能体现交易方确认相关条款的表

现,因此应确保印章的真实性,同时也要注意以下事项:

(1)签订合同时应签字并加盖公章。公章有可能会被别有用心的人伪造,但要伪造具有代表权限的人签字是比较困难的,并且可以通过鉴定以辨真伪。

(2)保留交易证据。送货、验收、对账、付款等交易活动中的每个步骤均应特别留意,且必须保留相关证据以便核实。

相关法规

《合同法》第6条 当事人行使权利、履行义务应当遵循诚实信用原则。

《民事诉讼法》第63条第2款 证据必须查证属实,才能作为认定事实的根据。

98. 采购格式合同中排除质量异议权的条款,是否有效?

情景案例

甲公司向乙公司采购一批空调,双方签订了采购合同。但是乙公司提供的格式合同中规定,甲公司不得对产品质量提出异议。不久,甲公司收到乙公司送来的空调,发现空调质量存在重大问题,无法正常使用。

请问:合同中排除了甲公司的质量异议权,甲公司还能维护自己的权益吗?

本案分析

商务合同是平等主体之间签订的,条款中所约定的权利义务也应具有统一性,即权利义务相对等,不能只享有权利而不承担相应的义务,否则合同就是不公平的,也就是通常所称的"霸王条款"。

本案中,乙公司负责提供空调设备,其具有收取甲公司货款的权利,同时也应承担保证质量符合相应规定的义务。但乙公司所提供的格式条款排除了质量异议权,即限制了甲公司提出质量异议的权利,这是不公平的。这一条款属于无效条款,甲公司可以要求乙公司承担质量保证的义务。

风险防范建议

不可更改的格式条款合同,一般是合同一方具有较强势地位,或者以格式条款不可更改作为借口,但该行为显然造成合同双方权利义务关系的不对等,因此在实务中是可以要求手动更改的,并在更改处双方签字确认即可。

相关法规

《合同法》第39条 采用格式条款订立合同的,提供格式条款的一方应当遵循公平原则确定当事人之间的权利和义务,并采取合理的方式提请对方注意免除或者限制其责任的条款,按照对方的要求,对该条款予以说明。

格式条款是为了当事人重复使用而预先拟定,并在订立合同时未与对方协商的条款。

《合同法》第40条 格式条款具有本法第五十二条和第五十三条规定情形的,或者提供格式条款一方免除其责任、加重对方责任、排除对方主要权利的,该条款无效。

99. 约定货物验收单上签字即视为验收合格的条款，是否有效？

情景案例

2015年7月22日，A公司与B公司签订采购合同，A公司向B公司采购一批包装盒，按封样制作验收。8月20日，A公司签字验收了B公司送来的货物，并付清余款。

三天后，A公司发现包装盒的规格和质量存在问题，遂向B公司提出退货要求，B公司以采购合同中货物验收单上签字即视为验收合格的约定为由，不同意退货。双方为此发生争议。

请问：B公司的理由合法吗？

本案分析

质量异议期，是指依据法律规定，在一定时期内，买方发现货物存在质量问题时，可以提出异议的期限，未在此期限内提出的视为卖方交付产品合格。质量异议期可以由双方自行约定，没有约定的应在合理期限内应提出。

在实际交易活动中，很多产品必须在收到产品投入生产过程中甚至在第三方客户使用过程中才能发现存在质量问题，此时就容易产生纠纷，并且将涉及产品质量鉴定。

本案中，A公司在收到货物时进行了初步验收，但后期发现存在质量问题并立即向B公司提出，这个期限应符合法律所规定的合理期限。由于双方并未在合同中约定质量异议期，A公司在很短的时间内即提出质量问题异议，B公司应履行质保义务，B公司提出的签收即视为验收合格的说法不符合法律规定。

风险防范建议

在合同履行过程中，如何约定质量标准、验收标准、异议期等以防范相关风险呢？建议如下：

（1）签订合同时应注明质量异议期。确定质量异议期有助于双方积极履行合同义务，解决双方存在的争议，避免损失扩大。但对于暂无法完全确定质量的，应约定合理的期限。

（2）签收一般视为对数量、质量的初步确认，可以约定在使用过程中发现质量问题也可提出的条款。

相关法规

《合同法》第158条 当事人约定检验期间的，买受人应当在检验期间内将标的物的数量或者质量不符合约定的情形通知出卖人。买受人怠于通知的，视为标的物的数量或者质量符合约定。

当事人没有约定检验期间的，买受人应当在发现或者应当发现标的物的数量或者质量不符合约定的合理期间内通知出卖人。买受人在合理期间内未通知或者自标的物收到之日起两年内未通知出卖人的，视为标的物的数量或者质量符合约定，但对标的物有质量保证期的，适用质量保证期，不适用该两年的规定。

出卖人知道或者应当知道提供的标的物不符合约定的，买受人不受前两款规定的通知时间的限制。

《最高人民法院关于适用〈中华人民共和国合同法〉若干问题的解释（三）》第18条 约定的检验期间过短，依照标的物的性质和交易习惯，买受人在检验期间内难以完成全面检验的，人民法院应当认定该期间为买受人对外观瑕疵提出异议的期间，并根据本解释第十七条第一款的规定确定买受人对隐蔽瑕疵提出异议的合理期间。

约定的检验期间或者质量保证期间短于法律、行政法规规定的检验期间或者质量保证期间的，人民法院应当以法律、行政法规规定的检验期间或者质量保证期间为准。

100. 货物已交付，第三方主张货物所有权，如何处理？

情景案例

2014年5月8日，A公司与B公司签订采购合同，约定B公司向A公司供应600个公文包，合同签订后预付30%的定金，货物分三批交付A公司。

6月13日，B公司向A公司交付了第一批公文包，数量为220个。10天后，A公司收到通知，B公司销售给A公司的货物为C公司所有，目前C公司要求取消合同，退还货物。

请问：A公司与B公司所签订的采购合同有效吗？

本案分析

合同是否真实有效主要取决于合同签订时当事方是否是真实的意思表示，且不违反法律强制性规定，如是真实且不违法的则该合同一般属于有效合同。

本案中，A公司与B公司签订的采购合同是真实有效的合同，A公司已支付了相应的款项，即履行了相应的义务。从案例中，采购合同对标的物应当是约定了相应的要求，也即明确了具体的对象，属于特定物，一般不存在C公司所主张的情况。如C公司认为该货物属于其所有，则C公司应证明B公司所交付的产品属于其特定，而非A公司所定做的，如能证明则应予退还，否则C公司无权要求。如果恰好A、C两公司所定货物属于种类物，则C公司更加无权要求退还货物，至于C公司无法收到货物的后果应由其向B公司主张，而非要求A公司退还。

风险防范建议

合同是交易双方最直观、真实的意思表示，也是双方履行义务时的参照标准，因而在签订合同时应注意以下事项：

（1）明确约定订购产品的要求：每个公司所要求的产品根据市场需求多少会存在一定差异，因此明确约定要求有利于区分产品、验收产品。

（2）验收产品时应注意核对，避免收货错误，造成不必要损失。

相关法规

《合同法》第51条 无处分权的人处分他人财产，经权利人追认或者无处分权的人订立合同后取得处分权的，该合同有效。

《合同法》第52条 有下列情形之一的，合同无效：

（一）一方以欺诈、胁迫的手段订立合同，损害国家利益；

（二）恶意串通，损害国家、集体或者第三人利益；

（三）以合法形式掩盖非法目的；

（四）损害社会公共利益；

（五）违反法律、行政法规的强制性规定。

《合同法》第60条 当事人应当按照约定全面履行自己的义务。

当事人应当遵循诚实信用原则，根据合同的性质、目的和交易习惯履行通知、协助、保密等义务。

101. 供货方的名称变更，采购合同是否有效？

情景案例

2015年3月1日，A公司向B公司采购一批货物，双方在合同中约定：A公司支付2万元定金，B公司于5月28日前交货，A公司收到货物后付清余款。不久，由于货物价格暴涨，直到6月10日，B公司还没按时交货，A公司多次催促，B公司则称公司名称已变更，原来所签合同无效。

请问：B公司关于合同无效的主张是否成立？

本案分析

公司作为一个独立的法人主体，其名称是区分主体的重要标识，与自然人姓名具有相似意义。公司名称的变更并非法人主体资格的实质性变动（所谓实质性变动主要是指企业主体注销、企业性质变化等），好比自然人改名改姓一样，人还是同一个人、公司还是同一家公司，只是名字、名称发生变更，此前的债权债务应由变更后的公司继续承担。

本案中，B公司名称变更不是主张合同无效的合法理由，应当继续履行合同义务或承担法律责任。

风险防范建议

公司发生非实质性变化，仍须继受此前相关合同的权利和义务，包括名称变更、法定代表人变更、股东变更等。特别需要注意的是，企业性质发生变化，但原企业的通常所用名称（特别是简称）仍在使用，此时如果继续合作的需要留意区分合作主体，责任承担的方式也会有所不同。

相关法规

《公司法》第76条　合同生效后，当事人不得因姓名、名称的变更或者法定代表人、负责人、承办人的变动而不履行合同义务。

《民法通则》第44条　企业法人分立、合并或者有其他重大事项变更，应当向登记机关办理登记并公告。

企业法人分立、合并，它的权利和义务由变更后的法人享有和承担。

二、合同履行

102. 采购的产品与样品不一致，可以退货吗？

情景案例

甲公司张总在一次展览会上选中乙公司的布料样品，觉得质量好、性价比高，于是向乙公司现场订购50万元的布料。甲公司收到乙公司送来的布料，发现货不对版，与原来的样品不一致，质量相差很大。于是，甲公司提出退货要求，但遭到乙公司的拒绝。

本案中：甲公司有权要求退货吗？

本案分析

俗话说，"冲动是魔鬼"，但另一句话又说"商机转瞬就逝"，如何把握这个度需要每个企业好好摸索。但无论如何，在发现商机的同时也要注意法律风险的存在，货不对版的情况通常就发生在此种情形之下。

对于质量的要求，法律并未作强制性规定，而是由合同双方根据需要自行约定。如果在合同中约定了产品规格、质量，则对照合同条款审查即可发现是否合乎要求；如果未约定规格、质量，则按照行业或国家标准予以审查。但如果没有相关标准，则在处理时会存在非常大的麻烦。

本案中，甲公司应立即审查合同条款进行确定，确认当时是否有封存样板，否则对自身非常不利。

风险防范建议

产品质量标准、验收标准是企业履行合同过程中经常出现的问题，除口头约定外，还应注意：

（1）明确约定产品要求：必须对产品的规格、质量等进行明确约定，否则法院也无法判断合同约定的产品是什么。

（2）封存样板非常重要：对于按照样板提供产品的，双方签字、盖章封存样板对于双方来说非常重要，拿产品与样板一核对即可查验。

相关法规

《合同法》第153条　出卖人应当按照约定的质量要求交付标的物。出卖人提供有关标的物质量说明的，交付的标的物应当符合该说明的质量要求。

《合同法》第168条 凭样品买卖的当事人应当封存样品，并可以对样品质量予以说明。出卖人交付的标的物应当与样品及其说明的质量相同。

103. 企业已支付了定金，供货商以货物紧俏为由涨价，如何处理？

情景案例

2014年3月5日，甲公司与乙公司签订采购合同，合同约定甲公司向乙公司订购一批价值200万元的电子元件，乙公司送货上门，交货时间为5月8日前；甲公司于签订合同当日支付定金10万元，余款于货物验收合格后一次性付清。

20天之后，乙公司致函甲公司，告知材料紧俏，必须提价5%，否则无法履行供货义务。

请问：这种情况下，甲公司该如何处理呢？

本案分析

诚实守信是企业在市场经营中应遵循的最基本规则，唯利是图而擅自变更合同最终将损人不利已。诚实信用原则也是合同法中最基础的原则之一，具有法律强制力。合同双方签订的合同条款对相关价格、金额作出了明确约定，只要未违反法律规定就具有约束力，应予以遵守执行，否则应承担违约责任。

本案中，甲、乙双方签订了订购合同，甲公司支付了10万元定金，约定了交货期限，该条款对乙公司具有约束力，乙公司应当遵照履行。现乙公司单方擅自要求提高价格，显然是意图违反合同约定，不履行合同义务，构成违约。甲公司可以要求乙公司继续履行合同，如乙公司不履行，则甲公司可追究乙公司的违约责任，要求乙公司赔偿损失。其中可以要求对方双倍返还定金。

风险防范建议

诚实信用是企业在市场交易过程中应遵守的最基本原则，也是《合同法》中的“帝王”条款，为防止合同一方违约，应当在合同条款中明确违约责任条款，严格限制违约情况的出现。

相关法规

《合同法》第6条 当事人行使权利、履行义务应当遵循诚实信用原则。

《合同法》第8条 依法成立的合同，对当事人具有法律约束力。当事人应当按照约定履行自己的义务，不得擅自变更或者解除合同。依法成立的合同，受法律保护。

《合同法》第107条 当事人一方不履行合同义务或者履行合同义务不符合约定的，应当承担继续履行、采取补救措施或者赔偿损失等违约责任。

《担保法》第89条 当事人可以约定一方向对方给付定金作为债务的担保。债务人履行债务后，定金应抵作价款或者收回。给付定金的一方不履行约定的债务的，无权要求返还定金；收受定金的一方不履行约定的债务的，应双倍返还定金。

104. 采购合同约定的交易价格为市场价，可以吗？

情景案例

甲公司系一家服装企业，乙公司系一家服装辅料厂，双方于2014年8月签订一份长期的采购合同，合同约定乙公司向甲公司供应某品牌进口蕾丝，因考虑到原料的市场价格波动较大，双方在合同中约定：交易价格按当时的市场价执行。

请问：这样的合同约定可以吗？

本案分析

价格是买卖合同中必备条款，如果在合同中未约定价格则根据法律规定将按照评估价格，此时该评估价格对于合同当事方而言未必有利，所以确定价格对于买卖双方而言具有重要意义。

如果仅在合同中约定市场行情价格，而市场行情价格没有明确的参照标准，该约定属于约定不明确，实际执行时往往产生较多争议。

本案中，甲、乙两公司由于约定按当时的市场价格执行，而如果没有对该市场价格予以明确的参照标准，则虽有约定但无法执行，对于甲、乙两方均无益。

风险防范建议

合同是最能直接反映交易双方意思表示的载体，清晰、明确的约定对合同履行各方而言都是直观的参考标准。如何进行相关约定呢？建议如下：

（1）明确合同价格。价格约定对于合同双方均具有重要意义，卖方以此作为获得利益的结算依据，买方以此核算产品成本。

（2）确定参照标准。如果因为市场行情波动较大，也可以约定以市场行情价格为准，但该市场行情价格必须具有直接参照标准，如政府指导价、××交易所公示价格等。

相关法规

《合同法》第61条 合同生效后，当事人就质量、价款或者报酬、履行地点等内容没有约定或者约定不明确的，可以协议补充；不能达成补充协议的，按照合同有关条款或者交易习惯确定。

《合同法》第62条 当事人就有关合同内容约定不明确，依照本法第六十一条的规定仍不能确定的，适用下列规定：

……

（二）价款或者报酬不明确的，按照订立合同时履行地的市场价格履行；依法应当执行政府定价或者政府指导价的，按照规定履行。

……

105. 长期采购合同履行过程中，对某一特定批次的价格发生争议怎么办？

情景案例

A公司与B公司签订采购合同,A公司为B公司供应农副产品,合同期限为3年,同时,对产品的种类、价格、付款方式等进行了约定。

2015年7月10日,A公司与B公司办理结算,B公司发现上月的发货价格明显高出以前的价格。因为价格问题,双方发生争议。

请问:面对这种情况,有什么办法解决呢?

本案分析

依法成立的合同未经双方当事人协商一致不得随意变更、解除,否则应承担违约责任,造成损失的应赔偿损失。

本案中,A、B两公司长期合作,签订合同约定了产品价格且形成了一定的商业默契,该合同真实有效,应予以严格遵守执行。双方在合同中约定的价格,是双方履约的根据。A公司未经B公司同意擅自变动产品价格属于违约行为,应承担违约责任。

风险防范建议

诚实信用原则是交易双方应遵守的最基本的商业准则,也是法律的基本要求。合同订立后即具有法律约束力,未经双方协商一致不得随意变动,如需更改合同内容,应及时签订补充协议予以确认。

相关法规

《合同法》第8条第1款 依法成立的合同,对当事人具有法律约束力。当事人应当按照约定履行自己的义务,不得擅自变更或者解除合同。

106. 供货方延期交货，企业可以另行委托他人加工吗？

情景案例

甲公司与某皮鞋厂签订定作合同,约定皮鞋厂为甲公司加工男士皮鞋5000双,约定2014年5月25日前交货。

5月25日,甲公司接到皮鞋厂的电话,说明由于鞋材采购出现问题,甲公司订购的5000双皮鞋要延期交货,具体交货日期未定。甲公司急于给客户发货,想另行委托其他厂家加工。

请问:甲公司可以另行委托他人加工吗?

本案分析

交货期限是对卖方提出的履行义务条款,督促卖方按时交货,否则将产生违约责任,买方甚至可以以此解除合同。

约定的交付期限到期仍未交付的,守约方有权要求违约方继续履行合同,也可以要求解除合同。但解除合同必须根据合同约定或者法律规定,符合必要条件的解除权人应催告对方履行,经催告后仍未履行的,解除权人有权予以解除,并应通知对方,自通知到达对方后合同解除。

本案中,皮鞋厂在确定的交付期限到期后无法交付产品显然构成违约,甲公司可以要求其继续履行合同并承担违约责任,也可以催告对方在合理期限内履行,如仍未履行的,则甲公司可以通知对方解除合同,并要求对方赔偿损失。

风险防范建议

合同的解除方式分为约定解除、协商解除和法定解除,每种方式所要求的内容不完全相同,合同中有约定的按照约定执行,因此应注意以下事项:

(1)在合同中明确解除合同的条件。从保障交易的角度出发,合同法确定了谨慎解除合同的条款,双方未约定解除条件的,则应按照法定要求方可达到解除合同的目的,因此解除合同是有条件限制的,但如双方有约定则可灵活适用。

(2)对于迟延履行合同的,守约方应催告对方按时或在合理期内履行,对方仍未履行的,守约方应通知(最好是书面通知)对方。

(3)对于解除合同有异议的,可以请求法院等机构确认解除的效力,但应及时申请。

相关法规

《合同法》第93条　当事人协商一致,可以解除合同。

当事人可以约定一方解除合同的条件。解除合同的条件成就时,解除权人可以解除合同。

《合同法》第94条　有下列情形之一的,当事人可以解除合同:

(一)因不可抗力致使不能实现合同目的;

(二)在履行期限届满之前,当事人一方明确表示或者以自己的行为表明不履行主要债务;

(三)当事人一方迟延履行主要债务,经催告后在合理期限内仍未履行;

(四)当事人一方迟延履行债务或者有其他违约行为致使不能实现合同目的;

(五)法律规定的其他情形。

107. 收取货款的业务员辞职,供货方拒不供货怎么办?

情景案例

A公司与B公司的业务员郑某签订了采购合同,合同约定:A公司支付5万元预付款,B公司收到货款后10天内发货。合同签订后,A公司考虑到与郑某合作多年,于是将5万元现金交给郑某,郑某给A公司开了收据。

几天后,A公司收到B公司催款通知,沟通后才知,郑某在收取A公司货款后第二天就办理了离职,款项没有交回公司。现在,郑某手机无法打通,而B公司又不给发货。

请问:A公司该怎么办呢?

本案分析

企业在交易过程中应谨慎审核代表人员是否有授权、授权书的真实性、授权范围等。如果对方未取得授权或者授权范围不包含相关内容，一旦履行了相应义务尤其是对于买方而言支付了部分款项但得不到交易相对方的确认，则容易出现纠纷。

本案中，A公司与B公司长期合作，如果此前的合同都是按照此模式且能提供相应证据证实，即由B公司业务员代表签订合同并代收定金，则按照合同法中关于表见代理的规定，B公司应承担相应责任。如无法证实则A公司应按照合同支付款项，同时A公司应及时向公安机关报警，对郑某涉嫌刑事犯罪予以查处，追缴款项。

风险防范建议

由业务人员代收货款对于交易双方而言都存在较大的风险，因此建议如下：

(1)付款不应通过个人账户，而应通过收款方公司账户或指定账户，否则极易出现案例中被个人侵吞的情况。

(2)授权书非常重要，应予以谨慎审核，明确授权范围。

相关法规

《合同法》第49条 行为人没有代理权、超越代理权或者代理权终止后以被代理人名义订立合同，相对人有理由相信行为人有代理权的，该代理行为有效。

《最高人民法院关于适用〈中华人民共和国合同法〉若干问题的解释(二)》第13条 被代理人依照合同法第四十九条的规定承担有效代理行为所产生的责任后，可以向无权代理人追偿因代理行为而遭受的损失。

三、索赔处理

108.采购的货物在运输途中丢失，后果由哪一方承担?

情景案例

甲公司向乙公司订购了一批女装，甲公司将全部货款转账至乙公司，并将公司的详细地址提供给乙公司。乙公司打包完货物，通知物流公司上门收货，按甲公司提供的地址将货发了出去。

十多天后，甲公司接到乙公司的电话，声称物流公司在运输途中丢失了该批货物。责任应该由物流公司承担，为此，甲乙双方的发生争议。

请问：采购的货物在运输途中丢失，后果由哪一方承担?

本案分析

买卖合同的履行自然会涉及产品的交付，而产品的交付必然涉及货物的运输问题，由谁承担运输过程中出现的货物遗失、损坏、灭失等风险，经常性成为合同双方以及承运方纠缠的难题。

在实践中，如果合同双方约定了运输责任条款，确定由哪一方承担运输风险，则后果由承担责任一方负责,后再向承运人追偿。如果没有约定,原则上是按照货物交付则风险转移方式解决,交付之前由卖方承担,交付之后由买方承担,卖方原因造成未能按期交付的,到期后的风险由卖方承担。未约定地址或约定地址不明确且需要运输的,卖方交付给第一承运人后则由买方负责。

本案中,甲公司与乙公司明确约定了交付地址,如果双方未另行约定运输风险承担条款,则运输公司视为出卖方的辅助履行义务人,此时尚未完成交付则应由卖方即乙公司承担运输风险责任。

风险防范建议

货物(动产)的风险转移通常以交付为判断标准,涉及运输的更应注意以下事项:

(1)明确约定交付地址:交付地址的确定有助于卖方履行交付,否则无法确定运输成本和交付对象,同时也有助于厘清责任。

(2)明确运输责任条款:如前所述,由于运输过程中涉及的风险存在多种情况,为明确责任,避免产生纠纷,应当在合同中予以明确。

相关法规

《合同法》第141条　出卖人应当按照约定的地点交付标的物。

当事人没有约定交付地点或者约定不明确,依照本法第六十一条的规定仍不能确定的,适用下列规定:

(一)标的物需要运输的,出卖人应当将标的物交付给第一承运人以运交给买受人;

(二)标的物不需要运输,出卖人和买受人订立合同时知道标的物在某一地点的,出卖人应当在该地点交付标的物;不知道标的物在某一地点的,应当在出卖人订立合同时的营业地交付标的物。

《合同法》第142条　标的物毁损、灭失的风险,在标的物交付之前由出卖人承担,在交付之后由买受人承担,但法律另有规定或者当事人另有约定的除外。

《合同法》第145条　当事人没有约定交付地点或者约定不明确,依照本法第一百四十一条第二款第一项的规定标的物需要运输的,出卖人将标的物交付给第一承运人后,标的物毁损、灭失的风险由买受人承担。

109. 定做的灯饰出口美国后被检出含铅超标，可以索赔吗?

情景案例

2014年9月,A公司与B公司签订藤条灯饰订购合同,合同约定A公司向B公司定作一批藤条加工的灯饰,藤条灯饰的质量标准适用国家标准,合同中还约定交货期限、违约责任等其他相关事项。

B公司按期交货,A公司将该批灯饰出口至美国,准备用于当地圣诞节活动。一个月后,A公司收到通知,该批灯饰在美国入关时被检查出藤条上的油漆含铅量超标,导致灯饰也全部被查扣,还处以罚款。于是,A公司向法院起诉,要求B公司赔偿全部的经济损失。

请问:贸易公司的请求能获得法院的支持吗?

本案分析

法律上所认定的损失一般是直接损失,间接损失需要非常充分的事实和法律依据才能得到支持。产品质量不合格,按照《产品质量法》的规定,可以追究产品提供者的责任,要求对方赔偿损失。

本案中,A公司与B公司之间明确了产品质量标准,由于B公司制作的藤条油漆的含铅量超标,给A公司造成了损失,B公司应承担赔偿责任。至于损失范围的确定,根据A公司提供的单据、票证等相关证据确定。

风险防范建议

企业在签订涉及产品的合同时,如常见的采购、销售合同,必须明确约定产品质量标准,这对于合同双方均有重大意义,一旦对产品质量产生争议则直接可适用该标准进行判断。

相关法规

《合同法》第62条 当事人就有关合同内容约定不明确,依照本法第六十一条的规定仍不能确定的,适用下列规定:

……

(一)质量要求不明确的,按照国家标准、行业标准履行;没有国家标准、行业标准的,按照通常标准或者符合合同目的的特定标准履行。

……

《合同法》第113条第1款 当事人一方不履行合同义务或者履行合同义务不符合约定,给对方造成损失的,损失赔偿额应当相当于因违约所造成的损失,包括合同履行后可以获得的礼仪,但不得超过违反合同一方订立合同时预见到或者应当预见到的因违反合同可能造成的损失。

《合同法》第153条 出卖人应当按照约定的质量要求交付标的物。出卖人提供有关标的物质量说明的,交付的标的物应当符合该说明的质量要求。

《合同法》第154条 当事人对标的物的质量要求没有约定或者约定不明确,依照本法第六十一条的规定仍不能确定的,适用本法第六十二条第一项的规定。

《最高人民法院关于适用〈中华人民共和国合同法〉若干问题的解释(二)》第29条第1款 当事人主张约定的违约金过高请求予以适当减少的,人民法院应当以实际损失为基础,兼顾合同的履行情况、当事人的过错程度以及预期利益等综合因素,根据公平原则和诚实信用原则予以衡量,并作出裁决。

110. 采购的商品系假冒注册商标的伪劣产品,如何处理?

情景案例

2014年9月10日,某商场向某贸易公司采购了5000双某品牌皮鞋,用于商场国庆特价促销活动。由于款式新、价格低,这批皮鞋在国庆期间全部销售完毕。半个月后,消费者到消费者协会投诉,反映皮鞋存在质量问题。

2014 年 11 月,按照客户的要求,商场遂委托相关机构进行皮鞋质量鉴定,结论为皮鞋系假冒注册商标的伪劣产品。

请问:商场应该如何处理呢?

本案分析

根据《消费者权益保护法》的规定,由于产品质量产生的纠纷,消费者可以单独向商品的销售方或者生产方提出权益要求,也可以要求销售方和生产方承担连带赔偿责任,其中一方赔偿后根据过错原则可以向另一方追偿。

本案中,消费者具有选择权,可以单独要求商场或贸易公司赔偿,也可以要求二者承担连带责任。但对于商场而言,其有权根据产品质量标准要求贸易公司赔偿。

风险防范建议

对确实属于产品质量问题的,无论是销售企业还是生产企业均应当及时优先予以处理,维护好客户的合法权益,避免造成更大的影响,之后再在销售企业和生产企业之间根据规定追责,并完善产品质量检测、监督机制。

相关法规

《合同法》第 150 条 出卖人就交付的标的物,负有保证第三人不得向买受人主张任何权利的义务,但法律另有规定的除外。

《产品质量法》第 40 条第 1、2 款 售出的产品有下列情形之一的,销售者应当负责修理、更换、退货;给购买产品的消费者造成损失的,销售者应当赔偿损失:

(一)不具备产品应当具备的使用性能而事先未作说明的;

(二)不符合在产品或者其包装上注明采用的产品标准的;

(三)不符合以产品说明、实物样品等方式表明的质量状况的。

销售者依照前款规定负责修理、更换、退货、赔偿损失后,属于生产者的责任或者属于向销售者提供产品的其他销售者(以下简称供货者)的责任的,销售者有权向生产者、供货者追偿。

111. 因采购被盗的货物被查扣,如何索赔?

情景案例

甲公司因公司规模扩大,准备采购一批办公设备,甲公司看到网上的出售信息,选中一家价格偏低、质量良好的货品。2015 年 1 月 10 日,该批办公设备送达甲公司仓库,准备投入使用。10 天之后,当地派出所找到甲公司,将该批办公设备查扣,甲公司得知采购的这批办公设备为被盗货物。

请问:甲公司应该如何索赔呢?

本案分析

根据法律规定,刑事案件中的赃物被起获后应返还给所有权人,因此本案中的办公设备被查扣符合国家法律规定。同时,在交易过程中,交货一方应当保证对所交付的产品具有完全的所有权,产品不存在任何权利瑕疵,这也是诚实信用原则所包含的当然之意。因此,甲公司可以要求办公设备提供方承担违约责任,退还款项,赔偿损失。

需要特别指出的是,甲公司在购买办公设备的时候具有审慎注意的义务,对于该批产品明显低于市场价格应予以注意,否则存在销赃的风险。

风险防范建议

企业采购应当对比市场价格,选择价格低的对于降低成本确实有好处,但价格并非越低越好,应予注意:

(1)在订购合同中注明权利瑕疵担保责任条款,出售方应当对出售的产品拥有完整的所有权且不存在权利瑕疵,如因权利瑕疵造成购买方损失的应予赔偿。

(2)对于明显低于市场价的产品应予以重视,避免贪一时便宜而人财两空。

相关法规

《合同法》第132条 出卖的标的物,应当属于出卖人所有或者出卖人有权处分。

《合同法》第150条 出卖人就交付的标的物,负有保证第三人不得向买受人主张任何权利的义务,但法律另有规定的除外。

《刑法》第64条 犯罪分子违法所得的一切财物,应当予以追缴或者责令退赔;对被害人的合法财产,应当及时返还;违禁品和供犯罪所用的本人财物,应当予以没收。没收的财物和罚金,一律上缴国库,不得挪用和自行处理。

第六章　企业销售

营销关系到企业决策的成败，是企业经营业绩的最直接证明。

对企业而言，营销法律风险的破坏性仅次于投资风险，应采取合理有效的风险防范措施来保障公司的安全运转。

营销法律风险就像隐藏在企业繁荣下的重大隐患，如不重视和及时规避、化解，可能会给企业经营带来灾难性后果。

一、合同效力

112. 购货方的经办人在送货单上签字，没有公司盖章有效吗？

情景案例

2015年3月12日，某服装公司为某酒店制作工作服，总价10万元，其中定金2万元。当服装公司将这批服装分两次送到酒店后，酒店拖欠8万元未付。服装公司起诉至法院。

在法庭上，酒店称不是不付钱，而是未收到货。服装公司出示了送货单，“收货人签字”处签字为“张三”，并确定“张三”为酒店负责收货的员工。但酒店辩称没有叫“张三”的员工。服装公司无法提供张三的具体身份信息，更无法联系到张三。

请问：送货单上只有经办人签字，未加盖公司印章，有效吗？

本案分析

很多企业在客户订货时，往往不签订购货合同，凭对方一个电话、一份邮件，就送货上门。但客户收货时，通常由保管人员、财务人员或其他经办人在收货单上签收。收货人签收时，有的笔迹潦草，有的姓名不全，有的未注明单价，在双方发生争议时，由于送货单存在瑕疵，客户又不确认，因此导致企业败诉的案例十分常见。

本案中，服装公司将工作服送到酒店，由于双方未签订书面的买卖合同，送货单上又未加盖酒店的印章，在酒店否认收货、张三无法取得联系的情况下，服装公司提供的仅有“张三”签名的送货单，无法证明张三系酒店的员工，也无法证明服装公司与酒店之间存在真实的交易关系，服装公司提供的证据明显不充分，故应当承担举证不能的法律后果。

风险防范建议

送货单是企业交易的重要凭证,在书写送货单时,有哪些注意事项呢?建议如下:

(1)名称要求确定为送货单、收货单,避免使用出库单,在送货单上书写的收货单位要仔细核对,与收货单位营业执照的名称完全一致,并要求收货单位收货后加盖公司印章。

(2)送货单上的品名、数量、单价及总价应标写清楚,且与订购合同、买卖合同或发货通知上的内容相一致。

(3)如果公司因特殊情况不能当场加盖公章的,应要求收货人备注详细身份信息,在以后以结算单或对账单的方式补强证据。

相关法规

《合同法》第48条 行为人没有代理权、超越代理权或者代理权终止后以被代理人名义订立的合同,未经被代理人追认,对被代理人不发生效力,由行为人承担责任。

相对人可以催告被代理人在一个月内予以追认。被代理人未作表示的,视为拒绝追认。合同被追认之前,善意相对人有撤销的权利。撤销应当以通知的方式作出。

《合同法》第49条 行为人没有代理权、超越代理权或者代理权终止后以被代理人名义订立合同,相对人有理由相信行为人有代理权的,该代理行为有效。

113. 购货方以挂靠的公司名义签订合同,可以履行吗?

情景案例

2014年8月5日,于某以A公司委托代理人的名义与B公司签订购销合同,合同约定,A公司为B公司生产6台起重机,总价款为300万元,B公司预付30%的货款。合同中加盖A公司合同专用章。

9月5日,B公司将预付款90万元汇至A公司账户。9月20日,于某从A公司处领走预付货款80万元,A公司未按时交货。A公司辩称,A公司有特种设备制造许可证,于某系挂靠A公司,应向于某追偿,与A公司无关。

请问:以挂靠公司的名义签订合同,可以履行吗?

本案分析

挂靠作为一种经济现象,经常存在于建筑施工、交通运输、医疗卫生等领域。通常情况下,是无特定资质的一方通过向有特定资质的一方支付一定的对价而取得以有资质一方的名义参与特定经济活动的行为。挂靠本质上是一种资质交换和利用行为。很多企业因借用专业资质、许可证、业务介绍信、合同专用章、盖章的空白合同书或者银行账户引发纠纷,如果不加以重视,可能会遭受行政处罚,甚至可能被卷入纠纷。

本案中,A公司与B公司签订合同,签订合同的主体为A公司,于某是作为委托代理人的身份出现;B公司将货款支付至A公司账户,于某从A公司处领取款项。故A

公司与于某之间的挂靠关系属于内部关系，不能成为对外免除责任的理由。因此，B公司可以要求A公司履行合同义务并赔偿损失。

风险防范建议

目前，挂靠的根本性质是一种资格借用，是未取得从事某种经营资质的市场主体借用他人资格从事经营活动的行为，是逃避法律、法规监督的行为，是扰乱市场经济秩序的行为。涉及可能存在挂靠关系的业务时，务必注明不得挂靠，否则挂靠人和被挂靠人应承担连带责任。

相关法规

《最高人民法院关于适用〈中华人民共和国民事诉讼法〉的解释》第54条　以挂靠形式从事民事活动，当事人请求由挂靠人和被挂靠人依法承担民事责任的，该挂靠人和被挂靠人为共同诉讼人。

《最高人民法院关于适用〈中华人民共和国民事诉讼法〉的解释》第65条　借用业务介绍信、合同专用章、盖章的空白合同书或者银行账户的，出借单位和借用人为共同诉讼人。

114. 公司业务员的个人承诺，是否有效？

情景案例

王某从A公司业务员孙某手中购买了一部德国进口的机械设备，费用为45万元。A公司将设备送到王某公司后，承诺3天内付款。

经检测，王某发现机械有一个重要部件不太好用，于是要求孙某更换部件，否则拒绝付款。孙某为尽快回款，就给王某出具了一份同意更换的书面承诺书。但是，A公司不同意更换。现在，孙某已离职。

请问：孙某的个人承诺，有效吗？

本案分析

公司业务员的职权范围是由公司规定的，业务员执行职务的行为，是公司的代表，体现的不是个人意志而是公司意志，公司应对公司业务员的职务行为负责。由于公司业务员的经营活动就是公司行为，当业务员在合法职权范围内从事经营活动，所产生的权利义务理所当然地由法人承担。

本案中，因孙某是A公司的业务员，王某作为客户从孙某处购买机械设备，应视为与A公司发生业务关系。孙某出具书面承诺书，承诺为王某更换一个部件，孙某的行为视为A公司的承诺，A公司应承担更换义务。否则，A公司构成违约。

风险防范建议

企业在日常管理中，如何防止业务员越权作出不当承诺而使公司利益受损呢？建议如下：

(1)在与客户签订合同时明确，业务员的工作职责、授权范围及其他相关事项。

(2)完善考核制度,禁止不负责任的承诺行为,如果给公司造成损失的,要给予相应的处罚。

(3)在员工离职时,要全面办理交接手续,对于未完成交接或交接不清的业务员,暂时不予办理离职手续。

相关法规

《民法通则》第43条 企业法人对它的法定代表人和其他工作人员的经营活动,承担民事责任。

《合同法》第49条 行为人没有代理权、超越代理权或者代理权终止后以被代理人名义订立合同,相对人有理由相信行为人有代理权的,该代理行为有效。

115. 销售合同中未加盖公司印章,可以向公司追讨货款吗?

情景案例

郭某是A公司的采购员,2014年3月10日,郭某代表A公司向B公司采购16万元货物,双方签订了一份供货合同。由于郭某与B公司关系很好,故本合同没有加盖A公司印章,仅有郭某签名。

当货物运到A公司时,郭某验收货物后并在收货单上签了字。4月1日,郭某离职。4月30日,B公司向A公司提出支付货款的请求,但遭到A公司拒绝。

A公司认为:合同是郭某签名的,没有加盖我司公章,货物也是郭某收取的,现在郭某已离职,应由郭某个人承担这批货款。双方因此发生纠纷。

请问:A公司的说法符合法律规定吗?

本案分析

本案涉及无权代理的问题。无权代理,是指行为人没有代理权、超越代理权或者代理权终止后以被代理人名义订立的合同,未经被代理人追认,对被代理人不发生效力,由行为人承担责任。无权代理合同属于效力待定的合同,合同是否有效取决于有处分权人、被代理人的事后追认,但追认是对方的单方行为,主动权在对方,对其有利才追认,不利则不予追认。

通常情况下,公司员工以公司名义对外签订合同,必须经过公司的授权,或者虽未授权,但事后得到公司的认可的,员工的行为才可视为公司的行为,否则只能由该员工自己承担。

本案中,郭某未经A公司授权,以个人的名义与B公司签订了购货合同,事后也未加盖公司公章,所采购的货物也没有经过公司验收,其购货行为没有得到公司的事后追认,郭某的代理行为对公司不发生法律效力,其后果应该由其本人承担。所以A公司的说法是正确的。但是,如果货物被A公司使用或接收时有相关负责人确认,则应承担付款责任。

风险防范建议

当企业遇到类似情况时，如何处理呢？建议如下：

(1)在签订合同前，一定要审查对方是否具有代理权，委托代理人签订合同的，要求对方出具法定代表人授权委托书、代理人的身份证明等。

(2)合同一定要签字、盖章，确保签字、盖章的真实性。

相关法规

《合同法》第48条　行为人没有代理权、超越代理权或者代理权终止后以被代理人名义订立的合同，未经被代理人追认，对被代理人不发生效力，由行为人承担责任。

相对人可以催告被代理人在一个月内予以追认。被代理人未作表示的，视为拒绝追认。合同被追认之前，善意相对人有撤销的权利。撤销应当以通知的方式作出。

《最高人民法院关于适用〈中华人民共和国合同法〉若干问题的解释(二)》第13条　被代理人依照合同法第四十九条的规定承担有效代理行为所产生的责任后，可以向无权代理人追偿因代理行为而遭受的损失。

116. 公司法定代表人出具的欠条，由谁承担偿还责任？

情景案例

吴某是甲公司的法定代表人，在公司经营过程中，吴某经常用个人银行卡收付资金。2014年9月20日，甲公司在承建某小区工程时，与乙公司签订合同，约定由乙公司供应所需要的水泥。

2014年10月20日，甲、乙两公司进行结算，吴某向乙公司出具一份欠条，内容为："今欠乙公司水泥款人民币30万元，于2014年11月20日前付10万元，余款于2015年3月底前付清。欠款人吴某。"

2014年12月20日，吴某个人向乙公司转账10万元。之后，吴某再没按时还款。

请问：乙公司应该向谁追偿这笔货款？

本案分析

"法定代表人"是一个确定的法律概念，是指依照法律或法人组织章程的规定，代表法人行使职权的负责人。法定代表人虽然由自然人担任，但应当以公司的名义，并在法律、法规规定和公司章程规定的权限范围内从事活动。公司法定代表人的行为代表公司的行为。

由于法定代表人身份具有双重性，也就是集自然人个体身份和法人代表身份于一身，所以对于法定代表人的行为是属于个人行为还是代表公司的行为，是必须要予以区分的。实践中，可以从法定代表人的行为是否与职务有关、是否有取得法人授权、以谁的名义以及为谁的事务和利益而实施等多个因素来加以判断。

本案中，甲公司向乙公司购买水泥，则甲公司应向乙公司支付货款。甲公司的法定代表人吴某以个人名义出具了欠条，并以个人银行卡上的资金支付了部分水泥款。对于吴某的行为，究竟是个人行为还是代表公司的行为，可以从几个方面来判断：第一，在双方交易习惯中，吴某是否经常用个人银行卡收付资金；第二，吴某虽然以个人名义出具了欠条，但实际上工程以公司名义承揽并收货，是公司经营行为；第三，是否有公司付款记录，用于支付该批次货款。

因此，吴某以个人名义出具欠条，从表面上看是个人行为，但综合其他交易细节足以认定是公司行为，乙公司应向甲公司追偿。

风险防范建议

在企业经营过程中，也会遇到类似情况。如何防范相关风险呢？建议如下：

(1)签署订货合同、购销合同等交易文件，要求公司加盖印章。

(2)在没有条件加盖公司印章、只有法定代表人签字的情况下，在合同中应对签字的效力予以明确约定，以避免产生歧义。

(3)在交易过程中，保存收货凭证、来往邮件、传真等交易凭证，以便备查。

相关法规

《民法通则》第38条 依照法律或者法人组织章程规定，代表法人行使职权的负责人，是法人的法定代表人。

《民法通则》第43条 企业法人对它的法定代表人和其他工作人员的经营活动，承担民事责任。

《合同法》第50条 法人或者其他组织的法定代表人、负责人超越权限订立的合同，除相对人知道或者应当知道其超越权限的以外，该代表行为有效。

117. 负责人在欠条上签字，个人要承担还款责任吗？

情景案例

A公司与B公司已合作多年，双方一直按时结清货款。2015年8月，B公司从A公司购进20万元货物，由于资金周转紧张，于是，B公司总经理谭某给A公司写了一张加盖公司公章的欠条，谭某在欠条上也签了名。

后来，由于经营不善，B公司资不抵债向法院申请破产还债，由于债权人太多，A公司一分钱都没有分到。于是，A公司将谭某起诉到法院，请求法院判令谭某支付20万元货款并支付利息。

请问：谭某需要承担还款责任吗？

本案分析

公司是企业法人，有独立的法人财产，享有法人财产权，公司以其全部财产对公司的债务承担责任。

本案中，B公司购买A公司20万元货物，双方形成购销关系。B公司作为购货方，有义务向 A 公司支付 20 万元的货款。由于 B 公司资金紧张,出具了加盖公司公章的欠条,是 B 公司对所欠 A 公司货款的确认,此笔货款理应由 B 公司承担偿还责任。公司总经理谭某虽然在欠条上签名,但谭某是代表公司履行职务的行为,并不是谭某个人行为,更无担保的意思表示,故该笔货款的还款责任与谭某个人无关。

至于 A 公司的债权因 B 公司破产而无法得到受偿,并不能成为向谭某个人追偿的法定理由。故谭某个人不承担还款义务。

风险防范建议

企业在办理结算手续时,有哪些注意事项呢?建议如下:

(1)如果在结算时,发现欠款方资金出现问题,可要求欠款方为债务提供相应担保,如法定代表人个人或其他股东均可提供保证。

(2)要求欠款方明确还款日期、逾期还款责任以及承担违约责任的方式。

相关法规

《公司法》第 3 条第 1 款 公司是企业法人,有独立的法人财产,享有法人财产权。公司以其全部财产对公司的债务承担责任。

二、合同履行

118. 以试用货物设定抵押,承担什么法律责任?

情景案例

2015 年 6 月 5 日,某五金厂从 A 公司购买了一台价值 200 万元的机械设备。合同约定:五金厂先支付 5 万元押金,试用期一个月。

试用期限届满后,五金厂以试用不满意为由,要求 A 公司将设备拉回去,并退回 5 万元押金。五金厂的工作人员刘某告诉 A 公司销售人员,五金厂已于 6 月 8 日将该设备抵押给担保公司,借款 120 万元用于周转。

请问:五金厂的行为合法吗?

本案分析

本案涉及试用买卖合同的问题。试用买卖,是指约定买受人先行试用标的物,然后在一定期间内再决定是否购买的买卖合同。试用买卖合同,出卖人有允许买受人试用的义务,买受人享有自由决定是否购买的权利,在其决定购买前,标的物所有权仍属于出卖人。

本案中,五金厂与 A 公司签订试用买卖合同,约定试用期一个月,试用期内,五金厂有权决定是否购买该机械设备。五金厂在试用期届满前明确表示不购买该机械设备,A 公司可将设备拉回并返还押金。

五金厂在试用期内试用机器设备,但机器设备的所有权仍归属于 A 公司。五金厂将设备抵押给担保公司取得周转资金 120 万元,其行为属于无权处分,侵犯了 A 公司的财产所有权,具有明显过错,应承担侵权赔偿责任。

风险防范建议

相比于普通的买卖合同,由于买卖关系不确定,试用买卖合同的出卖人承担更大的法律风险。试用期间,虽标的物所有权仍归出卖人,但标的物由买受人实际占用、使用、支配。可以在试用买卖合同中明确约定,标的物交付给买受人后,标的物毁损、灭失的风险由买受人负担。

相关法规

《合同法》第170条 试用买卖的当事人可以约定标的物的试用期间。对试用期间没有约定或者约定不明确,依照本法第六十一条的规定仍不能确定的,由出卖人确定。

《合同法》第171条 试用买卖的买受人在试用期内可以购买标的物,也可以拒绝购买。试用期间届满,买受人对是否购买标的物未作表示的,视为购买。

119. 委托方拒绝提取已加工完毕的货物,怎么办?

情景案例

2015年6月10日,B公司委托A公司加工电子元件,双方签订了一份承揽合同。在A公司完成加工义务后,经多次催促,B公司拒绝提货,也未向A公司支付40万元货款。

三个月后,这批货品按市场价格出售约值35万元,A公司想将这批货品出售,但又担心自己违约。

请问:A公司应该如何处理为好?

本案分析

承揽合同是承揽人按照定做人的要求完成工作,交付工作成果,定作人给付报酬的合同。在承揽合同中,完成工作并交付工作成果的一方为承揽人;接受工作成果并支付报酬的一方称为定作人。

承揽人应按合同约定的时间、方式、数量、质量完成交付的工作。这是承揽人的首要义务,也是其获得酬金应付出的对价。对承揽人完成并交付的工作成果,定作人应及时检验,对符合约定要求的,应接受该工作成果。超过约定期限领取定作物的,定作人负受领迟延责任。

本案中,A公司作为承揽人,已按照双方约定履行了加工义务,B公司拒绝提货、拒付货款的行为属违约行为。A公司可书面通知B公司在一定期限内提货及逾期提货的法律责任。

如果B公司收到通知后仍不履行,A公司可将货物留置或在相关部门的见证下进行出售,由此造成的损失可向B公司主张赔偿。

风险防范建议

在遇到定作人不按期提货时，承揽人往往陷入两难境地。如何解决呢？建议如下：

(1)企业在合同中明确约定逾期提货或付款时，承揽方有权变卖标的物，同时由定作方承担违约责任和赔偿损失。

(2)明确定作物的质量标准，切勿过于简单或者模棱两可，以使定作人拒绝提货时以品不符合质量标准作借口。

相关法规

《合同法》第61条　合同生效后，当事人就质量、价款或者报酬、履行地点等内容没有约定或约定不明确的，可协议补充，不能达成补充协议的，按合同有关条款或交易习惯确定。

《合同法》第263条　定作人应当按照约定的期限支付报酬，对支付报酬的期限没有约定或约定不明确，依照本法第六十一条仍不能确定的，定作人应当在承揽人交付工作成果时支付，工作成果部分交付的，定作人应当相应支付。

《合同法》第264条　定作人未向承揽人支付报酬或者材料费等价款时，承揽人对完成的工作成果享有留置权，但当事人另有约定的除外。

120. 定作人的材料在加工企业发生火灾，谁来埋单？

情景案例

黄先生从外省购买了一批木材，委托某家具厂定制一批家具。但是，该批木材运送到家具厂仓库后第二天就发生火灾，所有木材全部被烧毁，木材的损失共计30万元。经相关部门鉴定火灾的原因系家具厂的员工扔烟头引发的。

请问：黄先生提供的原材料发生火灾，应该由谁来承担责任？

本案分析

本案涉及承揽合同中的风险承担。承揽合同中风险的承担，是指在承揽合同的履行过程中，如果发生标的物意外损失这一风险，应由谁来承担这一损失。定作人将材料交付承揽人之前的风险，由定作人承担；在承揽人占有原材料期间，因一切原材料、样品都在承揽人的占有和管理之下，承揽人负有保管的义务。所以材料毁损、灭失的风险由承揽人承担。

本案中，黄先生作为定作人，是这批木材的所有权人。当黄先生因定制家具事宜，将加工木材交付家具厂仓库后，该木材的保管义务和风险责任就转移到了家具厂。由于家具厂管理不善引发火灾，那么应由家具厂承担全部损失。

风险防范建议

在经营过程中，存在很多的意外风险，如因加工失误导致无法交付工作成果；因意外事故产生人身伤亡事故；因原材料、半成品毁损灭失的赔偿责任。如何防范相关风险呢？建议如下：

（1）加强管理，规范防火、防盗、防霉变等措施。

（2）可在合同中约定风险的分担比例。

（3）可根据具体情况对仓库中的财产投保，如有损失可由保险公司赔偿。

相关法规

《合同法》第133条 标的物的所有权自标的物交付时起转移，但法律另有规定或当事人另有约定的除外。

《合同法》第265条 承揽人应当妥善保管定作人提供的材料以及完成的工作成果，因保管不善造成毁损、灭失的，应当承担损害赔偿责任。

121. 原材料提供不及时，交货时间可以顺延吗？

情景案例

2014年3月10日，A公司与B公司签订了一份来料加工合同，合同约定交货时间为：2014年3月31日前，否则A公司要给B公司支付5万元违约金。但是，在合同履行过程中，由于B公司提供原材料经常不及时，导致A公司于4月10日才能交货。

请问：A公司需要给B公司支付违约金吗？

本案分析

通常情况下，定作人与承揽人在合同中明确约定了材料提供的时间、数量和质量的，定作人应当按照约定提供材料。如果定作人提供的材料数量缺少的，应当及时补齐；如果定作人提供的材料迟延的，应当顺延工期。如果承揽人交付的工作成果质量不符合约定的，定作人有权要求重作、修理、减少价款或者解除合同。

本案中，A公司与B公司签订的来料加工合同中，提供原材料的时间是确定的或是可知的，所以才约定交货时间为2013年3月31日前。由于B公司提供原材料的时间经常延后，那么A公司的交货时间理应顺延。因此A公司于4月10日交货不应属于违约，无须支付5万元的违约金。

风险防范建议

在承揽合同中如何明确约定交货时间呢？建议如下：

（1）承揽人送货上门的，定作人实际接收的日期为交付日期；承揽人代办托运的，以承运签发单上记载的日期为交付日期。

（2）如果因定作人提供原材料不及时，双方约定的交货时间顺延，并由定作人承担违约责任并赔偿损失。

相关法规

《合同法》第256条第1款 定作人提供材料的，定作人应当按照约定提供材料。承揽人对定作人提供的材料，应当及时检验，发现不符合约定时，应当及时通知定作人更换、补齐或者采取其他补救措施。

《合同法》第259条 承揽工作需要定作人协助的,定作人有协助的义务,定作人不履行协助义务致使承揽工作不能完成的,承揽人可以催告定作人在合理期限内履行义务,并可以顺延履行期限,定作人逾期不履行的,承揽人可以解除合同。

122. 客户经营状况恶化,企业可以停止供货吗?

情景案例

2015年2月,张某开了一家空调专卖店,A公司负责人赵某找到张某,称办公楼装修须订购60台空调,双方当即签订了空调购销合同,合同约定张某于7日内先行安装10台空调试用,其余空调两个月内全部安装完毕。

同时约定:合同签订后10日内A公司支付30%的货款,余下的70%货款在年底前一次性付清;如果任何一方违约,均向守约方支付2万元违约金。

张某在安装了10台空调后,A公司未支付货款。经过打听,得知A公司拖欠银行的贷款已达300万元,银行已向法院起诉,冻结了A公司的全部银行账号。张某当即找到A公司,并要求解除合同。但赵某态度强硬,不同意解约。

请问:张某可以单方面中止履行或解除合同吗?

本案分析

本案涉及先履行抗辩权的问题。先履行抗辩权是指当事人互负债务,有先后履行顺序的,先履行一方未履行之前,后履行一方有权拒绝其履行请求,先履行一方履行债务不符合债的本旨,后履行一方有权拒绝其相应的履行请求。先履行抗辩权适用于先履行一方违约的情形。

本案中,张某与A公司签订了空调购销合同,张某已按照合同约定安装了10台空调用于试用。但A公司未按约支付30%的货款,已构成违约。在这种情况下,张某有权拒绝履行合同义务,行使先履行抗辩权。

另外,由于A公司拖欠银行贷款300万元,账户被法院查封,A公司的经营状况面临恶化的可能。张某可与A公司协商,要求与A公司中止合同或提供相应担保,否则张某有权解除合同。

风险防范建议

企业在经营中如何防范类似风险呢?建议如下:

(1)在签订合同前进行资信调查,防止合同欺诈,保证合同顺利履行。

(2)可以制定一些简便易行的管理制度,比如合同管理、应收账款管理、逾期账款催收等制度,以防范风险的发生,或在风险发生后将损失降到最低。

相关法规

《合同法》第67条 当事人互负债务,有先后履行顺序,先履行一方未履行的,后履行一方有权拒绝其履行要求。先履行一方履行债务不符合约定的,后履行一方有权拒绝其相应的履行要求。

《合同法》第68条 应当先履行债务的当事人,有确切证据证明对方有下列情形之一的,可以中止履行:

(一)经营状况严重恶化;

(二)转移财产、抽逃资金,以逃避债务;

(三)丧失商业信誉;

(四)有丧失或者可能丧失履行债务能力的其他情形。

当事人没有确切证据中止履行的,应当承担违约责任。

《合同法》第69条 当事人依照本法第六十八条的规定中止履行的,应当及时通知对方。对方提供适当担保时,应当恢复履行。中止履行后,对方在合理期限内未恢复履行能力并且未提供适当担保的,中止履行的一方可以解除合同。

123. 购货方陷入债务危机,合同可以中止履行吗?

情景案例

A公司与B公司签订了一份购货合同,合同价款为200万元。在合同签订后的第10天,A公司得知B公司已被多家公司起诉,公司现在已陷入债务危机。如果继续履行合同,货款肯定面临收不回的不利局面。但是,A公司也清楚,合同已签订,且B公司已支付20万元定金,如果拒绝供货,不履行合同有可能会违约,同样遭受损失。

请问:A公司可以中止履行合同吗?

本案分析

本案涉及不安抗辩权的问题。不安抗辩权是指双方合同成立后,有先后履行顺序的,先履行的一方有确切证据表明另一方丧失履行债务能力时,在对方没有恢复履行能力或者没有提供担保之前,有权中止合同履行的权利。法律规定的不安抗辩权,是为了切实保护当事人的合法权益,防止后履行一方借合同进行欺诈,促使对方履行义务。

本案中,A公司与B公司签订购销合同,双方应当履行合同条款。由于B公司已陷入债务危机,A公司处于两难的境地。A公司已收取了B公司的定金20万元,如果拒绝履行合同,中止供货义务,则有可能构成违约;但如果继续向B公司供货,则货款极有可能无法收回。

在这种情况下,A公司可依法行使不安抗辩权,收集对方可能因债务危机而无法履行义务的证据以维护自己的财产权益。A公司向B公司发出通知,要求B公司在一定期限内提供相应担保。如果B公司提供了有效担保,则恢复合同履行;如果B公司在合理期限内未恢复履行能力且未提供适当担保的,A公司可以解除合同。

风险防范建议

在实践中,债务人出现哪些情形,企业可以行使不安抗辩权呢?如何防范相关风险呢？建议如下：

(1)在债务人出现如经营状况严重恶化、转移财产或抽逃资金、丧失商业信誉或有丧失或者可能丧失履行债务能力的其他情形。

(2)企业应及时了解和掌握债务人的相关经营信息，一旦出现以上情形的，及时向债务人发出书面通知，行使相关权利。

(3)如果因解除合同或其他事宜经协商无法解决的，可以保留证据向法院起诉。

相关法规

《合同法》第68条　应当先履行债务的当事人，有确切证据证明对方有下列情形之一的，可以中止履行：

(一)经营状况严重恶化；

(二)转移财产、抽逃资金，以逃避债务；

(三)丧失商业信誉；

(四)有丧失或者可能丧失履行债务能力的其他情形。

当事人没有确切证据中止履行的，应当承担违约责任。

《合同法》第69条　当事人依照本法第六十八条的规定中止履行的，应当及时通知对方。对方提供适当担保时，应当恢复履行。中止履行后，对方在合理期限内未恢复履行能力并且未提供适当担保的，中止履行的一方可以解除合同。

124. 加工方完成工作成果后，订货方可以解除承揽合同吗？

情景案例

A公司是一家皮鞋出口贸易公司，2015年3月2日，A公司与B公司签订一份承揽合同，约定由B公司为其生产3万双皮鞋，并约定了型号、颜色、数量、款式、交货时间等。

同年3月15日，B公司按要求生产好3万双皮鞋，准备于第二天给A公司发货。当天，B公司收到A公司发来的解除合同通知。经沟通得知，A公司的海外客户临时取消这笔订单，所以A公司提出解除合同，以减少损失。

请问：A公司有权单方面解除合同吗？

本案分析

承揽合同，是指承揽方按照定作方提出的要求完成一定的工作，定作方接受承揽方完成的工作成果并给付约定报酬而订立的合同。承揽合同是为了满足定作人特定需要而订立的，按照合同的规定，当定作人认为特定承揽工作已经成为“不必要”时，可以解除合同，但须赔偿承揽人实际损失。

至于法律赋予定作人的单方解除承揽合同权，由于法律规定比较原则，在实践中应谨慎使用。合同双方最好在合同中事先明确约定，特别是对合同解除的条件以及时间等进行约定，以避免产生不必要的损失，带来不必要的麻烦。

本案中,A公司作为定作方,B公司作为承揽方生产皮鞋,属于典型的承揽合同。2015年3月15日,在双方承揽合同有效期内,在B公司生产的皮鞋完成交付之前,由于A公司的海外客户临时取消这笔订单,承揽合同的目的就无法实现。在这种情况下,A公司可以行使单方解除权,但同时应向B公司承担赔偿责任。

风险防范建议

企业在签订承揽合同时,有哪些注意事项呢?建议如下:

(1)合同中明确约定交付期限、解除合同的条件、解除合同的期限,以供双方履行。

(2)明确约定赔偿损失的方式、范围及其他违约责任。

相关法规

《合同法》第268条 定作人可以随时解除承揽合同,造成承揽人损失的,应当赔偿损失。

三、交货验收

125. 合同未约定交货时间,客户拒收货物如何处理?

情景案例

2014年8月16日,A公司与B公司签订了一份钢材购销合同,合同金额为20万元,但没有约定交货时间。

按交易惯例,A公司一般在合同签订后7日内给客户发货。2014年8月22日,当A公司将钢材送到B公司时,B公司拒绝收货,拒绝理由为A公司交货太晚。A公司认为,合同没有明确交货时间,B公司无权拒绝收货。

请问:A、B公司的说辞合法吗?

本案分析

本案涉及合同履行的期限问题。合同履行的期限是买卖合同双方当事人在协商订立合同过程中约定的,是用来界定合同当事人是否按时履行合同义务或者延迟履行合同义务的客观标准,是双方履行合同的时间界限,如果违反该约定,应承担相应的法律责任。

买卖合同中的履行期限,是关于出卖人交付标的物、买受方支付货款的时间。如果在合同中没有约定交货时间或约定不明确,按照合同有关条款或者交易习惯确定。如果按照以上仍不能确定履行期限的,债务人可以随时履行,债权人也可以随时要求履行,但应当给对方必要的准备时间。

本案中,A公司与B公司之间未约定具体的交货时间,但依据二者之间的合同签订7日后发货的交易惯例,B公司认为A公司交货时间晚而拒收货物是不符合双方约定的,B公司无权拒绝收货,A公司的说法符合法律规定。

风险防范建议

合同的履行期限是合同主要条款之一,尤其是重要的生产资料,受市场影响,原料价格也会产生波动，如果履行期限不明确，可能会出现对方拒收等不利于供货方的情形。建议在合同中进行明确约定，具体到年月日，且应注明该日期是发货时间还是到货时间。

相关法规

《合同法》第61条　合同生效后，当事人就质量、价款或者报酬、履行地点等内容没有约定或者约定不明确的，可以协议补充；不能达成补充协议的，按照合同有关条款或者交易习惯确定。

《合同法》第62条　当事人就有关合同内容约定不明确，依照本法第六十一条的规定仍不能确定的，适用下列规定：

……

（四）履行期限不明确的，债务人可以随时履行，债权人也可以随时要求履行，但应当给对方必要的准备时间。

……

《合同法》第139条　当事人没有约定标的物的交付期限或者约定不明确的，适用本法第六十一条、第六十二条第四项的规定。

126. 验收货物的型号与合同不相符，当场未发现如何处理？

情景案例

A公司系经营电子产品的企业，B公司系生产加工模具产品的企业。2015年3月16日，A公司与B公司签订订购合同，约定A公司向B公司订购一批制作磁芯的生产模具，合同中还约定了模具的名称、型号、规格、数量、价款、交货日期等。

2个月后，A公司收到B公司送来的货物，经办人员验收后在送货单上签字入库。7天后，A公司在使用模具时，发现该模具的型号与合同约定不符。

请问：A公司未当场发现型号与合同不符，该如何处理呢？

本案分析

对于产品质量的管理规定存在于多个法律条文中，如《产品质量法》《消费者权益保护法》《合同法》等，每部法律所针对的内容有所不同。《产品质量法》更倾向于规定产品本身质量、包装、使用说明等是否符合国家规定；《合同法》优先保护的是双方自行约定的质量条款，依法成立的合同受法律保护，对当事人具有法律约束力。

本案中，A公司本应在验收时行使验货的权利（实际上这也是一种义务），查验产品是否符合合同要求。但由于A公司怠于行使该种权利，造成已验收B厂家的货物，则A公司应承担举证责任，证明该批货物是属于B厂家所送的订购货物，且确实存在验收时无法发现的质量问题，否则自行承担不利后果。

风险防范建议

货物验收是发现对方合同履行是否准确，是否符合己方要求最重要的步骤，因此：

（1）货物验收应及时：在产品签收过程中应及时，且最好当面核对；

（2）货物验收条款应注意保护自身权益：根据不同的标的物选择不同的验货方式，

在合同中拟定对自己更加有利的货物验收条款,如采取抽检方式的质量条款应延伸至投入生产、销售期间发现的质量问题。

相关法规

《合同法》第111条 质量不符合约定的,应当按照当事人的约定承担违约责任。对违约责任没有约定或者约定不明确,依照本法第六十一条的规定仍不能确定的,受损害方根据标的的性质以及损失的大小,可以合理选择要求对方承担修理、更换、重作、退货、减少价款或者报酬等违约责任。

《最高人民法院关于审理买卖合同纠纷案件适用法律问题的解释》第18条 约定的检验期间过短,依照标的物的性质和交易习惯,买受人在检验期间内难以完成全面检验的,人民法院应当认定该期间为买受人对外观瑕疵提出异议的期间,并根据解释第十七条第一款的规定确定买受人对隐蔽瑕疵提出异议的合理期间。

约定的检验期间或者质量保证期间短于法律、行政法规规定的检验期间或者质量保证期间的,人民法院应当以法律、行政法规规定的检验期间或者质量保证期间为准。

127. 购货方的业务员签收货物后,拒付货款怎么办?

情景案例

A公司与B公司签订了一份购销合同。合同约定:B公司预付30%的货款,A公司安排送货上门。A公司将货送到B公司仓库后,由一位员工在收货单上签了名(没有加盖公司印章)。

当A公司向B公司催款时,B公司拒绝承认收到货物,声称签收人不是他们公司的员工,公司仓库也没有A公司送来的货,并反称A公司违反合同约定,没有按期交货,并要求A公司返还30%的货款并支付违约金。

请问:A公司该怎么办好?

本案分析

本案涉及代理的问题。公民、法人可以通过代理人实施民事法律行为。代理人在代理权限内,以被代理人的名义实施民事法律行为。被代理人对代理人的代理行为承担民事责任。

本案中,A公司按照购销合同的约定向B公司履行交货义务,由仓管员在收货单上签名,这种行为视为员工代理B公司确认收货,故B公司应承担支付货款及逾期金的法律责任。

针对B公司未收到货物的辩解,A公司可提供以下依据佐证自己的主张:

(1)调取仓管员在劳动及社保部门的参保证明,证实B公司与仓管员存在劳动关系。

(2)正常的货物贸易,A公司会向B公司开具增值税专用发票,B公司会用此发票抵扣税款,因此通过发票、税款抵扣资料以及发货单可以综合证明A公司已向B公司交付货物的事实。

(3)通过与签收人员沟通,在沟通过程中进行取证,证明此签收人员系B公司某岗位员工,并代表B公司签收A公司货物。

风险防范建议

为避免此类问题发生,建议如下:

(1)在签订合同时,在合同中指定专人签收货物,实际交付货物时也由此专人签收。

(2)在向客户交付货物时,除了客户签收人员在收货单上签字以外,还要加盖客户主要印章。同时,设法取得签收人员的工作证明,以证明签收人员与客户之间的关系。

(3)保留好与客户交易往来过程中形成的书面、电子、音频、视频等形式的全部资料,并定期对账,由客户签署对账函。

相关法规

《民法通则》第63条　公民、法人可以通过代理人实施民事法律行为。

代理人在代理权限内,以被代理人的名义实施民事法律行为。被代理人对代理人的代理行为,承担民事责任。

依照法律规定或者按照双方当事人约定,应当由本人实施的民事法律行为,不得代理。

《最高人民法院关于审理买卖合同纠纷案件适用法律问题的解释》第1条　当事人之间没有书面合同,一方以送货单、收货单、结算单、发票等主张存在买卖合同关系的,人民法院应当结合当事人之间的交易方式、交易习惯以及其他相关证据,对买卖合同是否成立作出认定。

128. 第三方代客户收货后拒绝付款，如何处理?

情景案例

A公司与B公司签订了一份供货合同。合同签订后,B公司电话通知A公司将货物送到关联的C公司。A公司按B公司要求交货到C公司。

随后,A公司向B公司催要货款,B公司拒绝付款,让A公司找C公司要钱。而当A公司找C公司要钱时,C公司也拒绝付款,理由是其没有与A公司签订任何合同。

请问:A公司该怎么办好?

本案分析

本案涉及债务代为履行的问题。债务代为履行,是指法律关系之外的第三人代替某一方合同当事人执行合同约定的内容,但是由此产生的法律效果要归于原合同当事人双方,法律关系的主体并未发生变更,第三人不会因不履行合同义务而承担违约责任,违约责任仍然由被代替的当事人承担。

本案中,B公司与A公司达成合意,要求将货物交给C公司。C公司收到A公司的货物,A公司已履行了向B公司承诺的交货义务,C公司是B公司的货物代收人。

因此,B公司作为合同相对方,应当按照合同约定向A公司支付货款。

A公司可直接要求B公司支付货款,如果通过诉讼解决,建议将B公司和C公司列为共同被告,防止两个公司之间相互推诿而使自己处于不利境地。

风险防范建议

为避免此类问题发生,如何处理呢?建议如下:

(1)在客户提出变更协议时,双方及第三方应达成补充协议,约定将货物交付给谁以及货款由谁支付等问题。

(2)在双方未签订书面协议的情况下,由客户出具书面说明或承诺。在向第三方交付货物时,要求第三方说明是代客户收取货物,是履行哪一份合同。

相关法规

《合同法》第64条 当事人约定由债务人向第三人履行债务的,债务人未向第三人履行债务或者履行债务不符合约定,应当向债权人承担违约责任。

《合同法》第65条 当事人约定由第三人向债权人履行债务的,第三人不履行债务或者履行债务不符合约定,债务人应当向债权人承担违约责任。

129. 购货方要求企业先开收据再付款，有什么法律风险?

情景案例

某礼品公司从某灯饰厂采购了30万元货物,礼品公司收到货物后通过电话告知灯饰厂,先开收据再付款。灯饰厂为了尽快回笼资金,于是给礼品公司开了一张收据。令灯饰厂想不到的是,礼品公司拿了收据后拒绝付款,且声称:已经通过现金给灯饰厂了,并说收据就是付款凭证。无奈之下,灯饰厂只好将礼品公司告上法庭。

请问:灯饰厂应该如何应对?

本案分析

收款收据是由收款人填写,由收款单位盖章或签字后由付款人保存,用以证明付款事实的凭证。通常情况下,在买卖合同交易过程中,由买方先支付货款,卖方收到货款后出具相应收据。但如果双方对履行方式有其他特别约定,只要约定不违法,均可作为双方履行的依据。

本案中,灯饰厂与礼品公司双方约定,灯饰厂在没有收到货款的情况下,先向礼品公司开具收据,这属于灯饰厂与礼品公司的特殊约定。这种约定在二者之间产生法律约束力。灯饰厂享有向礼品公司追讨货款的权利。

如果礼品厂违背诚信原则,提出收据为付款凭证的主张,那么灯饰厂可以提供电话记录、财务记录及证人证言等一系列证据,来印证自己的主张,揭穿礼品公司的谎言,实现自己的债权。

风险防范建议

为避免此类问题发生，如何处理呢？建议如下：

（1）企业在未收客户货款的情况下，不出具收据等款项支付凭证。

（2）在交付收据时，要求卖方出具收件收据，并在收据上注明“今收到××××号收据，票面货款未付”，并加盖买方公章或财务章。

（3）在对方要求先开收据的情况下，可以与对方商谈，对商谈过程进行录音或录像。在交付收据时，说明货款未付的情况，同时进行录音或录像。

相关法规

《最高人民法院关于审理买卖合同纠纷案件适用法律问题的解释》第1条　当事人之间没有书面合同，一方以送货单、收货单、结算单、发票等主张存在买卖合同关系的，人民法院应当结合当事人之间的交易方式、交易习惯以及其他相关证据，对买卖合同是否成立作出认定。

《最高人民法院关于审理买卖合同纠纷案件适用法律问题的解释》第8条　出卖人仅以增值税专用发票及税款抵扣资料证明其已履行交付标的物义务，买受人不认可的，出卖人应当提供其他证据证明交付标的物的事实。合同约定或者当事人之间习惯以普通发票作为付款凭证，买受人以普通发票证明已经履行付款义务的，人民法院应予支持，但有相反证据足以推翻的除外。

130. 货物运输途中遇到意外事故，无法如期交货，如何处理？

情景案例

张某从A公司订购一批货物，双方约定由A公司负责送货，如果A公司无法在约定时间内将货送到，要赔偿经济损失。

不料，A公司在货物运输途中发生交通事故，导致货物送达时延迟了两天。而张某工厂因此无法生产，导致经济损失10万元。

在涉及赔偿上，A公司认为：公司已按时发货，只是因为发生交通事故意外，因此，公司没有赔偿的道理，双方因而引发生纠纷。

请问：A公司的说法正确吗？

本案分析

买卖合同是以等价有偿方式转让标的物的所有权，即出卖人移转标的物的所有权于买方，买方向出卖人支付价款，交货是出卖方非常重要的一项合同义务。

很多企业履行交货义务都会采取送货上门的方式，根据《合同法》的规定，货物在交付之前在途中的风险由出卖方承担，货物在交付之后的风险由购买方承担。如果在途中发生交通事故，造成货物毁损、灭失，都可能使出卖方构成违约。

本案中，张某与A公司之间是买卖合同关系，A公司作为供货方且负责送货，负有向张某交付货物的合同义务。无论是A公司还是第三人的原因导致逾期交货的，均视为A公司未履行交货义务的违约行为，直接导致张某产生经济损失。由于A公司延迟交货,应当承担继续履行、赔偿损失的法律责任。

至于A公司采用送货上门的方式,途中发生交通事故,但交通事故纠纷属于另外一个法律关系,A公司的损失可按照交通事故赔偿程序进行追偿,与张某无关。故A公司以发生交通意外不用赔偿的说法,与法无据,是不能成立的。

风险防范建议

送货上门是最便捷的一种交货方式,同时也有极大的风险。如何防范相关风险呢?建议如下:

(1)事先为货物购买运输责任保险,一旦产生损失,可以通过保险分担损失。

(2)运输过程中发生事故后,应及时通知收货方,与收货方沟通协商,减少损失。

(3)如果发生交通事故后,应当及时向肇事方或保险公司理赔。

相关法规

《合同法》第142条 标的物毁损、灭失的风险,在标的物交付之前由出卖人承担,交付之后由买受人承担,但法律另有规定或者当事人另有约定的除外。

《合同法》第290条 承运人应当在约定期间或者合理期间内将旅客、货物安全运输到约定地点。

四、数量、质量异议

131. 购货方签收货物后提出数量异议,怎么办?

情景案例

2014年9月7日,A公司与B公司签订了一份皮鞋供货合同。合同约定:A公司必须在合同签订后10天内给B公司交付1万双皮鞋,产品检验期为7天。

2014年9月15日,A公司按约定将1万双皮鞋送到B公司处,B公司仓管员签收了发货单。同年9月20日,B公司通知A公司,皮鞋仅有9500双,少了500双,要求A公司重新补货。

请问:B公司的要求合法吗?

本案分析

买卖合同的出卖人有依照合同约定提供货物的义务。买受人有权对货物进行检验,以确定货物是否与约定相符。如果买受人怠于检验,可能会丧失因货物数量不符或质量不合格而要求出卖方承担违约责任的权利。因此,在接收货物后的一段时间内检验货物是买受人的一项重要义务,对买受人追究合同责任、进行索赔有着十分重要的作用,从这个角度来讲,检验货物是买受人权利与义务的统一。

本案中,A公司与B公司约定了产品检验期,B公司在产品检验期内发现产品数量有差异,并及时履行了通知程序。因此,A公司应及时与B公司协商处理,核对皮鞋数量,保留好必要的证据,维护自身合法权益。

风险防范建议

实践中，买卖合同的双方经常因买卖货物的质量问题产生纠纷，规范相关约定，更有利于保护双方的合法利益。建议如下：

(1)货物的出卖方。在买卖合同中约定货物的检验期间、提出质量异议的方式及产品质量问题的处理办法，防范法律风险。对于数量等问题，在货物交付时双方就应当核对清楚，以免日后无法分清责任。

(2)货物的买受方。按合同的约定及时检验货物，发现质量问题的，应在约定的检验期间内按合同约定的方式及时向卖方提出质量异议。保留相关证据材料，必要时向相关部门申请产品质量检验、鉴定，维护自身合法权益。

相关法规

《合同法》第157条　买受人收到标的物时应当在约定的检验期间内检验。没有约定检验期间的，应当及时检验。

《合同法》第158条　当事人约定检验期间的，买受人应当在检验期间内将标的物的数量或者质量不符合约定的情形通知出卖人。买受人怠于通知的，视为标的物的数量或者质量符合约定。

当事人没有约定检验期间的，买受人应当在发现或者应当发现标的物的数量或者质量不符合约定的合理期间内通知出卖人。买受人在合理期间内未通知或者自标的物收到之日起两年内未通知出卖人的，视为标的物的数量或者质量符合约定，但对标的物有质量保证期的，适用质量保证期，不适用该两年的规定。

出卖人知道或者应当知道提供的标的物不符合约定的，买受人不受前两款规定的通知时间的限制。

132.购货方以产品质量存在问题为借口要求降价，怎么办？

情景案例

2015年8月12日，B公司向A公司订购1万件儿童服装，合同约定结算方式为：B公司预付30%的货款，收到货后30日内支付余款。

不久，B公司接收了A公司发来的服装，却没有按期支付余款。当A公司催讨货款时，B公司以服装质量差为由要求降价20%，否则不支付余款。

请问：B公司的理由合法吗？

本案分析

本案涉及货物的检验问题。检验，是买受人对出卖人所交付的买卖标的物的数量、质量、包装、品名等内容是否符合合同约定的验证行为。出卖人交付标的物后，买受人应当在约定期间或法定期间内对标的物的规格及质量等进行验证，否则买受人将承担其主张数量或质量瑕疵利益不利的后果。

本案中，A公司与B公司在合同并未明确约定货物的检验期，但双方约定B公司在收货后在30日内支付剩余货款,这也就意味着如果A公司的货物质量有问题,B公司最迟应在30日内向A公司提出异议。但B公司在A公司催款时才提出质量差的降价理由,这种行为是不恰当的。

如果B公司收货时确实发现服装存在质量问题,可以通过以下方式行使质量异议权。第一,及时向A公司发出质量异议通知书,要求更换、退货或其他处理方式;第二,可以向权威鉴定部门申请质量鉴定,如果经鉴定属不合格产品,可以行使索赔权。

风险防范建议

在买卖合同中,如何约定和履行检验期限以避免争议发生呢?建议如下:

(1)明确约定货物检验和质量标准,避免因约定不明而发生争议。

(2)买受人收货后及时行使验货权,避免因时间原因或周边环境发生变化导致货物质量受到影响,并导致出卖方否认或无法处理的质量问题。

相关法规

《合同法》第153条 出卖人应当按照约定的质量要求交付标的物。出卖人提供有关标的物质量说明的,交付的标的物应当符合该说明的质量要求。

《合同法》第157条 买受人收到标的物时应当在约定的检验期间内检验。没有约定检验期间的,应当及时检验。

133. 购货方在超过检验期后提出产品质量问题,如何处理?

情景案例

2013年5月3日,A公司从B公司购买了某原纸,双方签订了买卖合同,约定质量检验期为7天。

5月12日,A公司发现该批原纸在加工过程中存在质量问题,于是,通知B公司将问题原纸退回。但B公司拒绝退货,理由是:合同约定质量提出的期限为7天,B公司提出的质量异议已超过约定日期。而A公司则认为:质量异议期限过短,一般情况下,客户无法在短期内能发现质量存在问题,故该约定是没有法律效力的。

请问:A、B公司的说辞,哪个正确?

本案分析

本案涉及产品质量责任问题。产品质量责任,是指产品的生产者、销售者以及对产品质量负有直接责任的人违反约定或法定的产品质量义务应承担的法律后果。

产品质量,通常可划分为表面质量和内在质量。表面质量,是指产品外观形态的优劣,一般只需通过人的视觉、触觉等感官即能了解和检验产品,具有显而易见性。内在质量,是指需要通过专门技术手段或实际使用后才能得知的产品内在素质状况,具有非显而易见性。

由于产品质量有表面和内在之分,法律规定对其提出质量异议的期限也不同。通常情况下，双方可以约定产品的表面质量问题的异议期，如果双方没有约定的，应在合理期限内提出。

本案中，A公司和B公司系买卖合同关系，A公司是买方，B公司是卖方。A、B公司之间已经在合同中约定了7天的检验期间，但是该检验期间显然较短，只能检验出品种、规格、型号、颜色等外观问题，对于内在的质量问题，需要通过专业的鉴定手段或在使用过程中才能检验，短期内可能无法显现。在这种情况下，即使A、B公司之前约定了7天的检验期也不能剥夺A公司对隐蔽质量问题的检查期限。因此，A公司的说法符合法律规定。

风险防范建议

企业在日常经营中，如何防范相关风险呢？建议如下：

（1）双方在合同中协商确定验货期限，综合考量标的物的性质和交易习惯，制定出合理的检验期间。

（2）对标的物进行检查时，务必要细致认真，尽到合理注意的义务。

（3）对短期内较难检查出瑕疵的标的物可以制定专门条款，要保留对隐藏瑕疵提出异议的权利。

相关法规

《最高人民法院关于审理买卖合同纠纷案件适用法律问题的解释》第17条第1款　人民法院具体认定合同法第一百五十八条第二款规定的“合理期间”时，应当综合当事人之间的交易性质、交易目的、交易方式、交易习惯、标的物的种类、数量、性质、安装和使用情况、瑕疵的性质、买受人应尽的合理注意义务、检验方法和难易程度、买受人或者检验人所处的具体环境、自身技能以及其他合理因素，依据诚实信用原则进行判断。

《最高人民法院关于审理买卖合同纠纷案件适用法律问题的解释》第18条第1款　约定的检验期间过短，依照标的物的性质和交易习惯，买受人在检验期间内难以完成全面检验的，人民法院应当认定该期间为买受人对外观瑕疵提出异议的期间，并根据本解释第十七条第一款的规定确定买受人对隐蔽瑕疵提出异议的合理期间。

134. 购货方在质保期内提出质量异议，能否成为拒付货款的理由？

情景案例

2014年8月10日，孙某从A公司购买了某化工产品，合同约定：产品质量检验期为30天，付款期为产品交付后两个月内。在产品包装资料上，孙某看到一张质保卡，上面写着保质期为半年。

9月18日，孙某发现该化工产品在使用过程中存在质量问题，于是拒绝付款，并通知A公司将剩余产品退回。但A公司拒绝退货，理由是：合同约定质量提出的期限为30天，孙某提出的质量异议已超过约定日期。

请问：A公司的说法符合法律规定吗？

本案分析

本案涉及产品的保质期问题。产品的保质期,是指产品在正常条件下的质量保证期限。产品的保质期由生产者提供并标注在限时使用的产品上。在保质期内,产品的生产企业对该产品质量符合有关标准或明示担保的质量条件负责,销售者可以放心销售这些产品,消费者可以安全使用。

保质期,是指产品的最长保存期限。超过保质日期的产品失去了原产品的特征和特性,丧失了产品原有的使用价值。从这个意义上说,保存日期的最后一天,也称为产品的失效日期。根据我国《产品质量法》的规定,禁止销售失效、变质的产品。

本案中,A公司提供给孙某的化工产品有质保卡,质保期半年,这一标注可视为A公司对孙某作出的质量保证期。双方合同约定30日的检验期,并不能替代产品的质量保证期,故涉案的化工产品以质保卡载明的6个月质保期为准。陈某只要在质保期内发现产品质量问题,均可以向A公司提出异议。A公司有义务配合解决或积极处理。因此,A公司说法是不符合法律规定的。

风险防范建议

企业在进行收货过程中,应当在合同中谨慎约定验货期限,收货时除了检验外观瑕疵外,还要留意商品的出厂日期、质保期等内容。如果发现质量问题,应及时通知供货方,防止因拖延而超过了法律保护期,给企业带来不必要的损失。

相关法规

《合同法》第111条 质量不符合约定的,应当按照当事人的约定承担违约责任。对违约责任没有约定或者约定不明确,依照本法第六十一条的规定仍不能确定的,受损害方根据标的的性质以及损失的大小,可以合理选择要求对方承担修理、更换、重作、退货、减少价款或者报酬等违约责任。

《最高人民法院关于审理买卖合同纠纷案件适用法律问题的解释》第18条第2款 约定的检验期间或者质量保证期间短于法律、行政法规规定的检验期间或者质量保证期间的,人民法院应当以法律、行政法规规定的检验期间或者质量保证期间为准。

第七章　产品质量

产品质量问题会影响企业产品和服务的竞争优势及市场占有率,关系到企业的生存与发展。

在某种程度上讲,产品质量就是企业的生命。

产品质量是企业长远发展的根本,如果不把好质量关,将会失去客户,失去市场,让企业陷入危险的境地。

一、产品质量

135. 公司未在产品外包装上张贴产品标识，要承担责任吗?

情景案例

2015 年 6 月 7 日,某县质监局接到举报,李某于 2015 年 6 月 4 日在超市购买了一个台灯,该产品系某灯饰公司生产的,但产品外包装上并未张贴型号、安全标准等标识,李某对产品的质量产生怀疑,向质监部门投诉。

请问:如果情况属实,某灯饰公司要承担责任吗?

本案分析

根据《产品质量法》第 27 条的规定,产品或其包装应当真实,且符合"根据产品的特点和使用要求,需要标明产品规格、等级、所含主要成分的名称和含量的,用中文相应予以标明;需要事先让消费者知晓的,应当在外包装上标明,或者预先向消费者提供有关资料"。除裸装食品和其他根据产品的特点难以附加标识的裸装产品,可以不附加产品标识外,包装产品都应当具有标识。因此,通常的产品特别是包装产品应当用中文张贴相关标识,以便消费者了解产品内容。

本案中,该灯饰公司未按照规定张贴产品标识,显然违反法律规定,应予退还或更换,并予以改正,涉及更严重的质量问题如产品不合格则应赔偿损失,并受到行政处罚。

风险防范建议

产品标识有助于购买方在购买、使用过程中了解、掌握产品的性能、状况,同时这也是法律强制性规定,因此需要注意以下事项:

(1)产品标识应清晰,且应用中文标识。产品标识有助于消费者甄别产品,对于进口的产品也应用中文标识，以便消费者区别。

（2）产品标识要符合《产品质量法》《产品标识标注规定》，同时也要符合《广告法》等规定，不得虚假宣传。

相关法规

《产品质量法》第27条 产品或者其包装上的表示必须真实，并符合下列要求：

（一）有产品质量检验合格证明；

（二）有中文标明的产品名称、生产厂厂名和厂址；

（三）根据产品的特点和使用要求，需要标明产品规格、等级、所含主要成分的名称和含量的，用中文相应予以标明；需要事先让消费者知晓的，应当在外包装上标明，或者预先向消费者提供有关资料；

（四）限期使用的产品，应当在显著位置清晰地标明生产日期和安全使用期或者失效日期；

（五）使用不当，容易造成产品本身损坏或者可能危及人身、财产安全的产品，应当有警示标志或者中文警示说明。

裸装的食品和其他根据产品的特点难以附加标识的裸装产品，可以不附加产品标识。

136. 商品实际功能与产品说明书不相符，是否违法？

情景案例

2015年1月，张某在某商场看到一部手机，经销售人员介绍，该手机有自动“美颜”的功能，说明书上也写明：手机在用前摄像头自拍时能自动检测人脸进行“美颜”。于是，张某心动购买了。

张某回家后，就开始试拍摄效果，但按照手机说明书上的方法反复试验，均不能使用“美颜”功能。于是，张某找到商场要求退货，并向技术监督局投诉。

请问：商品实际功能与产品说明书不相符，是否违法？

本案分析

根据《产品质量法》第26条的规定，生产者应当对其生产的产品质量负责。产品质量应当符合在产品或者其包装上注明采用的产品标准，符合以产品说明、实物样品等方式表明的质量状况。因此，产品的功能应与其说明书一致。

此外，根据《消费者权益保护法》的规定，生产者、销售者对造成消费者的损害承担连带责任，消费者可以选择生产者或者销售者要求后续售后服务。

本案中，经营者隐瞒了该商品的真实功能，违背提供真实情况的义务，侵犯了消费者的知情权。张某向销售方商城主张退货，于法有据，且该手机不具备说明书所述功能，违反产品质量法的规定，应予退货。

风险防范建议

产品说明书既介绍产品功能，也是对产品质量、功能等方面的承诺，因此须注意以下事项：

(1)产品说明书的说明应与产品实际功能相符,不得夸大宣传。

(2)生产方应主动介入销售方与消费者之间的纠纷,妥善解决问题,避免矛盾激化最终影响生产方声誉。

相关法规

《产品质量法》第26条　生产者应当对其生产的产品质量负责。

产品质量应当符合下列要求:

(一)不存在危及人身、财产安全的不合理的危险,有保障人体健康和人身、财产安全的国家标准、行业标准的,应当符合该标准;

(二)具备产品应当具备的使用性能,但是,对产品存在使用性能的瑕疵作出说明的除外;

(三)符合在产品或者其包装上注明采用的产品标准,符合以产品说明、实物样品等方式表明的质量状况。

137. 企业的产品伪造认证标志的,是否违法?

情景案例

2015年1月10日,甲到某商场购买积木玩具,看到一款适合儿童的积木玩具,甲担心质量问题,但看到产品的外包装上标注了"CCC"认证标志,于是放心购买了。

几天后,甲按照积木玩具上的网址查询,并未查到该玩具厂的认证信息,于是向技术监督局投诉。经查,该玩具厂无法提供所标注的"CCC"认证证书或其他证明文件。

请问:商场销售冒用认证标志的产品,是否违法?

本案分析

3C认证的全称为"强制性产品认证制度",中国政府为保护使用者人身安全和国家安全、加强产品质量管理,于2001年12月3日对外发布了《强制性产品认证管理规定》,依照法律法规实施了这种产品合格评定制度。

除了3C认证外,涉及产品质量的还有QS认证、合格认证、安全认证等,通过并获得上述认证需要经过法律规定程序和条件,禁止伪造或冒用认证标志等质量标志,不得伪造认证标志用于产品,不得将真实的标志用于未获得认证的产品,否则将被追究法律责任。

本案中,商场销售的玩具并未获得3C认证标志却故意伪造该标志,违反了《产品质量法》的规定,销售商将面临行政处罚,严重的可能会被吊销营业执照。

风险防范建议

产品质量安全关系千万家庭的幸福,产品质量认证标志有助于购买者安全消费、使用,伪造或冒用行为不仅损害他人,最终将严重影响企业,建议如下:

(1)树立质量第一的观念,加强企业产品质量意识,严格产品质量监控,完善产品质量检查制度。

(2)将生产的产品通过正规合法的认证机构进行检验检测从而获得合法的质量认

证标志,不得冒用。

相关法规

《产品质量法》第27条 产品或者其包装上的标识必须真实,并符合下列要求:

(一)有产品质量检验合格证明;

(二)有中文标明的产品名称、生产厂厂名和厂址;

(三)根据产品的特点和使用要求,需要标明产品规格、等级、所含主要成分的名称和含量的,用中文相应予以标明;需要事先让消费者知晓的,应当在外包装上标明,或者预先向消费者提供有关资料;

(四)限期使用的产品,应当在显著位置清晰地标明生产日期和安全使用期或者失效日期;

(五)使用不当,容易造成产品本身损坏或者可能危及人身、财产安全的产品,应当有警示标志或者中文警示说明。

裸装的食品和其他根据产品的特点难以附加标识的裸装产品,可以不附加产品标识。

138.企业售出产品后出现质量问题,客户要求退、换、赔,如何处理?

情景案例

A公司是一家生产地毯的企业,2014年3月,某贸易公司向A公司订购了一批地毯出口国外,双方签订了采购合同,并约定了产品标准。

同年6月,A公司接到贸易公司的通知,因该地毯存在毯背质量差、毯基层薄、胶水涂抹不均匀等质量问题,已被国外客户退回。于是,贸易公司要求A公司退货并赔偿损失。

请问:贸易公司的要求合理吗?

本案分析

根据《产品质量法》第40条的规定,售出的产品不符合在产品或者其包装上注明的产品标准的,销售者应当负责修理、更换、退货。因此,一旦出现货不对版的情况,购买方是可以依法向销售方要求退、换货的,造成损失的也可以依法请求赔偿。

本案中,贸易公司与地毯厂家签订了采购合同,约定了产品标准,则地毯厂家应按照该标准交付产品。现由于质量与标准不符,显然已经违反《产品质量法》的规定,应当承担赔偿责任。

风险防范建议

由于《产品质量法》与《合同法》所规定的保护内容存在竞合,因此买方依据不同法律采取维权措施所导致的后果并不完全一致,需要根据实际情况予以选择。

(1)如果依据《产品质量法》,首先要证明的是存在质量标准;其次是产品存在缺陷;再次是产品缺陷不符合质量标准的事实;最后是造成损害后果与产品缺陷之间存在因果关系。

(2)如果依据《合同法》,首先直接参照是否约定了质量标准及违约责任;其次是有约定按照约定进行判断和赔偿;再次是如果没有约定则采用国家标准或行业标准进行判断;最后是根据损害结果判断赔偿金额。

相关法规

《产品质量法》第40条　售出的产品有下列情形之一的,销售者应当负责修理、更换、退货;给购买产品的消费者造成损失的,销售者应当赔偿损失:

(一)不具备产品应当具备的使用性能而事先未作说明的;

(二)不符合在产品或者其包装上注明采用的产品标准的;

(三)不符合以产品说明、实物样品等方式表明的质量状况的。

销售者依照前款规定负责修理、更换、退货、赔偿损失后,属于生产者的责任或者属于向销售者提供产品的其他销售者(以下简称供货者)的责任的,销售者有权向生产者、供货者追偿。

销售者未按照第一款规定给予修理、更换、退货或者赔偿损失的,由产品质量监督部门或者工商行政管理部门责令改正。

生产者之间,销售者之间,生产者与销售者之间订立的买卖合同、承揽合同有不同约定的,合同当事人按照合同约定执行。

《合同法》第113条第1款　当事人一方不履行合同义务或者履行合同义务不符合规定,给对方造成损失的,损失赔偿额应当相当于因违约所造成的损失,包括合同履行好可以获得的利益,但不得超过违反合同一方订立合同时预见到或者应当预见到的因违反合同可能造成的损失。

139.产品“三包”期满后出现质量问题,承担质量责任吗?

情景案例

A公司是某品牌冰箱生产厂家,2014年8月9日,A公司接到客户投诉,说冰箱在使用的过程中起火,现已无法正常使用,要求A公司退货,同时赔偿损失。A公司派出技术人员了解后得知,冰箱起火确因产品的质量问题所引起,再进一步了解后得知,产品的“三包”期已满。

请问:A公司是否要承担责任呢?

本案分析

“三包”,是指产品进入消费领域后,销售商对产品实行“包修、包换、包退”的简称。实行“三包”的产品目录由国务院有关部门制定和调整,在“三包”期限内直接适用“三包”条款。

但企业需要特别注意的是,超过“三包”期限并不代表销售者、生产者不需要承担责任,很多企业对此存在误解,引发企业与消费者之间的矛盾。“三包”条款是为了保护消费者、监督销售者的专项条款,虽然超出期限,但如果是由于产品本身质量问题所引发的损害,仍然需要企业承担赔偿责任。

本案中,A公司经查冰箱起火无法使用的原因确实属于产品质量问题,即使超过“三包”期,A公司仍然需要承担赔偿责任。

风险防范建议

“三包”期是便利消费者的专项条款，不是销售者、生产者免除责任的“保护伞”。出现质量问题损害消费者权益的，企业应当积极履行职责，协调处理相关事务。

相关法规

《合同法》第155条 出卖人交付的标的物不符合质量要求的，买受人可以依照本法第一百一十一条的规定要求承担违约责任。

《产品质量法》第26条 生产者应当对其生产的产品质量负责。产品质量应当符合下列要求：

（一）不存在危及人身、财产安全的不合理的危险，有保障人体健康和人身、财产安全的国家标准、行业行业标准的，应当符合该标准；

（二）具备产品应当具备的使用性能，但是，对产品存在使用性能的瑕疵作出说明的除外；

（三）符合在产品或者其包装上注明采用的产品标准，符合以产品说明、实物样品等方式表明的质量状况。

二、索赔处理

140. 产品质量出现问题，可以拒付货款吗？

情景案例

2014年7月，某贸易公司为加工成衣，与纺织公司签订了布料采购合同。合同中对面料的规格、型号、颜色、数量、交货时间等进行了约定。同时约定，贸易公司先付20%的定金，签收货物后10日内付清余款。货物送达后，贸易公司发现纺织公司提供的面料存在严重色差，给自己的经营造成了影响，拒付货款。

请问：贸易公司有理由拒付货款吗？

本案分析

根据《合同法》第148条的规定，标的物质量不符合质量要求，致使不能实现合同目的，买受人可以拒绝接受标的物或解除合同。

同时，《产品质量法》第40条明确规定有以下情形的，销售者应当负责修理、更换、退货，给购买产品的消费者造成损失的，销售者应当赔偿损失：（1）不具备产品应当具备的使用性能而事先未作说明的；（2）不符合在产品或者其包装上注明采用的产品标准的；（3）不符合以产品说明、实物样品等方式表明的质量状况的。以上规定已经明确不符合质量要求的，买方有权要求退回货物，拒绝付款。

本案中，纺织公司交付的布料不符合约定，贸易公司有权视情况要求退换货物，甚至解除合同，要求纺织公司赔偿。具体可根据实际情况在《合同法》《产品质量法》中选择最佳方案。

风险防范建议

产品质量关系到企业的生存、发展，因此在签订合同时应注意以下事项：

(1)在合同中约定质量标准，或者保存样品，以便查验；

(2)明确对不符合要求的处理方式，包括退换货、解除合同、约定赔偿项目等。

相关法规

《合同法》第148条　因标的物质量不符合质量要求，致使不能实现合同目的的，买受人可以拒绝接受标的物或者解除合同。买受人拒绝接受标的物或者解除合同的，标的物损毁、灭失的风险由出卖人承担。

《产品质量法》第40条　售出的产品有下列情形之一的，销售者应当负责修理、更换、退货；给购买产品的消费者造成损失的，销售者应当赔偿损失：

(一)不具备产品应当具备的使用性能而事先未作说明的；

(二)不符合在产品或者其包装上注明采用的产品标准的；

(三)不符合以产品说明、实物样品等方式表明的质量状况的。

销售者依照前款规定负责修理、更换、退货、赔偿损失后，属于生产者的责任或者属于向销售者提供产品的其他销售者(以下简称供货者)的责任的，销售者有权向生产者、供货者追偿。

销售者未按照第一款规定给予修理、更换、退货或者赔偿损失的，由产品质量监督部门或者工商行政管理部门责令改正。

生产者之间，销售者之间，生产者与销售者之间订立的买卖合同、承揽合同有不同约定的，合同当事人按照合同约定执行。

141. 因产品使用的配件出现质量问题被索赔，如何向生产商追偿？

情景案例

甲公司系一家灯饰公司，生产的灯饰销往全国各地。2014年10月20日，江某家中客厅水晶吊灯突然掉落，将江某的儿子砸伤。2015年3月，江某将甲公司起诉至法院，要求甲公司承担赔偿责任。

甲公司经过调查，发现此次事故原因系灯具连接吊饰的配件金属链接口未完全封好所致，该配件系由乙公司供货。

请问：甲公司该如何向配件厂家追偿？

本案分析

产品质量关系重大，因产品质量造成他人损害的事例往往都是由细节问题导致的。产品生产者可以根据对自己有利的证据和方式选择是依照《合同法》起诉原材料供应商违约，还是依照《产品质量法》起诉原材料供应商产品不合格赔偿。不同的选择对证据的要求是不同的，因此需要企业在诉讼时分析清楚。

本案中，甲公司如果要向配件厂家索赔，应当根据自身所掌握的证据情况，结合法律规定，选择对自己更为有利的诉讼方式。

风险防范建议

产品质量，是指产品整体的质量，其中包含配件质量，因此在涉及约定质量条款时还须注意以下事项：

(1)采购产品时务必封存样品，或者出现质量问题时立即确认产品出处，以避免无法确认产品的提供方。

(2)明确质量标准，为产品的检测及时提供依据。

(3)双方签订协议时，应当对产品质量的违约责任予以明确。

相关法规

《合同法》第107条 当事人一方不履行合同义务或者履行合同义务不符合约定的，应当承担继续履行、采取补救措施或者赔偿损失等违约责任。

《合同法》第113条第1款 当事人一方不履行合同义务或者履行合同义务不符合规定，给对方造成损失的，损失赔偿额应当相当于因违约所造成的损失，包括合同履行好可以获得的利益，但不得超过违反合同一方订立合同时预见到或者应当预见到的因违反合同可能造成的损失。

《产品质量法》第43条 因产品存在缺陷造成人身、他人财产损害的，受害人可以向产品的生产者要求赔偿，也可以向产品的销售者要求赔偿。属于产品的生产者的责任，产品的销售者赔偿的，产品的销售者有权向产品的生产者追偿。属于产品的销售者的责任，产品的生产者赔偿的，产品的生产者有权向产品的销售者追偿。

142. 加工承揽的产品质量不合格导致他人受伤，谁来赔偿？

情景案例

2014年8月，甲公司与乙公司签订承揽合同，甲公司为乙公司加工一批货架，约定三个月内交货。甲公司按照乙公司提供的图样和标准加工完成后，送货至丙公司的仓库，由丙公司投入使用。

2015年5月，货架因产品质量问题倒塌，丙公司一名员工受重伤。于是，丙公司将乙公司和甲公司起诉到法院，要求赔偿。

请问：丙公司的损失应该由谁来赔偿？

本案分析

产品质量纠纷往往牵扯多方当事人，同时也存在多重法律关系，因此需要以抽丝剥茧的方式一一应对，方能处理得当。

本案中，丙公司可以根据合同相对性原则直接要求卖方乙公司赔偿损失，也可以根据《产品质量法》第43条向生产者甲公司主张权利，或者同时起诉甲、乙要求二者承担连带责任，甲、乙公司根据各自责任，多承担部分可以向另一方追偿。

另外，在本案中还隐藏着一个更为复杂的问题即丙公司受伤员工的赔偿问题。实际上，根据《劳动法》《劳动合同法》的规定，受伤员工可根据劳动关系直接要求丙公司承担工伤责任；也可以根据《侵权责任法》向甲、乙两公司主张权利。

风险防范建议

产品质量是企业发展的生命线,企业务必重视产品质量建设,对出现产品质量问题的应优先对受损方进行赔偿,维护受损方的合法权益。

相关法规

《产品质量法》第 43 条　因产品存在缺陷造成人身、他人财产损害的,受害人可以向产品的生产者要求赔偿,也可以向产品的销售者要求赔偿。属于产品的生产者的责任,产品的销售者赔偿的,产品的销售者有权向产品的生产者追偿。属于产品的销售者责任,产品的生产者赔偿的,产品的生产者有权向产品的销售者追偿。

《侵权责任法》第 43 条　因产品存在缺陷造成损害的,被侵权人可以向产品的生产者请求赔偿,也可以向产品的销售者请求赔偿。

产品缺陷由生产者造成的,销售者赔偿后,有权向生产者追偿。

因销售者的过错使产品存在缺陷的,生产者赔偿后,有权向销售者追偿。

143. 产品发生爆炸造成人身伤害事故，生产商是否承担赔偿责任?

情景案例

A 公司是一家充电宝生产厂商,所生产的充电宝产品在全国都有销售。2014 年 7 月 8 日,家住浙江杭州的张女士在使用充电宝时,充电宝发生爆炸,三岁的儿子眼睛受到伤害,所幸送医及时保住了眼睛。随后,张女士要求 A 公司进行赔偿,双方发生纠纷。

请问:A 公司需要对本次事故负责吗?

本案分析

对于产品所造成的人身损害赔偿案件,最重要的就是受害人应证明有受害结果、且与致害方之间存在因果关系。如果无法证明上述最基本的事实情况,则产品生产方不承担赔偿责任。如果能够证明基本事实,则由于产品损害责任适用无过错责任原则,生产方需要对免责事由承担举证责任。

本案中,张女士应证明充电宝存在质量问题,且该质量问题与受伤存在因果关系,如果确实存在,则充电宝生产厂商应当承担赔偿责任。但如果是因为张女士自身使用不当所造成的,则生产厂商不承担责任。

风险防范建议

企业在生产制造产品的过程中务必注重品质,有国家或行业标准的一定要达到相应标准(如 3C 认证),没有统一标准的务必不能有损害人身安全的因素,否则如果造成消费者损伤,应当承担赔偿责任。

相关法规

《消费者权益保护法》第 7 条　消费者在购买、使用商品和接受服务时享有人身、财产安全部受损害的权利。

消费者有权要求经营者提供的商品和服务,符合保障人身、财产安全的要求。

《产品质量法》第43条 因产品存在缺陷造成人身、他人财产损害的,受害人可以向产品的生产者要求赔偿,也可以向产品的销售者要求赔偿。属于产品的生产者的责任,产品的销售者赔偿的,产品的销售者有权向产品的生产者追偿。属于产品的销售者责任,产品的生产者赔偿的,产品的生产者有权向产品的销售者追偿。

144. 发包方提供的建筑材料出现质量问题,是否承担法律责任?

情景案例

2014年6月9日,甲公司承包了一所学校学生宿舍的承建工作,材料由发包方提供。3个月后,甲公司在施工过程中发现,由于发包方提供的水泥等材料不合格,导致建筑物出现严重的质量问题。为防止发生严重的后果,工程不得不暂停。

请问:甲公司要承担责任吗?

本案分析

建设工程的质量问题不属于《产品质量法》调整的范围,但工程中涉及的材料、设备、配件等的质量问题可由《产品质量法》调整。

本案中,虽然是由发包方提供材料,承包方仅仅负责施工,但根据《建筑法》的规定,施工方必须对建筑材料、配件合设备进行检验,并未区分哪一方提供材料,因此,承包方作为施工方应予以检验合格方可施工。如果承包方明知道材料不合格,严重危及人身、财产安全而继续予以使用的,将根据承包方的过错承担相应责任。

风险防范建议

建筑工程质量涉及重大人身、财产安全,应予特别注意以下事项:

(1)对于建筑、建设工程项目中的材料、配件、设备,无论哪一方供应,均应及时检验,并要求提供方出具相关合格证明。

(2)对于已发现存在质量问题的,应及时通报对方,要求对方出具免责声明。但对于严重危及人身财产安全的,应及时停工。

(3)明确约定如果提供材料、配件、设备方提供的标的物质量不符合合同约定,应承担违约责任。

相关法规

《产品质量法》第2条 在中华人民共和国境内从事产品生产、销售活动,必须遵守本法。

本法所称产品是指经过加工、制作,用于销售的产品。

建设工程不适用本法规定;但是,建设工程使用的建筑材料、建筑构配件和设备,属于前款规定的产品范围的,适用本法规定。

《产品质量法》第26条 生产者应当对其生产的产品质量负责。产品质量应当符合下列要求:

(一)不存在危及人身、财产安全的不合理的危险,有保障人体健康和人身、财产安全的国家标准、行业行业标准的,应当符合该标准;

(二)具备产品应当具备的使用性能,但是,对产品存在使用性能的瑕疵作出说明的除外;

(三)符合在产品或者其包装上注明采用的产品标准,符合以产品说明、实物样品等方式表明的质量状况。

《建筑法》第59条　建筑施工企业必须按照工程设计要求、施工技术标准和合同的约定对建筑材料、建筑构配件和设备进行检验,不合格的不得使用。

145. 企业销售的产品因质量问题发生人员伤亡，是否承担刑事责任？

情景案例

A公司是一家制造企业,主要制造大型工程机械设备。2014年6月13日,公司接到某地区经营部的电话,有个客户购买的工程机械吊车的车臂突然断裂,造成1死1伤的重大事故,目前经营部同事已第一时间在现场处理。

请问:A公司要承担刑事责任吗?

本案分析

产品质量事关生产企业、销售者、使用人以及第三方的人身、财产安全,尤其是重型设备的产品质量一旦出现问题,往往危及他人的生命、健康,因此生产企业务必时刻重视产品质量。我国法律已经形成多重保护、监管机制,除了普通的民事、行政追究方式外,涉及违法犯罪的可以追究刑事责任。

本案中,A公司所生产的大型工程机械设备如果经鉴定属于伪劣产品、不符合人体健康和人身、财产安全国家标准等情况,由生产厂商承担赔偿责任。如果造成严重后果,可能涉嫌刑事犯罪。

风险防范建议

产品质量是企业生存、发展的生命线,同时更直接关系到使用人的人身、财产安全,应特别注意以下事项:

(1)明确相关国家、行业标准,生产、销售产品确保符合相应标准,未确定标准的也不得危害人体健康、财产安全。

(2)严控材料采购、产品检验关,排除任何可能因产品质量危及他人安全的隐患。

相关法规

《产品质量法》第49条　生产、销售不符合保障人体健康和人身、财产安全的国家标准、行业标准的产品的,责令停止生产、销售,没收违法生产、销售的产品,并处违法生产、销售产品(包括已售出和未售出的产品,下同)货值金额等值以上三倍以下的罚款;有违法所得的,并处没收违法所得;情节严重的,吊销营业执照;构成犯罪的,依法追究刑事责任。

《产品质量法》第50条　在产品中掺杂、掺假以假充真,以次充好,或者以不合格产品冒充合格产品的,责令停止生产、销售,没收违法生产、销售的产品,并处违法生产、销售产品货值金额百分之五十以上三倍以下的罚款;有违法所得的,并处没收违法所得;情节严重的,吊销营业执照;构成犯罪的,依法追究刑事责任。

《侵权责任法》第43条 因产品存在缺陷造成损害的,被侵权人可以向产品的生产者请求赔偿,也可以向产品的销售者请求赔偿。

产品缺陷由生产者造成的,销售者赔偿后,有权向生产者追偿。

因销售者的过错使产品存在缺陷的,生产者赔偿后,有权向销售者追偿。

《刑法》第146条 生产不符合保障人身、财产安全的国家标准、行业标准的电器、压力容器、易燃易爆产品或者其他不符合保障人身、财产安全的国家标准、行业标准的产品,或者销售明知是以上不符合保障人身、财产安全的国家标准、行业标准的产品,造成严重后果的,处五年以下有期徒刑,并处销售金额百分之五十以上二倍以下罚金;后果特别严重的,处五年以上有期徒刑,并处销售金额百分之五十以上二倍以下罚金。

第八章　知识产权

知识产权是蕴含创造力和智慧结晶的财产权利。随着知识社会的进一步发展,企业之间的竞争也在不断加剧。在激烈的商界中,实质上是智慧的角逐,新的技术是胜利的保证。

随着国家对知识产权保护力度的不断加大,知识产权法律风险成为企业法律风险的重要方面。

企业应尊重和加强对知识产权的保护,规避侵权风险,保证企业的经营安全。

一、商标权

146. 企业的代理商期限届满后,继续使用企业商标如何处理?

情景案例

A公司系某品牌木地板生产商,因业务发展需要,在全国发展代理商经销木地板。2012年8月,B公司与A公司签订代理商经销合同,B公司成为A公司某地区的代理商,代理期限为2年。B公司经营的门店统一使用A公司的商标标识。2014年8月,代理期限届满,双方合作终止。

2015年1月,A公司发现B公司的门店继续使用A公司的商标标识,没有拆除。于是,A公司向B公司发出书面通知,要求停止使用。

请问:B公司在代理期限届满后,还可以继续使用吗?

本案分析

随着市场经济发展的多样化、丰富化,企业拓展市场、深化经销渠道等不再仅仅依靠自身企业的力量采取单兵突进的方式,更多的是“借他山之石”以实现自己的营销目的。

本案中,A公司采用了代理商机制,利用B公司在当地的渠道优势实现共赢的目的,但也出现了一系列新型法律纠纷。

根据B公司与A公司签订的代理协议,在两年的合同期内,B公司可以依据双方约定使用产品商标。合同期满后,双方未再进行续约,也即意味着双方的合同已经到期终止,双方在合同中的大部分内容不再对双方具有约束力(部分附随义务除外)。同时,由于商标权是专属于商标权人之权利,只有经合法授权方可正常使用,B公司因合同到期未获得A公司使用许可，因此不得继续使用A公司的商标。A公司有权要求B公司承担停止使用、赔偿损失的法律责任。

风险防范建议

企业应如何在合同到期后更好地保护自身商标，以实现商标价值最大化呢？建议如下：

(1)签订合同时，对商标的使用进行专门约定：如被授权人是只能使用企业的某款产品商标，还是企业的所有商标；合同终止后，被授权人应清理商标，不得再行使用等。

(2)加强商标督导管理。商标重要作用就是辨明产品的来源，商标影响力的好坏对企业有着非常重要的意义。因而在选定代理商的过程中应进行细致考察，以确定其是否具备代理资质，并在代理关系终止后，加强对原代理商经营场所的督查，发现违规之处应及时消除影响。

(3)正确维护商标。消费者对商标的认识并非一成不变的，而是随着消费习惯、方式的变化而不断变化，进而会影响法律对商标评判。因此，需要对商标的有效性、知名性进行专项维护。

相关法规

《商标法》第57条 有下列行为之一的，均属侵犯注册商标专用权：

(一)未经商标注册人的许可，在同一种商品上使用与其注册商标相同的商标的；

……

《商标法实施条例》第76条 在同一种商品或者类似商品上将与他人注册商标相同或者近似的标志作为商品名称或者商品装潢使用，误导公众的，属于商标法第五十七条第二项规定的侵犯注册商标专用权的行为。

《商标法实施条例》第77条 对侵犯注册商标专用权的行为，任何人可以向工商行政管理部门投诉或者举报。

147. 其他行业的公司使用企业的注册商标，是侵权吗？

情景案例

甲公司系一家食品生产企业，专门生产“AA”牌五谷杂粮健康食品。2010年，甲公司取得“AA”商标的注册证书，一直在产品中使用。

2014年4月，甲公司员工发现乙公司在网上销售的“AA”牌马桶产品，所使用的名称与“AA”注册商标相同。健康食品和马桶产品，具有相同的名称，这令甲公司无法接受。

请问：乙公司的行为构成侵权吗？

本案分析

这确实是一起非常尴尬的商标使用案件。根据《商标法》的规定，相同或者近似的商标是不允许使用在同一种商品或者类似商品上的，出现该情况商标局将予以驳回，或者法院将判定侵权。但反而言之，也就是说法律并未限制在不同种类或不同商品上使用相同或者近似的商标，商标是根据商标申请人所申请的类别予以注册，在未注册的商品类别中是可以使用该商标的（驰名商标除外），最终的判断标准是以是否会引起消费者混淆、误导公众而确定的。

本案中，作为食品商标的“AA”牌却同时又出现在马桶产品之上，这多少是令人无法接受的现实，但由于该两类产品存在显著区别，不会误导公众，因此乙公司未侵犯甲公司的商标专用权。但需要注意的是，乙公司未侵犯甲公司的商标权并不代表乙公司不构成侵权，乙公司仍然可能构成侵犯甲公司的著作权，其商标后续使用也存在影响。

风险防范建议

商标的申请和使用是一项非常专业化和具有技巧性的工作，建议如下：

（1）详细分析产品市场，确定商标申请类别。根据自身产品的定位及市场竞争情况，明确商标申请注册的类别，暂未申请注册的类别也须根据企业、产品的发展进行长远规划。

（2）保存好商标设计材料，必要时申请版权保护。商标设计一般都委托设计公司进行策划，因而保留好当初的委托合同、设计图纸，甚至申请版权登记从而对自身拥有对该商标的原创性、在先性予以保护，继而对后续抄袭该设计商标的提出异议、请求撤销。

相关法规

《商标法》第9条第1款 申请注册的商标，应当有显著特征，便于识别，并不得与他人在先取得的合法权利相冲突。

《著作权法》第47条 有下列侵权行为的，应当根据情况，承担停止侵害、消除影响、赔礼道歉、赔偿损失等民事责任：

……

（七）使用他人作品，应当支付报酬而未支付的；

……

（十一）其他侵犯著作权以及与著作权有关的权益的行为。

148. 被许可人出现违约情形，可以提前解除商标许可使用合同吗？

情景案例

2013年5月，甲公司与乙公司签订了商标使用许可合同，甲公司许可乙公司使用其注册登记的25类商标，使用期限为2年。合同中约定：甲公司许可乙公司在产品包装、企业牌匾、宣传资料上使用其注册商标的文字；乙公司保证产品质量；乙公司不得任意改变注册商标的文字、图形或者组合，不得在超越许可范围的产品上使用。

2014年8月，甲公司发现乙公司在其他产品上使用该商标，生产的产品投诉率极高，还将甲公司的商标标识的颜色、图案进行了更改。

请问：甲公司可以提前解除商标许可使用合同吗？

本案分析

根据《商标法》的规定，受让人（被许可人）应当保证使用该注册商标的商品质量。也即意味着不仅仅当事方之间可以合同条款的方式约定受让人应保证使用该商标的产品质量，同时法律也已明确规定了受让人保证产品质量之义务。

本案中，乙公司违反合同约定生产存在质量问题的产品，同时未完整使用甲公司授权商标，歪曲使用授权商标，显然已违反合同条款，构成严重违约，甲公司完全可以解除合同，并有权要求乙公司赔偿损失。

风险防范建议

商标授权是把“双刃剑”，正确推广使用对于扩大产品销路、扩大产品和企业品牌影响力有着十分积极的作用；相反，如被人不当使用，也可能造成极为恶劣的效果。应当注意以下事项：

（1）在签订商标许可使用合同时，谨慎选择受让人，选择专业人士对合同进行设计，尽可能对商标的使用进行立体化保护。

（2）保留对受让人产品进行监督检查的权利。商标权使用的好坏最终影响的是商标权人的利益，因此，不能在授权后就听之任之，应保持负责任的态度，对受让人使用商标进行监督检查，以避免对商标造成负面影响。

相关法规

《商标法》第43条 商标注册人可以通过签订商标使用许可合同，许可他人使用其注册商标。许可人应当监督被许可人使用其注册商标的商品质量。被许可人应当保证使用该注册商标的商品质量。

经许可使用他人注册商标的，必须在使用该注册商标的商品上标明被许可人的名称和商品产地。

许可他人使用其注册商标的，许可人应当将其商标使用许可报商标局备案，由商标局公告。商标使用许可未经备案不得对抗善意第三人。

《商标法实施条例》第69条 许可他人使用其注册商标的，许可人应当在许可合同有效期内向商标局备案并报送备案材料。备案材料应当说明注册商标使用许可人、被许可人、许可期限、许可使用的商品或者服务范围等事项。

149. 将企业的注册商标用作企业字号，是否构成侵权？

情景案例

2007年6月，A公司取得了“MM”的商标注册书，核定使用的商品为服装。2011年12月，“MM”商标被认定为广东著名商标，在业界享有较高的知名度和美誉度。B公司于2011年9月成立，是一家服装生产公司，专门经营女装产品。

2015年5月，A公司发现B公司擅自将“MM”登记为企业字号，并将“MM”作为网上的店铺名称并进行宣传，在宣传图片不明显处均印有水印“MM”字样。

A 公司向法院提起诉讼，要求 B 公司停止使用“MM”商标并赔偿经济损失 10 万元。

请问：B 公司是否构成侵权？

本案分析

无论是企业还是产品，具有了一定知名度后，总是随之而来一些“幸福的烦恼”——被“傍名牌”情况时有发生，给合法经营企业造成较大的困扰。

本案中，A 公司于 2007 年 6 月注册了 A 商标，并取得了广泛知名度和美誉度。后经营同类业务的 B 公司于 2011 年 9 月成立，将“MM”商标作为网店名称，并突出使用“MM”名称、字样。

对于此类问题，2002 年 10 月的《最高人民法院关于审理商标民事纠纷案件适用法律若干问题的解释》第 1 条第 1 项规定“将与他人注册商标相同或者相近似的文字作为企业的字号在相同或者类似商品上突出使用，容易使相关公众产生误认的”，认定为侵犯注册商标专用权。2013 年 8 月新修订的《商标法》第 58 条规定“将他人注册商标、未注册的驰名商标作为企业名称中的字号使用，误导公众，构成不正当竞争行为的，依照《中华人民共和国反不正当竞争法》处理”，该法条未再区分是否突出使用，直接认定构成不正当竞争。因此，无论是侵犯商标专用权还是构成不正当竞争，A 公司均有依法维权的依据。

风险防范建议

应当充分尊重和慎重对待他人的注册商标，避免或者意图“打擦边球”将（他人已注册的商标或者未注册的驰名商标用作企业字号），因为这种做法不仅损害他人权益，从长远上看也无法建立客户对企业品牌的辨识度。

相关法规

《商标法》第 58 条 将他人注册商标、未注册的驰名商标作为企业名称中的字号使用，误导公众，构成不正当竞争行为的，依照《中华人民共和国反不正当竞争法》处理。

《反不正当竞争法》第 5 条 经营者不得采用下列不正当手段从事市场交易，损害竞争对手：

（一）假冒他人的注册商标；

（二）擅自使用知名商品特有的名称、包装、装潢，或者使用与知名商品近似的名称、包装、装潢，造成和他人的知名商品相混淆，使购买者误认为是该知名商品；

（三）擅自使用他人的企业名称或者姓名，引人误认为是他人的商品；

（四）在商品上伪造或者冒用认证标志、名优标志等质量标志，伪造产地，对商品质量作引人误解的虚假表示。

二、专利权

150. 专利受让人在办理更名手续后，拒不支付专利转让款如何处理？

情景案例

甲、乙、丙系A公司的股东。2014年6月9日，A公司作出股东会决议，决定以45万元向甲购买其所有的5项实用新型专利。2014年8月27日，甲将自己名下的5项实用新型专利转让至A公司名下，但A公司一直拖欠款项未付。

甲在多次催促无果后，向法院提起诉讼，要求A公司立即支付专利转让款45万元。

请问：甲的诉讼请求可以得到法院支持吗？

本案分析

专利权，是指专利申请权、实施许可权、转让权等多种权利的统称，其作为一种有经济价值的权利，可根据专利权人的意愿向他人转让。

本案中，A公司通过股东会决议受让了甲名下的5项实用新型专利，双方就此达成了转让协议并最终完成了转让行为，但A公司至今未支付专利转让款项。根据《合同法》第348条的规定，“技术秘密转让合同的受让人应当按照约定使用技术，支付使用费，承担保密义务”，第352条规定，“受让人未按照约定支付使用费的，应当补交使用费并按照约定支付违约金；不补交使用费或者支付违约金的，应当停止实施专利或者使用技术秘密，交还技术资料，承担违约责任”。

因此，甲可据此要求A公司支付转让费用并承担违约责任。

风险防范建议

企业在办理专利转让过程中，有哪些注意事项呢？建议如下：

（1）转让方与受让方应签订书面合同。实际上，《合同法》中明确规定了涉及技术转让的应签订书面合同，且专利转让应向专利行政部门备案。

（2）采取渐进方式移转专利权。为防止合同履行过程中出现本案的情况，专利权人转让后无法得到合法的经济利益，完全可以采取分步骤支付费用的方式，如约定在签订合同时应支付50%，更名后支付剩余50%的方式，减少损失。

相关法规

《合同法》第348条 技术秘密转让合同的受让人应当按照约定使用技术，支付使用费，承担保密义务。

《合同法》第352条 受让人未按照约定支付使用费的，应当补交使用费并按照约定支付违约金；不补交使用费或者支付违约金的，应当停止实施专利或者使用技术秘密，交还技术资料，承担违约责任；实施专利或者使用技术秘密超越约定的范围的，未经让与人同意擅自许可第三人实施该专利或者使用该技术秘密的，应当停止违约行为，承担违约责任；违反约定的保密义务的，应当承担违约责任。

151. 假冒企业的专利产品进行销售的，如何索赔？

情景案例

某塑料五金厂是一家专产五金铁线工艺制品的企业。2012 年 6 月，五金厂向国家知识产权局申请了 10 项外观设计专利，根据市场需要，新推出的多款浴室挂件产品在较短的时间内销量可观，在国内深受消费者欢迎。

2014 年 10 月，五金厂的销售人员发现网上出现假冒产品，以铁线工艺品及浴室挂件产品为主，产品的款式、设计完全相同，但质量较差。

请问：五金厂可以向假冒厂家索赔吗？

本案分析

侵害专利权纠纷是知识产权类纠纷中较为常见的，尤其是近些年来我国专利申请量激增，越来越多的企业日益注重对自身专利权的保护。

本案中，五金厂申请了 10 项专利，并获得了专利专用权，且实现了较好的经济效益。根据我国《专利法》的规定，任何未经专利权人许可实施其专利的，即为侵犯专利权。不法厂家未经专利权人许可使用其专利生产产品并在网络上进行销售，已经构成对专利权的侵犯，五金厂可以依法向专利管理部门投诉，也可以向法院起诉。

风险防范建议

专利的申请和保护既要注重数量，更要注重质量，在进行专利保护时应注意：

（1）确保自身专利的稳定性。实用新型和外观设计专利由于采取的是形式审查机制，其稳定性相对较弱，因而首先要确保自身专利符合新颖性、创造性、实用性，避免被宣告无效。

（2）保存、固定证据。专利权的保护对证据要求相当高，尤其是网络中出现的许诺销售、销售等侵权行为，由于变动性太强，需要及时保存、固定证据，以证明对方确实存在侵权行为，为后期的司法维权提供充分的依据。

相关法规

《专利法》第 60 条　未经专利权人许可，实施其专利，即侵犯其专利权，引起纠纷的，由当事人协商解决；不愿协商或者协商不成的，专利权人或者利害关系人可以向人民法院起诉，也可以请求管理专利工作的部门处理。管理专利工作的部门处理时，认定侵权行为成立的，可以责令侵权人立即停止侵权行为，当事人不服的，可以自收到处理通知之日起十五日内依照《中华人民共和国行政诉讼法》向人民法院起诉；侵权人期满不起诉又不停止侵权行为的，管理专利工作的部门可以申请人民法院强制执行。进行处理的管理专利工作的部门应当事人的请求，可以就侵犯专利权的赔偿数额进行调解；调解不成的，当事人可以依照《中华人民共和国民事诉讼法》向人民法院起诉。

《专利法》第 63 条　假冒专利的，除依法承担民事责任外，由管理专利工作的部门责令改正并予公告，没收违法所得，可以并处违法所得四倍以下的罚款；没有违法所得的，可以处二十万元以下的罚款;构成犯罪的,依法追究刑事责任。

152. 发现其他公司生产企业的专利产品，可以要求先行停止吗?

情景案例

B公司专门生产汽车专用音响及配件产品,并申请了实用新型专利。由于产品的科技含量高、设计美观,市场接受度较高,市场份额不断加大,公司实力也不断壮大。

2014年7月,B公司发现A公司涉嫌侵犯其专利,生产、销售该款专利产品。于是,B公司向法院提起诉讼,同时要求A公司先行停止生产。

请问:B公司可以要求A公司先行停止生产吗?

本案分析

侵害专利权纠纷案件由于涉及的专业性较强,且由于专利审查与司法审判分属不同部门,因此专利案件往往耗时多年才能得以解决,侵权方在判决前所获利益可能远远超过索赔金额,无法弥补专利权利益。

本案中,B公司由于产品科技含量高、设计美观,获得市场较大份额,企业进入快速发展的通道。如此时采取按部就班的诉讼策略,则可能耗时耗力,结果并不理想。因此,根据《专利法》《最高人民法院关于对诉前停止侵犯专利权行为适用法律问题的若干规定》,专利权人可以向法院提出采取诉前停止侵权行为的措施(通常所说的诉前禁令),可以要求A公司先行停止生产、销售等侵权行为。

风险防范建议

由于申请“诉前禁令”要求非常严格,专利权人自身也要对专利有非常高的把握性,因此需要非常慎重。建议如下:

(1)确保自身专利权合法有效。专利权的有效性是专利权人依法保护专利的基础,要求专利权人对专利的新颖性、创造性、实用性具有完全的信心,否则一旦被认定为无效,则有可能被对方要求赔偿损失。

(2)提供必要担保。为防止滥用该项权利,申请“诉前禁令”必须提供相应的担保,不提供担保的,驳回申请。

(3)证据必须充分。如前所述,申请“诉前禁令”效果固然明显,但对专利权人压力也是非常之大,如果证据准备不充分,可能会导致严重的后果。

相关法规

《专利法》第66条第1款　专利权人或者利害关系人有证据证明他人正在实施或者即将实施侵犯专利权的行为,如不及时制止将会使其合法权益受到难以弥补的损害的,可以在起诉前向人民法院申请采取责令停止有关行为的措施。

《最高人民法院关于对诉前停止侵犯专利权行为适用法律问题的若干规定》第1条第1款　根据专利法第六十一条的规定,专利权人或者利害关系人可以向人民法院提出诉前责令被申请人停止侵犯专利权行为的申请。

153. 竞争公司非法取得公司专利资料，但尚未生产出成品的，是否构成侵权？

情景案例

A 公司是一家环保设备制造公司，刘某是 A 公司的项目设计经理，负责环保脱硫脱酸装置的研发、设计及图纸绘制工作。2010 年 3 月，A 公司申请了“脱硫脱酸装置与工艺”专利。2013 年 10 月 15 日，刘某主动提出辞职，双方终止劳动关系。

刘某辞职后，入职另一家环保设备制造公司 B 公司。2015 年 3 月，A 公司获知，刘某将 A 公司的专利资料带到 B 公司，现处于研发阶段，但尚未生产出成品。

请问：B 公司的行业构成侵权吗？

本案分析

首先需要说明的是专利的性质。在一定程度上，专利实际上是专利权人在法律允许的范围内用技术公开的方式获得一定期限的“垄断”，这种“垄断”是合法合理的。也就是说，专利权人既可以选择不予公开商业秘密的形式保护自己的技术，也可以选择专利公开的形式保护自己的权益，每一种保护方式都各有利弊。

本案中，B 公司无论是从刘某个人获得还是从外界其他方式获得，都不构成对专利技术的侵权，因为专利即已经公开的内容（特殊情形不包含在本案例分析范围），可以作为研究的对象。但若 B 公司未经许可使用 A 公司的专利生产了产品并进入流通领域，则构成侵权。

风险防范建议

某著名可乐品牌关于可乐配方的事例即可清晰告诉大家是采取商业秘密方式还是申请专利公开方式获取保护，关键看自身产品的特性和市场情况。

相关法规

《专利法》第 60 条 未经专利权人许可，实施其专利，即侵犯其专利权，引起纠纷的，由当事人协商解决；不愿协商或者协商不成的，专利权人或者利害关系人可以向人民法院起诉，也可以请求管理专利工作的部门处理。管理专利工作的部门处理时，认定侵权行为成立的，可以责令侵权人立即停止侵权行为，当事人不服的，可以自收到处理通知之日起十五日内依照《中华人民共和国行政诉讼法》向人民法院起诉；侵权人期满不起诉又不停止侵权行为的，管理专利工作的部门可以申请人民法院强制执行。进行处理的管理专利工作的部门应当事人的请求，可以就侵犯专利权的赔偿数额进行调解；调解不成的，当事人可以依照《中华人民共和国民事诉讼法》向人民法院起诉。

《反不正当竞争法》第 10 条 经营者不得采用下列手段侵犯商业秘密：

（一）以盗窃、利诱、胁迫或者其他不正当手段获取权利人的商业秘密；

（二）披露、使用或者允许他人使用以前项手段获取的权利人的商业秘密；

(三)违反约定或者违反权利人有关保守商业秘密的要求,披露、使用或者允许他人使用其所拿握的商业秘密。

第三人明知或者应知前款所列违法行为,获取、使用或者披露他人的商业秘密,视为侵犯商业秘密。

本条所称的商业秘密,是指不为公众所知悉、能为权利人带来经济利益、具有实用性并经权利人采取保密措施的技术信息和经营信息。

《刑法》第219条 有下列侵犯商业秘密行为之一,给商业秘密的权利人造成重大损失的,处三年以下有期徒刑或者拘役,并处或者单处罚金;造成特别严重后果的,处三年以上七年以下有期徒刑,并处罚金:

(一)以盗窃、利诱、胁迫或者其他不正当手段获取权利人的商业秘密的;

(二)披露、使用或者允许他人使用以前项手段获取的权利人的商业秘密的;

(三)违反约定或者违反权利人有关保守商业秘密的要求,披露、使用或者允许他人使用其所掌握的商业秘密的。

明知或者应知前款所列行为,获取、使用或者披露他人的商业秘密的,以侵犯商业秘密论。

本条所称商业秘密,是指不为公众所知悉,能为权利人带来经济利益,具有实用性并经权利人采取保密措施的技术信息和经营信息。

本条所称权利人,是指商业秘密的所有人和经商业秘密所有人许可的商业秘密使用人。

三、侵权处理

154. 在网上销售假冒企业注册商标的产品，如何处理?

情景案例

2012年1月,罗某通过电商平台开了一家网店,专门销售休闲女装。罗某发现某品牌女装的销量在市场占据相当大的份额。

2013年7月,罗某注册了一家服装公司,租赁了办公室和仓库,印制了某注册商标标牌、吊牌等。罗某先委托加工厂制作服装成品,再挂上某服装吊牌,大肆进行销售。

2014年9月3日,经他人举报,罗某被警方现场抓获,并扣押了仓库内未销售的假冒服装。

请问:在网上销售假冒企业注册商标的产品,如何处理?

本案分析

本案例是一起典型的侵犯商标权案件,同时由于侵权后果严重,已触犯《刑法》第213条规定的假冒注册商标罪。

根据《商标法》第57条第1项“未经商标注册人的许可,在同一种商品上使用与其注册商标相同的商标的”、第3项“销售侵犯注册商标专用权的商品的”之规定,罗某在服装类产品上使用了知名品牌服装的商标,同时对上述商品进行销售,已构成侵犯商标专用权。情节严重的,有可能涉嫌犯罪。

风险防范建议

注册商标受到越来越多的关注，商标的作用日益受到重视，法律对商标的保护力度也日益增强，对违法侵犯他人商标的行为的查处和处罚力度也在不断加大。企业在生产经营过程中不得侵犯他人商标，尤其是代工行业，务必请委托方出具有权使用该产品商标的证明文件。另外，企业在进行市场布局时，应提前做好商标规划方案。

相关法规

《商标法》第57条 有下列行为之一的，均属侵犯注册商标专用权：

（一）未经商标注册人的许可，在同一种商品上使用与其注册商标相同的商标的；

……

《刑法》第213条 未经注册商标所有人许可，在同一种商品上使用与其注册商标相同的商标，情节严重的，处三年以下有期徒刑或者拘役，并处或者单处罚金；情节特别严重的，处三年以上七年以下有期徒刑，并处罚金。

155. 商标侵权人已被工商局查处，被侵权人还可以向法院提起索赔之诉吗？

情景案例

黄某于2011年从公司辞职，创办了一家公司，主要通过网络销售化妆品。2014年12月，因销售的化妆品涉及注册商标侵权，库存的多个假冒注册商标的化妆品共计1000多箱，被当地工商部门查扣。

3个月后，黄某收到法院传票，被仿冒的商标所有人起诉到法院，要求黄某承担停止侵权、赔偿损失的法律责任。

请问：商标侵权人已被工商局查处，被侵权人还可以向法院提起索赔之诉吗？

本案分析

商标权的保护有多种途径，根据承担责任形式的不同可分为行政责任、民事责任和刑事责任，三者存在一定竞合。但对于商标权人而言，无论侵权人承担怎样的行政处罚或者刑事责任，其都有权单独对侵权人提起民事诉讼，要求侵权人承担民事责任。

本案中，黄某因销售侵犯注册商标专用权的商品而被工商部门查处，这是黄某承担的行政责任，同时，工商部门查处的资料可以作为商标权公司起诉黄某的证据材料，要求黄某赔偿损失。

风险防范建议

商标权属于知识产权的一部分，该类案件专业性较强，所需证据要求较高，因此在进行商标维权时应及时听取专业人员的意见或建议，采取正确的方式取得证据，依法维护商标权益。

相关法规

《商标法》第60条第1款 有本法第五十七条所列侵犯注册商标专用权行为之一，引起纠纷的,由当事人协商解决;不愿协商或者协商不成的,商标注册人或者利害关系人可以向人民法院起诉,也可以请求工商行政管理部门处理。

《商标法》第61条 对侵犯注册商标专用权的行为,工商行政管理部门有权依法查处;涉嫌犯罪的,应当及时移送司法机关依法处理。

156. 生产商按销售商的要求,未经商标权人同意擅自在产品上标注厂名、注册商标,要与销售商共同承担责任吗?

情景案例

A公司是一家工业公司,主要生产润滑油。2011年7月8日,A公司接到B公司的订单,负责为B公司生产润滑油。B公司要求A按自己的要求在商品上标注厂名为国内知名"KK公司",并使用国内驰名商标"KK"注册商标。

2012年7月9日,B公司生产假冒产品的行为被举报,尚未出货的假冒产品也被查获。

2013年12月,KK公司向法院起诉,要求A公司与B公司共同承担赔偿责任。

请问:B公司要承担赔偿责任吗?

本案分析

《商标法》第48条规定,商标的使用,是指将商标用于商品、商品包装或者容器以及商品交易文书上,或者将商标用于广告宣传、展览以及其他商业活动中,用于识别商品来源的行为。

对于生产、制造涉及侵犯商标权产品的行为,商标法一贯以来都是予以从严打击。对于生产商而言,无论是自主生产还是为他人代工,都有义务对涉及的商标进行合法性审查,查清是否有合法来源,否则无法免除责任。而销售方如果符合《商标法》第64条的规定可以不承担赔偿责任,相对于生产方而言所承担的侵权责任更轻。

本案中,A公司作为代工生产商,未对B公司所提供的商标进行合法性审查,未经商标权人同意擅自使用注册商标应与B公司承担侵权责任。

风险防范建议

代工企业在接受代工订单时不仅要考虑最直接的盈利情况,也要注意对自身权益的保护。建议如下:

(1)审查商标来源的合法性。对于订单代工企业,经常会被客户要求在生产过程中贴牌使用某商标,但对于该商标是否有合法来源关注度不够,导致承担侵权责任。因而只要涉及商标,就要要求对方提供商标合法来源,如提供商标证书、商标使用授权书等文件。

(2)订立免责性或追偿性合同条款。由于上述合法性审查一般仅限于书面审查,并不可能对于授权书、商标证书的真实性进行过细的核对,因而为避免造成损失,可与客户订立免责性或追偿性合同条款,对因客户提供的资料不实造成的损失可予以追偿。

相关法规

《商标法》第64条第2款　销售不知道是侵犯注册商标专用权的商品，能证明该商品是自己合法取得并说明提供者的，不承担赔偿责任。

157. 仿冒企业专利产品生产并销售的，生产商、销售商是否共同担责任？

情景案例

A公司是一家专业箱包公司，产品的拉杆箱申请了实用新型专利。由于产品实用、性价比高，深受消费者和市场喜爱，知名度逐步提高。

2013年8月，A公司发现网络上销售很多仿冒产品，严重影响了公司品牌形象。经过调查，发现B公司仿冒生产自己的专利产品，而C公司通过网络平台对产品进行销售。

由于网络平台点击率高、消费群体广、成交量大，仿冒产品的销售产生了负面影响，A公司的销售量下降。于是，A公司将生产商B公司、销售商C公司起诉至法院，要求二者共同承担责任，停止侵权并赔偿自己的经济损失。

请问：B公司和C公司是否共同承担责任？

本案分析

现实生活中很多时候生产和销售二者是分离的，即经常发现负责销售的并非生产者，究竟应该起诉哪一方呢？

本案中，A公司就遇到了同样的问题，仿冒专利产品的生产者是B公司，而在网络平台销售的是C公司。根据《专利法》的规定，未经专利权人许可，实施其专利，即侵犯其专利权，其中实施专利行为包括生产、销售、许诺销售等行为，也即意味着本案的生产者和销售者均构成侵权。但《专利法》又对销售、许诺销售行为作出特别规定，如销售、许诺销售者不知产品侵犯他人专利且能提供合法来源的，不承担经济赔偿责任，但仍应承担停止侵权的责任。

风险防范建议

专利的保护是一项较为专业性的活动，生产、销售、许诺销售都可以单独构成侵权，因此应注意以下事项：

（1）严格区分生产、销售、许诺销售行为。侵犯专利权的行为多种多样，每个行为都单独构成侵权，多个行为同时实施在一定程度上反映了侵权人主观侵权的恶性更强，在法律上承担的不利后果更严重。

（2）向销售、许诺销售者发出警告通知。如销售、许诺销售者接到通知后仍然存在侵权行为，则其显然是已明知销售、许诺销售行为可能构成侵权而继续实施，此时，其除承担停止侵权责任外还应承担赔偿责任。

相关法规

《专利法》第60条 未经专利权人许可，实施其专利，即侵犯其专利权，引起纠纷的，由当事人协商解决；不愿协商或者协商不成的，专利权人或者利害关系人可以向人民法院起诉，也可以请求管理专利工作的部门处理。管理专利工作的部门处理时，认定侵权行为成立的，可以责令侵权人立即停止侵权行为，当事人不服的，可以自收到处理通知之日起十五日内依照《中华人民共和国行政诉讼法》向人民法院起诉；侵权人期满不起诉又不停止侵权行为的，管理专利工作的部门可以申请人民法院强制执行。进行处理的管理专利工作的部门应当事人的请求，可以就侵犯专利权的赔偿数额进行调解；调解不成的，当事人可以依照《中华人民共和国民事诉讼法》向人民法院起诉。

《专利法实施细则》第84条 下列行为属于专利法第六十三条规定的假冒专利的行为：

（一）在未被授予专利权的产品或者其包装上标注专利标识，专利权被宣告无效后或者终止后继续在产品或者其包装上标注专利标识，或者未经许可在产品或者产品包装上标注他人的专利号；

（二）销售第（一）项所述产品；

（三）在产品说明书等材料中将未被授予专利权的技术或者设计称为专利技术或者专利设计，将专利申请称为专利，或者未经许可使用他人的专利号，使公众将所涉及的技术或者设计误认为是专利技术或者专利设计；

（四）伪造或者变造专利证书、专利文件或者专利申请文件；

（五）其他使公众混淆，将未被授予专利权的技术或者设计误认为是专利技术或者专利设计的行为。

专利权终止前依法在专利产品、依照专利方法直接获得的产品或者其包装上标注专利标识，在专利权终止后许诺销售、销售该产品的，不属于假冒专利行为。

销售不知道是假冒专利的产品，并且能够证明该产品合法来源的，由管理专利工作的部门责令停止销售，但免除罚款的处罚。

158. 销售假冒注册商标的产品，会有什么后果？

情景案例

郑某听朋友说销售高仿产品赚钱快，于2014年3月注册了一家贸易公司，并通过网络销售某奢侈品牌的高仿产品。

郑某花重金通过网络进行宣传推广，在短短3个月的时间里，公司销售额为200多万元，赚取了60多万元的利润。

2014年6月，郑某父亲知道郑某销售高仿产品后，大力反对，理由是：销售高仿产品触犯我国《刑法》，重则坐牢！而郑某则认为：现在很多人都这样做，即使被抓到最多也是罚一点款。

请问：郑某的说法正确吗？

本案分析

商标权是商标权人的专有权利，未经商标权人允许，他人不得擅自使用，否则即构成侵权。假冒注册商标不仅侵害商标权人的合法权益，同时也构成不正当竞争，严重的可能构成生产、销售假冒注册商标罪。我国《商标法》《反不正当竞争法》对假冒商标行为均有专项规定予以禁止，同时《刑法》也设立了生产、销售假冒注册商标罪并规定了刑事处罚的内容。

本案中，郑某所说显然是不懂法的表现，其以为只需承担民事或行政责任，殊不知有更为严重的后果，可能还要承担刑事责任。

风险防范建议

商标权、专利权等知识产权都是智慧的结晶，是权利人付出大量人力、物力、财力劳动所得，受到法律的严格保护。企业在经营活动过程中，应尊重他人的知识产权，更多地注重自身品牌建设，否则后果很严重。

相关法规

《反不正当竞争法》第5条 经营者不得采用下列不正当手段从事市场交易，损害竞争对手：

（一）假冒他人的注册商标；

（二）擅自使用知名商品特有的名称、包装、装潢，或者使用与知名商品近似的名称、包装、装潢，造成和他人的知名商品相混淆，使购买者误认为是该知名商品；

（三）擅自使用他人的企业名称或者姓名，引人误认为是他人的商品；

（四）在商品上伪造或者冒用认证标志、名优标志等质量标志，伪造产地，对商品质量作引人误解的虚假表示。

《商标法实施条例》第76条 在同一种商品或者类似商品上将与他人注册商标相同或者近似的标志作为商品名称或者商品装潢使用，误导公众的，属于商标法第五十七条第二项规定的侵犯注册商标专用权的行为。

《刑法》第213条 未经注册商标所有人许可，在同一种商品上使用与其注册商标相同的商标，情节严重的，处三年以下有期徒刑或者拘役，并处或者单处罚金；情节特别严重的，处三年以上七年以下有期徒刑，并处罚金。

159. 网络游戏的版权受法律保护吗？

情景案例

秦某是一位网络游戏爱好者。2011年7月，秦某与几位朋友一起投资开办了一家网络游戏公司，主要进行网络游戏的开发。2014年5日，公司推出第一款网络游戏，并在推出市场前申请了版权。本款网络游戏一经推出，市场反响超乎他们的想象，受到众多网络游戏爱好者的追捧。

2个月后，他们发现，市场上出现了一款游戏与他们开发的游戏相类似，给他们的工作室造成了极大的损失。

请问:秦某公司申请了版权的游戏受法律保护吗?

本案分析

游戏软件尤其是网络游戏的著作权是近些年兴起的一种新型知识产权,被众多网络游戏公司认同。为防止自身的著作权被他人侵犯,游戏公司往往会提前向版权部门申请版权登记,该行为也可以防止某些极端恶意侵权人"恶人先告状"。

本案中的游戏公司提前申请版权确认,为自身维权提供了有力的证据,更有利于受到法律保护。

风险防范建议

发生网络侵权时,企业应如何进行处理呢?建议如下:

(1)向服务商发出警告,要求其及时删除侵权内容。在发警告时,应提交相应证据。

(2)收集侵权证据。比如,权利登记证据、电子认证依据等,还可向网络服务商申请侵权发送者的电话号码、上网账号、上网计算机IP地址和代号、电子邮件的发送时间等系列证据。

(3)如果发现网络侵权行为,向服务商发出警告被拒绝的,著作权人可立即向法院申请禁令,先行制止侵权行为,防止损失的进一步扩大。如果无法解决,可提起侵权之诉,寻求法律途径解决。

相关法规

《著作权法》第2条第1款 中国公民、法人或者其他组织的作品,不论是否发表,依照本法享有著作权。

《著作权法》第3条 本法所称的作品,包括以下列形式创作的文学、艺术和自然科学、社会科学、工程技术等作品:

(一)文字作品;

(二)口述作品;

(三)音乐、戏剧、曲艺、舞蹈、杂技艺术作品;

(四)美术、建筑作品;

(五)摄影作品;

(六)电影作品和以类似摄制电影的方法创作的作品;

(七)工程设计图、产品设计图、地图、示意图等图形作品和模型作品;

(八)计算机软件;

(九)法律、行政法规规定的其他作品。

第九章 债权债务

在企业的经营活动中，尽管引起风险的原因各不相同，但所有的企业风险最终都有可能表现为法律风险。

如果企业长期处于债权难以实现、债务摆脱不掉的状况，会给企业经营带来极大风险。

如果企业对欠款纠纷法律风险估计不足或处理不当，将会带来相当严重的法律后果，有时甚至是颠覆性的灾难。

一、债权保护

160. 借钱给老客户，没写借据，怎么办？

情景案例

A公司的谭老板与B公司的吴老板常年有生意往来，双方信任度高。2014年10月，B公司因一笔生意急需资金，于是向A公司借款10万元用于周转，并承诺一个月内还款。谭老板考虑到多年的合作关系，遂将10万元从A公司转账至B公司账户，当时未写借据。三个多月过去了，谭老板多次催讨，B公司一直未还款。

请问：没有借条，A公司如何处理呢？

本案分析

借据是反映出借人与借款人之间存在借贷关系的重要凭据之一，在借据中还反映了还款期限、是否约定利息等重要内容。没有借据但存在资金转移记录也可作为借贷的证据，但需要更多的证据排除存在其他法律关系的可能性。

本案中，A公司转账10万元出借给B公司，该转账记录能够证实双方之间确实存在10万元的资金往来记录，但特别需要注意的是，要证明A公司不存在其他须向B公司付款的义务，否则可能不被视为借款。同时，由于缺乏借据及其他证据，因而不可能主张利息。

风险防范建议

俗话说，“亲兄弟明算账”，企业的资金往来更应如此。即便关系再好也应当出具相应凭据。在借款过程中，应注意以下事项：

（1）借据必须注明借款人、出借人的信息，以及借款金额、还款期限、利息等内容；

(2)法院对于现金借款审查日益严格,尤其是涉及大额款项的,往往还需要结合出借人经济能力、资金来源、借款过程及如何提供借款等因素予以综合判断,故现金借款须谨慎。

相关法规

《民事诉讼法》第64条第1款 当事人对自己提出的主张,有责任提供证据。

《最高人民法院关于审理民间借贷案件适用法律若干问题的规定》第2条第1款 出借人向人民法院起诉时,应当提供借据、收据、欠条等债权凭证以及其他能够证明借贷法律关系存在的证据。

161.债务人转移或变卖财产,如何处理?

情景案例

甲公司主要生产玻璃产品,乙公司主要生产建材产品。2014年3月,乙公司承包了一项商住楼的建设工程,向甲公司赊购了价值60万元的玻璃,承诺待工程款结算之后还清货款。工程完工后,乙公司未如期还款。为了追回货款,甲公司起诉至当地法院。经过法院判决,确认乙公司向甲公司归还60万元货款及利息。

法院在强制执行过程中,经查询,乙公司名下没有任何财产。甲公司调查得知,乙公司在收到法院传票后,将自己名下的一套150平方米的房子以显著低于市场价转卖第三人,乙公司收取的20万元卖房款不知去向。甲公司认为,乙公司是为了躲避债务,恶意转移财产。

请问:面对目前的情况,甲公司应该如何办?

本案分析

对于"赢了官司输了钱"的情况是目前从立法到司法正着力解决的重点难点问题,避免债务人利用其中的漏洞,不承担法律责任。债务人应当遵守法律规定,以全部资产履行人民法院判决所确定的内容,不得恶意处置财产,逃避执行。

本案中,甲公司在确认乙公司低于市场价格转让房产的情况时,可以向法院申请撤销乙公司与第三人的转让合同,从而保障自身的合法利益。

同时,根据《刑法》第313条拒不履行法院生效判决、裁定罪的规定,甲公司可以向公安机关报案,追究相应责任人的刑事责任。

风险防范建议

追偿被执行人的欠款是一个系统性工程,不能单纯等待人民法院执行,当事人也应积极提供可执行财产线索,便于法院采取强制措施。请注意以下事项:

(1)申请撤销被执行人以明显不合理低价转让财产的行为具有时间限制,应在知道或应当知道1年内提出,转让行为发生5年内未提出的,撤销权消灭。

(2)注意收集证据,便于公安机关立案对涉嫌犯罪的被执行人采取法律措施。

(3)在必要的时候,申请执行人可以直接向人民法院自诉,要求追究被执行人、协助执行义务人、担保人等负有执行义务的人的刑事责任。

相关法规

《合同法》第74条　因债务人放弃其到期债权或者无偿转让财产,对债权人造成损害的,债权人可以请求人民法院撤销债务人的行为。债务人以明显不合理的低价转让财产,对债权人造成损害,并且受让人知道该情形的,债权人也可以请求人民法院撤销债务人的行为。

撤销权的行使范围以债权人的债权为限。债权人行使撤销权的必要费用,由债务人负担。

《合同法》第75条　撤销权自债权人知道或者应当知道撤销事由之日起一年内行使。自债务人的行为发生之日起五年内没有行使撤销权的,该撤销权消灭。

《刑法》第313条　对人民法院的判决、裁定有能力执行而拒不执行,情节严重的,处三年以下有期徒刑、拘役或者罚金;情节特别严重的,处三年以上七年以下有期徒刑,并处罚金。

单位犯前款罪的,对单位判处罚金,并对其直接负责的主管人员和其他直接责任人员,依照前款的规定处罚。

《最高人民法院关于审理拒不执行判决、裁定刑事案件适用法律若干问题的解释》第3条　申请执行人有证据证明同时具有下列情形,人民法院认为符合刑事诉讼法第二百零四条第三项规定的,以自诉案件立案审理:

(一)负有执行义务的人拒不执行判决、裁定,侵犯了申请执行人的人身、财产权利,应当依法追究刑事责任的;

(二)申请执行人曾经提出控告,而公安机关或者人民检察院对负有执行义务的人不予追究刑事责任的。

162. 收货方拖欠货款,供货方可以私自扣货抵款吗?

情景案例

2014年7月,A公司与B公司签订供货合同,由A公司供应B公司一批价值26万元的冷冻食品,合同约定A公司将货运至指定冷库,B公司收货后立即支付货款。

2014年10月5日,A公司将货物送到某仓库,B公司仓管人员在送货单上签字,当场支付了8万元,承诺其余货款7日内全部付清。

10日后,A公司在追讨无果的情况下,安排员工到冷库将B公司的货物扣押,要求B公司付清全部货款后再归还。

请问:A公司的行为合法吗?

本案分析

货物所有权(动产)一般是以交付为标准划定归属,即货物经交付或者视为交付之后,所有权由卖方转移给买方,卖方取得要求买方支付货款的债权,而买方取得货物所有权。但是,如果买卖双方在合同中约定所有权保留条款(如货款未付清之前所有权仍归卖方),则货物的所有权仍然属于卖方,同时货物的损毁、灭失风险也属于卖方,买方应予以妥善保管。

本案中,由于B公司拖欠货款,A公司扣押已经交付的冷冻产品显然缺乏法律依据。A公司只能向B公司主张债权,要求B公司支付货款,未经B公司同意,A公司无权扣押B公司货物。

风险防范建议

货物的交付情况决定了货物所有权的归属,一旦交付则所有权转移,应予特别注意以下事项:

(1)审查交易相对方的支付方式、能力。一旦出现拖延支付或者无法支付的,应及时申请法院诉讼保全,而不能自行扣押货物。

(2)所有权保留条款是把"双刃剑",在确保货物所有权归属的同时,也要注意风险的承担。

相关法规

《合同法》第133条 标的物的所有权自标的物交付时起转移,但法律另有规定或者当事人另有约定的除外。

《合同法》第134条 当事人可以在买卖合同中约定买受人未履行支付价款或者其他义务的,标的物的所有权属于出卖人。

163. 企业经多次催款,债务人仍不还款的,怎么办?

情景案例

甲公司与乙公司系合作关系,截至2014年6月30日,乙公司拖欠甲公司货款共计148万元。在甲公司的多次催促下,2015年2月6日,乙公司给甲公司出具一张欠条,约定2016年8月15日前还清全部货款。后从乙公司的供应商处得知,乙公司订购了一台新型机器设备,准备扩大生产规模。

请问:甲公司有什么办法讨回货款呢?

本案分析

欠条是债务人向债权人出具的证实存在欠款事实的凭据,是债务人单方面的意思表示,并不能限制债权人采取相应的法律措施。债权人在多次催款未果的情况下,应及时向法院起诉以便债权的实现。

本案中,乙公司出具的欠条证明甲、乙公司之间存在欠款的事实,甲公司可以此为证据进行起诉。但需要注意的是,如果甲公司在2016年2月6日之后,长时间持有该份欠条而未起诉或明确表示不接受还款期限的,则有可能视为甲公司同意乙公司的还款期限,因而如无其他证据证明乙公司存在预期违约情形,则甲公司须等到2016年8月15日之后才能起诉。

风险防范建议

欠条在手并不代表忧虑全无，企业应及时采取法律措施。如下建议：

(1)欠条上如无双方签字盖章，则只能代表欠款人意思表示，债权人可以不受此约束。

(2)对于欠条中的还款期限，债权人应及时表示是否接受，否则有可能被认为接受而影响主张权利的时间。

相关法规

《合同法》第8条第1款 依法成立的合同，对当事人具有法律约束力。当事人应当按照约定履行自己的义务，不得擅自变更或者解除合同。

《合同法》第60条第1款 当事人应当按照约定全面履行自己的义务。

《合同法》第107条 当事人一方不履行合同义务或者履行合同义务不符合约定的，应当承担继续履行、采取补救措施或者赔偿损失等违约责任。

164. 企业发生分立，债务由谁承担？

情景案例

2014年6月，A公司与B公司签订一份大米购销合同，合同约定A公司购买B公司价值130万元的大米。B公司送货上门，A公司预付20%的货款，余款在货到一周之内付清。

合同签订之后，B公司按约履行了送货义务，但A公司货款未付，双方发生争执。在此期间，A公司因经营业务需要，决定将公司分立为甲公司和乙公司，其中公司的设备、物资、债权等归甲公司所有，B公司的债务由乙公司承担，所有分立手续办理完毕后，注销了A公司。B公司向甲公司和乙公司催促还款，甲公司以债务与自己无关为由拒绝偿还。

请问：甲公司的说法正确吗？

本案分析

公司由于经营状况的变化经常会出现合并或者分立的情况，如果想当然地以为合并、分立后新公司就不需要对外承担债务了，那就是真正的异想天开。

《公司法》规定，公司分立应于决议之日起10日内通知债权人，并在30日内登报公告。公司分立前的债务由分立后的公司承担连带责任。也就是说，无论公司是由一个公司分立成多个不同公司且原公司注销，还是一个公司分立后自身还存在的同时又衍生出多个公司，只要是原公司产生的债务，其后存在的公司均要承担连带清偿责任(分立前与债权人达成协议除外)。

本案中，A公司分立为甲、乙两公司，但约定B公司的债务由分立后的乙公司承担，这一行为未经债权人B公司同意，因而对于B公司来说是无效的。债权人B公司可以要求分立后的甲、乙两公司承担连带清偿责任。

风险防范建议

公司的合并、分立是公司经营过程中尤其是具有一定规模后经常出现的情况，需要注意的是：

（1）公司分立无法逃避债务：公司经过规定程序分立后，对此前的债务未经债权人同意的均由分立后的公司承担连带清偿责任。

（2）公司合并包括吸收合并和新设合并，无论哪种合并均要在合并决议之日起10日内通知债权人，并在30日内登报公告。债权人可以在接到通知30日内或未接到通知的自公告之日起45日内要求原债务公司清偿或者提供担保。未要求清偿或要求提供担保的，由合并后存续或新设的公司承担债务。

相关法规

《公司法》第173条 公司合并，应当由合并各方签订合并协议，并编制资产负债表及财产清单。公司应当自作出合并决议之日起十日内通知债权人，并于三十日内在报纸上公告。债权人自接到通知书之日起三十日内，未接到通知书的自公告之日起四十五日内，可以要求公司清偿债务或者提供相应的担保。

《公司法》第174条 公司合并时，合并各方的债权、债务，应当由合并后存续的公司或者新设的公司承继。

《公司法》第175条 公司分立，其财产作相应的分割。公司分立，应当编制资产负债表及财产清单。公司应当自作出分立决议之日起十日内通知债权人，并于三十日内在报纸上公告。

《公司法》第176条 公司分立前的债务由分立后的公司承担连带责任。但是，公司在分立前与债权人就债务清偿达成的书面协议另有约定的除外。

165.债务纠纷的诉讼时效只有两年吗？

情景案例

A公司是一家制药公司，2012年7月5日为某药品公司供应价值18万元的药品。药品公司验收药品后，在送货单上签名并加盖了公章，答应一个月内付清货款。

几年来，A公司多次以电话、上门、书面通知等多种方式催款，药品公司都以资金紧张为由拖延。2015年5月6日，A公司将药品公司诉至法院。在法庭上，药品公司辩称，本案已超过诉讼时效，自己没有还款的义务。

请问：药品公司的说法正确吗？

本案分析

为督促当事人及时主张债权，保障当事各方及时处理相关交易事务，我国法律设置了诉讼时效制度。一般民事诉讼案件的诉讼时效为2年，自知道或应当知道权利被侵害之日起计算，诉讼时效可以中止、中断，最长不超过20年。

本案中，A公司诉讼时效计算时间应从2012年7月5日送货后，在药品公司承诺1

个月内付清款项，即2012年8月5日起开始计算直至2014年8月4日止。A公司如未采取催促履行、要求还款等措施使时效中止、中断的，则应在2014年8月4日前向药品公司主张或提起诉讼，否则自行承担不利后果。

风险防范建议

诉讼时效关系到债权人权利的实现，如果因为主张不及时造成债权无法实现是最为遗憾的事情，因此必须注意以下事项：

(1)注意付款期限的约定，如有明确的付款期限则诉讼时效自该期限之日起计算2年；如未约定期限则以债权人主张付款之日起计算2年。

(2)诉讼时效可以中止、中断，如在诉讼时效到期前有证据能够证明债权人向债务人再次主张过要求还款的，则诉讼时效自主张之日起顺延2年。债权人主张尽量采取书面形式，并保留相应凭据。

相关法规

《民法通则》第135条 向人民法院请求保护民事权利的诉讼时效期间为二年，法律另有规定的除外。

《民法通则》第137条 诉讼时效期间从知道或者应当知道权利被侵害时起算。但是从权利被侵害之日起超过二十年的，人民法院不予保护。有特殊情况的，人民法院可以延长诉讼时效期间。

二、债权追偿

166.可以要求债务人父债子还吗？

情景案例

甲公司系一家化工原料公司，乙工厂系一家个人独资企业。2012年3月，双方签订化工原料购销合同，合同约定甲公司为乙工厂供应化工原料。截至2014年12月底，乙工厂共欠甲公司50万元的货款，但因乙工厂经营不善，无力偿还债务。

甲公司得知乙工厂的投资人陈老板的儿子名下有一套房产，价值60万元左右。甲认为，父债子还、理所当然。于是要求陈老板的儿子偿还货款。

请问：父债子还的说法有理吗？

本案分析

我国根据企业的存在形式不同设置了不同的责任承担方式，如有限公司一般以公司的资产承担责任，个体工商户以个人全部资产承担责任，而个人独资企业兼具二者的特征：首先以企业资产承担责任，在企业资产无法承担责任时应由投资人承担补充清偿责任。因此，本案中乙工厂的债务首先应由乙工厂全部资产承担偿还义务。

个人独资企业无法承担的，则投资人承担补充连带清偿责任，因此本案中陈老板个人也须以其全部资产承担全部责任(甚至包括夫妻共同财产)。但其他人员与乙工厂的投资人陈老板之间是独立的,不存在所谓的父债子还之说(在财产继承过程中对债务的承担有一定的适用性)。

风险防范建议

企业的登记形式决定了债务的承担方式,因此在进行业务合作过程中应特别注意审查合作方的企业资质。对于信用度较差的有限公司,可要求对方提供适当担保,以保障交易的安全。

相关法规

《继承法》第33条 继承遗产应当清偿被继承人依法应当缴纳的税款和债务,缴纳税款和清偿债务以他的遗产实际价值为限。超过遗产实际价值部分,继承人自愿偿还的不在此限。

继承人放弃继承的,对被继承人依法应当缴纳的税款和债务可以不负偿还责任。

《个人独资企业法》第2条 本法所称个人独资企业,是指依照本法在中国境内设立,由一个自然人投资,财产为投资人个人所有,投资人以其个人财产对企业债务承担无限责任的经营实体。

《个人独资企业法》第31条 个人独资企业财产不足以清偿债务的,投资人应当以其个人的其他财产予以清偿。

167. 债务人未偿还转让债务,可以追究原债务人责任吗?

情景案例

乙服装制造厂欠原材料进口商甲公司30万元的债务,同时,乙服装制造厂拥有某服装连锁店30万元的债权。2014年9月15日,经三方同意,乙服装制造厂将拥有对服装连锁店的30万元债权转让给甲公司。

在双方签订了债权转让协议后,甲公司多次催讨,服装连锁店未偿还债务。

请问:甲公司还可以追究乙服装制造厂的责任吗?

本案分析

债的转让分为债权转让和债务转让。债权转让,是指权利人在不改变原有合同内容的前提下,将全部或部分债权转让给第三人并通知债务人,从而使债务人不再向原债权人履行而是向第三人履行即视为原合同履行的行为。债权转让是债权人的权利,不需要经过债务人同意,只需通知债务人即可。

债务转让,是指在不改变债的内容的前提下,债务人将合同债务全部或部分移转给第三人。债务移转必须经债权人同意,债权人不同意的转让无效。如果合同的成立需登记、批准的,移转时也要经过登记、批准。经债权人同意,债务转让后原债务人退出债权债务关系,除非另有约定否则不再对该受让债务人是否履行承担担保责任。

本案中,乙服装厂经甲公司同意将其对甲公司的30万元债务转移给服装连锁店,即已不再与甲公司存在债务关系,无须再向甲公司履行清偿义务,甲公司也不得再向乙服装制造厂追索。

风险防范建议

企业债务的履行方式多种多样，接受债务转让时应注意以下事项：

(1)签订三方协议，避免债务受让人不向债权人履行债务。

(2)注明保留追究原债务人的条款或者由原债务人提供担保。

相关法规

《合同法》第80条　债权人转让权利的，应当通知债务人。未经通知，该转让对债务人不发生效力。

债权人转让权利的通知不得撤销，但经受让人同意的除外。

《合同法》第81条　债权人转让权利的，受让人取得与债权有关的从权利，但该从权利专属于债权人自身的除外。

《合同法》第82条　债务人接到债权转让通知后，债务人对让与人的抗辩，可以向受让人主张。

168. 对于债务人的公司股权，债权人可以申请法院执行吗？

情景案例

张某因资金周转向何某借款30万元，双方约定借款期限为1年。1年后，何某起诉至法院，法院判决张某立即归借款，并承担利息。

该案在法院强制执行的过程中，何某得知张某之前与同学乙各自出资50万元设立了一家有限责任公司，张某担任该公司董事，何某遂向法院提供了财产执行线索。

请问：对于张某的公司股权，何某可以申请法院执行吗？

本案分析

个人借款应当以其全部资产承担清偿责任，全部资产包括个人现金、存款、不动产、动产等，也包括公司股权。股权是基于出资而享有的权利，其中最重要的就是股权处分权和分红权。

本案中，何某可向法院申请执行张某在公司持有的股权。法院可依职权冻结该股权，如果何某不及时解决欠张某的债务，则公司股权无法擅自进行转让，同时相应的分红权也受到限制。

风险防范建议

债务人的公司股权属于个人的财产，可以作为被执行对象进行相应处置。密切留意债务人股权所在公司的资产、经营状况，防止恶意转移、私分公司资产等损害债权人利益行为。

相关法规

《公司法》第72条　人民法院依照法律规定的强制执行程序转让股东的股权时，应当通知公司及全体股东,其他股东在同等条件下有优先购买权。其他股东自人民法院通知之日起满二十日不行使优先购买权的,视为放弃优先购买权。

《公司法》第73条 依照本法第七十一条、第七十二条转让股权后,公司应当注销原股东的出资证明书,向新股东签发出资证明书,并相应修改公司章程和股东名册中有关股东及其出资额的记载。对公司章程的该项修改不需再由股东会表决。

169. 抵押给企业的机器设备被法院查封,如何处理?

情景案例

乙公司与甲公司是长期的合作伙伴。2015年7月,甲公司因临时资金周转困难,提出以机器设备抵押的方式向乙公司借款30万元,约定90日内还款。2个月后,甲公司因债务纠纷,该机器设备被法院查封。

请问:乙公司如何实现债权?

本案分析

资金周转困难是很多企业都面临的问题,将企业的财产如土地、房产用于贷款抵押是企业进行融资的重要方式之一,而将机器设备这类动产用于抵押对于很多企业来说并不常见,其所要求的有效形式具有一定的特殊性。

机器设备属于动产,不同于土地、房产,土地、房产抵押必须经过登记才发生物权效力,但机器设备还可以通过质押方式实现担保,该种形式并不必然要求进行登记才直接具有物权效力。但如将机器设备进行抵押,未进行登记则不产生对抗第三人的优先效力。简言之,如果以机器设备进行抵押,必须前往工商行政部门办理抵押登记手续,才具有对抗第三人的优先受偿效力。

本案中,公司如未办理抵押登记手续,则无法享有优先受偿效力,可能将按比例平均受偿。

风险防范建议

抵押需要办理相关手续,方可对外产生公示公信效力,因此特别需要注意以下事项:

(1)无论是动产还是不动产,都应尽量办理抵押登记,登记后方具有对抗第三人的优先受偿效力。

(2)及时行使受偿权,一旦债权到期,应要求债务人履行还款义务,拖延将带来极大的风险。

(3)不得流质抵押:我国法律明确禁止在合同中约定,债务人到期未履行债务则抵押物直接归属于债权人。

相关法规

《担保法》第34条 下列财产可以抵押:

……

(二)抵押人所有的机器、交通运输工具和其他财产;

……

《担保法》第40条 订立抵押合同时,抵押权人和抵押人在合同中不得约定在债务履行期届满抵押权人未受清偿时,抵押物的所有权转移为债权人所有。

《担保法》第41条 当事人以本法第四十二条规定的财产抵押的,应当办理抵押物登记,抵押合同自登记之日起生效。

《担保法》第42条 办理抵押物登记的部门如下:

(一)以无地上定着物的土地使用权抵押的,为核发土地使用权证书的土地管理部门;

(二)以城市房地产或者乡(镇)、村企业的厂房等建筑物抵押的,为县级以上地方人民政府规定的部门;

(三)以林木抵押的,为县级以上林木主管部门;

(四)以航空器、船舶、车辆抵押的,为运输工具的登记部门;

(五)以企业的设备和其他动产抵押的,为财产所在地的工商行政管理部门。

《物权法》第189条第1款 企业、个体户、农业生产经营者以本法第一百八十一条规定的动产抵押的,应当向抵押人住所地的工商行政管理部门办理登记。抵押权自抵押合同生效时设立;未经登记,不得对抗善意第三人。

170. 欠款公司的法定代表人因刑事犯罪被拘留,债务如何追偿?

情景案例

甲公司是乙公司的供应商。2014年8月,乙公司购买甲公司的服装辅料,拖欠货款30万元。2015年7月10日,甲公司员工到乙公司催款时,乙公司则称合同、对账凭据是公司法定代表人张某负责签订的,其他股东并不知情,张某因刑事犯罪于上个月被判刑,故这笔货款与甲公司无关。

请问:乙公司的说法正确吗?

本案分析

公司法定代表人,是指直接有权代表公司法人行使民事权利,履行民事义务的负责人。正是因为法定代表人身份的特殊性,一般而言,法定代表人签署的合同、对账凭据具有法律效力,债权人只要结合其他相关送货凭据对前述合同证明履行了相应义务,即视为合同生效且已履行。

法定代表人个人的犯罪行为通常不影响其担任法定代表人期间与第三方所确定的合同内容,特别是第三方已履行相应送货义务的情况。

本案中,乙公司以其法定代表人因刑事犯罪被判刑而拒绝支付甲公司货款没有法律依据,乙公司应履行支付货款的义务。

风险防范建议

公司法定代表人是有权代表公司对外签署相关协议、确认相关事实的重要成员,其所签署的文件具有法律约束力。

相关法规

《公司法》第3条 公司是企业法人，有独立的法人财产，享有法人财产权。公司以其全部财产对公司的债务承担责任。

有限责任公司的股东以其认缴的出资额为限对公司承担责任；股份有限公司的股东以其认购的股份为限对公司承担责任。

《民法通则》第38条 依照法律或者法人组织章程规定，代表法人行使职权的负责人，是法人的法定代表人。

《民法通则》第43条 企业法人对它的法定代表人和其他工作人员的经营活动，承担民事责任。

171.债务人财产同时被多个债权人查封，如何处理？

情景案例

2013年10月，A公司委托B公司加工模具，经过双方结算，A公司尚欠B公司38万元加工费。2014年3月，B公司向法院提起诉讼，申请法院查封，对A公司名下的房产进行财产保全。

3天之后，C公司也向法院提起诉讼，要求A公司归还拖欠的材料款27万元，同时向法院申请查封A公司名下的房产。

请问：法院会如何处理？

本案分析

根据我国法律规定，为防止债务人转移财产，损害债权人利益，法院根据当事人的申请可以对被告的财产采取保全措施，当事人应当提供担保。

如存在多人起诉同一被告且均申请财产保全措施的，则会出现对同一财产多次查封的现象，法院一般将按照时间先后顺序进行轮候查封。

案件审理完结进入执行后，将按照优先债权、普通债权等顺序对各债权人进行清偿。

风险防范建议

对于信誉差、经营出现问题的企业，应及时采取诉讼保全措施。建议如下：

(1)企业尤其是有限公司的债务偿还一般仅以其资产承担清偿义务，因此应及时进行诉讼保全，目前担保形式多种多样，便于当事人执行。

(2)对于公司普通债权(当事人不同意或法院不受理破产的)，偿还优先债权后，符合一定条件的还可以优先保障对公司进行了诉讼保全的债权人进行清偿。

(3)对债务人进行财产保全后，应当及时进行诉讼或者仲裁，以免超过期限被解除财产保全导致不必要的损失，债权人应该在30日内跟进处理以保证债权的最终顺利实现。

相关法规

《民事诉讼法》第100条　人民法院对于可能因当事人一方的行为或者其他原因，使判决难以执行或者造成当事人其他损害的案件，根据对方当事人的申请，可以裁定对其财产进行保全、责令其作出一定行为或者禁止其作出一定行为；当事人没有提出申请的，人民法院在必要时也可以裁定采取保全措施。

人民法院采取保全措施，可以责令申请人提供担保，申请人不提供担保的，裁定驳回申请。

人民法院接受申请后，对情况紧急的，必须在四十八小时内作出裁定；裁定采取保全措施的，应当立即开始执行。

《最高人民法院关于人民法院民事执行中查封、扣押、冻结财产的规定》第28条　对已被人民法院查封、扣押、冻结的财产，其他人民法院可以进行轮候查封、扣押、冻结。查封、扣押、冻结解除的，登记在先的轮候查封、扣押、冻结即自动生效。

其他人民法院对已登记的财产进行轮候查封、扣押、冻结的，应当通知有关登记机关协助进行轮候登记，实施查封、扣押、冻结的人民法院应当允许其他人民法院查阅有关文书和记录。

其他人民法院对没有登记的财产进行轮候查封、扣押、冻结的，应当制作笔录，并经实施查封、扣押、冻结的人民法院执行人员及被执行人签字，或者书面通知实施查封、扣押、冻结的人民法院。

172. 债务人擅自转移法院已查封的机器设备，怎么办？

情景案例

A公司系一家小家电公司，张某是公司的负责人。2013年9月，因资金周转困难，A公司向何某借款30万元，借款期限届满之后未归还。2015年10月10日，何某向法院提起诉讼，要求A公司归还借款本息，同时申请财产保全，法院裁定查封A公司的机器设备，并加贴封条。

2015年10月20日凌晨，张某组织十几人，乘无人之机，擅自撕毁机器设备上的封条，将机器设备转移至外地。

请问：对张某的行为，如何处理呢？

本案分析

公司债务应当以公司资产对外承担偿还责任，公司资产包括机器设备、土地房产、现金等。债权人申请法院依法查封债务人的财产受到法律保护，不得擅自转移、隐藏、变卖、抵押和故意损坏等，否则，将追究相关人员的法律责任。

本案中，A公司负责人张某擅自将已查封并交由A公司保管的机器设备封条撕毁并将机器设备转移，其已经显然违反法律规定，法院可予以罚款、拘留，构成犯罪的可以追究刑事责任。

风险防范建议

法院依法查封、冻结、扣押的财产在此期间不得任意处置，否则将被追究相应的责任,严重的甚至可能构成犯罪而受到刑事处罚。其中冻结银行账户期限为1年,动产查封、扣押期限为2年,不动产查封期限为3年,上述期限可依法申请续期。

相关法规

《民事诉讼法》第111条 诉讼参与人或者其他人有下列行为之一的,人民法院可以根据情节轻重予以罚款、拘留;构成犯罪的,依法追究刑事责任:

(一)伪造、毁灭重要证据,妨碍人民法院审理案件的;

(二)以暴力、威胁、贿买方法阻止证人作证或者指使、贿买、胁迫他人作伪证的;

(三)隐藏、转移、变卖、毁损已被查封、扣押的财产,或者已被清点并责令其保管的财产,转移已被冻结的财产的;

(四)对司法工作人员、诉讼参加人、证人、翻译人员、鉴定人、勘验人、协助执行的人,进行侮辱、诽谤、诬陷、殴打或者打击报复的;

(五)以暴力、威胁或者其他方法阻碍司法工作人员执行职务的;

(六)拒不履行人民法院已经发生法律效力的判决、裁定的。

人民法院对有前款规定的行为之一的单位,可以对其主要负责人或者直接责任人员予以罚款、拘留;构成犯罪的,依法追究刑事责任。

《刑法》第314条 隐藏、转移、变卖、故意毁损已被司法机关查封、扣押、冻结的财产,情节严重的,处三年以下有期徒刑、拘役或者罚金。

第十章 公司股权

有限责任公司具有人合性特点，公司既需要股东之间的资本结合，也需要股东之间的相互信任。

配置合理的股权结构，是公司稳定发展的基石。

公司股东可根据实际需要对公司章程作出具体的规定，从而为日后争议的解决提供了依据，有利于公司的正常发展。

一、转让价格

173. 有限公司的股权转让价格可否自行定价？

情景案例

甲、乙、丙三人于2010年5月出资设立了A有限公司，其中甲占股45%。2014年8月，甲在征得乙、丙同意的情况下，将自己所持股权的10%转让给丁，吸收丁入股。丁按每股2万元，总共将20万元转入甲的个人账户，A公司为丁办理了工商实名登记。

请问：甲和丁自行定价转让股权，合法吗？

本案分析

股权转让，是公司股东依法将自己的股东权益有偿转让给他人，使他人取得股权的民事法律行为。股权转让价格是一个十分重要的问题，直接影响到公司、股东和股权受让方的利益，如果处理不当则会严重影响股权的转让乃至公司的健康运行。

本案中，在股东甲征得乙、丙同意的情况下，可以将自己所持股权的10%转让给丁，甲和丁协商每股价格为2万元。甲和丁根据公司资产情况、运营情况、发情况等综合确定股权价值，通过协商的方式来达成合意，这种约定有效。

由于甲将自己持有的股权向股东以外的第三人丁进行转让，那么在同等条件下，乙、丙享有优先购买权。因此，甲应将每股2万元的股价通知乙、丙两人，如果乙、丙两个股东在同等条件下放弃优先购买权，则甲和丁可以办理股权转手续。

风险防范建议

为了防止股权价格纷争，公司股东可以事先在章程中明确约定，可否对外转让股权、股权转让价格等，以避免有股东恶意抬高股权转让价格对外转让股权，把现有股东不认可或不信任的股东引入公司，影响有限责任公司的人合性。

相关法规

《公司法》第71条第1、3、4款 有限责任公司的股东之间可以相互转让其全部或者部分股权。

经股东同意转让的股权,在同等条件下,其他股东有优先购买权。两个以上股东主张行使优先购买权的,协商确定各自的购买比例;协商不成的,按照转让时各自的出资比例行使优先购买权。

公司章程对股权转让另有规定的,从其规定。

174. 股权转让协议未约定价格,股权转让协议是否有效?

情景案例

甲公司是由A、B、C三位股东出资共同设立的,注册资金为100万元。其中A出资40万元,占40%的股权;B出资30万元,占30%的股权;C出资30万元,占30%的股权。

2014年6月,B欲将其股权转让,在征得A和C同意的情况下,B与H公司签订了股权转让合同。该合同约定,B将其对甲公司持有的30%股权转让给H公司,双方以资产评估公司的评估价值为定价依据。在该股权转让合同中未明确约定具体的转让价格。

请问:B与H公司签订的股权转让合同有效吗?

本案分析

本案涉及股权转让的问题。股权转让协议是当事人以转让股权为目的而达成的关于出让方交付股权并收取价金,受让方支付价金得到股权的意思表示。股权转让是股东行使股权的普遍方式之一,我国《公司法》规定,股东有权通过法定方式转让其全部出资或者部分出资。

股权转让合同除了约定转让标的、转让股权比例外,股权转让价款也是合同的必备条款,而转让价款的确定与股东持股比例、法人财产状况、公司发展潜力密切相关,没有市场价或其他可供参照的标准,不同的公司因经营规模、经营状况不同,股权定价自然也不相同。

本案中,B与H公司签订的股权转让协议中约定,以资产评估公司对甲公司股权价值的评估来确定股权转让价格,属于双方协商一致的计价方法,是有效的。通常情况下,评估公司可以核算出目标公司的净资产价值,以此来确定股权市值,对转让方和出让方都是公平的,内容不违反法律规定,合同是合法有效的。

但是,如果H公司的资产中涉及商标权、专利权等其他无法评估的潜在价值,则可能导致股权转让合同无效。因此,B与H公司签订的股权转让合同要视具体情况而定。

风险防范建议

如果公司在进行股权转让时,有哪些注意事项呢?建议如下:

(1)最好先委托评估公司进行评估,在双方对于公司净资产状况进行充分了解后,确定股权转让价格,再签订股权转让协议,避免今后发生争议。

(2)如果涉及商标权、专利权等无形资产而无法进行市价评估时,双方可以公司净资产状况为基础,适当对股权转让价格进行协商浮动,最终确定转让合同价。

(3)如果已签订了股权转让协议,在评估之前可签订补充协议,约定股权转让价格以评估价的净资产计,尽可能作明确约定,便于操作与执行。

相关法规

《公司法》第71条 有限责任公司的股东之间可以相互转让其全部或者部分股权。

股东向股东以外的人转让股权,应当经其他股东过半数同意。股东应就其股权转让事项书面通知其他股东征求同意,其他股东自接到书面通知之日起满三十日未答复的,视为同意转让。其他股东半数以上不同意转让的,不同意的股东应当购买该转让的股权;不购买的,视为同意转让。

经股东同意转让的股权,在同等条件下,其他股东有优先购买权。两个以上股东主张行使优先购买权的,协商确定各自的购买比例;协商不成的,按照转让时各自的出资比例行使优先购买权。

公司章程对股权转让另有规定的,从其规定。

《合同法》第61条 合同生效后,当事人就质量、价款或者报酬、履行地点等内容没有约定或者约定不明确的,可以协议补充;不能达成补充协议的,按照合同有关条款或者交易习惯确定。

《合同法》第62条 当事人就有关合同内容约定不明确,依照本法第六十一条的规定仍不能确定的,适用下列规定:

……

(二)价款或者报酬不明确的,按照订立合同时履行地的市场价格履行;依法应当执行政府定价或者政府指导价的,按照规定履行。

……

175.股东在章程中事先约定股权转让时的价格,有效吗?

情景案例

A、B和C准备成立一家有限公司,注册资金是100万元。其中,A占股45%,出资45万元;B占股25%,出资25万元;C占股30%,出资30万元。为了股东的稳定性和减少纠纷,经三人协商同意,在公司的章程中约定了股东今后转让股权的具体价格。

请问:这样的约定有效吗?

本案分析

我国《公司法》从起初制定到多次修改,私人意思自治的精神越来越受到强化和尊重。在许多不涉及第三方利益的规定中赋予公司章程特殊的效力,是法律规定一种制度要求的标准模式,但允许公司章程作出另外的规定。

《公司法》中关于股权转让的规定就是较为典型的示范、倡导型规则与自治型规则的组合,即章程条款的效力高于一般法律条文。只要公司章程条款不违反股权转让自由这一现代公司法律制度的重要原则,就应当得到司法的充分尊重。章程是初始章程,它的制定相当于全体股东或发起人的合同行为,并采取全体一致同意的原则。当某一条款被写入公司章程时,就意味着投资人愿意接受该条款的约束,这种经多方博弈和妥协而促成的谈判结果应当得到司法的充分尊重。

本案中,由于A、B、C三股东在章程中针对股权转让价格问题达成了合意,三方的约定属于自愿约定,内容也不违反法律规定,这样的约定是有效的,但须注意的是,不得违反税收征缴规定。

风险防范建议

针对股权转让价格可以事先在章程中约定,这种约定的优势在于办理股权转让时节省时间成本,避免争议。但最大的弊端是可能使股权转让的价格严重背离股权的真实价值,从而对转让一方显失公平。

相关法规

《公司法》第71条 有限责任公司的股东之间可以相互转让其全部或者部分股权。

股东向股东以外的人转让股权,应当经其他股东过半数同意。股东应就其股权转让事项书面通知其他股东征求同意,其他股东自接到书面通知之日起满三十日未答复的,视为同意转让。其他股东半数以上不同意转让的,不同意的股东应当购买该转让的股权;不购买的,视为同意转让。

经股东同意转让的股权,在同等条件下,其他股东有优先购买权。两个以上股东主张行使优先购买权的,协商确定各自的购买比例;协商不成的,按照转让时各自的出资比例行使优先购买权。

公司章程对股权转让另有规定的,从其规定。

《合同法》第54条第1款、第3款 下列合同,当事人一方有权请求人民法院或者仲裁机构变更或者撤销:

……

(二)在订立合同时显失公平的。

当事人请求变更的,人民法院或者仲裁机构不得撤销。

176. 股东零价格转让股权,要承担什么法律责任?

情景案例

2014年10月,甲和乙两人以认缴的方式注册了A互联网公司,注册资金为50万元。2015年5月,甲将自己所拥有的A互联网公司的股权,以零价格的方式转让给股东之外的自然人丙。

请问:甲和丙之间的零价格转让股权行为,合法吗?

本案分析

股权转让是指转让方与受让方就股权转让事项达成合意,通常由受让方向转让方支付一定的对价即可实现。股权转让事项按照《公司法》及章程的要求,应取得其他股东过半数同意方可办理。至于股权转让的价格问题,只要转让方和受让方自愿达成一致意见,即为有效。

实践中,约定零对价的背后可能有很多原因。有的企业可能因面临亏损、资金严重不足而急于融资;有的企业注册资本可能已经被抽走,受让人受让股权后可能面临被追缴注册资本的法律风险。“零元”转让股权价格,与不动产中的赠与还是有所区别的。“零元”价格受让标的股权的收益未必为正,也可能是负收益。因为股权的权利与义务的集合性、风险的不确定性等因素,决定了股权价值。

本案中,甲将在A公司持有的股权转让于丙,但转让的价格为“零元”。

丙方受让股权后,并非意味着自己资产的必然增加,如果经营业绩不佳,还可能存在亏损的风险,丙方须承担相应的股东责任,这也是丙方作为受让方理应承担的股权对价责任。

风险防范建议

在办理股权转让手续时,有哪些注意事项呢?建议如下:

(1)委托第三方评估股权价值,避免偷逃税款风险。如果还存在其他股权受让对价的,在协议中列明。

(2)严格按照股权转让程序办理工商局的变更手续,完成全部股权转让事宜。

(3)股东以认缴出资方式注册的,应审查是否已实际足额出资。

相关法规

《公司法》第71条　有限责任公司的股东之间可以相互转让其全部或者部分股权。

股东向股东以外的人转让股权,应当经其他股东过半数同意。股东应就其股权转让事项书面通知其他股东征求同意,其他股东自接到书面通知之日起满三十日未答复的,视为同意转让。其他股东半数以上不同意转让的,不同意的股东应当购买该转让的股权;不购买的,视为同意转让。

经股东同意转让的股权,在同等条件下,其他股东有优先购买权。两个以上股东主张行使优先购买权的,协商确定各自的购买比例;协商不成的,按照转让时各自的出资比例行使优先购买权。

公司章程对股权转让另有规定的,从其规定。

二、转让手续

177.股东患重大疾病,可否要求公司回购股份?

情景案例

2005年,吴先生、谭先生等5人共同出资创立了H公司,公司注册资本100万元。经过几年的发展,公司业务蒸蒸日上。

2014年7月,股东吴先生被查出患重大疾病,急需一大笔钱进行治疗。家中积蓄所剩无几的吴先生,在向其他股东转让股权却无人受让的情况下,要求公司回购其股份,遭到公司的拒绝。

请问:H公司能否回购股东吴先生的股份?

本案分析

有限责任公司的股权回购是指公司购回本公司股东所享有股权的行为。我国《公司法》规定了有限责任公司股东在反对公司作出不分红、重组以及存续等决议情形下的回购请求权,股权回购是从股东利益保护的角度构建的股东退出权机制,以实现股东利益最大化。

只有符合法定情形或对股东会该项决议投反对票的股东可以请求公司按照合理的价格收购其股权。股权回购的情形主要是异议股东评估权。通常是指在特定交易中,如果公司将发生重大变更或结构性变更,则法律赋予对该交易有异议的股东请求公司以公平价格回购其股份的权利。

本案中,吴先生因被查出患重大疾病,急需一大笔钱进行治疗,这种情形不符合《公司法》规定的回购股权的法定情形,在公司章程对股权回购没有作特别约定的情况下,为了维护公司的稳定和注册资本不变化,H公司不能回购股东吴先生的股份。

风险防范建议

在司法实践中,股东希望通过公司回购股份退出公司,该如何处理呢?建议如下:

(1)H公司的股东可以在章程中约定公司回购股权条件。比如股东退休、患重大疾病、被判刑等重大情形,均可事先在章程中进行明确约定。

(2)如果章程中未作约定,H公司可与吴先生进行协商,如果公司有回购意向的,可就股权价值市值及回购金额作出公平合理的估量。办理回购手续之后,H公司办理减资手续。

(3)H公司可协助吴先生用股权质押的形式筹措资金,以解燃眉之急。

相关法规

《公司法》第35条 公司成立后,股东不得抽逃出资。

《公司法》第74条 有下列情形之一的,对股东会该项决议投反对票的股东可以请求公司按照合理的价格收购其股权:

(一)公司连续五年不向股东分配利润,而公司该五年连续盈利,并且符合本法规定的分配利润条件的;

(二)公司合并、分立、转让主要财产的;

(三)公司章程规定的营业期限届满或者章程规定的其他解散事由出现,股东会会议通过决议修改章程使公司存续的。

自股东会会议决议通过之日起六十日内,股东与公司不能达成股权收购协议的,股东可以自股东会会议决议通过之日起九十日内向人民法院提起诉讼。

《公司法》第142条第1款 公司不得收购本公司股份。但是,有下列情形之一的除外:

(一)减少公司注册资本;

(二)与持有本公司股份的其他公司合并;

(三)将股份奖励给本公司职工;

（四）股东因对股东大会作出的公司合并、分立决议持异议，要求公司收购其股份的。

178. 已办理股权转让变更手续，但受让人不付款，怎么办？

情景案例

甲和乙是某互联网公司的股东，甲是法定代表人。因公司资金紧张，双方经过协商同意由丙收购公司全部股权。

2014年11月，原股东与丙办妥了股权转让手续，互联网公司的法人也进行了变更，然而，丙未按时支付转让款项，经多次催促无果。

请问：甲和乙应该怎么办？

本案分析

根据《公司法》的规定，当转让方与受让方办理股权转让后，经过工商局的变更登记，即对外具有了公示、公信力，为了维护资本市场的交易安全和秩序，该股权转让行为已经发生法律效力。

双方当事人签订股权转让协议，并经过股权变更登记的，财产的所有权已经转移。如果出让方在未收到股权转让款之前就将已办理完毕全部的股权转让变更手续，可能将自己陷于不利的局面。

本案中，甲、乙向丙转让股权，并积极、主动配合丙办理了股权变更登记手续，履行了相应的合同义务。故甲、乙与丙之间基于股权转让合同形成了合法的债权债务关系，甲、乙可向丙主张相应债权，要求支付全部的转让款项，但不能主张收回转让的股权。

风险防范建议

在签订股权转让协议时，有哪些注意事项呢？建议如下：

（1）在签订股权转让合同时，明确约定受让人支付全部价款或大部分价款后，才能进行股权变更登记；

（2）细化股权转让合同条款，明确约定受让人逾期付款的违约金或因逾期付款产生的损失赔偿额的计算方法，加大受让人逾期付款的违约责任，使其不敢或不愿违约。

相关法规

《公司法》第32条第3款 公司应当将股东的姓名或者名称向公司登记机关登记；登记事项发生变更的，应当办理变更登记。未经登记或者变更登记的，不得对抗第三人。

《合同法》第109条 当事人一方未支付价款或者报酬的，对方可以要求其支付价款或者报酬。

179. 未成年人可否受让股权？

情景案例

A公司系一家经营电子产品的有限公司，大股东为张先生，小股东为李先生、王先生。公司经过多年的发展,已成为当地信誉较好的公司。

2014年11月,刚刚过完60岁生日的李先生到公司参加股东会,在股东会上,李先生表示想退休回家,将持有的全部股权转让给12岁的孙子,没想到王先生提出反对意见,认为未成年人不可受让股权。

请问:未成年人可否受让股权?

本案分析

我国现行的《公司法》并未对自然人股东资格作出明确规定,对于未成年人能否持有股权的问题,法律也并无禁止性规定。通常情况下,未成年人通过遗赠、继承、赠与等方式,可以持有有限公司的股权,成为公司的股东。但由于未成年人属于无行为能力或限制行为能力人,其公司的股东权利要通过其监护人代为行使。

本案中,李先生可以将股权转让给12岁的孙子,无论是通过支付对价的有偿股权转让方式,还是通过不支付对价的赠予方式,要根据《公司法》规定的股权转让程序和股东表决程序来进行,即股东向第三人转让股权,应当经其他股东过半数同意。如果公司过半数的其他股东同意股权转让,李先生的股权转让意愿是可以实现的。

风险防范建议

司法实践中,会遇到未成年人通过有偿股权转让方式或赠与、继承、遗赠等方式成为公司股东的情形,应该如何处理呢?建议如下:

(1)在公司章程中明确规定,是否允许未成年人通过赠与或继承等方式成为公司股东。

(2)在公司章程中明确规定,未成年人一旦成为公司股东,其股东权利如何行使的具体操作细则。

相关法规

《公司法》第71条 有限责任公司的股东之间可以相互转让其全部或者部分股权。

股东向股东以外的人转让股权,应当经其他股东过半数同意。股东应就其股权转让事项书面通知其他股东征求同意,其他股东自接到书面通知之日起满三十日未答复的,视为同意转让。其他股东半数以上不同意转让的,不同意的股东应当购买该转让的股权;不购买的,视为同意转让。

经股东同意转让的股权,在同等条件下,其他股东有优先购买权。两个以上股东主张行使优先购买权的,协商确定各自的购买比例;协商不成的,按照转让时各自的出资比例行使优先购买权。

公司章程对股权转让另有规定的,从其规定。

《公司法》第75条 自然人股东死亡后,其合法继承人可以继承股东资格;但是,公司章程另有规定的除外。

《民法通则》第12条第1款 十周岁以上的未成年人是限制民事行为能力人,可以进行与他的年龄、智力相适应的民事活动;其他民事活动由他的法定代理人代理,或者征得他的法定代理人的同意。

《国家工商行政管理总局关于未成年人能否成为公司股东问题的答复》(工商企字〔2007〕131号)广东省工商行政管理局:你局《关于未成年人是否具备公司股东资格问题的请示》(粤工商企字〔2006〕247号)收悉。经请示全国人大常委会法制工作委员会同意,现答复如下:《公司法》对未成年人能否成为公司股东没有作出限制性规定。因此,未成年人可以成为公司股东,其股东权利可以由法定代理人代为行使。

180.没有实际出资的公司股东可以转让股权吗?

情景案例

李某和吴某于2014年7月共同设立H公司,注册资本为100万元,双方各占50%的股权。因采取认缴方式,双方当时没有实际出资。

2015年8月,吴某与股东之外的自然人谭某签订一份股权转让协议,将H公司50%的股权以原价50万元一次性转让给谭某。

请问:吴某没有实际出资,可以将股权转让给谭某吗?

本案分析

2013年12月28日,全国人大常委会再度修改《公司法》。新法简化了注册公司的程序,将公司注册资本"实缴制"改为"认缴制",这是我国注册资本登记制度的重大改革,降低了公司设立门槛,减轻了投资者负担,对鼓励个体创业、创建我国信用体系有着重要意义。

企业注册资本认缴制是指公司股东在申请注册时,可以自主约定认缴出资额、出资方式、出资期限等,并记载于公司章程。认缴制取消最低注册资本限制、取消首期必须出资20%及剩余注册资本必须在2年内到位的要求,不再要求提供验资报告等,这样的规定将使设立公司更为便捷,但要求股东履行实际出资义务这一实质并未改变。

本案中,吴某虽然在H公司未实际出资,但并不影响其行使法定股东权利。对于吴某未向H公司缴纳出资款50万元的瑕疵出资事实,吴某须在签订股权转让协议时向谭某明确说明。同时,H公司可以要求谭某在受让股份后承担补足出资款的法律责任,如果谭某未履行出资义务,可要求吴某对补缴出资承担连带责任。

风险防范建议

在注册资本认缴制度的体制下,可能促成诸多"空壳公司""皮包公司"的产生。企业在交易时应如何防范相关风险呢?建议如下:

(1)注意交易前的资信调查。资信调查尽可能包括股东结构、股东情况、关联企业、治理情况、财务状况、资质许可等。

(2)企业要建立评估体系,强化客户管理,在交易过程中实时跟进、动态信用管理,及时作出信用预警。

(3)注意合同审查。审查合同条款,明确双方权利义务,必要时要求交易方提供担保。

相关法规

《公司法》第28条 股东应当按期足额缴纳公司章程中规定的各自所认缴的出资额。

《最高人民法院关于适用〈中华人民共和国公司法〉若干问题的规定(三)》第18条 有限责任公司的股东未履行或者未全面履行出资义务即转让股权,受让人对此知道或者应当知道,公司请求该股东履行出资义务、受让人对此承担连带责任的,人民法院应予支持;公司债权人依照本规定第十三条第二款向该股东提起诉讼,同事请求前述受让人对此承担连带责任的,人民法院应予支持。

受让人根据欠款规定承担责任后,向该未履行或者未全面履行出资义务的股东追偿的,人民法院应予支持,但是,当事人另有约定的除外。

三、股权转让合同效力

181. 公司股东违反公司章程禁止性规定将股权转让他人,有效吗?

情景案例

某企业管理咨询有限公司成立于2012年8月,公司注册资本为100万元。股东谢某占股55%,赵某占股20%,林某占股25%。公司章程规定,股东的股权不得转让给本公司股东之外的自然人或单位。

2014年5月,因个人及家庭原因,林某要将股权转让给谢某或赵某,遭到两人的拒绝。无奈之下,林某与股东之外的自然人李某签订股权转让合同,将自己持有的25%的股权转让给李某。谢某与赵某知道了,认为林某违反了公司章程禁止性规定,股权转让无效。

请问:林某的股权转让行为有效吗?

本案分析

公司章程是股东一致的意思表示,载明了公司组织和活动的基本准则,是公司的宪章和自治规范,是确定公司权利、义务关系的基本法律文件,是公司对外进行经营交往的基本依据。公司的股东在制定公司章程时,必须考虑周全,规定得明确详细,便于操作和实施。

本案中,基于咨询公司的三个股东谢某、赵某、林某的意思表示一致,在章程中禁止股东将股权转让给本公司股东之外的自然人或单位,各股东负有义务遵守和执行。至于林某与李某签订股权转让合同,违反了章程的禁止性规定,股权转让行为是无效的。

在实践中,即使林某与李某签订了股权转让合同,由于其他股东不同意,李某无法办理股权变更手续,更无法取得合法的股东地位,双方的合同目的同样无法实现。

风险防范建议

在企业设立过程中,如何根据公司需要设置章程条款呢?建议如下:

(1)章程中不能含有违反法律强制性规定的内容,不能与现行的法律相抵触。

(2)在公司管理及股东、经理等的权利义务方面有明晰、操作性强的规范和流程，尤其要明确针对公司异常状况的可操作性规定。

(3)完善章程修改的流程和情形。

相关法规

《公司法》第71条　有限责任公司的股东之间可以相互转让其全部或者部分股权。

股东向股东以外的人转让股权，应当经其他股东过半数同意。股东应就其股权转让事项书面通知其他股东征求同意，其他股东自接到书面通知之日起满三十日未答复的，视为同意转让。其他股东半数以上不同意转让的，不同意的股东应当购买该转让的股权；不购买的，视为同意转让。

经股东同意转让的股权，在同等条件下，其他股东有优先购买权。两个以上股东主张行使优先购买权的，协商确定各自的购买比例；协商不成的，按照转让时各自的出资比例行使优先购买权。

公司章程对股权转让另有规定的，从其规定。

182. 实际出资人与受让人签订的股权转让协议有效吗？

情景案例

吕某是A投资有限公司的名义股东，持有A公司20%的股权，而吕某的实际出资人是谢某。2015年6月8日，谢某与股东之外的自然人庞某签订股权转让协议，将吕某在A公司持有的股权转让给庞某，双方约定以当时股权的评估价值150万元交易。

吕某知道此事后强烈反对，认为在没有征得自己同意的情况下，谢某与庞某所签订的股权转让协议无效。

请问：吕某的观点正确吗？

本案分析

一般而言，隐名股东与显名股东之间都会就隐名出资问题订立协议或约定，这个协议或约定与普通的民事契约没有本质区别，如债权债务契约、信托契约。如公司分配的利润应由谁享有，由谁行使股东权利等，应当根据当事人双方的真实意思表示来认定。根据意思自治原则，在自愿的前提下自由约定履行条款，即视为有效协议，双方均应履行约定的权利义务。

在与显名股东无约定的情况下，股权的处分权及收益权均归实际投资人享有。如果名义股东不同意转让股权，实际出资人有权要求名义股东履行股权转让手续。

本案中，谢某与庞某签订股权转让协议，约定将股权以150万元的价格转让给庞某，双方意思表示真实，内容合法，是有效的协议。吕某只是名义股东，并不具有实体权利，其反对是无效的，其所持观点也是不成立的。

风险防范建议

遇到名义股东代持股的情况，公司应本着事先防范的原则，在隐名股东实际出资前签订合同,明确投资权益、股权归属、股权处分等相关事项,防患于未然。

相关法规

《最高人民法院关于适用〈中华人民共和国公司法〉若干问题的规定(三)》第24条 有限责任公司的实际出资人与名义出资人订立合同,约定由实际出资人出资并享有投资权益,以名义出资人为名义股东,实际出资人与名义股东对该合同效力发生争议的,如无合同法第五十二条规定的情形,人民法院应当认定该合同有效。

前款规定的实际出资人与名义股东因投资权益的归属发生争议,实际出资人以其实际履行了出资义务为由向名义股东主张权利的,人民法院应予支持。名义股东以公司股东名册记载、公司登记机关登记为由否认实际出资人权利的,人民法院不予支持。

实际出资人未经公司其他股东半数以上同意,请求公司变更股东、签发出资证明书、记载于股东名册、记载于公司章程并办理公司登记机关登记的,人民法院不予支持。

183. 名义出资人未经实际出资人同意,而向第三人转让股权的行为合法吗?

情景案例

伍某是某Y管理咨询有限公司的股东,持有Y公司30%的股权。但伍某只是名义股东,林某才是伍某持有股权的实际出资人。

2015年7月12日,伍某通过法定程序,私自与张某签订了股权转让合同,但并没有将此情况告知林某,双方约定以当时股权的评估价值100万元交易。

林某得知此事后,认为伍某在没有告知其相关情况并征得其同意的情况下,私自将股权转让的行为是无效的。伍某则认为自己是股权持有人,当然有处分权。双方因此发生纠纷。

请问:伍某的股权转让行为合法吗?

本案分析

本案涉及隐名股东的问题。隐名股东,又称隐名投资人,是指实际向有限责任公司出资或认购出资,但基于规避法律规定或其他原因,对其股东身份并未进行工商登记及公司内部记载,从而不具备股东资格形式特征的出资人。隐名股东是企业的实际出资人,显名出资人为工商登记材料记载的出资人。

隐名股东与显名股东之间的权利义务关系通常以合同或契约的形式约定享有权利和履行义务,且不具有对抗第三人的效力。在隐名股东只履行出资手续,但未参与公司管理、未行使股东权利时,名义投资人可能会利用其参与公司管理的便利,擅自处分隐名投资人的权益,从而产生纠纷。

本案中,伍某与张某签订股权转让合同,将伍某名下30%的股权以100万元转让价款转让给张某。伍某的转让行为是否有效取决于张某是否清楚林某是隐名股东的事实,也即张某是否属于善意第三人。如果张某明知林某是Y公司的隐名股东,则转让协议无效；如果张某事先不清楚林某是Y公司的隐名股东，林某可向伍某追偿相关损失。

风险防范建议

在涉及隐名股东问题时，企业只能尽可能规范隐名股东与显名股东之间的协议，减少隐名股东和显名股东之间协议约定不明、约定歧义、不利于操作等情形发生。但无论隐名股东与显名股东之间如何约定，第三人都无从得知，因此只要在涉及第三人的交易中，隐名股东将陷入被动局面。

相关法规

《最高人民法院关于适用〈中华人民共和国公司法〉若干问题的规定（三）》第26条　名义股东将登记于其名下的股权转让、质押或者以其他方式处分，实际出资人以其对于股权享有实际权利为由，请求认定处分股权行为无效的，人民法院可以参照物权法第一百零六条的规定处理。

名义股东处分股权造成实际出资人损失，实际出资人请求名义股东承担赔偿责任的，人民法院应予支持。

《物权法》第106条　无处分权人将不动产或者动产转让给受让人的，所有权人有权追回；除法律另有规定外，符合下列情形的，受让人取得该不动产或者动产的所有权：

（一）受让人受让该不动产或者动产时是善意的；

（二）以合理的价格转让；

（三）转让的不动产或者动产依照法律规定应当登记的已经登记，不需要登记的已经交付给受让人。

受让人依照前款规定取得不动产或者动产的所有权的，原所有权人有权向无处分权人请求赔偿损失。

当事人善意取得其他物权的，参照前两款规定。

184.股权转让导致有限责任公司股东人数超过50人时，转让行为是否有效？

情景案例

2012年5月，李某设立某科技公司，李某是大股东，占有公司80%股权。公司的49名工作人员是小股东，总共占有公司20%股权。

2014年8月，为解决公司的资金困难，李某将自己持有的20%股权转让给股东之外的自然人伍某，转让金额为60万元。而公司的小股东觉得，李某的股权转让导致有限责任公司股东人数超过50人，转让合同无效。

请问：李某的股权转让行为有效吗？

本案分析

我国《公司法》取消了有限责任公司股东最低为2人的限制，承认了一人公司的法律地位，仍然保留了对股东最高数额的限制。目前，根据相关法律规定，有限责任公司应由50个以下股东出资设立。股权转让属于正常的市场交易活动，如果轻易认定无效，无疑会影响交易秩序的安全和稳定。

本案中，李某与伍某签订的股权转让合同，如果整个股权转让流程完全符合公司章程规定，那么是可以进行转让的。但由于股权转让导致公司股东人数突破50人的上限，因此伍某的股权无法在工商部门取得变更登记，只能成为公司的隐名股东，但公司可通过委托持股、信托持股的方式解决。因此，李某的股权转让行为是合法有效的。

风险防范建议

如果公司遇到股东超过50人时，如何处理为妥呢？建议如下：

(1)股权代持。通过签订股权代持协议，让一部分人只出资做隐名股东，不做工商登记。隐名股东与显名股东间签订的股权代持协议，并让公司出具凭证，以维护其自身的权益，避免股权失控。

(2)成立有限合伙。通过成立有限合伙，然后以该有限合伙的名义对欲设立的公司出资，该有限合伙只算作一个股东名额，这样可以避免股东人数超限。

(3)股权托管或股权信托方式。出资人可以把出资和股权交给一个专业的托管机构、信托机构来代行股东权利，目前这种做法在我国实践中还不太多，但在法律上也是合法可行的。

相关法规

《公司法》第24条 有限责任公司由五十个以下股东出资设立。

《公司法》第71条 有限责任公司的股东之间可以相互转让其全部或者部分股权。

股东向股东以外的人转让股权，应当经其他股东过半数同意。股东应就其股权转让事项书面通知其他股东征求同意，其他股东自接到书面通知之日起满三十日未答复的，视为同意转让。其他股东半数以上不同意转让的，不同意的股东应当购买该转让的股权；不购买的，视为同意转让。

经股东同意转让的股权，在同等条件下，其他股东有优先购买权。两个以上股东主张行使优先购买权的，协商确定各自的购买比例；协商不成的，按照转让时各自的出资比例行使优先购买权。

公司章程对股权转让另有规定的，从其规定。

《最高人民法院关于适用〈中华人民共和国公司法〉若干问题的规定(三)》第24条 有限责任公司的实际出资人与名义出资人订立合同，约定由实际出资人出资并享有投资权益，以名义出资人为名义股东，实际出资人与名义股东对该合同效力发生争议的，如无合同法第五十二条规定的情形，人民法院应当认定该合同有效。

前款规定的实际出资人与名义股东因投资权益的归属发生争议，实际出资人以其实际履行了出资义务为由向名义股东主张权利的，人民法院应予支持。名义股东以公司股东名册记载、公司登记机关登记为由否认实际出资人权利的，人民法院不予支持。

实际出资人未经公司其他股东半数以上同意，请求公司变更股东、签发出资证明书、记载于股东名册、记载于公司章程并办理公司登记机关登记的，人民法院不予支持。

185. 名义股东处置登记其名下的财产，实际出资人可否追究？

情景案例

2012年5月，吴先生实际出资，由赵某与自己的儿子一起注册一家有限责任公司。其中赵某占股51%，吴先生儿子占股49%，赵某为公司的法定代表人。为方便赵某经营管理公司，同年7月，吴先生出资购买了一辆价值30万元的商务车，并登记于赵某名下。

2014年3月，因个人资金紧张，在没有征得吴先生同意的情况下，赵某将登记于自己名下的商务车卖掉，获得23万元，全部用于个人及家庭开销。

请问：吴先生对赵某的行为是否可以追究？

本案分析

实践中，很多投资人因各种原因，不愿意以自己的真实身份参与公司，但为了通过投资享受公司经营收益，就以另一人的名义冠名于公司，使另一人成为公司形式意义上的股东，投资人自己则在幕后实际享有股东权利。由于隐名持股现象的出现，很多经济纠纷也随之产生。

通常情况下，公司的名义股东只是形式意义上的股东，实质的股东权利由实际股东行使。由于名义股东并未实际出资，其无权处理名下的股份及财产。

本案中，赵某作为名义股东，基于股权产生的收益权均归隐名股东吴先生所有，登记于赵某名下的商务车产权也归吴先生所有。赵某擅自处置车辆的行为，已侵犯了吴先生的财产权益，其行为是不合法的。但如果购买车辆的第三人对名义股东的状况并不知情，可以善意取得车辆。吴先生可以向赵某索赔，挽回经济损失。

风险防范建议

实践中，名义股东与实际股东之间可签订规范详细的持股协议，明确双方的权利、义务及责任，防止发生争议或纠纷。

相关法规

《最高人民法院关于适用〈中华人民共和国公司法〉若干问题的规定(三)》第24条　有限责任公司的实际出资人与名义出资人订立合同，约定由实际出资人出资并享有投资权益，以名义出资人为名义股东，实际出资人与名义股东对该合同效力发生争议的，如无合同法第五十二条规定的情形，人民法院应当认定该合同有效。

前款规定的实际出资人与名义股东因投资权益的归属发生争议，实际出资人以其实际履行了出资义务为由向名义股东主张权利的，人民法院应予支持。名义股东以公司股东名册记载、公司登记机关登记为由否认实际出资人权利的，人民法院不予支持。

实际出资人未经公司其他股东半数以上同意，请求公司变更股东、签发出资证明书、记载于股东名册、记载于公司章程并办理公司登记机关登记的，人民法院不予支持。

《最高人民法院关于适用〈中华人民共和国公司法〉若干问题的规定(三)》第25条 名义股东将登记于其名下的股权转让、质押或者以其他方式处分,实际出资人以其对于股权享有实际权利为由,请求认定处分股权行为无效的,人民法院可以参照物权法第一百零六条的规定处理。

名义股东处分股权造成实际出资人损失,实际出资人请求名义股东承担赔偿责任的,人民法院应予支持。

四、相关事项

186. 股东转让股权需要缴纳哪些税?

情景案例

张某是某机械设备有限公司的股东兼法人代表,占公司100%股权。2015年3月,张某将其50%的股权转让给另一家机械设备有限公司,股权转让金额为480万元。

半年后,税务人员在对张某的机械设备有限公司进行税务检查时发现,张某转让公司的股权,没有进行缴税。

请问:股东转让股权需要缴纳哪些税?

本案分析

根据我国税法规定,有限公司的股东在转让股权时,应该按照法律及相关法规规定缴纳各种税费。个人转让股权,按财产转让所得缴纳个人所得税;企业转让股权,股权转让收益应并入企业的应纳税所得计算缴纳企业所得税。

本案中,张某作为某机械设备有限公司的股东,在向机械公司转让股权时应当缴纳个人所得税,具体的计征方法为股权原值减去合理费用后,按照相应的税率缴纳个人所得税和印花税的税款,所以张某应向税务机关补缴税款,否则可能承担税务部门的补缴、罚款等行政处罚。

风险防范建议

在企业办理股权转让手续过程中,如何防范相关风险呢?建议如下:

(1)如果出现纳税约定不明的情形,转让方作为法律意义上的纳税义务人,可能会承受更多的风险和责任。

(2)为避免在办理股权转让时的税收风险,建议交易各方在签订股权转让协议时,明确由转让方向税务机关办理纳税申报并缴纳税款。

相关法规

《国家税务总局关于发布〈股权转让所得个人所得税管理法(试行)〉的公告》第4条 个人转让股权,以股权转让收入减除股权原值和合理费用后的余额为应纳税所得额,按"财产转让所得"缴纳个人所得税。

合理费用是指股权转让时按照规定支付的有关税费。

《个人所得税法》第2条 下列各项个人所得,应纳个人所得税:

一、工资、薪金所得;

二、个体工商户的生产、经营所得；
三、对企事业单位的承包经营、承租经营所得；
四、劳务报酬所得；
五、稿酬所得；
六、特许权使用费所得；
七、利息、股息、红利所得；
八、财产租赁所得；
九、财产转让所得；
十、偶然所得；
十一、经国务院财政部门确定征税的其他所得。

《个人所得税法实施条例》第8条　税法第二条所说的各项个人所得的范围：

……

（九）财产转让所得，是指个人转让有价证券、股权、建筑物、土地使用权、机器设备、车船以及其他财产取得的所得。

《国家税务总局关于印花税若干具体问题的解释和规定的通知》第10条　"产权转移书据"税目中"财产所有权"的转移书据的征税范围如何划定？财产所有权转移书据的征税范围是：经政府管理机关登记注册的动产、不动产的所有权转移所立的书据，以及企业股权转让所立的书据。

《印花税暂行条例施行细则》第16条　产权转移书据由立据人贴花，如未贴或者少贴印花，书据的持有人应负责补贴印花。所立书据以合同方式签订的，应由持有书据的各方分别按全额贴花。

187. 股东个人纠纷导致公司的股权被冻结，公司受损可否追究？

情景案例

2011年6月，张某与李某共同出资成立一家互联网公司，张某占股51%，李某占股49%。2014年8月，正当公司引入外界投资时，因个人的债务纠纷问题，经债权人申请，股东张某在互联网公司的股权被法院冻结，致使公司的融资和正常的经营行为受影响。

请问：张某的股权被冻结致公司受损，可否追究？

本案分析

根据我国《公司法》的规定，当公司的控股股东、实际控制人、董事、监事、高级管理人员损害公司利益时，公司可追究造成损害的赔偿责任。这一规定是公司利益维护机制的体现。

本案中，由于股东张某个人的债务纠纷，导致在公司股权被法院冻结，影响了公司的融资和正常经营，张某应当对公司的损失承担赔偿责任。按照《民事诉讼法》规定的举证规则，公司负有提供受损依据的证明责任，在公司能够证明因此造成损害或收入减少的情况下,张某应承担相应的赔偿责任。

风险防范建议

当企业出现损害公司利益案件时,如何行使诉权主张索赔呢?建议如下:

(1)通过监事会或监事提起诉讼。当损害发生时,公司的股东可以书面请求监事会或者不设监事会的有限责任公司的监事向人民法院提起诉讼。

(2)通过董事会或董事提起诉讼。股东可以书面请求董事会或者不设董事会的公司的执行董事向人民法院提起诉讼。

(3)股东直接向法院起诉。连续180日以上单独或者合计持有公司1%以上股份的股东以自己的名义直接向人民法院提起诉讼。

相关法规

《公司法》第20条 公司股东应当遵守法律、行政法规和公司章程,依法行使股东权利,不得滥用股东权利损害公司或者其他股东的利益;不得滥用公司法人独立地位和股东有限责任损害公司债权人的利益。

公司股东滥用股东权利给公司或者其他股东造成损失的,应当依法承担赔偿责任。

公司股东滥用公司法人独立地位和股东有限责任,逃避债务,严重损害公司债权人利益的,应当对公司债务承担连带责任。

188.离婚后,一方在公司所持的股份如何划分?

情景案例

金先生与杨女士于2001年登记结婚。2010年,金先生用夫妻共同财产出资与他人成立了某贸易公司,金先生作为法定代表人拥有公司55%的股份。

2014年12月,夫妻双方因某些问题导致夫妻感情破裂,金先生起诉要求离婚。诉讼中,杨女士要求分得金先生在贸易公司内所拥有的股份数额的一半而成为该贸易公司的股东。但是金先生与该公司其他股东均不同意。

请问:金先生在贸易公司的股份应该如何划分?

本案分析

随着我国社会经济的发展,夫妻财产的表现形式日趋多样化。人们对财产的认识不再只停留在房产、车辆、现金等这些有形的财产上,而是越来越关注一些代表着一定价值的无形财产。在离婚案件中,所有的财产类型中,股权分割是最复杂、最多变的问题。公司的股权结构、章程规定及股权转让是否受限等多种因素,都会影响到最终的股权处理结果。

本案中,金先生在婚姻存续期间成立贸易公司,持有55%的股权均属于夫妻共同财产,归金先生和杨女士共同所有。由于公司的其他股东不同意杨女士成为公司股东,基于公司意思自治原则,杨女士不能分得一半股权而成为公司股东。

实践中，杨女士与金先生可协商将55%股权折价，股权归金先生继续持有，同时向杨女士支付相当于一半的股权对价的现金。如果双方就股权价值无法达成协议的，可委托相关评估部门评估确定股权价值，再进行折现处理。

风险防范建议

在实践中，作为股东的配偶在要求分割股权，必须要取得对方的公司股权份额的证据。如何防范相关风险呢？建议如下：

(1)如果对方属于以他人名义入股的隐名股东，建议制作夫妻财产协议，由对方确认入股的事实。

(2)针对很多公司财务不规范或"两本账"带来账目不实的问题，即便是由法院进行资产审计，结果往往也是"价值高、评估低"。因此，要尽力收集相关证据，做好前期准备，以防离婚时对自己不利。

相关法规

《最高人民法院关于适用〈中华人民共和国婚姻法〉若干问题的解释(二)》第16条　人民法院审理离婚案件，涉及分割夫妻共同财产中以一方名义在有限责任公司的出资额，另一方不是该公司股东的，按以下情形分别处理：

(一)夫妻双方协商一致将出资额部分或者全部转让给该股东的配偶，过半数股东同意、其他股东明确表示放弃优先购买权的，该股东的配偶可以成为该公司股东；

(二)夫妻双方就出资额转让份额和转让价格等事项协商一致后，过半数股东不同意转让，但愿意以同等价格购买该出资额的，人民法院可以对转让出资所得财产进行分割。过半数股东不同意转让，也不愿意以同等价格购买该出资额的，视为其同意转让，该股东的配偶可以成为该公司股东。

用于证明前款规定的过半数股东同意的证据，可以是股东会决议，也可以是当事人通过其他合法途径取得的股东的书面声明材料。

《最高人民法院关于适用〈中华人民共和国婚姻法〉若干问题的解释(二)》第18条　夫妻以一方名义投资设立独资企业的，人民法院分割夫妻在该独资企业中的共同财产时，应当按照以下情形分别处理：

(一)一方主张经营该企业的，对企业资产进行评估后，由取得企业一方给予另一方相应的补偿；

(二)双方均主张经营该企业的，在双方竞价基础上，由取得企业的一方给予另一方相应的补偿；

(三)双方均不愿意经营该企业的，按照《中华人民共和国个人独资企业法》等有关规定办理。

189. 公司与股东财产混同，股东是否对公司债务承担连带责任？

情景案例

卫某成立了一家一人有限责任公司，注册资本为10万元。为方便公司运营，卫某经常使用个人账户进行收款和付款。因一起买卖合同发生纠纷，债权人起诉法院，要求卫某与公司连带清偿货款。

卫某辩称，公司系有限责任公司，应以出资额为限对公司债务承担责任，个人不应承担还款责任。

请问：卫某需要对公司债务承担连带责任吗？

本案分析

我国修订后的《公司法》允许设立一人有限责任公司。一个有限公司由于设立程序便捷、管理成本低廉，有利于鼓励投资创业，有利于经济发展和促进就业。但是，为了更好地保护交易相对人的利益，降低交易风险，一人有限公司的股东在经营中，注意将公司财产与本人财产严格分离，如果未严格执行，可能导致股东对公司的债务承担连带清偿责任。

本案中，一人有限公司的股东卫某在经营中，经常以个人账户向外收款、付款，由于公司财产无法独立于卫某的个人财产，按照《公司法》的规定，当一人公司的股东不能证明公司的财产独立于个人财产时，构成公司财产与股东财产混同，因此，卫某应对公司债务承担连带责任。

风险防范建议

一人有限责任公司股东在财产混同下公司人格否定案件中想要获取有利的法律后果，建议如下：

(1)一人有限责任公司可以成立完整独立并发挥作用的会计部门，制定财务会记报表。

(2)一人有限责任公司要建立健全财务管理制度，明晰产权，并务必保留各种财务凭证，简单来说就是将公司财产和个人财产相分离，公司对于投资、经营、预决算、亏损弥补、个人的分红等各个环节都要有书面决议及相应财务凭证，同时有必要定期聘请中介机构对公司进行审计，以防出现问题时无法证明公司财产的独立性。

(3)经营过程中，一人股东以自己的名义对外发生关系时将自己与公司区分对待，不要利用公司有限责任原则为自己获取利益。

(4)严格依照《公司法》第62条的规定，在每一会计年度终了时编制财务会计报告，并经会计师事务所审计。

相关法规

《公司法》第20条 公司股东应当遵守法律、行政法规和公司章程，依法行使股东权利，不得滥用股东权利损害公司或者其他股东的利益；不得滥用公司法人独立地位和股东有限责任损害公司债权人的利益。

公司股东滥用股东权利给公司或者其他股东造成损失的，应当依法承担赔偿责任。

公司股东滥用公司法人独立地位和股东有限责任，逃避债务，严重损害公司债权人利益的，应当对公司债务承担连带责任。

《公司法》第63条 一人有限责任公司的股东不能证明公司财产独立于股东自己的财产的，应当对公司债务承担连带责任。

190. 公司投资失败后，持反对意见的股东可以追偿损失吗?

情景案例

2012年5月,庞某、王某、杨某共同出资设立了一家投资有限公司,庞某持有60%的股权,为公司的总经理兼法定代表人。2014年6月20日,公司召开股东会,庞某力争对一起项目进行投资,王某和杨某持保留意见。一年后,投资失败,公司损失很大。

请问:股东王某与杨某是否可以向决策失误的庞某追偿损失?

本案分析

在有限责任制度下,股东仅以其出资额对公司债务承担有限责任。股东作为公司的出资者,可依据股权享有管理公司的权利,承担股东义务。

许多公司的总经理属于股东推选的,一般都是业内人士,熟识业务行情和管理,业绩显著,有相当经历和经验。公司的经营风险从设立之初就客观存在,总经理在决策中,只要没有营私舞弊、贪污受贿等违法行为,没有触犯公司规定的职权范围和规章制度,日常经营中工作失误是十分常见的。

本案中,由于公司在表决时通常按照持股比例行使表决权,既然公司的投资决策已经过了表决程序,作出的公司决议,股东王某、杨某均应执行和服从。至于决策失误产生的法律后果,也由包括王某、杨某在内的三股东共同承担。二人无权向庞某追偿损失。

风险防范建议

公司的股东可针对控股股东违反法律、行政法规或公司章程规定,出现失信经营的情形,严重损害小股东和公司利益时,如何处理和防范,事先在章程中予以明确约定,进行内部追究或行政处理,旨在遏制类似情况发生。

相关法规

《公司法》第3条　公司是企业法人,有独立的法人财产,享有法人财产权。公司以其全部财产对公司的债务承担责任。

有限责任公司的股东以其认缴的出资额为限对公司承担责任;股份有限公司的股东以其认购的股份为限对公司承担责任。

《公司法》第20条　公司股东应当遵守法律、行政法规和公司章程,依法行使股东权利,不得滥用股东权利损害公司或者其他股东的利益;不得滥用公司法人独立地位和股东有限责任损害公司债权人的利益。

公司股东滥用股东权利给公司或者其他股东造成损失的,应当依法承担赔偿责任。

公司股东滥用公司法人独立地位和股东有限责任,逃避债务,严重损害公司债权人利益的,应当对公司债务承担连带责任。

第十一章　股权激励

股权激励是企业为了激励和留住核心人才而推行的一种长期激励机制，在企业发展的不同阶段均可制订不同的激励方案。

良好的股权激励机制能充分调动经营者的积极性，实现企业利益与个人利益的有效捆绑，从而实现企业的长期目标。

一、股权激励计划

191. 公司股东能否作为股权激励的对象？

情景案例

A公司是一家互联网科技公司，林某是公司的大股东。2009年，公司创立之初，为了提升企业的竞争力和技术水平，公司引进了李某、张某两位高端技术人才，成为了公司的小股东。

为了留住公司的核心人才和提高员工的积极性，2015年5月，A公司准备在公司内部实行股权激励计划，并广泛征求意见。关于股东李某、张某是否作为股权激励的对象，意见不一。

请问：身为股东的李某、张某能否作为股权激励的对象？

本案分析

股权激励的对象一般都是针对企业的高级管理人员、技术人才等涉及企业核心竞争力的人员，根据证监会的规定对上市公司的股东作为股权激励对象存在一定限制，但对一般的中小型企业并未有明文限制。

在实践中，大量高管、技术人才往往本身就是股东（通常为小股东），属于企业实实在在的核心竞争力，但所占股份较少，其积极性相对较低，因此对于将小股东作为股权激励对象，适当增加其股权或分红权对于留住人才有着重大意义。

本案中，李某、张某作为高端技术人才，又是小股东，仍然可以对其进行股权激励，以达到增强企业凝聚力的目的，并不违反法律规定。

风险防范建议

根据企业的性质、具体经营情况及股东的目的可以考虑进行如下股权激励安排：

（1）直接增加股权比例：大股东适当减少自己占股比例，将股份采取赠送或者转让形式，以增加小股东股权比例；

(2)增设特别分红权：一般企业都是根据股权比例分配红利，但也可以自行约定分配方式，增加小股东的分红比例。

相关法规

《公司法》第4条　公司股东依法享有资产收益、参与重大决策和选择管理者等权利。

《公司法》第142条第1款　公司不得收购本公司股份。但是，有下列情形之一的除外：

(一)减少公司注册资本；

(二)与持有本公司股份的其他公司合并；

(三)将股份奖励给本公司职工；

(四)股东因对股东大会作出的公司合并、分立决议持异议，要求公司收购其股份的。

192. 股权激励的股份从哪里来？

情景案例

甲公司是一家玩具企业，集玩具的设计、生产、销售于一体。随着市场竞争的激烈和有经验人工流失的加大，公司的发展遇到了"瓶颈"。

甲公司有股东三名，李某为大股东，占股60%，吕某和黄某为小股东，分别占股25%和15%。2016年3月，甲公司计划针对一批核心骨干人员实行股权激励。可关于股权激励的股份从哪里来的问题上，公司的三名股东并不清楚。

请问：甲公司要实行股权激励的话，股权激励的股份从哪里来？

本案分析

公司股东根据约定或法定要求履行出资义务后从而获得公司的股权，成为公司的股东，根据股东约定或法定确定其出资比例。该股权是公司进行表决、分红、激励时的依据和来源。

公司实施股权激励，可以将股东的股份比例适当减少，分配或转让给被激励对象，从而使被激励对象获得股份，成为公司的股东。也可以采取增资的方式，由激励对象入股成为公司的正式股东，持股比例、金额可以根据实际情况确定。

本案中，甲公司实行股权激励，三位股东可以约定采取按比例方式抽出部分股权作为激励措施，也可以某位股东将自身股份单独抽取一定比例作为激励股权进行处分。

风险防范建议

公司的股权可以根据股东之间的约定进行适当变动，将该股权作为激励计划，建议如下：

(1)现有股东按持股比例抽取股权，抽取出的股权进行赠送、转让；

(2)大股东根据其对企业发展的预期，将部分股权抽出从而实施股权激励；

(3)实施增资计划,以相对低一些的价格吸引被激励对象入股,稀释现有股东持股比例,从而使得被激励对象持有公司股权,成为股东。

相关法规

《上市公司股权激励管理办法》第11条 拟实行股权激励的上市公司,可以下列方式作为标的股票来源:

(一)向激励对象发行股份;

(二)回购本公司股份;

(三)法律、行政法规允许的其他方式。

《公司法》第142条第1款 公司不得收购本公司股份。但是,有下列情形之一的除外:

(一)减少公司注册资本;

(二)与持有本公司股份的其他公司合并;

(三)将股份奖励给本公司职工;

(四)股东因对股东大会作出的公司合并、分立决议持异议,要求公司收购其股份的。

193. 实施股权激励有哪些形式?

情景案例

A公司是一家培训机构,经过十年的发展,公司在本市的培训行业拥有非常好的知名度,深受市场认可。

2015年7月,公司计划针对十几位公司核心骨干人员实行股权激励,因缺乏专业人员的指导,公司未进行过股权激励,对于实施股权激励有哪些形式,了解很片面,导致股权激励计划暂时搁置。

请问:实行股权激励有哪些形式?

本案分析

股权激励方式多种多样,应当根据企业的发展实际情况实施,不建议照搬其他企业的模式,不加分析地套用。至于具体采用哪种方式,应当根据企业的远、近发展规划,企业人员构成等因素进行确定。

实践中,较为企业所熟悉的股权激励方式主要有:

(1)股权分配:通过赠送、转让、增资等方式使被激励对象持有公司股份,成为公司股东;

(2)设定分红权:被激励对象不持有公司股权,但可以设定虚拟股权从而使其享有公司盈利所带来的分红;

(3)期权:设定一定时期的行权期,确保被激励对象在一定条件下可以获得相对较大的利益。

风险防范建议

每个企业都有其自身的特点,应当根据自身实际情况采取某一种或者多种方式结合的模式进行股权激励。只有符合企业自身发展需要且又符合法律规定的方式，才是最适合企业的股权激励方式。

相关法规

《公司法》第5条　公司从事经营活动，必须遵守法律、行政法规，遵守社会公德、商业道德，诚实守信，接受政府和社会公众的监督，承担社会责任。

公司的合法权益受法律保护，不受侵犯。

《公司法》第71条　有限责任公司的股东之间可以相互转让其全部或者部分股权。

股东向股东以外的人转让股权，应当经其他股东过半数同意。股东应就其股权转让事项书面通知其他股东征求同意，其他股东自接到书面通知之日起满三十日未答复的，视为同意转让。其他股东半数以上不同意转让的，不同意的股东应当购买该转让的股权；不购买的，视为同意转让。

经股东同意转让的股权，在同等条件下，其他股东有优先购买权。两个以上股东主张行使优先购买权的，协商确定各自的购买比例；协商不成的，按照转让时各自的出资比例行使优先购买权。

公司章程对股权转让另有规定的，从其规定。

194. 员工持有的虚拟股权享有分红权吗？

情景案例

A公司是一家医疗器械生产商，现有员工90名。2014年8月，公司针对6名核心骨干员工进行了股权激励，激励的形式是虚拟股权。

2015年12月底，公司的经营状况良好，经营利润相当可观。通过股权激励取得虚拟股权的6名员工要求公司分红，但有些小股东持反对意见。

请问：员工持有的虚拟股权享有分红权吗？

本案分析

虚拟股权是指不需要被激励对象出资，企业现有股东授予被激励对象一部分虚拟的股份，享有企业利益的增长，但被激励对象只享有分红权，不享有表决权、转让权、继承权等，不发生股权的实际变更。虚拟股权是目前企业进行股权激励较为常见的形式之一。

虚拟股权好处在于企业的现有股东所持股份并不发生实质上的变动，仍掌控企业的大局，但被激励对象根据协议可以参与企业的管理，享有企业发展所带来的效益，获得分红权。

本案中，一般虚拟股权对应的是分红权，这也符合权利、义务对等原则。A公司采取虚拟股权方式的股权激励方案，企业获得了较好的效益，如根据协议确实有分红的约定，但在被激励员工要求分红时却拒绝履行是不太恰当的，将损害员工的积极性，也不利于企业发展。

相关法规

《公司法》第4条 公司股东依法享有资产收益、参与重大决策和选择管理者等权利。

《公司法》第34条 股东按照实缴的出资比例分取红利；公司新增资本时，股东有权优先按照实缴的出资比例认缴出资。但是，全体股东约定不按照出资比例分取红利或者不按照出资比例优先认缴出资的除外。

195. 员工离职后，持有的虚拟股权如何处理？

情景案例

A系甲公司的老员工，2013年7月，甲公司实施股权激励，A符合相关条件，通过公司决议，A持有甲公司0.5%的虚拟股权。

2015年7月8日，A因家庭原因向甲公司辞职。甲公司认为，按照股权激励的约定，员工离职的，公司无条件收回虚拟股；A提出如果公司收回，应以现金方式折算回购。

请问：甲公司对A的虚拟股权应该如何处理？

本案分析

虚拟股权是目前企业进行股权激励较为常见的形式之一。被激励对象不需要出资，享有企业利益的增长，但被激励对象只享有分红权，不享有表决权、转让权、继承权等，不发生股权的实际变更。

被激励对象持有虚拟股权并不代表其享有完全股东地位，其也未实质性出资，通常而言其只享有分红权（不承担亏损），不享有股东转让、处分、表决等实质性权利。

本案中，A要求公司收回所持有的虚拟股权是不符合法律规定，但甲公司也应当根据约定将A所持有虚拟股份所应得分红利益支付给A。

风险防范建议

企业在进行股权激励时，建议签订书面协议，在协议中明确定义虚拟股权，清晰告知双方的权利义务，对被激励对象可能存在的离职、职位变动等影响其正常履职的情况进行列举，避免出现后续纠葛。

相关法规

《公司法》第142条第1款 公司不得收购本公司股份。但是，有下列情形之一的除外：

（一）减少公司注册资本；

（二）与持有本公司股份的其他公司合并；

（三）将股份奖励给本公司职工；

（四）股东因对股东大会作出的公司合并、分立决议持异议，要求公司收购其股份的。

196. 符合相应条件的虚拟股权可以转化为真实股权吗？

情景案例

甲公司是一家科技型企业，主要经营软件系统的研发与销售。为了提升公司的研发能力和水平，甲公司高薪引进技术人才A，并授予A 0.8%的虚拟股权。在股权激励计划中明确："如果A在甲公司工作满五年，可以将所持有的虚拟股权转化为实际股权。"

2016年5月10日，A在甲公司工作已满5年，于是向甲公司提出将持有的虚拟股权转化为实际股权。

请问：符合相应条件的虚拟股权可以转化为真实股权吗？

本案分析

通常意义上的虚拟股权之所以虚拟，是与真实股权相对应的。真实股权是指公司股东根据股东协议、公司章程等约定或法定义务履行出资从而获得公司股份，成为公司的正式股东，享有法律意义上的股东身份。而虚拟股权是被激励对象不需要出资，根据股权激励计划，使其获得一定比例的分红权益，以提升其在企业工作中的积极性。因而，虚拟股权不是真正的股权。

但虚拟股权是可以转化为真实股权的。激励双方可以签订协议，约定一定期限、一定条件下被激励对象可以获得真实股权，并约定好股权赠送、转让的方式，以便于最终的落实执行。

本案中，A可以依据协议向甲公司提出申请，要求其股东履行协议，从而获得甲公司的实际股权。

风险防范建议

企业在与被激励对象签订激励协议时应当注意以下方面：

（1）明确虚拟股权的定义，避免出现要求回购虚拟股权的纠纷。

（2）明确真正意义股权转让时的转让对象即被转让股权来源于哪位或哪几位股东、转让比例等详细内容以便最终落实。

（3）明确激励计划实现的前提条件。

相关法规

《公司法》第4条　公司股东依法享有资产收益、参与重大决策和选择管理者等权利。

《公司法》第34条　股东按照实缴的出资比例分取红利；公司新增资本时，股东有权优先按照实缴的出资比例认缴出资。但是，全体股东约定不按照出资比例分取红利或者不按照出资比例优先认缴出资的除外。

197. 员工职务发生变更时，如何处理期权股份？

情景案例

甲公司是一家生产灯具的有限公司，经过十几年的发展，生产的灯具产品销往全国各地。A是甲公司的老员工，任生产部经理，主要负责生产工作。

2013年，甲公司实施过股权激励，A获得了公司1%的期权股份。2015年年底，由于公司车间扩大生产，引入全自动操控的机器设备，A难以胜任该工作。甲公司与A协商，将A调整至质检部，从事相对轻松的管理工作。

请问：A的职务发生变更，期权股份如何处理？

本案分析

期权是公司授予被激励对象在将来一定期限内以预先确定的价格和条件购买本公司一定数量股份的权利。主要针对的是企业高管、核心技术人员等涉及企业核心竞争力的人员，以激励企业管理层，实现企业治理结构的优化。

但在企业经营过程中，人员流动是不可避免会出现的情况，涉及人员岗位、职务变动、劳资关系的解除或终止等因素，此前的被激励对象仍然可能出现变动状况，这对于如何处理设定的虚拟股权、期权有较大的影响。因此，企业在设置股权激励方案时就必须预先考虑到上述情况，根据实际情况进行恰当设定。

本案中，A获得期权的原因是其作为公司的车间管理人员，以其职务、能力以及对公司的贡献从获得的。该期权既是对其此前工作的肯定，也是对其将来工作的期待，由于公司和个人客观原因的变化导致其岗位的变动，从诚实信用角度而言，公司也应保障其期权权益，协商妥当处理。

风险防范建议

企业在进行股权激励时，建议签订书面协议，在协议中明确期权行使的条件和期限，清晰告知双方的权利义务，对被激励对象可能存在的离职、职位变动等影响其正常履职的情况进行列举，避免出现后续纠葛。

相关法规

《公司法》第142条第1款 公司不得收购本公司股份。但是，有下列情形之一的除外：

（一）减少公司注册资本；

（二）与持有本公司股份的其他公司合并；

（三）将股份奖励给本公司职工；

（四）股东因对股东大会作出的公司合并、分立决议持异议，要求公司收购其股份的。

二、法律责任

198. 对员工进行股权激励，可以不到工商部门办理变更登记吗？

情景案例

A公司是一家网络科技公司，成立于2008年，主要给企业进行软件设计与开发、系统集成、企业信息化等。2015年7月，为了留住企业的核心骨干人才，A企业推出股权激励计划。

A公司担心，如果将持股员工登记为工商部门的持股股东，可能会影响公司的决策效率。公司有股东建议，股权激励计划中可以约定，被激励对象只享有分红权，无须办理股权变更手续。

请问：股权激励可以不到工商部门办理变更登记吗？

本案分析

本案涉及虚拟股权激励的问题。虚拟股权激励是公司为了更好地激励核心员工，在公司内部无偿地派发一定数量的虚拟股份给公司核心员工，其持有者可以按照虚拟股权的数量，按比例享受公司税后利润的分配。

虚拟股权的持有者只能享受到分红收益权，即按照持有虚拟股权的数量，按比例享受公司税后利润分配的权利，而不能享受普通股股东的权益（如表决权、分配权）。所谓虚拟股权，实为"保留所有权、让渡收益权"之产物，也就是股东在实际投入资本金的前提下，让渡部分收益权。

本案中，A公司在实现业绩目标的情况下，员工可以据此获得一定数量的虚拟股权，在双方约定的行权期内，员工仅可以享受一定数量的分红权和股价升值收益，待行权期限届满，再办理股权变更手续。由于A公司采用虚拟股权激励的方式，所以不需要到工商部门办理股权变更登记手续。

风险防范建议

实践中，公司通过股权激励的对象可能涉及众多员工，如高管、骨干、技术人才。为了防止出现股东人数过多、股权结构变更频繁，会影响公司的具体运作。建议采用干股分红激励、预留一定的股权行权时间等方式，达到激励员工的目的，又有利于公司的稳定。

相关法规

《公司法》第34条 股东按照实缴的出资比例分取红利；公司新增资本时，股东有权优先按照实缴的出资比例认缴出资。但是，全体股东约定不按照出资比例分取红利或者不按照出资比例优先认缴出资的除外。

199. 员工通过股权激励取得的股权，可以转让、赠与或继承吗？

情景案例

吕某系某医疗器械公司任车间主任。2014年4月，按照公司股权激励计划通过了公司连续三年的考核期，公司到工商部门办理了股权变更手续，将吕某登记为公司股东。

2015年12月，吕某从公司离职。吕某持有公司2%的股权转让给同事王某，并收取王某现金10万元。公司认为，吕某离职后其股权应退回公司。

请问：员工通过股权激励取得的股权，可以转让、赠与或继承吗？

本案分析

股权激励是对员工进行长期激励的一种方法，是企业为了激励和留住核心人才而推行的一种长期激励机制。企业有条件地给予激励对象部分股东权益，使其与企业结成利益共同体，从而实现企业的长期目标。

实施股权激励后企业的管理人员和技术人员成为公司股东，具有分享企业利润的权利。经营者会因为自己工作的好坏而获得奖励或惩罚，这种预期的收益或损失具有一种导向作用，可以提高管理人员、技术人员的积极性、主动性和创造性。

本案中，由于吕某为公司核心骨干人才，通过股权激励获得公司股东地位，依照公司法及相关规定，如果公司章程对股权转让没有特别规定，其持有的股权根据《公司法》的规定可以转让、赠与、继承。

但是，如果公司章程对此类股权处分有限制性规定，则从其规定。

风险防范建议

实践证明，实施股权激励计划可以提高员工的工作积极性。那么如何规范运作，防范相关风险呢？建议如下：

(1)公司与员工签订股权激励协议，事先约定员工持股条件、股权转让限制性条件、股权回购等特别事宜。

(2)通过修改公司章程来完善股权转让的条件、流程及方式等。

相关法规

《公司法》第71条第1款 有限责任公司的股东之间可以相互转让其全部或者部分股权。

《民法通则》第75条第1款 公民的个人财产，包括公民的合法收入、房屋、储蓄、生活用品、文物、图书资料、林木、牲畜法律允许公民所有的生产资料以及其他合法财产。

《民法通则》第76条 公民依法享有财产继承权。

200. 股权激励协议中约定的“一元回购”是否合法？

情景案例

A餐饮有限公司成立于2001年，是一家餐饮连锁企业，在当地享有很高的知名度。

2014年4月,A公司推出了股权激励计划,股权激励对象有副总经理张某、餐饮部长李某等7位高管人员。

公司的股权激励协议明确规定:"员工通过股权激励取得的股权,如出现员工犯罪的、受贿数额较大的或因工作失误导致公司遭受重大损失的,公司有权以一元的价格回购该股权,员工不得有任何异议。"张某、李某等感觉该条款不合法,拒绝签订。

请问:股权激励协议中约定的"一元回购"合法吗?

本案分析

通常情况下,实施股权激励计划后,员工的长期价值能够有效体现,员工的工作积极性会大幅提高,同时,由于股权激励的约束作用,员工对公司的忠诚度也会有所增强。

由于公司在整个过程中起主导作用,在实施股权激励计划时通过设定附加条件,来达到激励员工、留住人才的目的。只要在法律许可的范围之内设置条件,都是有效的。

股权回购是平衡股东权益、健全股东退出机制的重要途径。很多员工持有的股权在离职时会涉及股权回购的问题,为了避免公司与员工因回购价格产生争议,通常会事先约定回购价格的依据。

本案中,A公司与高管签订的股权激励协议中明确约定,员工有犯罪的、受贿数额较大的、因工作失误致使公司遭受重大损失的,公司可以一元回购股权,不存在法律无效的情形。因此,A公司在股权激励协议中约定的"一元回购"是合法的。

风险防范建议

实践中,公司在对其作出股权激励的同时,约束高管的行为也是十分必要的。如何防范相关风险呢?建议如下:

(1)在公司章程或股权激励协议中明确约定,以列举式的方式明确出现哪些情形的,公司有权实施"一元回购"。

(2)建议公司通过干股激励的方式进行股权激励,这样既无须员工用钱投资,一旦发生股权回购事项,也避免公司可能出现的减资问题。

相关法规

《合同法》第52条 有下列情形之一的,合同无效:

(一)一方以欺诈、胁迫的手段订立合同,损害国家利益;

(二)恶意串通,损害国家、集体或者第三人利益;

(三)以合法形式掩盖非法目的;

(四)损害社会公共利益;

(五)违反法律、行政法规的强制性规定。

《公司法》第142条第1款 公司不得收购本公司股份。但是,有下列情形之一的除外:

(一)减少公司注册资本;

(二)与持有本公司股份的其他公司合并;

(三)将股份奖励给本公司职工;

(四)股东因对股东大会作出的公司合并、分立决议持异议,要求公司收购其股份的。

201. 股权激励协议约定“中途退出,净身出户”合法吗?

情景案例

H公司成立于2000年1月,系一家经营电子设备的企业。公司董事长谢总听取了一位股东的建议,希望通过股权激励方式留住人才。

2013年5月,公司推出一项股权激励计划,如果员工在本公司连续工作10年以上,可以按照公司股价10%的价格获得相应股权。但同时明确,如果员工获得股权后5年内离开公司的,则视为员工“中途退出,净身出户”,员工不得有任何异议。

请问:H公司约定的“中途退出,净身出户”合法吗?

本案分析

股权激励,是一种通过经营者获得公司股权形式,使员工能够以股东的身份参与企业决策、分享利润、承担风险,从而勤勉尽责地为公司的长期发展服务的一种激励方法。

员工激励分为长期激励和短期激励,股权激励就属于长期激励的一种。在进行员工激励时,过多的短期激励和物质激励不利于员工对企业的忠诚度,而长期激励和宽阔的发展空间能够有效地增加员工对企业的忠诚度。

本案中,H公司对工作10年以上的老员工进行股权激励,是为了老员工能够利用专业技能和经验,在未来的5年内继续更好地为公司服务。如果服务期未满5年,公司期望的激励目的无法实现,那么在股权激励时附加“中途退出,净身出户”的条件,对员工加以限制和约束,这种约定是合法的。

风险防范建议

实践中,企业在股权激励协议中约定“中途退出,净身出户”,不能只表述为简单的中途、净身,其所指向的含义应具体、明确、没有歧义。比如工作不足5年的、重大违纪行为的等,避免条款产生争议。

相关法规

《合同法》第52条 有下列情形之一的,合同无效:

(一)一方以欺诈、胁迫的手段订立合同,损害国家利益;

(二)恶意串通,损害国家、集体或者第三人利益;

(三)以合法形式掩盖非法目的;

(四)损害社会公共利益;

(五)违反法律、行政法规的强制性规定。

《公司法》第71条第4款 公司章程对股权转让另有规定的,从其规定。

202. 员工通过奖励获得的股份，要承担公司的亏损吗？

情景案例

甲公司系一家从事电梯行业的有限公司，A 于 2008 年入职甲公司，担任甲公司的研发部经理。2014 年年底，A 因在公司获得的两项发明专利方面表现突出，公司决定奖励 2% 的股份给 A。

2015 年，由于竞争加剧及市场因素，公司又涉及几宗诉讼案件，甲公司出现了严重亏损。

请问：A 要承担公司的亏损吗？

本案分析

有限责任公司的股东以其认缴的出资额为限对公司承担责任，有限公司是独立的法人，以公司资产对外承担债务。因此，有限公司的债务正常是由公司资产进行偿还，资不抵债的可以进行破产清算按照比例偿还，有限公司股东在特殊情况下需对公司债务承担连带责任。

公司实施股权激励的方式多种多样，有采取分配真实股权的，有采取虚拟股权的。获得虚拟股权的被激励对象并非真正股东，无须承担股东责任；而通过股权激励措施获得真实股权的，其身份与《公司法》中所指的股东是一样的，享有表决权、转让权、分红权等实质性权利，因而也应承担股东相应的义务。

本案中，A 获得 2% 股份，从而成为公司股东，也应承担股东相应的法律义务，一般亏损是由公司资产承担，但如果确实存在股东需要承担连带责任的情况，则 A 也应承担相关责任。

风险防范建议

权利和义务往往都是对等的，获得真实股权可以通过经营使企业增值，从而也使其股权增值，带来相应的利益。同时真实股权相对应的就是风险，任何经营都存在风险，获得股权成为股东也就意味着需承担相应的风险和义务。

相关法规

《公司法》第 3 条 公司是企业法人，有独立的法人财产，享有法人财产权。公司以其全部财产对公司的债务承担责任。

有限责任公司的股东以其认缴的出资额为限对公司承担责任；股份有限公司的股东以其认购的股份为限对公司承担责任。

203. 发现提供虚假业绩获得的期权股份，企业可以追回分红吗？

情景案例

乙公司系从事空调经营的有限公司，A 系乙公司的销售主管，在乙公司工作年限长达8年。2014年3月份,乙公司在公司内部推行股权激励计划,A因业绩突出被列入被激励对象,获得公司1%的期权。2015年,A因持有公司的期权股份而获得分红。

2016年4月,公司发现A向公司提供的销售数据中多笔为虚假业绩,采用欺骗的方式取得了期权股份。

请问:乙公司可以追回分红吗?

本案分析

股权激励对象往往都是企业的高管、核心技术人才或者是关系到企业重大利益的人员。销售管理层由于最能体现企业盈利情况,通常受到较大关注,其凭借良好的业绩往往被列为激励对象,获得企业的利益。

采取欺骗方式、提供虚假业绩,从而获得公司分配红利的行为,首先违反了双方之间的约定,同时也涉嫌诈骗,触犯刑事法律。本案中,乙公司有权向A追回所得分红。

风险防范建议

公司决策层对设定激励对象、激励条件时所参考的数据都是建立在真实的基础上,且结果往往关系到实际利益的取得。如果出现欺骗,则不仅造成激励计划的不公或失败,严重的将影响企业经营决策或重大利益损失。因此,在设定股权激励方案中应明确禁止虚假资料的提供,列明惩罚条款,保障公司利益不受损。

相关法规

《公司法》第147条 董事、监事、高级管理人员应当遵守法律、行政法规和公司章程,对公司负有忠实义务和勤勉义务。

董事、监事、高级管理人员不得利用职权收受贿赂或者其他非法收入,不得侵占公司的财产。

《公司法》第148条 董事、高级管理人员不得有下列行为:

(一)挪用公司资金;

(二)将公司资金以其个人名义或者以其他个人名义开立账户存储;

(三)违反公司章程的规定,未经股东会、股东大会或者董事会同意,将公司资金借贷给他人或者以公司财产为他人提供担保;

(四)违反公司章程的规定或者未经股东会、股东大会同意,与本公司订立合同或者进行交易;

(五)未经股东会或者股东大会同意,利用职务便利为自己或者他人谋取属于公司的商业机会,自营或者为他人经营与所任职公司同类的业务;

(六)接受他人与公司交易的佣金归为己有;

(七)擅自披露公司秘密;

(八)违反对公司忠实义务的其他行为。

董事、高级管理人员违反前款规定所得的收入应当归公司所有。

《公司法》第149条 董事、监事、高级管理人员执行公司职务时违反法律、行政法规或者公司章程的规定,给公司造成损失的,应当承担赔偿责任。

第十二章　商业秘密

企业的知识产权是企业的重要财产，商业秘密作为知识产权的一部分，同样受到法律的保护。

商业秘密可以为企业带来巨大的经济利益，保护商业秘密是企业管理的需要，也是保护企业的合法财产。

加强商业秘密的保护，有助于打击扰乱市场秩序的不良行为，有助于树立公平、诚实信用的市场经营理念。

一、商业秘密

204. 企业的客户名单是商业秘密吗?

情景案例

张某系A陶瓷公司的销售业务员。2009年3月5日，张某入职后，按照A公司要求签订保密协议及保密责任承诺书，承诺对客户名单、客户信息负有保密义务。3年后，张某成为华南片区的销售总监，业务量迅速增长。

2014年7月，张某从A公司辞职，随后入职A公司的竞争对手B公司，担任销售部经理，在较短时间内，A公司的多家客户纷纷终止合同，与B公司签约。

2014年10月7日，A公司以商业秘密被侵犯为由将张某告上法庭，要求张某停止侵权、赔礼道歉、赔偿损失。

请问：企业的客户名单是商业秘密吗?

本案分析

根据《反不正当竞争法》的规定，商业秘密是指不为公众所知悉，能为权利人带来经济效益，具有商业价值和实用性并经权利人采取保密措施的技术信息和经营信息。

通常情况下，客户名单还包括交易产品、需求数量、价格政策、结算方式等，具有一定的市场价值。客户名单属于公司的保密文件，第三人无法掌握和知悉，企业可以利用这些信息获得经济效益，长期稳定地占据市场。

本案中，A公司与张某约定对客户名单负有保密义务，但张某离职后，在竞争对手的单位任相同职位，并利用在A公司所掌握的商业秘密信息，抢走A公司的客户，给A公司造成了损失，应承担相应的法律责任。

风险防范建议

企业在经营中,如何保护客户名单呢?建议如下:

(1)在招人用人时,在保密协议中明确规定,客户名单属于商业秘密。

(2)对客户名单采取分类、分级管理方式、对接触客户名单的员工,签订竞业限制协议。

(3)对利用客户名单给公司造成损失的原有员工,可向法院起诉,要求员工和现单位停止侵权、赔偿损失。

相关法规

《反不正当竞争法》第10条 经营者不得采用下列手段侵犯商业秘密:

(一)以盗窃、利诱、胁迫或者其他不正当手段获取权利人的商业秘密;

(二)披露、使用或者允许他人使用以前项手段获取的权利人的商业秘密;

(三)违反约定或者违反权利人有关保守商业秘密的要求,披露、使用或者允许他人使用其所掌握的商业秘密。

第三人明知或者应知前款所列违法行为,获取、使用或者披露他人的商业秘密,视为侵犯商业秘密。本条所称的商业秘密,是指不为公众所知悉、能为权利人带来经济利益、具有实用性并经权利人采取保密措施的技术信息和经营信息。

《最高人民法院关于审理不正当竞争民事案件应用法律若干问题的解释》第9条 有关信息不为其所属领域的相关人员普遍知悉和容易获得,应当认定为反不正当竞争法第十条第三款规定的"不为公众所知悉"。具有下列情形之一的,可以认定有关信息不构成不为公众所知悉:

(一)该信息为其所属技术或者经济领域的人的一般常识或者行业惯例;

(二)该信息仅涉及产品的尺寸、结构、材料、部件的简单组合等内容,进入市场后相关公众通过观察产品即可直接获得;

(三)该信息已经在公开出版物或者其他媒体上公开披露;

(四)该信息已通过公开的报告会、展览等方式公开;

(五)该信息从其他公开渠道可以获得;

(六)该信息无须付出一定的代价而容易获得。

《最高人民法院关于审理不正当竞争民事案件应用法律若干问题的解释》第13条 商业秘密中的客户名单,一般是指客户的名称、地址、联系方式以及交易的习惯、意向、内容等构成的区别于相关公知信息的特殊客户信息,包括汇集众多客户的客户名册,以及保持长期稳定交易关系的特定客户。客户基于对职工个人的信赖而与职工所在单位进行市场交易,该职工离职后,能够证明客户自愿选择与自己或者其新单位进行市场交易的,应当认定没有采用不正当手段,但职工与原单位另有约定的除外。

205. 客户自愿跟随离职员工到新任职公司,员工构成商业秘密侵权吗?

情景案例

小丽是A旅行社的销售人员,一直负责企业旅游市场的开拓。小丽凭着自己的努力和专业、周到的服务，经过五年的积累，赢得了一大批企业客户的认同。

2015年7月，小丽从A旅行社离职，进入B旅行社工作，同样负责企业旅游市场的开拓，一些老客户得知后，自愿到小丽新任职的B旅行社找小丽合作。3个月后，A旅行社以侵犯公司商业秘密为由将小丽告上了法庭。

请问：小丽的行为构成商业秘密侵权吗？

本案分析

客户名单一般是指客户的名称、地址、联系方式以及交易的习惯、意向、内容等构成的区别于相关公知信息的特殊客户信息，包括汇集众多客户的客户名册，以及保持长期稳定交易关系的特定客户。客户名单一般而言是属于商业秘密的，不得侵犯。

但是，客户基于对职工个人的信赖而与职工所在单位进行市场交易，该职工离职后，能够证明客户自愿选择与自己或者其新单位进行市场交易的，应当认定没有采用不正当手段，但职工与原单位另有约定的除外。这是因为客户具有选择交易的权利，并非职工或者新单位的原因而是客户自愿的，不应被认定为侵犯商业秘密，否则限制了市场竞争。

本案中，小丽由A旅行社跳槽到B旅行社，部分老客户自愿到B旅行社找小丽合作，不应认定为侵犯了商业秘密。

风险防范建议

如果企业的客户名单不但有客户名称、地址、电话，而且包括每次签约的数量、过程、规律以及客户的市场潜力分析等总结性的记载。由于这些信息，第三人不可能有确切的方法和渠道获得，企业可以利用这些信息获得经济效益，可以视为商业秘密。企业保护客户名单的方法可以有：

（1）在招人用人时，在保密协议中明确规定，客户名单属于商业秘密。

（2）对利用客户名单给公司造成损失的原有员工，可向法院起诉，要求员工和现有单位停止侵权、赔偿损失。

相关法规

《最高人民法院关于审理不正当竞争民事案件应用法律若干问题的解释》第13条　商业秘密中的客户名单，一般是指客户的名称、地址、联系方式以及交易的习惯、意向、内容等构成的区别于相关公知信息的特殊客户信息，包括汇集众多客户的客户名册，以及保持长期稳定交易关系的特定客户。

客户基于对职工个人的信赖而与职工所在单位进行市场交易，该职工离职后，能够证明客户自愿选择与自己或者其新单位进行市场交易的，应当认定没有采用不正当手段，但职工与原单位另有约定的除外。

《最高人民法院关于审理不正当竞争民事案件应用法律若干问题的解释》第9条　有关信息不为其所属领域的相关人员普遍知悉和容易获得，应当认定为反不正当竞争法第十条第三款规定的“不为公众所知悉”。具有下列情形之一的，可以认定有关信息不构成不为公众所知悉：

（一）该信息为其所属技术或者经济领域的人的一般常识或者行业惯例；

（二）该信息仅涉及产品的尺寸、结构、材料、部件的简单组合等内容，进入市场后相关公众通过观察产品即可直接获得；

（三）该信息已经在公开出版物或者其他媒体上公开披露；

（四）该信息已通过公开的报告会、展览等方式公开；

（五）该信息从其他公开渠道可以获得；

（六）该信息无需付出一定的代价而容易获得。

206. 企业没有支付保密费，员工是否还有保密责任？

情景案例

袁某在某软件开发公司任职，担任技术部经理。2014年9月13日，公司要求袁某签订保密协议，协议条款明确保密事项，不得将本公司的设计信息、产品信息、经营信息泄露给第三方，或者应用于第三方的产品上。

袁先生认为，既然替公司保守商业秘密，公司就应向其支付保密费，否则自己不承担保密义务，拒绝签订保密协议。

请问：袁某的说法正确吗？

本案分析

商业秘密是一家企业的无形资产。它给企业带来的经济效益和竞争优势是其他资产所无法比拟的。在现在的知识经济环境下，商业秘密对企业的发展影响越来越大，甚至是不少科技类企业安身立命的根本。所以，有不少企业对员工实行保密协议管理制度。

保守企业的商业秘密具有法律约束力，我国劳动法律规定中明确支持企业可以在劳动合同或者企业规章制度中约定保密条款，要求员工履行保密义务。该保密义务不受在职与否，也不论是否正式签订保密条款或企业是否设立保密制度，只要企业采取了保密措施未主动公开或未为公众知悉则仍具有保密必要，且保密义务未规定需要支付保密费用。员工违反保密义务造成用人单位损失的，应当承担赔偿责任。

本案中，保守企业商业秘密不仅是法律规定，也是职业道德的起码要求，袁某要求支付保密费的说法没有法律依据。

风险防范建议

保守企业秘密是最基本的职业要求，企业在如何保护企业秘密方面应做到“有法可依”：

（1）企业与员工建立劳动关系时就应及时与员工签订保密协议，或者在劳动合同中约定保密条款，尤其是重要岗位员工，更应及时签订。

（2）即便没有签订保密协议，也应确立保密性质的规章制度，统一适用于全体员工。

(3)对于不同岗位分别制定不同的保密措施,对于拟离职或有离职意向的人员应设置脱密期,更有利于商业秘密的保护。

相关法规

《劳动合同法》第23条第1款 用人单位与劳动者可以在劳动合同中约定保守用人单位的商业秘密和与知识产权相关的保密事项。

《劳动合同法》第90条 劳动者违反本法规定解除劳动合同,或者违反劳动合同中约定的保密义务或者竞业限制,给用人单位造成损失的,应当承担赔偿责任。

207. 派员工“潜伏”到竞争对手处获取情报,合法吗?

情景案例

甲公司和乙公司均为网络服务公司,拥有较好的销售业绩。2015年6月,本市有一个大型安装项目进行招商,甲公司、乙公司均想参加投标。

甲公司派出员工小王搜集信息,小王以清洁工的身份入职乙公司,在打扫卫生的空隙,将各楼层废纸篓的文件进行分析、整理,获取了乙公司的大量情报,用于投标活动。

请问:甲公司的做法合法吗?

本案分析

商场如战场,为赢得市场竞争的胜利,一些企业不惜采用商业间谍等手段获取竞争对手的情报,但根据《反不正当竞争法》中关于不正当手段获得商业秘密的规定,应认定凡是违背自愿、平等、公平、诚实信用原则和公认的商业道德的手段获取、披露、使用他人商业秘密的行为均属于侵害商业秘密的不正当手段。

本案中,甲公司出于摄取乙公司商业秘密的目的,派人潜入乙公司收集废纸篓内的各类文件,该行为并未经过乙公司同意,乙公司丢弃相关文件并不意味着公开,更不可能愿意让直接竞争对手甲公司知悉,因此甲公司违背了商业道德,因而属于侵犯商业秘密,属于不正当竞争行为。

风险防范建议

企业的商业秘密日益成为企业在市场竞争中成长壮大的核心竞争力,每一个企业都应注意保护自身的商业秘密:

(1)设置保密措施:对企业内各类文件设置保密等级,与核心员工签订保密协议等。

(2)定期清理、审查保密执行情况,对于载有秘密的文件应及时销毁。

(3)针对采取盗窃、利诱、胁迫等其他不正当手段获得商业秘密的行为,企业要坚决采取法律手段维护自身权益。

相关法规

《反不正当竞争法》第10条 经营者不得采用下列手段侵犯商业秘密:

（一）以盗窃、利诱、胁迫或者其他不正当手段获取权利人的商业秘密；

（二）披露、使用或者允许他人使用以前项手段获取的权利人的商业秘密；

（三）违反约定或者违反权利人有关保守商业秘密的要求，披露、使用或者允许他人使用其所拿握的商业秘密。

第三人明知或者应知前款所列违法行为，获取、使用或者披露他人的商业秘密，视为侵犯商业秘密。本条所称的商业秘密，是指不为公众所知悉、能为权利人带来经济利益、具有实用性并经权利人采取保密措施的技术信息和经营信息。

《刑法》第219条 有下列侵犯商业秘密行为之一，给商业秘密的权利人造成重大损失的，处三年以下有期徒刑或者拘役，并处或者单处罚金；造成特别严重后果的，处三年以上七年以下有期徒刑，并处罚金：

（一）以盗窃、利诱、胁迫或者其他不正当手段获取权利人的商业秘密的；

（二）披露、使用或者允许他人使用以前项手段获取的权利人的商业秘密的；

（三）违反约定或者违反权利人有关保守商业秘密的要求，披露、使用或者允许他人使用其所掌握的商业秘密的。

明知或者应知前款所列行为，获取、使用或者披露他人的商业秘密的，以侵犯商业秘密论。

本条所称商业秘密，是指不为公众所知悉，能为权利人带来经济利益，具有实用性并经权利人采取保密措施的技术信息和经营信息。

本条所称权利人，是指商业秘密的所有人和经商业秘密所有人许可的商业秘密使用人。

208.员工侵犯商业秘密被判刑，企业可以提起民事赔偿吗？

情景案例

2012年，甲公司与阿海签订了为期3年的劳动合同，职务为硬件工程师，阿海任职期间，参与了网络设备的研发工作。

2014年7月，阿海与乙公司达成合作协议，共同成立丙公司，乙公司负责提供研发费用，阿海违规提供网络设备的技术指导和研发。阿海按约分得产品利润的30%。

甲公司在市场上发现同类产品后，立即向公安机关报案，阿海以侵犯商业秘密罪被判刑。

请问：甲公司还可以向阿海提起民事赔偿吗？

本案分析

侵犯商业秘密，是指以盗窃、利诱、胁迫或者其他不正当手段获取权利人的商业秘密，或者非法披露、使用或者允许他人使用其所掌握的或获取的商业秘密，给商业秘密的权利人造成重大损失的行为。构成侵犯商业秘密罪的，应受到刑事处罚。

同时，刑事处罚是国家法律规定侵权人所应当承受的刑事责任，而对于被侵权人所造成的经济损失，被侵权人有权依据民事诉讼法律规定向侵权人主张民事赔偿。

本案中，甲公司有权向阿海提起民事赔偿。

风险防范建议

包括商业秘密在内的知识产权日益成为企业在市场竞争中占据有利地位的重要武器。企业保护商业秘密除与涉密人员签订保密协议约定责任外，更多地要依靠技术处理等方式（如对电脑U盘、内部网络资料实施监控）避免秘密外泄。同时，涉密人员或其他企业必需严格遵守商业道德，不得利用非法手段获取他人商业秘密，或明知是非法获得的商业秘密仍然使用，否则不仅应承担民事责任，还会受到行政处罚，严重的会承担刑事责任。

相关法规

《刑法》第219条 有下列侵犯商业秘密行为之一，给商业秘密的权利人造成重大损失的，处三年以下有期徒刑或者拘役，并处或者单处罚金；造成特别严重后果的，处三年以上七年以下有期徒刑，并处罚金：

（一）以盗窃、利诱、胁迫或者其他不正当手段获取权利人的商业秘密的；

（二）披露、使用或者允许他人使用以前项手段获取的权利人的商业秘密的；

（三）违反约定或者违反权利人有关保守商业秘密的要求，披露、使用或者允许他人使用其所掌握的商业秘密的。

明知或者应知前款所列行为，获取、使用或者披露他人的商业秘密的，以侵犯商业秘密论。

本条所称商业秘密，是指不为公众所知悉，能为权利人带来经济利益，具有实用性并经权利人采取保密措施的技术信息和经营信息。

本条所称权利人，是指商业秘密的所有人和经商业秘密所有人许可的商业秘密使用人。

《劳动合同法》第90条 劳动者违反本法规定解除劳动合同，或者违反劳动合同中约定的保密义务或者竞业限制，给用人单位造成损失的，应当承担赔偿责任。

209. 竞争公司以不正当手段获取商业秘密，可以索赔吗？

情景案例

甲公司系一家药品公司，主要经营药品的代理和销售。由于市场竞争激烈，公司的发展比较迟缓。2013年6月，甲公司拟开发一种极具市场潜力的药品，为此投入了大量的资金聘请技术人员从事研发工作。

吴某系甲公司研发部门的技术骨干，将掌握的核心配方及资料交给朋友袁某，袁某发现很有市场价值，就与乙公司合作，并向国家知识产权局申请了专利。

2015年3月，乙公司的新产品提前上市，销售额成倍增长。而甲公司资金链断裂，濒临破产。

请问：甲公司有什么办法来维护自己的权益？

本案分析

企业的重要商业秘密包括企业新技术、新产品等在当下市场竞争中确实关系到企业的生存，其重要性无须赘言。我国《反不正当竞争法》中明确规定了使用经盗窃、利诱、胁迫及其他不正当方式获得的商业秘密均构成侵犯商业秘密，属于不正当竞争行为，应承担赔偿责任。

对于通过不正当行为获得的商业秘密而申请专利的，应申请专利局认定其无效，从而否定非法获得者取得专利权。

本案中，甲公司还可以追究吴某、袁某、乙公司的刑事责任，并要求其承担民事赔偿责任。

风险防范建议

企业应保管好自己研发的原始资料，一旦有争议发生，可以证明自己是秘密所有人，还应保管好参与研发人员名单、接触保密信息人员记录等原始资料。

侵犯他人核心商业秘密，害人终害己，同时，也给商业秘密的所有人敲响了警钟，随时注意提高保护商业秘密的水平，否则功亏一篑，后果难以想象。

相关法规

《反不正当竞争法》第10条 经营者不得采用下列手段侵犯商业秘密：

（一）以盗窃、利诱、胁迫或者其他不正当手段获取权利人的商业秘密；

（二）披露、使用或者允许他人使用以前项手段获取的权利人的商业秘密；

（三）违反约定或者违反权利人有关保守商业秘密的要求，披露、使用或者允许他人使用其所掌握的商业秘密。

第三人明知或者应知前款所列违法行为，获取、使用或者披露他人的商业秘密，视为侵犯商业秘密。

《刑法》第219条 有下列侵犯商业秘密行为之一，给商业秘密的权利人造成重大损失的，处三年以下有期徒刑或者拘役，并处或者单处罚金；造成特别严重后果的，处三年以上七年以下有期徒刑，并处罚金：

（一）以盗窃、利诱、胁迫或者其他不正当手段获取权利人的商业秘密的；

（二）披露、使用或者允许他人使用以前项手段获取的权利人的商业秘密的；

（三）违反约定或者违反权利人有关保守商业秘密的要求，披露、使用或者允许他人使用其所掌握的商业秘密的。

明知或者应知前款所列行为，获取、使用或者披露他人的商业秘密的，以侵犯商业秘密论。

《专利法》第60条 未经专利权人许可，实施其专利，即侵犯其专利权，引起纠纷的，由当事人协商解决；不愿协商或者协商不成的，专利权人或者利害关系人可以向人民法院起诉，也可以请求管理专利工作的部门处理。管理专利工作的部门处理时，认定侵权行为成立的，可以责令侵权人立即停止侵权行为，当事人不服的，可以自收到处理通知之日起十五日内依照《中华人民共和国行政诉讼法》向人民法院起诉；侵权人期满不起诉又不停止侵权行为的，管理专利工作的部门可以申请人民法院强制执行。进行处理的管理专利工作的部门应当事人的请求，可以就侵犯专利权的赔偿数额进行调解；调解不成的，当事人可以依照《中华人民共和国民事诉讼法》向人民法院起诉。

二、竞业限制

210. 公司要求员工竞业限制，是否应支付竞业限制费用？

情景案例

琪琪是某会计师事务所的财务总监，公司的员工竞业限制与保密手册中明确规定：高管人员须遵守离职后 2 年的竞业限制。琪琪离职后，由于找不到合适的工作，一直在家待业。

一年之后，琪琪听朋友说，如果公司未支付竞业限制费用，员工可以不执行竞业 2 年的限制。琪琪到了另一家会计师事务所上班。前单位得知琪琪违反竞业限制，向琪琪和现就职的会计师事务所提起民事诉讼，要求承担赔偿责任。

请问：琪琪原单位的做法合法吗？

本案分析

竞业限制是指用人单位专门对高级管理人员、高级技术人员及其他负有保密义务的人员，在劳动关系终止后一定时期内不得自己从事同业或者到同行业其他具有竞争关系的单位任职的限制。

竞业限制由于在一定程度上限制了劳动者从事某方面工作的自由，因而法律规定必需按月支付经济补偿金，且最长不得超过 2 年，期间劳动者违反规定的应支付违约金。

本案中，会计师事务所与琪琪约定了竞业限制条款，但由于用人单位未按照法律规定向琪琪支付竞业限制费用，因而该限制条款无效。

风险防范建议

竞业限制条款并非单务内容，而是要求用人单位应支付相应补偿金用于补贴劳动者受限的收入，同时也要求劳动者在获得补贴后遵守限制条件，是双务行为。请注意：

(1)企业应根据受限制人员所掌握的信息重要性设定补偿金，确定竞业限制人员范围、期限以避免增加己方发放补偿金的负担。竞业限制补偿金应在离职后按月发放，未支付补偿金的，员工可以不遵守竞业限制约定。

(2)保守商业秘密不受是否付费影响，即使没有约定竞业限制条款或者约定不明，保守商业秘密是劳动者仍要遵守的要求。

相关法规

《劳动合同法》第 23 条 用人单位与劳动者可以在劳动合同中约定保守用人单位的商业秘密和与知识产权相关的保密事项。

对负有保密义务的劳动者，用人单位可以在劳动合同或者保密协议中与劳动者约定竞业限制条款，并约定在解除或者终止劳动合同后，在竞业限制期限内按月给予劳动者经济补偿。劳动者违反竞业限制约定的，应当按照约定向用人单位支付违约金。

《劳动合同法》第24条 竞业限制的人员限于用人单位的高级管理人员、高级技术人员和其他负有保密义务的人员。竞业限制的范围、地域、期限由用人单位与劳动者约定,竞业限制的约定不得违反法律、法规的规定。

在解除或者终止劳动合同后,前款规定的人员到与本单位生产或者经营同类产品、从事同类业务的有竞争关系的其他用人单位,或者自己开业生产或者经营同类产品、从事同类业务的竞业限制期限,不得超过二年。

《劳动合同法》第90条 劳动者违反本法规定解除劳动合同,或者违反劳动合同中约定的保密义务或者竞业限制,给用人单位造成损失的,应当承担赔偿责任。

《最高人民法院关于审理劳动争议案件适用法律若干问题的解释(四)》第6条 当事人在劳动合同或者保密协议中约定了竞业限制,但未约定解除或者终止劳动合同后给予劳动者经济补偿,劳动者履行了竞业限制义务,要求用人单位按照劳动者在劳动合同解除或者终止前十二个月平均工资的30%按月支付经济补偿的,人民法院应予支持。

前款规定的月平均工资的30%低于劳动合同履行地最低工资标准的,按照劳动合同履行地最低工资标准支付。

211. 离职员工未签订竞业限制协议,企业可以经营同类业务为由索赔吗?

情景案例

乙公司系某农产品经销公司,张某系乙公司的化肥销售员,双方没有签订竞业限制协议。2014年8月,张某辞职。2个月后,张某与朋友李某共同投资设立甲公司,甲公司与乙公司的经营范围一致。

2015年6月,张某收到法院传票,乙公司以其经营销售同类产品,侵犯经营秘密为由,要求张某和甲公司停止侵权,并赔偿60万元经济损失。

请问:乙公司的要求是否合理?

本案分析

保守商业秘密和竞业限制是两个不同的概念,保守商业秘密不受时间长短、在职与否以及职务类别等限制,但竞业限制主要是针对企业高管、高级技术人员和其他负有保密义务的人员,且必须有竞业限制条款,并支付竞业限制补偿金方为有效。未签订竞业限制条款或未支付竞业限制补偿金的,对劳动者不具有约束力。

本案中,张某与公司未签订竞业限制协议,其离职后设立自己的公司从事销售与原单位有竞争的同类产品未违反法律规定。但如原单位有证据证明其侵犯商业秘密的则需要承担相应责任。

风险防范建议

如果企业的客户名单不但有客户名称、地址、电话,而且包括每次签约的数量、过程、规律以及客户的市场潜力分析等记载。由于这些信息,第三人不可能有其他确切的方法和渠道获得，企业可以利用这些信息获得经济效益并采取了保密措施，可以视为商业秘密。企业保护客户名单的方法可以有：确定密级，严格划定接触人员范围，定期评估秘密接触人员。如以软件形式保存，则应加密。签订保密协议、制定规章制度、约定违约责任，加强培训等。

相关法规

《劳动合同法》第24条　竞业限制的人员限于用人单位的高级管理人员、高级技术人员和其他负有保密义务的人员。竞业限制的范围、地域、期限由用人单位与劳动者约定，竞业限制的约定不得违反法律、法规的规定。

在解除或者终止劳动合同后，前款规定的人员到与本单位生产或者经营同类产品、从事同类业务的有竞争关系的其他用人单位，或者自己开业生产或者经营同类产品、从事同类业务的竞业限制期限，不得超过二年。

《最高人民法院关于审理劳动争议案件适用法律若干问题的解释(四)》第6条　当事人在劳动合同或者保密协议中约定了竞业限制，但未约定解除或者终止劳动合同后给予劳动者经济补偿，劳动者履行了竞业限制义务，要求用人单位按照劳动者在劳动合同解除或者终止前十二个月平均工资的30%按月支付经济补偿的，人民法院应予支持。

前款规定的月平均工资的30%低于劳动合同履行地最低工资标准的，按照劳动合同履行地最低工资标准支付。

《最高人民法院关于审理劳动争议案件适用法律若干问题的解释(四)》第7条　当事人在劳动合同或者保密协议中约定了竞业限制和经济补偿，当事人解除劳动合同时，除另有约定外，用人单位要求劳动者履行竞业限制义务，或者劳动者履行了竞业限制义务后要求用人单位支付经济补偿的，人民法院应予支持。

212. 竞业限制协议中约定的违约金是否有效？

情景案例

A公司系一家电子公司，2009年12月，A公司与全体高管人员签订竞业限制协议，要求高管人员必须严格遵守公司制度，离职后须执行2年的竞业限制期。协议签订后，A公司按约支付了竞业限制费。

2015年3月，A公司在参加展销会时，遇到原技术部经理梁某，才得知半年前梁某离职后，马上到另一家电子公司任技术部经理。

A公司向法院起诉，要求梁某支付违反竞业限制的违约金50万元，梁某认为违约金50万元过高，双方无法协商解决。

请问：A公司约定的竞业限制50万元的违约金有效吗？

本案分析

用人单位与劳动者自愿签订竞业限制协议，用人单位支付了经济补偿金的，劳动者应严格予以遵守，违反规定的应支付违约金。违约金数额，法律并未明确规定，原则上根据双方签订的协议执行,过高或者过低都可以申请法院根据实际情况调整。

本案中,A公司与梁某签订的竞业限制协议中约定违约金50万元,法院可以根据梁某职位的重要性程度、对A公司的影响程度等因素综合判定违约金数额。

风险防范建议

《劳动合同法》只对劳动者的两种情况规定了需向用人单位支付违约金:一是关于用人单位提供专业技能培训约定服务期的;二是关于竞业限制。

劳动者违反竞业限制条款,除应支付违约金外,用人单位还可以要求劳动者继续履行竞业限制条款。

相关法规

《最高人民法院关于审理劳动争议案件适用法律若干问题的解释(四)》第10条 劳动者违反竞业限制约定,向用人单位支付违约金后,用人单位要求劳动者按照约定继续履行竞业限制义务的,人民法院应予支持。

《劳动合同法》第23条 用人单位与劳动者可以在劳动合同中约定保守用人单位的商业秘密和与知识产权相关的保密事项。

对负有保密义务的劳动者,用人单位可以在劳动合同或者保密协议中与劳动者约定竞业限制条款,并约定在解除或者终止劳动合同后,在竞业限制期限内按月给予劳动者经济补偿。劳动者违反竞业限制约定的,应当按照约定向用人单位支付违约金。

《劳动合同法》第24条 竞业限制的人员限于用人单位的高级管理人员、高级技术人员和其他负有保密义务的人员。竞业限制的范围、地域、期限由用人单位与劳动者约定,竞业限制的约定不得违反法律、法规的规定。

在解除或者终止劳动合同后,前款规定的人员到与本单位生产或者经营同类产品、从事同类业务的有竞争关系的其他用人单位,或者自己开业生产或者经营同类产品、从事同类业务的竞业限制期限,不得超过二年。

213. 竞业限制协议约定员工的竞业限制在全国范围内,是否有效?

情景案例

来自湖南的张波系广州一家体育用品公司的设计部员工,张波思维活跃,创意较多,公司也多次派出学习,工作5年后张波任公司创意部总监。

2015年7月8日,公司与张波签订员工竞业限制协议,协议约定张波离职后,在全国范围内均进行竞业限制,如果出现违约行为,须承担违约责任。张波一直想回湖南老家发展,这个条款无法接受。心中暗想:如果签订了这份协议,就等于给自己加了"紧箍咒"。

请问:张波所在单位的要求合法吗?

本案分析

竞业限制条款不得违反法律、法规强制性规定,至于竞业限制的范围、地域等由用人单位与劳动者根据工作性质自行约定。

本案中，公司要求张波在全国范围内实施竞业限制并不违反法律规定，张波可根据实际情况予以考虑是否签订。

风险防范建议

竞业限制对行业整体而言具有一定的限制，可能会造成行业内人员流动不畅，整体专业、技术水平无法提升，因此企业应根据实际经营能力和范围设定竞业限制范围，否则过严的限制标准不利于吸引人才，也对行业整体发展造成影响。

相关法规

《劳动合同法》第 24 条　竞业限制的人员限于用人单位的高级管理人员、高级技术人员和其他负有保密义务的人员。竞业限制的范围、地域、期限由用人单位与劳动者约定，竞业限制的约定不得违反法律、法规的规定。

在解除或者终止劳动合同后，前款规定的人员到与本单位生产或者经营同类产品、从事同类业务的有竞争关系的其他用人单位，或者自己开业生产或者经营同类产品、从事同类业务的竞业限制期限，不得超过二年。

《劳动合同法》第 23 条　用人单位与劳动者可以在劳动合同中约定保守用人单位的商业秘密和与知识产权相关的保密事项。

对负有保密义务的劳动者，用人单位可以在劳动合同或者保密协议中与劳动者约定竞业限制条款，并约定在解除或者终止劳动合同后，在竞业限制期限内按月给予劳动者经济补偿。劳动者违反竞业限制约定的，应当按照约定向用人单位支付违约金。

214. 公司股东离职，新开公司经营同类业务，是否适用竞业禁止？

情景案例

A 公司于 2009 年 7 月成立，赵某是股东之一，占公司 10% 的股份，负责公司产品销售。2013 年 5 月，赵某与其他股东发生矛盾，遂和老乡成立 B 公司，B 公司经营同类业务。8 月，赵某离职。

2015 年 1 月，A 公司找到赵某，要求赵某承担违反竞业限制造成的损失 50 万元。

请问：A 公司可以要求赵某赔偿损失吗？

本案分析

竞业限制针对的是企业高级管理人员、高级技术人员或其他具有保密义务的人员。而实践中，公司股东往往会担任企业高级管理人员或技术人员，从而也符合了竞业限制条件。同时，根据《公司法》的规定，股东协议或者公司章程中也可对股东是否能经营相同行业、相同产品进行约定。

本案中，赵某担任 A 公司的产品销售负责人，如签订了竞业限制协议则应当受竞业限制条款约束；也可根据公司章程审查赵某是否有权经营相同行业产品。

风险防范建议

股东由于身份的特殊性，其既是公司的投资人，同时又是公司的管理人员，也就要求其行为既要符合股东的要求，也要符合劳动者的要求。公司可以根据实际情况设置公司股东同业竞争的条件。

相关法规

《劳动合同法》第24条 竞业限制的人员限于用人单位的高级管理人员、高级技术人员和其他负有保密义务的人员。竞业限制的范围、地域、期限由用人单位与劳动者约定，竞业限制的约定不得违反法律、法规的规定。

在解除或者终止劳动合同后，前款规定的人员到与本单位生产或者经营同类产品、从事同类业务的有竞争关系的其他用人单位，或者自己开业生产或者经营同类产品、从事同类业务的竞业限制期限，不得超过二年。

第十三章　不正当竞争

在经济活动中，傍名牌、违法有奖销售、商业诋毁等不正当竞争行为，扰乱了市场秩序，损害同业竞争者的利益或者消费者利益。

不正当竞争行为会破坏社会主义市场经济的秩序，使市场在资源配置中无法发挥决定作用。

企业应增强知识产权保护意识，创建自己的品牌，共同建设和维护公平公正的市场秩序。

一、混淆行为

215. 将他人的注册商标用作自己的网页宣传，违法吗？

情景案例

A 公司系某注册商标的权利人，核定使用商品类别为家具产品。该商标曾被认定为驰名商标。B 公司制作公司网站时，使用了 A 公司的注册商标，并开展了关键词广告搜索业务。不久，B 公司收到 A 公司寄来的律师函，要求停止使用、赔偿损失。

请问：B 公司的行为违法吗？

本案分析

本案例实际上很清楚地告诉大家，他人的注册商标未经许可不得擅自使用，否则涉嫌侵权。如果 B 公司假冒 A 公司的商标用于宣传自己经营的相同或相近似产品来误导公众，引起混淆，则可能违反《商标法》的规定，也触及《反不正当竞争法》第 9 条的虚假宣传。

本案中，B 公司采取关键词搜索方式，将不属于其所有的 A 公司商标链接到其页面，相当于拦截、阻碍了 A 公司的正常业务联系，明显误导公众，获得不正当利益，构成不正当竞争。

风险防范建议

尊重他人商标权，未经许可不得擅自使用他人商标。

相关法规

《反不正当竞争法》第 5 条　经营者不得采用下列不正当手段从事市场交易，损害竞争对手：

(1)假冒他人的注册商标;

(2)擅自使用知名商品特有的名称、包装、装潢,或者使用与知名商品近似的名称、包装、装潢,造成和他人的知名商品相混淆,使购买者误认为是该知名商品;

(3)擅自使用他人的企业名称或者姓名,引人误认为是他人的商品;

(4)在商品上伪造或者冒用认证标志、名优标志,伪造产地,对商品质量作引人误解的虚假表示。

《反不正当竞争法》第9条 经营者不得利用广告或者其他方法,对商品的质量、制作成分、性能、用途、生产者、有效期限、产地等作引人误解的虚假宣传。

广告的经营者不得在明知或者应知的情况下,代理、设计、制作、发布虚假广告。

《商标法》第57条 有下列行为之一的,均属侵犯注册商标专用权:

(一)未经商标注册人的许可,在同一种商品上使用与其注册商标相同的商标的;

(二)未经商标注册人的许可,在同一种商品上使用与其注册商标相似的商标,或者在类似商品上使用与其注册商标相同或者近似的商标,容易导致混淆的;

……

《商标法》第58条 将他人注册商标、未注册的驰名商标作为企业名称中的字号使用,误导公众,构成不正当竞争行为的,依照《中华人民共和国反不正当竞争法》处理。

216. 使用与知名商品近似的包装装潢,是"搭便车"的违法行为吗?

情景案例

A公司生产的某品牌洗发水,在国内头发洗护市场具有较高知名度,商标于2008年及2010年先后被广东省工商行政管理局认定为"广东省著名商标"。其产品独特的瓶体形状、瓶体的图案、颜色组合具有显著市场识别性。2012年1月,B公司生产的洗发水,在瓶体上使用了与A公司品牌相近似的图案、颜色组合,且瓶体形状相同,几乎无法辨别。

2014年3月,A公司向法院起诉,要求B公司停止这种"搭便车"的行为,并赔偿损失。

请问:B公司的行为是搭便车的违法行为吗?

本案分析

产品能够成为省著名商标、省名牌产品,同时得到广大消费者的认同,是付出了大量人力物力财力的结果,从而使消费者能够通过其特有的包装、装潢予以直接区分。如果允许"搭便车"行为的存在,不仅侵害A公司的合法利益,同时也会损害消费者的权益。

我国《反不正当竞争法》明确规定:"经营者不得采用下列不正当手段从事市场交易,损害竞争对手:擅自使用知名商品特有的名称、包装、装潢,或者使用与知名商品近似的名称、包装、装潢,造成和他人的知名商品相混淆,使购买者误认为是该知名商品。"

毫无疑问,B公司使用知名商品的近似包装、装潢显然属于"搭便车"行为,构成不正当竞争。

风险防范建议

企业品牌的打造绝非一朝一夕所能完成的，凝聚了企业大量的心血，因此在经营过程中应意识到：

(1)明确知名商品的定义。实际上对知名商品的定义并无统一的规定，一般参考商品的销售时间、销售区域、销售额和销售对象，进行任何宣传的持续时间、程度和地域范围，作为知名商品受保护的情况等因素，进行综合判断。

(2)打造自身产品品牌。企业从小到大、由弱到强是一个渐进的过程，但最终要想实现自己产品、企业知名度的提升，取决于自身品牌的打造。

(3)加强产品品牌管理。品牌的打造对于企业具有战略意义，应当对产品的品牌进行相应管理，根据具体需求甚至可以申请驰名商标认定，获得更大程度的保护。

相关法规

《反不正当竞争法》第5条　经营者不得采用下列不正当手段从事市场交易，损害竞争对手：

(五)假冒他人的注册商标；

(六)擅自使用知名商品特有的名称、包装、装潢，或者使用与知名商品近似的名称、包装、装潢，造成和他人的知名商品相混淆，使购买者误认为是该知名商品；

(七)擅自使用他人的企业名称或者姓名，引人误认为是他人的商品；

(八)在商品上伪造或者冒用认证标志、名优标志，伪造产地，对商品质量作引人误解的虚假表示。

《商标法》第57条　有下列行为之一的，均属侵犯注册商标专用权：

(一)未经商标注册人的许可，在同一种商品上使用与其注册商标相同的商标的；

……

217. 同行使用驰名商标作商品名称，是否构成侵权？

情景案例

A公司的某注册商标，在生产的茶叶类商品使用。由于A公司使用多年，在全国市场具有广泛的知名度。2012年12月，该商标被认定为驰名商标。

B公司系经营同类产品的茶业公司，2013年9月向市场推出一款新产品，以A公司注册商标名作为本款产品的名称。

请问：B公司的行为构成侵权吗？

本案分析

驰名商标在我国享有更为广泛的保护，对于在我国已经注册并认定为驰名商标的，根据《商标法》的规定是可以跨类别予以保护的，即不论是哪个商品分类，均不予注册并禁止使用。同时，复制、模仿、翻译他人注册的驰名商标或其主要部分在商品上作为商标使用，误导公众，致使该驰名商标注册人的利益可能受到损害的也属于侵害商标专用权。

本案中，B公司擅自将他人的驰名商标作为其产品名称，易引起消费者混淆，误导公众，已构成侵权。

风险防范建议

驰名商标受保护范围广。由于驰名商标具有较高知名度和信誉度,其品牌影响力往往对公众具有较大的吸引力,一旦被人冒用,对商标权人和消费者都将造成严重的损失,因此,未经许可,不论是相同或相似,还是不相同或者不相似的商品类别均不得擅自使用。

相关法规

《商标法》第13条第1款 为相关公众所熟知的商标,持有人认为其权利受到侵害时,可以依照本法规定请求驰名商标保护。

《商标法》第57条第1、2项 有下列行为之一的,均属侵犯注册商标专用权:

(一)未经商标注册人的许可,在同一种商品上使用与其注册商标相同的商标的;

(二)未经商标注册人的许可,在同一种商品上使用与其注册商标相似的商标,或者在类似商品上使用与其注册商标相同或者近似的商标,容易导致混淆的;

……

《商标法》第58条 将他人注册商标、未注册的驰名商标作为企业名称中的字号使用,误导公众,构成不正当竞争行为的,依照《中华人民共和国反不正当竞争法》处理。

《最高人民法院关于审理涉及驰名商标保护的民事纠纷案件应用法律若干问题的解释》第2条 在下列民事纠纷案件中,当事人以商标驰名作为事实根据,人民法院根据案件具体情况,认为确有必要的,对所涉商标是否驰名作出认定:

(一)以违反商标法第十三条的规定为由,提起的侵犯商标权诉讼;

(二)以企业名称与其驰名商标相同或者近似为由,提起的侵犯商标权或者不正当竞争诉讼;

(三)符合本解释第六条规定的抗辩或者反诉的诉讼。

二、虚假宣传

218. 以虚假宣传的方式销售产品,是否属于不正当竞争行为?

情景案例

2013年7月,钟某租赁了几间厂房,从事果脯加工业务。2013年8月,钟某通过香港的朋友付某在香港注册了香港××(国际)食品有限公司。

2014年9月,市工商部门在检查中发现,钟某在生产的果脯食品包装吊牌上标注"香港××(国际)食品有限公司监制"的字样,钟某在互联网的公司网站上发布了产品广告,宣传产品系香港××(国际)食品有限公司监制。实际上,香港公司无分装食品,也无人监制产品。

请问:钟某的行为属于不正当竞争行为吗?

本案分析

本案涉及虚假宣传行为的问题。虚假宣传行为是指在市场交易中,经营者利用广告或者其他方法对商品或服务作与实际情况不符的公开宣传,导致或足以导致购买者产生误解的行为，即一种误导行为。

在市场交易中，经营者提供的信息是消费者据以作出购买选择的基本依据。如果经营者提供的是不准确的信息，消费者据此作出购买选择，受到经济上损害，其他经营者因此而丧失了客户。虚假宣传行为是一种危害后果严重的行为，也是在市场中发生量很大的行为。

本案中，钟某对食品监制的事实作出令人误解的虚假宣传，违反《反不正当竞争法》第9条第1款之规定，属经营者利用广告或其他方法，对商品作引人误解的虚假宣传的行为。

风险防范建议

企业应真实标注商品的价格、质量、性能、用途、制作成分、生产者、有效期限、产地等，禁止使用令人误解或误导的语言，带来不必要的麻烦。

相关法规

《反不正当竞争法》第9条第1款　经营者不得利用广告或者其他方法，对商品的质量、制作成分、性能、用途、生产者、有效期限、产地等作引人误解的虚假宣传。

219. 竞争对手在网上发布编造的不实信息，企业如何维权？

情景案例

A公司与B公司是某市两家规模较大的网络技术公司，主要业务系为企业提供搜索引擎优化服务。近几个月，B公司业务下滑，于是在互联网上匿名发布了很多帖子，主要内容涉及A公司欺骗客户、排名没有效果等，这些帖子迅速在网上大量转发。

由于网上有大量负面帖子，对A公司的企业商誉造成了巨大影响，业务大幅下降。

请问：A公司应该如何维护自己的权益？

本案分析

市场经济自由竞争的要求之一就是企业在竞争活动中应遵守商业道德，充分重视自身品牌的建设，同时也对竞争对手予以充分的尊重，不得诋毁、损害竞争对手的商业信誉、商品声誉。这样的做法轻则涉及民事赔偿，严重的构成《刑法》中损害商业信誉、商品声誉罪，将追究刑事责任。

本案中，B公司不是积极加强自身企业和业务的发展，而是为赢得市场，捏造、散布虚假事实，恶意诋毁A公司，给A公司造成了巨大经济损失。《反不正当竞争法》第14条对此予以明确规定，认定属于不正当竞争行为。

A公司为了维护自己的声誉和商誉，可以积极收集并保全证据，要求B公司立即停止侵权、赔礼道歉、消除影响并赔偿经济损失。

风险防范建议

关于损害竞争对手商业信誉、商品声誉，最通常的表现形式就是利用产品进行比对,捏造对方产品不实情况,突出自身产品的优势。这种行为并不违法,但如果未对产品进行必要合法处理则涉嫌构成不正当竞争。

相关法规

《反不正当竞争法》第14条 经营者不得捏造、散布虚伪事实,损害竞争对手的商业信誉、商品声誉。

《刑法》第221条 捏造并散布虚伪事实,损害他人的商业信誉、商品声誉,给他人造成重大损失或者有其他严重情节的,处二年以下有期徒刑或者拘役,并处或者单处罚金。

220. 夸大宣传产品功效，是不正当竞争行为吗?

情景案例

A公司系床垫销售商,2015年8月,A公司雇请了大量工作人员,在小区公园、市场等地,大量派发宣传单,还每日以讲课、唱歌、赠送大米等方式,吸引中老年人到店铺免费体验玉石床垫。A公司的宣传资料中描述"一次购买,终身受益。本床垫使用名贵玉石材料,可以治愈多种慢性病,具有排毒养生的保健功能"。很多老年人在免费体验后,纷纷购买。

经过有关部门检验,A公司生产的保健床垫使用普通的玉石材料,成本仅为2000元,但实际销售价高达18,000元。

请问:A公司构成不正当竞争吗?

本案分析

产品生产商、销售商对产品的功能、制作成分、用途等应进行真实性宣传,不得采取夸大、隐瞒等方式进行虚假宣传,进而导致购买者误解,否则涉嫌违反《反不正当竞争法》的规定。

本案中,A公司针对中老年人,利用该群体有保健养生需求及对某些宣传不易识别的原因,在活动中将原本普通没有保健功能的玉石包装为名贵玉石具有排毒养生功效,使很多老年人被欺骗而购买。A公司的行为已经触犯《反不正当竞争法》明确禁止的虚假宣传规定,构成不正当竞争。

风险防范建议

企业的营销策划很多都是由企业内部企划部门或者外聘广告营销公司进行包装营销,该类从业人员对虚假宣传、不正当竞争是有一定了解的,但为了营销的目的仍然会出现"铤而走险"方式,违反法律规定,因此建议:

(1)产品经营企业应当与营销公司签订协议,对于营销公司包装过程中违反法律规定造成损失的应予追偿。

(2)坚持合法经营、诚信经营理念。实际上虚假宣传是比较容易识别的,因此企业要坚持合法、诚信的经营理念。

相关法规

《广告法》第3条　广告应当真实、合法，符合社会主义精神文明建设的要求。

《广告法》第4条　广告不得含有虚假的内容，不得欺骗和误导消费者。

《广告法》第28条　广告以虚假或者引人误解的内容欺骗、误导消费者的，构成虚假广告。

《广告法》第56条第1款　违反本法规定，发布虚假广告，欺骗、误导消费者，使购买商品或者接受服务的消费者的合法权益受到损害的，由广告主依法承担民事责任。广告经营者、广告发布者不能提供广告主的真实名称、地址和有效联系方式的，消费者可以要求广告经营者、广告发布者先行赔偿。

《反不正当竞争法》第9条　经营者不得利用广告或者其他方法，对商品的质量、制作成分、性能、用途、生产者、有效期限、产地等作引人误解的虚假宣传。

广告的经营者不得在明知或者应知的情况下，代理、设计、制作、发布虚假广告。

三、责任承担

221. 抽奖式有奖销售的最高资金超过5000元的，是否违法？

情景案例

2014年4月份，某电器公司为宣传周年店活动，在门店处摆放大型广告牌、在当地主要媒体刊登广告的方式，并开展抽奖式有奖销售活动。活动规定：凡在活动期间消费满500元即可获得抽奖机会，最高奖品为价值8000元的彩电一台。

请问：电器公司会受到什么处罚？

本案分析

有奖销售对于引导消费者、刺激消费具有一定的作用，商家在进行有奖销售中更为看重的目的可能还在于其能够通过鼓励方式扩大产品的知名度，从而间接带动产品销售。我国对于有奖销售是予以认可的，但在《反不正当竞争法》中对于3种有奖销售形式予以了明确禁止，分别是：(1)实际不设奖而谎称有奖或内定中奖等欺骗式有奖销售；(2)利用有奖销售推销质次价高商品；(3)抽奖式销售金额超过5000元。

本案中，该超市采取的正是第三种抽奖式销售，且中奖金额超过了法律所规定的5000元达到8000元，因此属于不正当竞争行为，应受处罚。

风险防范建议

需要特别注意的是，随着支付手段和方式的不断丰富，目前出现很多经营者以奖金(如红包、等值购物券)形式回馈消费者，该形式要注意不违反法律规定。

相关法规

《反不正当竞争法》第13条　经营者不得从事下列有奖销售：

(一)采用谎称有奖或者故意让内定人员中奖的欺骗方式进行有奖销售；

(二)利用有奖销售的手段推销质次价高的商品；

（三）抽奖式的有奖销售，最高奖的金额超过五千元。

《反不正当竞争法》第26条 经营者违反本法第十三条规定进行有奖销售的，监督检查部门应当责令停止违法行为，可以根据情节处以一万元以上十万元以下的罚款。

222. 竞争对手通过网络发布对企业不利的真实信息，承担法律责任吗？

情景案例

甲公司和乙公司均为卫浴生产企业。甲公司内部设有公关部，专门收集市场动态与竞争对手的最新信息。

2014年6月，公关部门得知乙公司经营困难，拖欠供应商货款已达2000多万元，短期内无力偿还。为打击竞争对手，甲公司安排工作人员如实写了一篇关于乙公司经营困难的文章，并通过网络大量传播。

由于文章转载量大，很多债权人纷纷到乙公司催债，乙公司承受资金与舆论的双重压力，处于破产的边缘。

请问：甲公司的行为构成不正当竞争吗？

本案分析

根据《反不正当竞争法》第2条的规定，不正当竞争，是指经营者违反本法规定，损害其他经营者的合法权益，扰乱社会经济秩序的行为，因此，只要违反该法律明文规定的行为通常才被认为是不正当竞争行为。而从《反不正当竞争法》第5条至第19条，列举共计11种类型的不正当竞争行为，其中不包括公开竞争对手真实信息行为。与之相对应的是第14条“经营者不得捏造、散布虚伪事实，损害竞争对手的商业信誉、商品声誉”，在该条文中明确规定的是存在捏造行为，公布的是虚假事实，从而损害商业信誉、商品声誉。

本案中，甲公司获知乙公司经营困难，而予以公开此信息，给乙公司造成严重影响，从形式上看确实损害了乙公司的商业信誉，但甲公司公布的信息真实，其行为并未违反法律规定，不构成不正当竞争。

风险防范建议

随着信息技术的日益发达，无论是正面还是负面的消息都会对企业的生存、发展带来巨大影响，企业在注意保护自己商业信息的同时，也要遵守诚实信用原则，避免出现负面情况，及时与供应商沟通，而非隐瞒相关信息。

相关法规

《反不正当竞争法》第2条第1、2款 经营者在市场交易中，应当遵循自愿、平等、公平、诚实信用的原则，遵守公认的商业道德。

本法所称的不正当竞争，是指经营者违反本法规定，损害其他经营者的合法权益，扰乱社会经济秩序的行为。

《反不正当竞争法》第14条　经营者不得捏造、散布虚伪事实，损害竞争对手的商业信誉、商品声誉。

《刑法》第221条　捏造并散布虚伪事实，损害他人的商业信誉、商品声誉，给他人造成重大损失或者有其他严重情节的，处二年以下有期徒刑或者拘役，并处或者单处罚金。

223. 为企业设计的广告违法，广告公司要承担法律责任吗？

情景案例

2015年7月5日，某广告公司与某房地产公司签订广告设计合同，合同约定广告公司为房地产公司提供户外平面宣传广告的设计、安装服务。2015年9月1日，一个含有“买楼必升值”的大型广告牌在楼盘外墙体处安装展示。

2015年9月，市工商局以虚假宣传为由对房地产公司作出行政处罚，处以125,000元罚款。房地产公司认为，广告公司是专业性广告策划机构，应当熟悉广告法，广告公司应承担法律责任。

请问：房地产公司的说法正确吗？

本案分析

《反不正当竞争法》规定，经营者对产品的质量、成分、性能等作了引人误解的宣传则属于虚假宣传，广告经营者对于明知或应知存在虚假宣传的因素而予以代理、设计、制作的也应承担相应行政责任。

本案中，房地产公司所销售的商品即楼房，具有明确的针对性，而“买楼必升值”属于绝对性表述易引起购买者的误解，属于不正当竞争行为，因此可以适用《反不正当竞争法》予以处理。

同时，房地产公司因与广告公司存在合同关系，广告公司作为专业的广告设计公司应知道“买楼必升值”语句存在虚假成分，因此房地产公司所受到的损失可根据合同向广告公司主张。

风险防范建议

目前号称史上最严格的广告法已经颁布，对于绝对性的表述予以明确规定，企业在发布产品介绍、产品市场占有率、销量等广告信息时应予以特别注意。同时对于广告公司所设计的广告语也应积极审查和预防，避免造成不必要损失。

相关法规

《反不正当竞争法》第9条　经营者不得利用广告或者其他方法，对商品的质量、制作成分、性能、用途、生产者、有效期限、产地等作引人误解的虚假宣传。

广告的经营者不得在明知或者应知的情况下，代理、设计、制作、发布虚假广告。

《广告法》第56条第1款　违反本法规定，发布虚假广告，欺骗、误导消费者，使购买商品或者接受服务的消费者的合法权益受到损害的，由广告主依法承担民事责任。广告经营者、广告发布者不能提供广告主的真实名称、地址和有效联系方式的，消费者可以要求广告经营者、广告发布者先行赔偿。

《刑法》第222条 广告主、广告经营者、广告发布者违反国家规定，利用广告对商品或者服务作虚假宣传，情节严重的，处二年以下有期徒刑或者拘役，并处或者单处罚金。

224. 以贬损竞争对手的方式进行宣传活动，承担什么法律责任？

情景案例

A公司与B公司系从事汽车销售的公司，两家公司分别经营同档次、不同品牌的国产汽车，市场竞争比较激烈。

2015年10月，A公司在开展周年庆促销活动中，在产品展示区张贴宣传画报，内容涉及B公司经销的品牌汽车的外观、结构、性能较差，综合性价均低于A公司销售的品牌汽车，有明显的贬损意图。B公司得知后，立即向工商部门投诉，并向法院提起赔偿之诉。

请问：A公司承担什么法律责任？

本案分析

损害竞争对手商誉的行为多种多样，其中商业诽谤、恶意贬损竞争对手是在现实生活中经常看到的行为。具体而言，其是指通过捏造、散布虚伪事实等不正当手段，对竞争对手的商业信誉、商品声誉进行恶意的诋毁、贬低，以削弱其市场竞争能力，并为自己谋取不正当利益的行为。

本案中，A公司采用宣传画报的方式公开比对竞争对手B公司及同级别的汽车品牌形象，贬低竞争对手，属于恶意贬损竞争对手，损害竞争对手的商品声誉，违反《反不正当竞争法》的规定，既要承担行政责任，还要承担民事责任。

风险防范建议

企业在生产、销售产品的过程中必不可少地会出现比对的情况，以突出自身产品的特点，但需要特别注意的是：

(1)不得捏造、虚构不实信息损害竞争对手：捏造、虚构不实信息不仅可能要承担民事、行政责任，严重的可能还要承担刑事责任。

(2)保护比对产品的声誉：对比对产品的商标、企业名称等容易引起消费者误解的因素进行适当处理，避免损害竞争对手的商誉。

相关法规

《反不正当竞争法》第2条第1、2款 经营者在市场交易中，应当遵循自愿、平等、公平、诚实信用的原则，遵守公认的商业道德。

本法所称的不正当竞争，是指经营者违反本法规定，损害其他经营者的合法权益，扰乱社会经济秩序的行为。

《反不正当竞争法》第14条 经营者不得捏造、散布虚伪事实，损害竞争对手的商业信誉、商品声誉。

《刑法》第221条 捏造并散布虚伪事实,损害他人的商业信誉、商品声誉,给他人造成重大损失或者有其他严重情节的,处二年以下有期徒刑或者拘役,并处或者单处罚金。

225. 企业限定他人购买指定经营者的商品,承担什么法律责任?

情景案例

A公司经招标成为当地居民网络服务公司,为全市居民提供设置上网宽带信号、安装网络电缆等服务。居民申请开通家庭上网服务功能后,由A公司安排工作人员上门安装。但A公司要求居民须自费购买其指定品牌及型号的路由器,才能为其免费安装。

居民刘某认为该品牌路由器价格偏高、质量差,便提出自行选择购买路由器,被A公司拒绝,不予安装。于是,刘某投诉至市工商局。

本案分析

限定消费者购买指定的商品就是通常所称的捆绑销售、搭售行为,实施捆绑销售的企业往往在市场上具有一定的"垄断性"或者具有较强的市场占有率。

实施捆绑销售、搭售等行为限定购买指定的商品,不仅仅侵害了消费者的自主选择权,也损害了其他竞争对手自由竞争的机会。尤其是对于垄断性质的行业、企业,该行为将造成极为不良的社会后果。

本案中,A公司在为消费者提供网络安装服务的过程中,要求购买指定品牌及型号的路由器,该行为明显违背了消费者的意愿搭售商品,属于不正当竞争行为,面临行政处罚责任。

风险防范建议

搭售行为是企业销售过程中经常性会使用的营销方式,并非所有的搭售行为都是违法的,因此需予以注意的是:

(1)不得违背购买者意愿:保障购买者的选择权,提供多种备选方案以便购买者可以进行选择。

(2)确保搭售产品质量合格:搭售并不意味着免除销售者对搭售产品的责任,因此也应确保质量。

相关法规

《反不正当竞争法》第12条 经营者销售商品,不得违背购买者的意愿搭售商品或者附加其他不合理的条件。

《反不正当竞争法》第23条 公用企业或者其他依法具有独占地位的经营者,限定他人购买其指定的经营者的商品,以排挤其他经营者的公平竞争的,省级或者设区的市的监督检查部门应当责令停止违法行为,可以根据情节处以五万元以上二十万元以下的罚款。被指定的经营者借此销售质次价高商品或者滥收费用的,监督检查部门应当没收违法所得,可以根据情节处以违法所得一倍以上三倍以下的罚款。

第十四章　企业融资

资金是企业经济活动的第一推动力。目前,融资难是民营企业发展中遇到的最大障碍。

企业能否获得稳定的资金来源、及时足额筹集到生产要素组合所需要的资金,对经营和发展至关重要。

理性地选择合法的融资渠道,制订完备的风险控制方案,可以避免融资带来的潜在危险。

一、债权融资

226. 企业可以向员工集资吗?

情景案例

A公司是某市一家知名五金生产企业,2012年8月,企业因资金不足陷入困境。张某遂在厂区张贴通知,发动员工集资,并承诺借款期限1年、年利率24%,全厂150名员工纷纷投资,企业共筹集到1000万元资金。

2013年9月,张某将集资的1000万元都用于企业运营,由于市场竞争激烈,企业回笼资金不及时,未如期偿还员工集资款。于是,员工集体罢工,并向公安机关报案。

请问:张某的行为构成非法集资吗?

本案分析

本案涉及非法集资的问题。非法集资是未经中国人民银行批准,向社会不特定对象吸收资金,出具凭证,承诺在一定期限内还本付息的活动。非法集资者通常会采取许诺高额回报、伪装正常的经营活动以达到骗取资金的不法目的。

员工的利益与企业的存续相关,企业为了筹集资金恢复生产,向员工筹集资金无疑成为最快捷的方式。但在借贷过程中,如果企业经营者处理不当,可能会陷入非法集资的危险境地。

本案中,张某因公司急需资金向公司员工筹资,以解决公司的燃眉之急。由于公司针对的集资对象为公司150名员工,不符合非法集资所要求的不特定社会公众的构成要件;张某以公司名义所筹集到的资金专款专用,用于公司的合法经营,并无其他不法目的;公司承诺支付给员工的利息也并未超过法律规定的上限;张某客观上也未破坏国家的金融管理秩序，不具有社会危害性。因此，张某以公司名义向本公司员工筹集资金的行为属于合法的借贷行为，不属于非法集资的范畴。

风险防范建议

企业在向本单位员工筹集资金过程中，如何把握非法与合法的界限呢？建议如下：

(1)集资对象严格控制在本企业的内部职工范围内，不要扩大到职工的亲朋好友或其他关系人。

(2)集资用途明确于公司发展或项目投入，不得违反约定的用途或向他人转贷。

(3)集资利率约定在一个合理的范围之内，如果利率过高，还会增加企业还贷的风险。

相关法规

《刑法》第176条　非法吸收公众存款或者变相吸收公众存款，扰乱金融秩序的，处三年以下有期徒刑或者拘役，并处或者单处二万元以上二十万元以下罚金；数额巨大或者有其他严重情节的，处三年以上十年以下有期徒刑，并处五万元以上五十万元以下罚金。

单位犯前款罪的，对单位判处罚金，并对其直接负责的主管人员和其他直接责任人员，依照前款的规定处罚。

《最高人民法院关于审理非法集资刑事案件具体应用法律若干问题的解释》第1条　违反国家金融管理法律规定，向社会公众(包括单位和个人)吸收资金的行为，同时具备下列四个条件的，除刑法另有规定的以外，应当认定为刑法第一百七十六条规定的“非法吸收公众存款或者变相吸收公众存款”：

(一)未经有关部门依法批准或者借用合法经营的形式吸收资金；

(二)通过媒体、推介会、传单、手机短信等途径向社会公开宣传；

(三)承诺在一定期限内以货币、实物、股权等方式还本付息或者给付回；

(四)向社会公众即社会不特定对象吸收资金。

未向社会公开宣传，在亲友或者单位内部针对特定对象吸收资金的，不属于非法吸收或者变相吸收公众存款。

《最高人民法院关于审理民间借贷案件适用法律若干问题的规定》第12条　法人或者其他组织在本单位内部通过借款形式向职工筹集资金，用于本单位生产、经营，且不存在合同法第五十二条、本规定第十四条规定的情形，当事人主张民间借贷合同有效的，人民法院应予支持。

227. 老板以家庭财产为企业“输血”，有什么法律风险？

情景案例

甲、乙是某公司股东，甲占公司60%股权，是大股东。2013年8月，甲、乙商量后，计划扩大生产规模，因资金不足，甲与妻子商议将家庭存款2000万元全部用于公司周转。

当时，公司生意很好，甲没考虑过公司会出问题。2014年3月，在公司扩大生产规模后，公司订单急速减少，又遇到公司的一大宗货物被骗，甲乙协商关闭了公司。

公司在支付了员工工资、优先偿还银行借款后，仅剩余1000多元。甲认为，自己拿出的2000万元款项未收回，乙应承担还款责任。

请问：大股东以个人存款用于企业经营，有什么法律风险？

本案分析

资金紧缺是中小企业在运营过程中所面临的巨大问题。企业家创业艰难，花费很大心血经营公司，一旦出现资金问题，往往倾其所有，旨在使企业尽快摆脱困境。此时，如果家庭财产与企业经营之间未设立防火墙，实施资产的有效隔离，可能导致积累的家庭财富失去保障。

在企业融资过程中，可采取多种方式。以增资扩股的方式筹集资金，公司增资后，股东仍以出资额为限对公司承担法律责任。增资扩股的方式要履行相应的程序，具有程序繁杂、时间长等特点。现实生活中，很多企业更愿意采用借贷的方式筹集资金，因为借贷方式具有流程简易、时间短等优点，可以快速解决资金问题。

本案中，如果甲投入的2000万元是公司增资扩股的股本金，那么股东甲、乙均可按照出资比例认缴新增资本，即甲持股比例60%、认缴1200万元，乙持股比例40%、认缴800万元。在这种情况下，由于甲替乙垫付了800万元出资，则甲有权向乙追偿800万元款项。

由于甲将2000万元的家庭存款全部用于公司经营，但未明确款项的性质，只能认定甲与公司之间形成了借贷关系，与股东乙无关。甲对公司享有的债权2000万元，只能于企业破产清算时作为债权申报，按照破产债权参与分配、清偿。

风险防范建议

企业在融资过程中，如何防范法律风险呢？建议如下：

(1)企业应规范增资、减资等法律手续，不能贪图省事，而忽视经营过程中的法律风险。

(2)企业经营者、股东应明确区分家庭财产与企业财产，避免因财产混同造成家庭财产损失。

(3)企业应提高风险防控能力，配备独立的资金池，提高资金风险应对能力。

相关法规

《公司法》第34条 股东按照实缴的出资比例分取红利；公司新增资本时，股东有权优先按照实缴的出资比例认缴出资。但是，全体股东约定不按照出资比例分取红利或者不按照出资比例优先认缴出资的除外。

《最高人民法院关于审理民间借贷案件适用法律若干问题的规定》第12条 法人或者其他组织在本单位内部通过借款形式向职工筹集资金，用于本单位生产、经营，且不存在合同法第五十二条、本规定第十四条规定的情形，当事人主张民间借贷合同有效的，人民法院应予支持。

228. 民间借贷月息为百分之四的利率受法律保护吗？

情景案例

某公司由甲、乙两人共同投资创办。2014 年 10 月 20 日，由于公司资金周转困难，如果没有资金注入，月底工资无法解决。情急之下，甲经朋友介绍，以公司名义向丙借款 60 万元周转，利息为月息 4%，借款期为 2 个月。

借款期限届满，甲听说丙专门从事高利贷经营活动，在丙催款时，股东乙认为，丙放高利贷是触犯《刑法》的，构成非法经营罪，建议报警处理。

请问：民间借贷约定月 4% 的利率受法律保护吗？

本案分析

企业不论规模大小，只要与“钱”打交道，都会存在一定的法律风险。企业在投融资过程中，一旦投融资对象选择不当，签约行为不规范，防范措施不到位，极易产生不利的局面。

长期以来我国严格管控金融机构，许多企业在银行借贷无门情况下只好转向民间借贷。民间借贷，是指自然人、法人、其他组织及其相互之间，而非经金融监管部门批准设立的从事贷款业务的金融机构及其分支机构进行资金融通的行为。合法的民间借贷是受法律保护的。

本案中，由于公司资金周转需要，甲以公司名义向丙借款 60 万元，借款期限 2 个月，双方之间形成的借贷关系合法有效。但双方约定借款的月利率为 4%，而我国法律规定的短期民间借贷的年利率不得超过 24%，甲丙之间约定的月利率 4%，超过法律规定的上限部分属于无效约定。因此，公司可按照年利率 24% 的标准计付利息。

另外，甲丙二者之间的民间借贷行为，未从事非法经营活动，更未造成扰乱市场秩序的不良后果，不符合《刑法》规定的非法经营罪的入罪条件，不构成非法经营罪。

风险防范建议

实践中，因民间借贷纠纷发生争议的越来越多，那么企业在签订民间借贷合同时，有哪些注意事项呢？建议如下：

(1)双方应签订书面的借款协议，切勿因为朋友关系或亲戚关系就口头借款，避免日后产生争议。

(2)签订合同后，应以银行转账方式接收借款，并妥善保存合同、银行流水账单、收据等凭证。

(3)明确约定有无利息、利率标准、付息时间以及相关违约责任，防止利率约定过高产生争议。

相关法规

《最高人民法院关于审理民间借贷案件适用法律若干问题的规定》第 26 条　借贷双方约定

的利率未超过年利率24%，出借人请求借款人按照约定的利率支付利息的，人民法院应予支持。借贷双方约定的利率超过年利率36%，超过部分的利息约定无效。借款人请求出借人返还已支付的超过年利率36%部分的利息的，人民法院应予支持。

《刑法》第225条 违反国家规定，有下列非法经营行为之一，扰乱市场秩序，情节严重的，处五年以下有期徒刑或者拘役，并处或者单处违法所得一倍以上五倍以下罚金；情节特别严重的，处五年以上有期徒刑，并处违法所得一倍以上五倍以下罚金或者没收财产：

（一）未经许可经营法律、行政法规规定的专营、专卖物品或者其他限制买卖的物品的；

（二）买卖进出口许可证、进出口原产地证明以及其他法律、行政法规规定的经营许可证或者批准文件的；

（三）未经国家有关主管部门批准非法经营证券、期货、保险业务的，或者非法从事资金支付结算业务的；

（四）其他严重扰乱市场秩序的非法经营行为。

229. 企业取得银行贷款后，又私下将贷款资金转贷他人谋利，合法吗？

情景案例

2014年3月，A公司老板刘某得知B公司老板张某急需资金还债，于是刘某找张某商量，以A公司急需流动资金为由，向银行申请贷款人民币200万元，再以每月5%利率转贷给B公司。双方签订了《借款合同》，约定借款期为2年，月利率5%，A公司在取得贷款后，先行扣除利息。

2014年4月1日，刘某将200万元款项扣除利息后划至B公司账户。2014年8月10日，刘某因涉嫌高利转贷罪被公安机关询问。

请问：企业将银行贷款资金转贷他人谋利，合法吗？

本案分析

高利转贷罪，是指以转贷牟利为目的，套取金融机构信贷资金再高利转贷给他人，违法所得数额较大的行为。高利转贷行为破坏了国家的金融秩序，具有较大的社会危害性。

企业为了资金周转，通常都会从银行借款，但如果企业违反借款用途，将款项转借他人、谋取不法利益，这种行为是法律所禁止的。如果企业经营决策不考虑法律因素，任意妄为，最终一切商业的、非商业的因素，都会以法律风险的形式爆发出来。

本案中，A公司向银行申请贷款人民币200万元，借款用途系流动资金周转，但A公司以高利转借B公司，且先行扣除利息，这种做法违反法律规定。A公司及刘某以转贷牟利之目的，实施了高利转贷行为，从中获取高额利益，这种套取贷款的行为已涉嫌刑事犯罪，可能承担相应的刑事责任。

风险防范建议

企业在筹资过程中，为了防范高利转贷行为的发生，特建议如下：

(1)企业根据实际需要向银行借款,切勿发生为眼前利益而为他人套取信贷资金转贷的行为。

(2)企业或个人在与他人签订借贷合同时,应谨慎审查合同款项的来源、资金用途是否符合法律规定。

相关法规

《刑法》第175条　以转贷牟利为目的,套取金融机构信贷资金高利转贷他人,违法所得数额较大的,处三年以下有期徒刑或者拘役,并处违法所得一倍以上五倍以下罚金;数额巨大的,处三年以上七年以下有期徒刑,并处违法所得一倍以上五倍以下罚金。

单位犯前款罪的,对单位判处罚金,并对其直接负责的主管人员和其他直接责任人员,处三年以下有期徒刑或者拘役。

《最高人民法院关于审理民间借贷案件适用法律若干问题的规定》第27条　借据、收据、欠条等债权凭证载明的借款金额,一般认定为本金。预先在本金中扣除利息的,人民法院应当将实际出借的金额认定为本金。

二、股权融资

230. 股权融资与非法集资有什么区别?

情景案例

2012年3月,张某与陈某共同成立化妆品公司。2014年8月,由于订单大幅减少,公司资金周转困难,已拖欠员工1个月工资,公司急需200万元才能应对危机。

向银行贷款无果后,张某提出向社会上筹资渡过困难期,陈某则认为,如果以高息向社会人员借钱是违法的,建议公司用增资的方式进行股权融资。

请问:股权融资与非法集资有什么不同?

本案分析

股权融资是指企业的股东愿意让出部分企业股权,通过企业增资的方式引进新股东的融资方式,总股本同时增加。非法集资是以貌似合法的形式,以高于同期银行利率若干倍的高息为诱饵,吸收公众存款,用于投资或非法放贷。

股权融资与非法集资均可实现筹集资金的目的,但两者有明显区别。主要有以下几点:

第一,股权融资是合法的法律行为,而非法集资是非法的。

第二,股权融资没有向投资者承诺固定的回报,投资者成为股东享受权利、承担风险,而非法集资向投资者承诺超出银行利息的高额回报。

第三,股权融资是投向企业的实体项目,盘活了闲散资金,扩张了资本市场,而非法集资是干扰金融机构的秩序。

第四,股权融资的投资项目公开、透明,以规范方式运作,而非法集资往往是由个人发起,聚集大量钱财,投资项目及去向不明。

风险防范建议

企业在进行股权融资时，要防范哪些风险呢？建议如下：

(1)在融资磋商过程中，防止企业的经营状况、财务状况等商业秘密泄露。

(2)在增资扩股或引进投资时，合理设置股权和董事会结构，防止企业控制权被稀释或转移他人。

(3)控股股东与投资方针对业绩签订保证协议，以明确业绩达到或未达到时，如何行使权利。

相关法规

《公司法》第71条 有限责任公司的股东之间可以相互转让其全部或者部分股权。

股东向股东以外的人转让股权，应当经其他股东过半数同意。股东应就其股权转让事项书面通知其他股东征求同意，其他股东自接到书面通知之日起满三十日未答复的，视为同意转让。其他股东半数以上不同意转让的，不同意的股东应当购买该转让的股权；不购买的，视为同意转让。

经股东同意转让的股权，在同等条件下，其他股东有优先购买权。两个以上股东主张行使优先购买权的，协商确定各自的购买比例；协商不成的，按照转让时各自的出资比例行使优先购买权。

公司章程对股权转让另有规定的，从其规定。

《公司法》第178条 有限责任公司增加注册资本时，股东认缴新增资本的出资，依照本法设立有限责任公司缴纳出资的有关规定执行。

股份有限公司为增加注册资本发行新股时，股东认购新股，依照本法设立股份有限公司缴纳股款的有关规定执行。

231. 股权质押融资有什么风险吗？

情景案例

A服装公司生产运动装、童装产品。2015年6月，A公司拓展市场，需要100万元的周转资金，才能维持公司运转。但因公司没有可以抵押的资产，无法在银行申请贷款，股东孙某、吴某十分着急。

在一次朋友聚会中，从事金融工作的朋友李某告诉吴某，A服装公司可考虑通过股权质押方式向银行融资。吴某第一次听说股权质押融资，觉得可以尝试。孙某则认为，股权质押融资风险太大，如果不能按期还款，公司股权可能被转让。

请问：企业可以采用股权质押进行融资吗？

本案分析

股权质押是出质人以所拥有的股权作为质押标的物而设定的质押。公司股权中的财产权具有交换价值，可以依法转让，可以用于股权出质，在实现质权时较为方便。股权质押融资，使“静态”股权资产转化为“动态”资产，帮助中小企业解决了融资困难，股权日益成为质押的佳品，备受债权人的青睐。

按照《公司法》的规定，如果公司半数以上股东同意，出质人可以将自己的股权质押给股东以外的质权人。根据《担保法》的规定,质押合同自股份出质记载于股东名册之日起生效。质权实现时,同等条件下其他股东对该股份有优先购买权。

本案中,A公司可以通过股权质押的方式向银行贷款。在质押期间,未经质权人银行同意,出质股东不得转让或再质押已经出质的股权,也不得减少相应的出资额。

风险防范建议

企业在以股权质押方式融资过程中,如何防范相关风险呢?建议如下:

(1)股权出质过程中,企业禁止通过增加负债、对外借款、抵押或低价转让资产等各种形式实质性损害债权人的利益。

(2)通过建立股权托管平台,由托管机构、企业、银行三方打造企业信用情况和股权质地的评价体系。

(3)健全完善统一规范的股权交易市场,使出质人以其所持有的股权作为质押物,当债务人到期不能履行债务时,债权人可以依照约定,就股权折价受偿,以达到化解债权人风险和实现质押人融资的目的。

相关法规

《担保法》第75条 下列权利可以质押:

……

(二)依法可以转让的股份、股票;

……

《担保法》第78条第3款 以有限责任公司的股份出质的,适用公司法股份转让的有关规定。质押合同自股份出质记载于股东名册之日起生效。

《物权法》第226条第1款 以基金份额、证券登记结算机构登记的股权出质的,质权自证券登记结算机构办理出质登记时设立;以其他股权出质的,质权自工商行政管理部门办理出质登记时设立。

《最高人民法院关于适用〈中华人民共和国担保法〉若干问题的解释》第103条第3款 以非上市公司的股份出质的,质押合同自股份出质记载于股东名册上生效。

232.企业可以通过股权交易融资吗?

情景案例

A公司系一家从事风电行业的有限公司。2015年5月,A公司通过竞买方式在某市取得了16亩的土地使用权,准备投产新项目,由于厂房建设和购买设备的资金尚未落实,A公司的土地处于闲置状态,负责人郭某为筹集资金四处奔走。

金融公司张某看过A公司的财务数据后,特给郭某提出了“股权出让融资”建议。

请问:企业可以通过股权出让融资吗?

本案分析

股权出让融资相较于债权融资来讲,企业信用、还款期限等方面的限制较少,是最直接、快速、有效的融资手段，在促进企业扩张性发展，提高社会资本的流动性和增值性等方面具有最现实的意义，常见的方式有收购、兼并、战略联盟、联营等。

股权出让融资是指中小企业出让企业的部分股权，以筹集企业所需的资金，股权出让融资会使企业股权结构，企业管理权，企业发展战略、企业收益四个方面发生变化。股权出让融资意味着将自己的股份让渡他人，企业应慎重对待。

本案中，A公司可以采取股权出让融资的方式，以解决筹集资金的难题。如果新投资者在经营理念、管理方式、管理水平、资金实力等方面与企业一致，可能使企业获得跨越式发展。

风险防范建议

股权融资作为企业的主要融资方式，在资本市场中起着举足轻重的作用，它同样也是企业快速发展应采取的重要手段。但在引入资本和人员时，要客观估计公司的成长能力，不要为了获得高估值的融资额，做出不切实际的人员安排，从而影响公司的控制权，束缚公司发展。

相关法规

《公司法》第71条 有限责任公司的股东之间可以相互转让其全部或者部分股权。

股东向股东以外的人转让股权，应当经其他股东过半数同意。股东应就其股权转让事项书面通知其他股东征求同意，其他股东自接到书面通知之日起满三十日未答复的，视为同意转让。其他股东半数以上不同意转让的，不同意的股东应当购买该转让的股权；不购买的，视为同意转让。

经股东同意转让的股权，在同等条件下，其他股东有优先购买权。两个以上股东主张行使优先购买权的，协商确定各自的购买比例；协商不成的，按照转让时各自的出资比例行使优先购买权。

公司章程对股权转让另有规定的，从其规定。

《公司法》第137条 股东持有的股份可以依法转让。

《公司法》第138条 股东转让其股份，应当在依法设立的证券交易场所进行或者按照国务院规定的其他方式进行。

233. 企业可以通过私募来融资吗？

情景案例

A公司是某市知名生物科技企业，为取得更好发展，2014年3月，公司董事会决定启动创业板上市计划。为保证A公司能顺利上市，某律师事务所建议A公司在上市前进行一次私募股权融资。

请问：A公司可以通过私募来融资吗？

本案分析

私募股权对于中小企业来说，是一条有效的融资渠道。很多企业缺乏可抵押资产,很难从银行获得货款,但股权融资不需要抵押担保,也不需要支付高额利息费用,是企业获取发展资金的重要渠道。

私募股权融资是指融资人通过协商、招标等非公开方式,向特定投资人出售股权进行的融资。私募股权融资具有稳定资金来源、降低财务成本、高附加值服务、提高企业内在价值等优势。企业吸收私募投资后,企业可以实现快速扩张。

本案中,A公司可通过私募股权融资方式,在较短的时间内改善企业的收入和成本结构,提高企业的核心竞争力,帮助企业成长,最终带来企业业绩和股东价值的提升。

风险防范建议

私募股权融资作为一种较好的融资方式,企业在引入投资时有哪些注意事项呢?建议如下:

(1)具有一定发展规模和产生稳定现金流的成形企业,更适合私募股权融资。如果处于等米下锅的现金流量窘迫阶段,容易吓跑投资人。

(2)企业家应专注于自己的优势领域,成为某个行业或某个领域的龙头品牌,更能吸引投资者的眼光。

(3)准确评估内在价值,合理确定市场公允价,有利于企业与投资者进一步磋商。

相关法规

《国家发展改革委办公厅关于促进股权投资企业规范发展的通知》第1条　(二)资本募集。股权投资企业的资本只能以私募方式,向特定的具有风险识别能力和风险承受能力的合格投资者募集,不得通过在媒体(包括各类网站)发布公告、在社区张贴布告、向社会散发传单、向公众发送手机短信或通过举办研讨会、讲座及其他公开或变相公开方式(包括在商业银行、证券公司、信托投资公司等机构的柜台投放招募说明书等),直接或间接向不特定或非合格投资者进行推介。股权投资企业的资本募集人须向投资者充分揭示投资风险及可能的投资损失,不得向投资者承诺确保收回投资本金或获得固定回报。

三、新三板上市融资

234. 企业新三板挂牌需要符合什么条件?

情景案例

某红木家具厂由李某与孙某创办,经营状况良好,近五年销售额均在3000万元以上。2015年2月,李某发现本地同行企业纷纷申请新三板上市。经了解,李某得知企业上新三板主要目的是融资。

李某认为,为不被竞争对手超越,家具厂也要启动新三板上市计划。孙某担心,企业不符合上新三板的相关条件。

请问:企业新三板挂牌需要符合什么条件呢?

本案分析

"新三板"市场最初特指中关村科技园区非上市股份公司进入代办股份系统进行

转让试点，因为挂牌企业均为高科技企业而不同于原转让系统内的退市企业及原STAQ、NET系统挂牌企业，故被形象地称为“新三板”。新三板市场，是独立的、为中小企业提供融资服务的场所，是和主板、二板市场平行的一个系统，有自己独特的功能。

新三板上市标准要满足下列条件：

第一，依法设立且存续满两年，有限责任公司按原账面净资产值折股整体变更为股份有限公司的，存续时间可以从有限责任公司成立之日起计算。

第二，业务明确，具有持续经营能力。

第三，公司治理机制健全，合法规范经营。

第四，股权明晰，股票发行和转让行为合法合规。

第五，主办券商推荐并持续督导。

第六，全国股份转让系统公司要求的其他条件。

风险防范建议

企业在新三板上市有哪些注意事项呢？

(1)控制权流失的风险。股权的流动性大增，可以拆细交易，相对控制权流失的风险会大些。只有未来新三板监管放开，市场才会真正有活力。

(2)企业要结合自己的实际而挂牌，有些企业为了政府补贴挂牌，如果经营没有起色或融资不顺利，可能会制约企业的发展。

相关法规

《国务院关于全国中小企业股份转让系统有关问题的决定》第1条 全国股份转让系统是经国务院批准，依据证券法设立的全国性证券交易场所，主要为创新型、创业型、成长型中小微企业发展服务。境内符合条件的股份公司均可通过主办券商申请在全国股份转让系统挂牌，公开转让股份，进行股权融资、债权融资、资产重组等。申请挂牌的公司应当业务明确、产权清晰、依法规范经营、公司治理健全，可以尚未盈利，但须履行信息披露义务，所披露的信息应当真实、准确、完整。

《国务院关于全国中小企业股份转让系统有关问题的决定》第3条 挂牌公司依法纳入非上市公众公司监管，股东人数可以超过200人。股东人数未超过200人的股份公司申请在全国股份转让系统挂牌，证监会豁免核准。挂牌公司向特定对象发行证券，且发行后证券持有人累计不超过200人的，证监会豁免核准。依法需要核准的行政许可事项，证监会应当建立简便、快捷、高效的行政许可方式，简化审核流程，提高审核效率，无须再提交证监会发行审核委员会审核。

235.公司存在关联交易，是否影响新三板挂牌？

情景案例

A公司是一家软件公司，B公司是一家游戏开发公司，A公司的主要营业收入主要依赖于B公司，2012年、2013年，2014年1月至6月，占公司营业收入总额的比例分别为52.6%、72.5%、67.3%。A公司担心，因关联交易的问题，会影响公司新三板的挂牌进程。

请问:公司存在关联交易,是否影响新三板挂牌?

本案分析

关联交易就是企业关联方之间的交易,关联交易是公司运作中经常出现而又易于发生不公平结果的交易。

企业在新三板挂牌过程中,企业的关联交易并非禁止,而是要进行规范。关联交易问题是企业新三板挂牌监管机构审核重点关注的问题,公司存在的关联交易必须符合以下条件:

(1)实体上应符合市场化的定价和运作要求,做到交易价格和条件公允。

(2)在程序上必须严格遵循公司章程和相应制度的规定。

(3)在数量和质量上不能影响到公司的独立性。

(4)必须对关联交易进行信息披露。

本案中,如果对于A公司的关联交易行为进行规范的情况下,不影响新三板挂牌。

风险防范建议

如何解决企业的关联问题呢?建议如下:

(1)避免不必要的关联交易。企业通过加大科研力度,增强独立开发能力,以增加来自非关联方的收入。

(2)对于必要的关联交易要保证交易价格的公允性。

(3)对于关联股东和关联董事回避表决机制,以增强股东大会和董事会表决程序的合法性,最大限度地保护公司及股东利益。

(4)新三板挂牌企业的关联交易超过一定金额,还需履行信息披露义务。

相关法规

《非上市公众公司监督管理办法》第13条　公众公司进行关联交易应当遵循平等、自愿、等价、有偿的原则,保证交易公平、公允,维护公司的合法权益,根据法律、行政法规、中国证监会的规定和公司章程,履行相应的审议程序。

《非上市公众公司监督管理办法》第14条　公众公司应当采取有效措施防止股东及其关联方以各种形式占用或者转移公司的资金、资产及其他资源。

236. 企业有行政处罚记录,是否影响新三板挂牌?

情景案例

A公司是经营陶瓷的有限责任公司。2010年3月,在消防安全工程竣工后,未向公安机关消防机构备案,被消防部门予以行政处罚,责令限期改正,处2000元罚款。2012年2月,因一张存放较久的空白普通发票丢了,被税务局行政处罚50元。2015年3月,A公司拟挂牌新三板。

请问:A公司有行政处罚的记录,是否影响在新三板挂牌?

本案分析

新三板上市的公司必须合法合规经营,公司及其控股股东、实际控制人、董事、监事、高级管理人员需依法开展经营活动,经营行为合法、合规,不存在重大违法违规行为。

并非所有行政机关作出的行政处罚均属于“重大违法违规”。通常是指工商、税务、审计、财政、海关等部门实施的,涉及公司经营活动的行政处罚决定。实践中,涉及企业在最近三年内存在违法违规问题。

A公司因消防问题被消防部门处罚,因发票问题被税务部门处罚,如果行政机关能够认定该行政处罚不属于重大违法行为,且能作出合理说明。通常情况下,是否“重大”先由中介机构进行判断,最终需要监管机构发表意见。

风险防范建议

如果企业在报告期内涉及行政处罚,通常会要求券商和律师事务所发表意见。在律师核查过程中,可要求作出处罚的行政机关出具证明,证明处罚事项不属于重大违规行为,不涉及公司主要经营活动,符合《全国中小企业股份转让系统业务规则(试行)》《全国中小企业股份转让系统挂牌条件适用基本标准指引(试行)》规定的“合法合规经营”的挂牌条件。

相关法规

《全国中小企业股份转让系统业务规则(试行)》第1.4条 申请挂牌公司、挂牌公司及其董事、监事、高级管理人员、股东、实际控制人,主办券商、会计师事务所、律师事务所、其他证券服务机构及其相关人员,投资者应当遵守法律、行政法规、部门规章、本业务规则及全国股份转让系统公司其他业务规定。

《全国中小企业股份转让系统业务规则(试行)》第2.1条 股份有限公司申请股票在全国股份转让系统挂牌,不受股东所有制性质的限制,不限于高新技术企业,应当符合下列条件:

(一)依法设立且存续满两年。有限责任公司按原账面净资产值折股整体变更为股份有限公司的,存续时间可以从有限责任公司成立之日起计算;

(二)业务明确,具有持续经营能力;

(三)公司治理机制健全,合法规范经营;

(四)股权明晰,股票发行和转让行为合法合规;

(五)主办券商推荐并持续督导;

(六)全国股份转让系统公司要求的其他条件。

四、其他融资

237.企业能用商标和专利进行融资吗?

情景案例

A公司是一家专门生产保健鞋垫的企业,注册资本10万元,2014年向国家申请了专利与商标。因生产的鞋垫具有保健功能，市场前景广阔。

不过，由于公司创始人陈某是一位退休老中医，善于产品研发，并不擅长资本运作，公司的发展速度缓慢。对公司而言，最大资产是产品商标与专利技术。无奈之下，陈某想通过注册的商标与专利技术融资500万元。

请问：陈某的想法可行吗？

本案分析

知识产权，也称为“知识所属权”，指权利人对其所创造的智力劳动成果所享有的财产权利，通常在一定期限内有效。商标权与专利权从本质上说是一种无形财产权，它与房屋、汽车等有形财产一样，都受到国家法律的保护，都具有价值和使用价值。有些重大专利、驰名商标或作品的价值远远高于房屋、汽车等有形财产。

本案中，陈某拥有的商标权与专利权可以作为融资的工具，但是在权利质押融资时，要委托国家认可的评估机构评估确定价值，并办理质押登记手续，才可以实现。以商标为例，要根据商标的具体内容、知名度、法律保护状况、预期寿命、使用情况等综合因素而定。因此，陈某可以通过商标权和专利权实现融资的目的，但融资金额是否可以达到500万元，要根据专业机构的评估结果确定。

风险防范建议

企业在日常经营中，如何保护商标权及专利权，防止无形资产流失呢？建议如下：

(1)对于商标权及专利权要及时申请注册登记，取得相关权利凭证，才能获得有效保护。特别是专利要办理一些必要的年检、登记、变更等手续，使权利得到及时维护。

(2)建立知识产权方面法律法规及规范的动态跟踪机制，分析产生变动时的影响和后果。

(3)企业一旦被控侵权时，要积极应对，及时制止及防范此类事件的发生。

相关法规

《物权法》第223条 债务人或者第三人有权处分的下列权利可以出质：

(一)汇票、支票、本票；

(二)债券、存款单；

(三)仓单、提单；

(四)可以转让的基金份额、股权；

(五)可以转让的注册商标专用权、专利权、著作权等知识产权中的财产权；

(六)应收账款；

(七)法律、行政法规规定可以出质的其他财产权利。

《担保法》第79条 以依法可以转让的商标专用权，专利权、著作权中的财产权出质的，出质人与质权人应当订立书面合同，并向其管理部门办理出质登记。质押合同自登记之日起生效。

238. 企业的应收账款可以融资吗？

情景案例

孙某是某古典家具制造厂老板，主要产品是仿古家具。该厂所生产的家具产品对原材料的要求较高，采购原料时必须现货付款。而销售产品后，货款回收期较长，一般为30至90日。由于工厂自有资金有限，且没有固定资产可以融资，造成资金缺乏，无力接受大的订单，在扩大经营规模时造成阻碍。

2014年3月18日，老客户王某想找孙某定做500万元家具，结款期是90天，这是工厂开业以来最大的订单。由于孙某没钱采购原材料，于是当场拒绝了王某。

王某得知孙某的难处后，向孙某建议，用应收账款500万元向银行质押融资贷款300万元。

请问：企业的应收账款可以融资吗？

本案分析

应收账款是指权利人因提供一定的货物、服务或设施而获得的要求义务人付款的权利，包括现有的和未来的金钱债权及其产生的收益，但不包括因票据或其他有价证券而产生的付款请求权。根据我国《物权法》的规定，企业的应收账款是权利质押担保的一种方式。

通常情况下，以应收账款设立质押必须符合三个条件：第一，用于设立质押的应收账款是依照法律和当事人约定允许转让的，具有可转让性；第二，用于设立质押的应收账款的金额、期限、支付方式、债务人的名称和地址、产生应收账款的基础合同、基础合同的履行程度等必须明确、具体和固定化，具有特定性；第三，用于设定质押的应收账款债权必需尚未超过诉讼时效，具有合法性。

本案中，孙某公司所享有的500万元的债权要提供以下资料：应收账款项下的产品发出并由购买方验收合格；购买方资金实力较强，无不良信用记录；付款方确认应收账款的具体金额并承诺只向销售商在贷款银行开立的指定专用账户付款；应收账款的到期日早于借款合同规定的还款日等。

如果孙某公司的债权完全具备以上条件且手续齐全，根据法律规定可以向银行办理应收账款质押手续，以实现融资目的。

风险防范建议

企业在办理应收账款质押手续时，有如下注意事项：

(1)质权人及出质人要以书面形式告知应收账款的债务人，并取得电函、挂号信等书面回执作为质押合同附件。

(2)在质押合同中尽可能详尽地描述应收账款的具体情况，对应收账款的实际价值作出客观评估。企业的销售合同、债权凭证、付款期限、诉讼时效等内容必须列入质押合同。

(3)应收账款质押由中国人民银行征信中心登记生效。

相关法规

《物权法》第223条　债务人或者第三人有权处分的下列权利可以出质：

(一)汇票、支票、本票；

(二)债券、存款单；

(三)仓单、提单；

(四)可以转让的基金份额、股权；

(五)可以转让的注册商标专用权、专利权、著作权等知识产权中的财产权；

(六)应收账款；

(七)法律、行政法规规定可以出质的其他财产权利。

《物权法》第228条　以应收账款出质的，当事人应当订立书面合同。质权自信贷征信机构办理出质登记时设立。

应收账款出质后，不得转让，但经出质人与质权人协商同意的除外。出质人转让应收账款所得的价款，应当向质权人提前清偿债务或者提存。

239. 票据贴现如何融资？

情景案例

A公司是一家服装加工企业，由甲、乙两人共同出资创办。2014年6月12日，A公司收到一张80万元的商业汇票，票据兑换到期日为9月30日。由于资金周转紧张，甲特向银行提出票据贴现的融资申请。

请问：票据贴现如何融资？

本案分析

票据贴现是指票据持有人通过非贸易的方式取得汇票，并以该票据向银行申请贴现套取资金，实现融资目的。票据贴现融资分为银行承兑汇票贴现、商业承兑汇票贴现、协议付息票据贴现三种。票据贴现融资兼具支付和融资功能，是中小企业短期融资的重要方式之一。

目前，以商业票据进行支付是一种普遍的支付手段。企业在普通贷款中往往因为资本金规模不够，或无法找到合适的担保人而难以取得贷款，票据贴现具有无须担保、不受资产规模限制的特性，对企业来说更为适用。

本案中，A公司收到商业承兑汇票至到期兑现之日，还有3个多月的时间，资金在这段时间处于闲置状态。通过票据贴现融资，使企业可以得到银行垫付的融资款项，以提高资金利用效率。

风险防范建议

企业在票据贴现融资中有哪些风险需要注意呢？建议如下：

(1)有些企业按规定并不符合申办银行承兑汇票的条件,不惜以欺骗手段提供假财会报表、假商业合同、假税收报告、假市场调查,以此提高信用等级,套取办理票据的信用,此举隐藏着极大的风险。

(2)中小企业信用意识淡薄。一些企业在签发的承兑汇票到期后,由于经营状况每况愈下,商业汇票到期时企业账户无钱支付,使持票人尤其是承兑银行得不到及时的资金回收,严重影响了贴现票据的信誉以及中小企业的形象。

相关法规

《商业汇票承兑、贴现与再贴现管理暂行办法》第2条第1、2款 本办法所称承兑系指付款人承诺在商业汇票到期日支付汇票金额的票据行为。

本办法所称贴现系指商业汇票的持票人在汇票到期日前,为了取得资金贴付一定利息将票据权利转让给金融机构的票据行为,是金融机构向持票人融通资金的一种方式。

《商业汇票承兑、贴现与再贴现管理暂行办法》第3条 承兑、贴现、转贴现、再贴现的商业汇票,应以真实、合法的商品交易为基础。

《商业汇票承兑、贴现与再贴现管理暂行办法》第4条 承兑、贴现、转贴现、再贴现等票据活动,应当遵循平等、自愿、公平和诚实信用的原则。再贴现应当有利于实现货币政策目标。

《商业汇票承兑、贴现与再贴现管理暂行办法》第5条 承兑、贴现、转贴现的期限,最长不超过六个月。再贴现的期限,最长不超过四个月。

240. 企业购买设备可以采用融资租赁方式吗?

情景案例

A公司是一家玩具厂,公司由郭某与谭某二人创办,郭某是公司董事长。郭某在参加一次展览会时,看中了一台德国生产的机械设备,该设备可让A公司的生产成本大大降低。

因设备销售价格为300万元人民币,A公司暂时无力购买。业务员小张跟郭某介绍,如果资金不足,可考虑通过融资租赁方式购买该设备,前期仅需支付一点首付款,以后按月支付租金即可使用该设备。

请问:企业购买设备可以采用融资租赁方式吗?

本案分析

融资租赁,指由实质上转移与资产所有权有关的全部或绝大部分风险和报酬的租赁,它是一种以融通资金为主要目的的长期租赁形式,属于筹资活动。

融资租赁具有融物和融资的双重功能,主要具有以下特征:

(1)租赁物由承租人决定,出租人出资购买并租赁给承租人使用。

(2)出租人保底租赁物的所有权,承租人在租赁期间支付租金而享受使用权,产负责租赁物的保养、维修及管理。

(3)租期结束后,承租人通常对租赁物有留购和退租两种选择。

A公司购买机器设备，可以采用融资租赁的方式，通常情况下，A公司与出租人签订一份租赁合同，同时，出租人按照A公司的订货要求，与厂商签订一分买卖合同。这样的融资方式，可以缓解A公司的资金压力，比较适合中小企业。

风险防范建议

企业在融资租赁过程中，要防范哪些风险呢？

（1）企业应谨慎选定租赁物，切勿随意变更。如果企业擅自变更已选定的租赁物，出租人对租赁物的质量、数量等问题不承担责任。

（2）租赁期间，出租人基于对租赁物的所有权而行使处分权时，会影响企业的实际占有、使用。

（3）如果租赁物出现产品瑕疵或质量问题，仍由出租人与生产商直接沟通解决，可能严重影响企业的使用权。

相关法规

《合同法》第237条　融资租赁合同是出租人根据承租人对出卖人租赁物的选择，向出卖人购买租赁物，提供给承租人使用，承租人支付租金的合同。

《合同法》第239条　出租人根据承租人对出卖人、租赁物的选择订立的买卖合同，出卖人应当按照约定向承租人交付标的物，承租人享有与受领标的物有关的买受人的权利。

第十五章　企业担保

担保源于信任。生活中基于人与人之间的信任关系，一旦形成担保法律关系，法律中便出现了担保债务。

必须清醒地认识到，保证的基础是清偿债务的能力。绝不仅是签一个字这么简单。签字的背后可能是沉重的负担和责任。

企业或股东在为他人作担保前，需仔细考查借款人的还款能力、财产状况、信用情况，然后根据自身情况，权衡利益，做出理性的判断和选择。

一、抵押

241. 未办抵押登记，房产抵押有效吗？

情景案例

郑某与邓某是私营企业主，双方常有生意往来。2015 年 8 月 12 日，由于急需用钱，邓某的服装公司向郑某提出借款 30 万元，愿意将公司价值 50 万元的房产抵押给郑某，借款期为 6 个月，月利率为 2%。邓某承诺，房产证原件由郑某保管，如果到期不能还款，郑某可以将房子变卖抵债。

郑某回到家中与妻子王某提起此事，王某不同意这样做。王某认为房产证虽然在手，但邓某可以挂失补办新的房产证。最保险的办法是到房管局办理抵押登记。

请问：王某的说法符合法律规定吗？

本案分析

本案涉及不动产抵押问题。不动产抵押，是指以不动产为标的物而设定的抵押。通常企业或个人发生借款时，可以房产、车辆、机器设备等提供抵押。借款人和出借人双方到房产、车辆、工商等管理部门办理抵押物登记手续，才能保证抵押权的有效性。

本案中，服装公司作为出借人，这笔借款存在法律风险。服装公司与郑某产生了借款关系，服装公司同意以房屋作抵押，并将房产证原件交给郑某，但由于未办理抵押物登记手续，不产生抵押权效力，与未设定抵押的法律后果相同。即使服装公司及郑某作出书面承诺，如果未按期还款可以将房子出卖抵债，也是无效的。

风险防范建议

如果债权人在出借款项时，未依法办理抵押房屋的登记手续，可能导致债权人不

能主张以房屋价值优先受偿,债权无法实现有效保障。具体存在哪些法律风险呢?具体如下:

(1)产权人可能将该房产出售、转卖或赠与他人,导致该房屋过户至第三人名下。

(2)产权人可能将该房屋抵押他人,并到国土局办理抵押物登记手续。

(3)产权人可能因债务纠纷,导致该房屋被依法查封。

相关法规

《担保法》第38条 抵押人和抵押权人应当以书面形式订立抵押合同。

《担保法》第41条 当事人以本法第四十二条规定的财产抵押的,应当办理抵押物登记,抵押合同自登记之日起生效。

《担保法》第42条 办理抵押物登记的部门如下:

(一)以无地上定着物的土地使用权抵押的,为核发土地使用权证书的土地管理部门;

(二)以城市房地产或者乡(镇)、村企业的厂房等建筑物抵押的,为县级以上地方人民政府规定的部门;

(三)以林木抵押的,为县级以上林木主管部门;

(四)以航空器、船舶、车辆抵押的,为运输工具的登记部门;

(五)以企业的设备和其他动产抵押的,为财产所在地的工商行政管理部门。

242. 同一抵押物能否进行二次抵押?

情景案例

2013年7月10日,某机械公司为增加一条生产线,决定购买一些生产设备,预算资金约60万元。但机械公司仅有40万元可用资金,于是公司以原值100万元的机器设备作抵押,向本市一家银行借款60万元,并到工商局办理了抵押物登记手续。

2013年9月,机械公司资金周转出现困难,急需20万元给员工发放工资,于是找到朋友张某,向张某借款20万元,借款期限3个月,并将已作抵押的机器设备再次抵押给张某,双方签订合同,但没有办理抵押登记手续。

请问:某机械公司一物二抵的行为是否合法?

本案分析

本案涉及动产抵押问题。动产抵押是指债权人对于债务人或第三人不转移占有而供作债务履行担保的动产,在债务人不履行债务时,予以变价出售并就其价款优先受偿的权利。以机器设备作为抵押物,同样要履行法定的登记手续,抵押才能生效。二次抵押属于余额抵押,依照《物权法》的规定,只要在一次抵押后,抵押物价值上还有余额,就可以作二次抵押。

本案中,机械公司以机器设备抵押给银行,并办理了抵押物登记手续,是合法有效的,如果机械公司逾期还款,银行作为抵押权人对抵押物享有优先受偿权,可按照法律规定以抵押物的折价变卖款来抵偿债务。

机械公司将机器设备又作了二次抵押，抵押给张某，如果机械公司的机器设备市值可以满足二次抵押的债权值，在法律上是允许的。但由于双方未办理抵押物登记手续，故第二次抵押权是不产生法律效力的。

风险防范建议

在企业经营中，在借款、买卖等合同履行过程中，经常会出现设定抵押的情形，如何防范抵押风险呢？建议如下：

(1)合同双方当事人应当办理抵押物登记手续，如房地产抵押在房屋管理部门登记，机器设备抵押在工商部门登记，车辆抵押在车辆管理部门登记。

(2)调查了解抵押物是否属于权属不清、是否存在被抵押、被查封的事实或其他纠纷。

(3)要求产权人提供抵押物的价值凭证，如购买发票、合同、权属证书，衡量抵押物的市值，有必要的聘请专业机构进行价格评估。

相关法规

《物权法》第189条第1款 企业、个体户、农业生产经营者以本法第一百八十一条规定的动产抵押的，应当向抵押人住所地的工商行政管理部门办理登记。抵押权自抵押合同生效时设立；未经登记，不得对抗善意第三人。

《担保法》第42条 办理抵押物登记的部门如下：

(一)以无地上定着物的土地使用权抵押的，为核发土地使用权证书的土地管理部门；

(二)以城市房地产或者乡(镇)、村企业的厂房等建筑物抵押的，为县级以上地方人民政府规定的部门；

(三)以林木抵押的，为县级以上林木主管部门；

(四)以航空器、船舶、车辆抵押的，为运输工具的登记部门；

(五)以企业的设备和其他动产抵押的，为财产所在地的工商行政管理部门。

243. 抵押期间，产权人可以转让抵押物吗？

情景案例

2013年8月5日，A公司因流动资金周转借款，遂将商铺抵押给某银行，贷款100万元，并办理了抵押物登记手续。

2013年12月2日，在未经银行同意的情况下，A公司私下与孙某签订房屋买卖合同。签订合同后，孙某向A公司支付了定金20万元，后来得知该房屋已抵押给银行。

请问：抵押期间，产权人可以转让抵押物吗？

本案分析

根据我国《担保法》的有关规定，抵押房地产可以被转让。但是，抵押人应当通知抵押权人并告知受让人房地产已经被抵押的情况。抵押人未通知抵押权人或者未告知受让人的，转让行为无效。

本案中，A公司在借款时已将房屋抵押给银行，A公司对该房屋的处分权利是受限的。在未经银行同意的情况下,A 公司无权转让房屋,这是对抵押权人的一种有效保护。由于 A 公司隐瞒房屋抵押的事实,其与孙某签订的房屋买卖合同是无效的。A 公司应当按照合同承担相应的违约责任。

如果 A 公司将房屋抵押的事实告知孙某,在取得抵押权人银行的同意,并还清贷款后办理房屋过户手续,也是可以实现的。因此,房屋在抵押期间,在告知孙某抵押事实并通知银行的情况下,是可以转让的。

风险防范建议

当企业在经营中遇到债务人以财产设定抵押时,如何防范风险呢?建议如下:

(1)产权真实。审查抵押物是否属于债权人,是否存在产权瑕疵或其他争议。

(2)价值相当。审查抵押物的价值是否与担保金额相当,如果抵押物价值不足的,可以要求债务人提供其他担保进行补充。

(3)变现能力。对抵押财产要充分考虑变现的能力,即使真实合法的财产其变现能力也会因各种原因而降低。如果难以变现,或者价值虽然高但专业性很强的设备财产也要特别注意。

相关法规

《担保法》第 49 条第 1 款 抵押期间,抵押人转让已办理登记的抵押物的,应当通知抵押权人并告知受让人转让物已经抵押的情况;抵押人未通知抵押权人或者未告知受让人的,转让行为无效。

《物权法》第 191 条 抵押期间,抵押人经抵押权人同意转让抵押财产的,应当将转让所得的价款向抵押权人提前清偿债务或者提存。转让的价款超过债权数额的部分归抵押人所有,不足部分由债务人清偿。

抵押期间,抵押人未经抵押权人同意,不得转让抵押财产,但受让人代为清偿债务消灭抵押权的除外。

《最高人民法院关于适用〈中华人民共和国担保法〉若干问题的解释》第 67 条 抵押权存续期间,抵押人转让抵押物未通知抵押权人或者未告知受让人的,如果抵押物已经登记的,抵押权人仍可以行使抵押权;取得抵押物所有权的受让人,可以代替债务人清偿其全部债务,使抵押权消灭。受让人清偿债务后可以向抵押人追偿。

如果抵押物未经登记的,抵押权不得对抗受让人,因此给抵押权人造成损失的,由抵押人承担赔偿责任。

244. 债务人以公司车辆抵押还款,有法律保障吗?

情景案例

2013 年 6 月,A 公司与 B 酒店签订合同,A 公司给 B 酒店供货,约定当月的货款于次月 15 日结算,合同期 2 年。

2014 年 5 月 15 日,当 A 公司与 B 酒店办理结算时,B 酒店一拖再拖。同年 7 月,B

酒店告知A公司，目前公司资金周转困难，先以公司的车辆抵押，作为还款担保。但A公司却说，既然以车辆抵押，那就将车辆交A公司保管。

请问：以公司车辆抵押还款，有法律保障吗？

本案分析

在企业经营过程中，抵押和质押均属于担保形式，但很多人无法区分。抵押通常针对不动产如房产、土地，或者特别动产如车辆、轮船、机器设备，抵押物由所有权人继续使用，不需要转移占有抵押物；质押主要是针对动产，需要将质押物交付给质押权人保管。

本案中，B酒店如果将车辆抵押给A公司，那么双方可办理抵押登记手续，抵押车辆由B酒店继续使用，但不得再行办理转让手续。如果B酒店将车辆质押给A公司，那么B酒店需将车辆交付给A公司保管，在借款还清之后当即退回。因此，以B酒店车辆抵押还款，在无法控制车辆去向的情况下，对于A公司而言，是缺乏法律保障的。

风险防范建议

抵押与质押均是通常担保的形式，企业遇到类似情况时，有哪些注意事项呢？建议如下：

(1)抵押需要办理抵押登记方可具有优先受偿效力，否则只能视为保证，从而不具有对外的优先效力；质押一般要求是将质押物转移给质押权人保管，质押权人需要尽到妥善保管义务。

(2)无论是抵押、质押，如约定的付款条件未能实现，抵押权人或质押权人均无权直接处分抵押物、质押物，而需要申请法院经法定程序处理。

相关法规

《担保法》第33条第1款 本法所称抵押，是指债务人或者第三人不转移对本法第三十四条所列财产的占有，将该财产作为债权的担保。债务人不履行债务时，债权人有权依照本法规定以该财产折价或者以拍卖、变卖该财产的价款优先受偿。

《担保法》第40条 订立抵押合同时，抵押权人和抵押人在合同中不得约定在债务履行期届满抵押权人未受清偿时，抵押物的所有权转移为债权人所有。

《担保法》第63条第1款 本法所称动产质押，是指债务人或者第三人将其动产移交债权人占有，将该动产作为债权的担保。债务人不履行债务时，债权人有权依照本法规定以该动产折价或者以拍卖、变卖该动产的价款优先受偿。

二、质押

245. 以公司股权提供质押，但未办理登记手续，是否有效？

情景案例

2015年4月18日，李某与B公司签订租赁合同，李某租赁B公司的设备，约定半年后交付租赁设备及租赁费,李某以持有A公司45%的股权作为质押,双方未办理质押登记手续。

租赁合同到期后,由于李某在使用过程中损坏设备,双方经过协商,李某自愿签订一份委托书,承诺将其持有A公司45%的股权转让给B公司。然而,当B公司要求办理股权转让手续时,李某以各种理由推托。

请问:以公司股权提供质押,但未办登记手续,是否生效?

本案分析

按照《担保法》的规定,质押以其标的物划分,分为动产质押和权利质押。股权出质是一种权利质押担保的方式,指出质人以拥有的股权作为质押标的物而设立的质押。但股权出质要经过质押登记的合法程序,自登记之日生效。

我国法律规定,有限公司的股份可以设定质押。按照《担保法》的规定,有限公司的股东以股权向该公司股东以外的债权人设质时,必须经全体股东过半数同意。

本案中,李某与B公司签订租赁合同时,约定以李某持有45%的公司股权作为质押,但必须满足三个条件:第一,李某的股权出质行为征得了A公司半数以上的股东同意;第二,股权质押事项已记载于股东名册,行使登记的公示效力;第三,股权质押事项在工商局办理质押登记手续。由于李某与B公司之间的股权质押行为未达到担保法规定的条件,故质押不生效。

风险防范建议

如果企业遇到以公司股份提供质押时,有哪些注意事项呢?建议如下:

(1)订立质押合同,审核出质人的身份,如果出质人是自然人的,由自然人签字或合法授权者签字;如果是法人的,由法定代表人或授权代理人签字盖章。

(2)要求出质人提供加盖公司印章的股东名册,其中应如实记载股东名称或姓名、出资额、股权比例及设定质押等情况。

(3)要求出质人提交所在公司全体股东签署的关于一致同意股权出质的股东会决议。

相关法规

《物权法》第226条 以基金份额、股权出质的,当事人应当订立书面合同。以基金份额、证券登记结算机构登记的股权出质的,质权自证券登记结算机构办理出质登记时设立;以其他股权出质的,质权自工商行政管理部门办理出质登记时设立。

基金份额、股权出质后,不得转让,但经出质人与质权人协商同意的除外。出质人转让基金份额、股权所得的价款,应当向质权人提前清偿债务或者提存。

《担保法》第78条第1、2款 以依法可以转让的股票出质的,出质人与质权人应当订立书面合同,并向证券登记机构办理出质登记。质押合同自登记之日起生效。

股票出质后,不得转让,但经出质人与质权人协商同意的可以转让。出质人转让股票所得的价款应当向质权人提前清偿所担保的债权或者向与质权人约定的第三人提存。

246. 增资扩股后，质权人所享有的质权会发生变更吗？

情景案例

A公司与B公司长期存在业务往来。2014年1月,A公司与B公司签订了还款协议,约定A公司与B公司的合作合同终止,A公司尚欠B公司结算款100万元,于2015年1月底前还清,A公司以其持有C公司6%的股权作为质押担保,双方办理了质押登记手续。

2014年11月,C公司的注册资金增加了30%,增资后,A公司持有C公司的股权比例相应缩小。

请问:这种情况下,B公司享有的质权会发生变更吗?

本案分析

质权是担保的一种方式,指债权人与债务人或债务人提供的第三人以协商订立书面合同的方式,移转债务人或者债务人提供的第三人的动产或权利的占有,在债务人不履行债务时,债权人有权以该财产价款优先受偿。

本案涉及因设定股权质押而产生的质权问题。A公司以股权为还款协议提供质押担保,并办理质押登记手续,质押是合法有效的。公司增资扩股后,因有新的资金注入公司,虽然A公司所持有的股权比例发生了变化,但其所对应的公司资产价值并未减少。

对于质权人B公司而言,由于以原出资比例设定了质押,增资后仍对变更后的股权持比享有优先受偿权,质押人的实质权利并无变化。

故质权人还以A公司缩减后的持股比例享有优先受偿权。

风险防范建议

如果企业在办理了股权出质登记后,出质人或质权人的相关信息发生变更的,应当如何处理?

(1)出质人和质权人可先申请办理股权注销登记,再办理新的股权出质设立登记,但应按照相关规定提供材料。

(2)出质人和质权人也可申请变更登记,将已登记的出质人或质权人变更为现在的出质人或者质权人。

相关法规

《担保法》第78条 以依法可以转让的股票出质的,出质人与质权人应当订立书面合同,并向证券登记机构办理出质登记。质押合同自登记之日起生效。

股票出质后,不得转让,但经出质人与质权人协商同意的可以转让。出质人转让股票所得的价款应当向质权人提前清偿所担保的债权或者向与质权人约定的第三人提存。

以有限责任公司的股份出质的,适用公司法股份转让的有关规定。质押合同自股份出质记载于股东名册之日起生效。

《公司法》第 179 条　公司合并或者分立，登记事项发生变更的，应当依法向公司登记机关办理变更登记；公司增加或者减少注册资本，应当依法向公司登记机关办理变更登记。

三、保证

247. 企业的分支机构未经授权提供保证，是否承担法律责任？

情景案例

2014 年 1 月，某灯饰公司向郭某借款，某科技公司项目部愿意提供担保。三方约定，某灯饰公司向郭某借款 35 万元，借款用于公司资金周转，借款期 1 年。科技公司项目部为借款提供担保。项目部作为保证人在合同上加盖了项目部的公章。

借款逾期后，灯饰公司未按期还款。当郭某找到科技公司时，得到的答复是公司从未授权项目部担保，且项目部根本没有独立财产，无法还款，担保是无效的。

请问：科技公司的这种说法，正确吗？

本案分析

保证，是指保证人和债权人以书面形式订立约定，当债务人不履行债务时，保证人按照约定履行债务或者承担责任的行为。

本案中，保证人项目部是科技公司的分支机构，其不具备承担民事责任的能力。项目部作为保证人在借款保证合同上加盖了公章，由于未经公司书面授权，擅自为他人提供保证，保证合同无效。

根据《担保法》的规定，项目部在明知自己不具备法人资格且未经科技公司授权的情况下提供担保，对上述保证条款无效负有过错，应当承担相应民事责任；灯饰公司作为借款人，在订立合同时疏于审查保证人主体资格等就接受项目部的担保，对保证条款无效有一定过错，亦应承担相应民事责任。

风险防范建议

公司对外提供担保时，必须符合担保人的主体资格。担保人首先必须是具有民事权利能力和民事行为能力的自然人、法人或者其他组织，并且应当具有代为清偿债务的能力。不具备民事权利能力的分支机构、职能部门不具有主体资格，一般情况下，不能对外提供担保，除非有公司给其的授权。

相关法规

《担保法》第 10 条　企业法人的分支机构、职能部门不得为保证人。企业法人的分支机构有法人书面授权的，可以在授权范围内提供保证。

《担保法》第 29 条　企业法人的分支机构未经法人书面授权或者超出授权范围与债权人订立保证合同的，该合同无效或者超出授权范围的部分无效，债权人和企业法人有过错的，应当根据其过错各自承担相应的民事责任；债权人无过错的，由企业法人承担民事责任。

《最高人民法院关于适用〈中华人民共和国担保法〉若干问题的解释》第 18 条　企业法人的

职能部门提供保证的,保证合同无效。债权人知道或者应当知道保证人为企业法人的职能部门的,因此造成的损失由债权人自行承担。

248. 公司名称变更，是否影响担保成立？

情景案例

A公司在2009年7月以“××信息技术有限公司”名称注册,注册资金50万元,甲、乙、丙为公司股东,甲为公司法定代表人。

2015年3月20日,因业务发展需要,公司股东会决议:将本公司名称变更为“××管理咨询有限公司”。在公司变更前,A公司在银行为其他公司提供保证担保30万元,保证期间延续至主债务履行完毕止。保证借款合同中有A公司变更前公司公章和甲的签字。

请问:A公司还要继续承担保证责任吗?

本案分析

在担保关系成立之后,通常会发生保证人住所、名称、法定代表人、股东等信息变更的情形。保证责任是公司的对外法律责任,如果属于保证人内部的信息变更,通常不影响其保证责任的承担。

本案中,虽然A公司的名称作了变更,但新公司法定代表人与原公司法定代表人为同一人,新公司应当知晓原保证合同内容。A公司名称变更后,原公司的股东、资产、权利、义务等均由更名后的新公司来承继,故A公司应当继续承担保证责任,不能因公司名称变更而免责。

风险防范建议

当债务人以保证形式进行担保时,有什么注意事项呢?

(1)审查保证人的主体资格,如国家机关、幼儿园、学校、企业的部门或分支机构,均不能提供担保,以免出现因担保主体不合格而导致担保无效的情形。

(2)审查保证人的资信能力及信誉,有无履行能力,如果是空壳公司或皮包公司,即使设定了担保,也无偿债能力,担保形同虚设。

(3)审查保证人的财产权属状况,比如产权证的应提交原件或产权证明。

相关法规

《合同法》第76条　合同生效后,当事人不得因姓名、名称的变更或者法定代表人、负责人、承办人的变动而不履行合同义务。

249. 法定代表人对公司债务承担连带责任的保证条款，是否有效？

情景案例

于某是A公司的法定代表人兼董事长,主要从事化妆品生产,公司总部位于广州。

2005 年 3 月,B 公司与 A 公司签订购销合同,因首次合作,于是 B 公司在合同中约定:“甲方(A 公司)的法定代表人对甲方的债务承担连带责任。”

2005 年 11 月,A 公司因拖欠货款 80 万元被 B 公司起诉,同时要求于某承担连带责任。于某收到了法院的传票,得知名下的一套房子已被法院查封。于某认为,本人不是合同中的甲方,不应当承担法律责任。

请问:法定代表人对公司债务承担连带责任的保证条款,是否有效?

本案分析

在企业经营中,经常会出现企业法定代表人或其他股东以个人名义为公司提供担保,如果出于自愿行为,法律是承认其效力的。

本案中,于某作为 A 公司的法定代表人,虽然不是合同的主体一方,但在合同中签字的行为既代表公司,又代表自己,合同形式具备合法性。因此,于某明确承认对债务承担连带责任的条款,是有效的。

风险防范建议

当企业要求债务人提供个人担保时,哪种形式的担保才有效,有哪些注意事项呢?

(1)债权人与债务人专门签订担保合同,明确连带责任担保、担保期间、担保范围。

(2)债权人与债务人主合同中的担保条款、担保函、承诺书、保证书等各种明确表明担保责任的文件。

(3)债权人与债务人达成的还款协议、执行和解协议中的担保条款,均具有担保的法律效力。

相关法规

《最高人民法院关于适用〈中华人民共和国担保法〉若干问题的解释》第 17 条第 1 款 企业法人的分支机构未经法人书面授权提供保证的,保证合同无效。因此给债权人造成损失的,应当根据担保法第五条第二款的规定处理。

《公司法》第 16 条第 1、2 款 公司向其他企业投资或者为他人提供担保,按照公司章程的规定由董事会或者股东会、股东大会决议;公司章程对投资或者担保的总额及单项投资或者担保的数额有限额规定的,不得超过规定的限额。公司为公司股东或者实际控制人提供担保的,必须经股东会或者股东大会决议。

250. 公司为股东个人的债务提供担保，有效吗?

情景案例

赵某系某公司的股东及监事,2014 年 11 月,赵某向张某借款 50 万元,并以 A 公司名义提供担保,但该担保未经公司股东会决议。后因赵某借款逾期,张某向法院起诉,要求赵某偿还借款 50 万元,并要求 A 公司承担连带清偿责任。

请问:公司为股东个人的债务提供担保,有效吗?

本案分析

公司可以为股东提供担保,也可以对外担保。公司为股东提供担保时根据《公司法》的规定必须经过股东会或者股东大会决议通过,被担保股东不得参加表决,过半数通过,方可执行。

由于公司决议是对公司内部管理所设定,如果公司为股东签署了担保条款成为担保人,应当履行担保义务,有利于保障担保权人的利益。

本案中,A公司向债权人张某借款提供了担保,因此,A公司应负担保责任。

风险防范建议

公司对内、对外担保是允许的,但需要经过必要程序,因此应注意:

(1)作为担保权人一般以公司印章即可获得保护,但为避免出现瑕疵,尽量要求提供决议文件作为担保书的附件。

(2)作为公司内部而言,为避免负责日常经营的股东、负责人滥用公司资产担保损害相关方权益,应明确禁止性条款,未经合法程序提供担保的由办理担保手续的人承担责任。

相关法规

《公司法》第16条 公司向其他企业投资或者为他人提供担保,按照公司章程的规定由董事会或者股东会、股东大会决议;公司章程对投资或者担保的总额及单项投资或者担保的数额有限额规定的,不得超过规定的限额。公司为公司股东或者实际控制人提供担保的,必须经股东会或者股东大会决议。

公司为公司股东或者实际控制人提供担保的,必须经股东会或者股东大会决议。前款规定的股东或者受前款规定的实际控制人支配的股东,不得参加前款规定事项的表决。该项表决由出席会议的其他股东所持表决权的过半数通过。

四、担保效力

251.未经股东会决议,公司的对外担保是否有效?

情景案例

B公司因拖欠A公司的机器设备款,2014年4月2日,双方签订还款协议,约定B公司于6个月内全部还清款项,逾期将承担违约利息及罚息。C公司作为保证人,为B公司的还款提供担保,担保方式为连带责任担保。

2014年10月,还款期限届满后,B公司未还款,A公司将B公司和担保人C公司诉至法院。C公司向法庭提交了答辩状,认为其为B公司担保时,未经股东会决议通过,故主张担保无效。

请问:C公司的说法符合法律规定吗?

本案分析

股东会决议，是属于公司的内部控制管理，公司何时召开股东会、以何种形式召开、是否能形成公司决议，外部人员无法作出判断，也无法约束交易相对方，更不能成立担保无效的借口和理由。如果因为公司的内部行为，导致对外担保行为被确认无效，不利于保护债权人的权益。

本案中，C公司以未经股东会决议通过为由主张担保无效，有违商事行为的诚信规则，这种理由不符合法律规定，是不能成立的。

风险防范建议

在公司运营中，如何防范法定代表人擅自对外提供担保，建议如下：

（1）健全公司内部的规章制度，如印鉴使用制度、表决制度、责任追究制度，进行监督。

（2）如果法定代表人或其他股东因个人过错或行为，造成公司财产损失或利益受损的，应承担相应的赔偿责任。公司可以就过错进行内部追责，毕竟基于股东的个人过错，转由公司买单的行为有悖公平原则。

相关法规

《公司法》第16条 公司向其他企业投资或者为他人提供担保，按照公司章程的规定由董事会或者股东会、股东大会决议；公司章程对投资或者担保的总额及单项投资或者担保的数额有限额规定的，不得超过规定的限额。公司为公司股东或者实际控制人提供担保的，必须经股东会或者股东大会决议。

公司为公司股东或者实际控制人提供担保的，必须经股东会或者股东大会决议。前款规定的股东或者受前款规定的实际控制人支配的股东，不得参加前款规定事项的表决。该项表决由出席会议的其他股东所持表决权的过半数通过。

252. 公司为股东的股权转让提供担保，是有效还是无效？

情景案例

冯先生和王先生均为某电器公司的股东，2013年10月，冯先生将自己持有的20%股权、作价60万元转让给王先生，合同约定股权转让款于2013年12月底前付清。

合同签订之后，王先生只支付了15万元。2014年6月，冯先生起诉法院，要求付清余款。开庭时，冯先生拿出一份股权转让协议，要求电器公司承担连带清偿责任，理由是电器公司以保证人的身份在协议上加盖了公章。

请问：电器公司的担保是有效担保吗？

本案分析

股东之间的股权转让，受让方付给转让方股权转让款，受让方因此取得相应股权，故公司的股权情况、资金并未减少或增加，没有发生变化。

公司为股权转让提供担保，其行为实质上是以公司资产担保股权转让款的实现。

如果转让股东不履行付款义务，可能导致公司回购行为的发生，直接使公司实际资产不合理地减少，违反了资本维持原则。

本案中，冯先生只能向王先生追偿欠款，电器公司为冯先生股权转让提供担保，该担保行为无效。

风险防范建议

在签订股权转让时，为了防止受让人不诚信履行付款义务，如何防范风险呢？建议如下：

在股权转让协议中明确办理股权转让手续的时间，在未付清款项之前，对行使股东权利作出限制，以督促履行付款义务，尽快实现股权转让目的。

相关法规

《公司法》第16条 公司向其他企业投资或者为他人提供担保，按照公司章程的规定由董事会或者股东会、股东大会决议；公司章程对投资或者担保的总额及单项投资或者担保的数额有限额规定的，不得超过规定的限额。公司为公司股东或者实际控制人提供担保的，必须经股东会或者股东大会决议。

公司为公司股东或者实际控制人提供担保的，必须经股东会或者股东大会决议。前款规定的股东或者受前款规定的实际控制人支配的股东，不得参加前款规定事项的表决。该项表决由出席会议的其他股东所持表决权的过半数通过。

253. 企业股东为企业担保的，配偶是否承担担保责任？

情景案例

A公司是一家有限公司，陈某是A公司的法定代表人，持有公司45%的股份。2012年，A公司与某担保公司签订了借款协议，借款200万元，陈某以个人名义提供担保。

2013年8月，陈某与妻子阿丽离婚，约定双方的所有对外债务均由陈某承担，与阿丽无关。2014年11月，担保公司向法院起诉，要求A公司归还借款，陈某及阿丽承担连带清偿责任。

请问：陈某的妻子阿丽需要承担法律责任吗？

本案分析

夫妻共同债务主要是基于夫妻家庭共同生活的需要，以及对共有财产的管理、使用、收益和处分而产生的债务。

陈某是A公司的法定代表人，也是公司的实际经营管理人。陈某为A公司担保之债虽发生于夫妻关系存续期间，但该担保是为经营公司之需要，与家庭生活无关，不属于夫妻共同债务。

因此陈某的担保行为属于个人行为，由其自行承担担保责任，阿丽无须承担担保责任。

风险防范建议

在公司经营过程中，我们会遇到公司股东在遭遇婚姻逆袭时，如何使公司正常运营，避免遭遇公司分裂呢？建议如下：

(1)夫妻双方可以在婚姻过程中就婚姻关系存续期间所得的财产以及婚前财产作出归各自所有、共同所有或部分各自所有、部分共同所有的约定，避免公司运营不正常。

(2)夫妻离婚时分割一方在公司所持的股份时，尽量对不属于公司股东的一方作出经济补偿，避免因为人和问题影响公司正常运营。

相关法规

《担保法》第7条 具有代为清偿债务能力的法人、其他组织或者公民，可以作保证人。

《担保法》第31条 保证人承担保证责任后，有权向债务人追偿。

254. 联保小组成员的担保责任，如何承担？

情景案例

田某是一个养殖户，经营鱼塘多年。2015年12月，突然收到法院的一张传票，田某感到十分意外，自己一直守法经营，如何惹上官司了呢？

经了解得知，原告是某信用社。田某在去年曾在这家银行贷款10万元用于购买鱼苗，当时按照银行的提议，与其他4个农户组成了联保小组，共同担保每人各贷款10万元。

现在田某的贷款本息已全部还清，但其中一农户拖欠未还，被银行起诉至法院，因为田某作了担保，因为信用社要求承担连带清偿责任。田某认为，既然五人共同担保，那么自己只能承担1/5的担保责任，而不是全部。

请问：田某的这种说法符合法律规定吗？

本案分析

联保贷款为用款人解决了资金需求，又降低了银行的贷款风险。但对联保组成员而言，有的碍于情面，有的急用资金，有的轻信他人，往往忽视了联保户成员的信誉及经济条件，盲目提供互保，如此的做法会带来极大的风险。

通常情况下，银行的借款协议约定组成三人联保或五人联保小组，银行可以根据贷款人的申请，签订借款合同，在最高贷款限额发放贷款，联保小组内任何一成员自愿为该银行向联保小组的其他成员发放的贷款承担连带责任保证。

由于田某与其他4农户属于相互担保，并未确定担保的份额，故应对贷款总额承担连带清偿责任。田某认为自己仅承担1/5担保责任的主张，是对担保责任的曲解。

风险防范建议

为规避风险，建议农户在签订类似联保贷款协议时，充分了解联保成员的资信情况，贷款后加强成员之间的联系，并适当监督资金使用情况，防止出现对自己不利的局面。

相关法规

《担保法》第7条 具有代为清偿债务能力的法人、其他组织或者公民，可以作保证人。

《担保法》第18条 当事人在保证合同中约定保证人与债务人对债务承担连带责任的，为连带责任保证。

连带责任保证的债务人在主合同规定的债务履行期届满没有履行债务的，债权人可以要求债务人履行债务，也可以要求保证人在其保证范围内承担保证责任。

《担保法》第31条 保证人承担保证责任后，有权向债务人追偿。

五、担保责任

255. 债权人与债务人协议延期还款，原保证人还负担保责任吗？

情景案例

A公司与某银行签订了一份借款合同，合同约定：由某银行向A公司提供30万元贷款，贷款期限为1年，由B公司提供担保，担保期限至A公司债务还清之日。贷款期限届满后，A公司暂时无力还款，于是请求银行延迟3个月期限。于是，银行与A公司签订延期还款协议，但没有通知B公司。

半年后，A公司未按期还款，银行诉至法院，要求A公司承担偿还责任，B公司承担连带还款责任。B公司认为，A公司与银行私下签订延期还款协议，自己应该免除担保责任。

请问：B公司还要承担担保责任吗？

本案分析

借款合同是主合同，担保合同属于从合同，当主合同的内容发生变更时，涉及担保责任条款的法律效力。

本案中，担保期限约定为A公司债务还清之日，这种约定视为担保期限约定不明确，按照《担保法》的规定，担保期间为主债务期限届满2年内，截至银行向法院起诉之日，B公司的担保期限尚在合同约定的有效担保期限内，故B公司应承担连带清偿责任。

至于A公司与银行就延期还款达成了新的还款协议，仅仅针对还款时间的延展，不能视为对原借款合同的解除或变更，从而不影响B公司担保条款的法律效力。因此，B公司应承担担保责任。

风险防范建议

为了确保担保人的担保责任不发生履行争议，在合同履行过程中，有什么注意事项呢？

(1)在主合同或担保合同中可以约定,如果债权人和债务人变更主合同的,可以不用征得保证人的同意,保证人仍应当对变更后的合同提供担保,这样可以避免和防止主合同变更引起保证责任的变化。

(2)在债权人和债务人合同履行期间,如果出现加重债务人负担或扩大债务范围的,还是要求保证人重新签字盖章,对担保事项进行重新确认,确保万无一失。

相关法规

《担保法》第 24 条 债权人与债务人协议变更主合同的,应当取得保证人书面同意,未经保证人书面同意的,保证人不再承担保证责任。保证合同另有约定的,按照约定。

《担保法》第 25 条 一般保证的保证人与债权人未约定保证期间的,保证期间为主债务履行期届满之日起六个月。

在合同约定的保证期间和前款规定的保证期间,债权人未对债务人提起诉讼或者申请仲裁的,保证人免除保证责任;债权人已提起诉讼或者申请仲裁的,保证期间适用诉讼时效中断的规定。

《担保法》第 26 条 连带责任保证的保证人与债权人未约定保证期间的,债权人有权自主债务履行期届满之日起六个月内要求保证人承担保证责任。

在合同约定的保证期间和前款规定的保证期间,债权人未要求保证人承担保证责任的,保证人免除保证责任。

256. 保证人与债务人一起被起诉,保证人承担法院诉讼费用吗?

情景案例

魏某是某园林绿化公司老板,2015 年 4 月 8 日,朋友张某向某银行借款 10 万元,借款期 1 年,魏某为其提供了担保。

2016 年 4 月,借款期限届满,张某无力偿还,银行起诉魏某,要求其作为担保人偿还 10 万元本金及利息,同时承担法院诉讼费用。魏某认为,合同中明确担保人只对 10 万元债务进行担保,法院诉讼费用与本人无关。

请问:保证人要承担法院诉讼费用吗?

本案分析

法院的诉讼费是债权人为实现债权而支出的费用,是当事人为向人民法院提起诉讼程序应当缴纳的费用。

本案中,魏某为张某借款提供担保,担保的范围包括借款本金外,自然及于利息及实现债权的费用。因此,诉讼费用也属于担保责任承担的范围之内。

如果魏某替代张某承担还款责任,可向本案的主债务人张某行使追偿权,要求张某承担还款责任,偿还自己归还银行的欠款本金、利息及诉讼费用。

风险防范建议

在担保合同中,如何明确担保人的保证范围呢?

通常情况下，在担保合同或担保条款中明确约定，担保的范围包括本金、利息、罚金、违约金、公证费、律师费、诉讼费等。有了担保范围的事先约定，更有利于主张实现债权的费用。

相关法规

《担保法》第15条 保证合同应当包括以下内容：

（一）被保证的主债权种类、数额；

（二）债务人履行债务的期限；

（三）保证的方式；

（四）保证担保的范围；

（五）保证的期间；

（六）双方认为需要约定的其他事项。

保证合同不完全具备前款规定内容的，可以补正。

《担保法》第21条 保证担保的范围包括主债权及利息、违约金、损害赔偿金和实现债权的费用。保证合同另有约定的，按照约定。

当事人对保证担保的范围没有约定或者约定不明确的，保证人应当对全部债务承担责任。

257. 执行和解协议的担保人未履行还款义务，可以强制执行吗？

情景案例

2014年6月，申请人A公司持生效的民事调解书，向某法院申请强制执行，要求谭某归还60万元货款，在执行过程中，被执行人谭某表示周转困难，无法在短时间内清偿这笔货款，希望可以分期还款。

A公司对此并没有异议，但要求谭某提供担保。于是，双方达成了执行和解协议，约定自2014年8月起，每月偿还5万元，分12个月陆续还清。案外人张某作为谭某的担保人在和解协议中为谭某提供了担保。

请问：执行和解协议的担保人未履行还款义务，可以强制执行吗？

本案分析

执行和解，指在法院执行过程中，双方当事人经过自愿协商，达成协议，结束执行程序的活动。和解协议的担保人是为债务人履行债务而提供的保障，在债务人不履行协议内容时，由担保人承担连带清偿责任。

A公司向法院申请强制执行的民事调解书，履行义务人只为谭某，而张某是案外人。执行和解协议不具有强制执行力，担保条款也是和解协议的一部分，故A公司只能向法院申请恢复执行，要求执行原生效的民事调解书。

由于案外人张某为谭某履行执行和解协议提供了担保，当谭某不履行还款义务时，张某应承担保证责任。因此，A公司不能直接申请法院强制执行谭某，只能另行起诉法院，要求法院确认张某承担连带还款责任。

风险防范建议

如果在执行和解协议中要求债务提供担保时，有哪些注意事项呢？

(1)充分了解担保人的身份、住址、工作单位、收入、财产信息等情况，防止出现担保人无偿债能力的空壳担保情形。

(2)如果债务人和担保人未履行和解协议书，及时向法院申请恢复执行，以达到实现债权的目的。

相关法规

《民事诉讼法》第231条 在执行中，被执行人向人民法院提供担保并经申请执行人同意的，人民法院可以决定暂缓执行及暂缓执行的期限。被执行人逾期仍不履行的，人民法院有权执行被执行人的担保财产或者担保人的财产。

《最高人民法院关于适用〈中华人民共和国民事诉讼法〉的解释》第467条 一方当事人不履行或者不完全履行在执行中双方自愿达成的和解协议，对方当事人申请执行原生效法律文书的，人民法院应当恢复执行。

258. 债务人破产了，债权人还可以向担保人主张还款责任吗？

情景案例

某建材公司于2008年6月向银行贷款，双方签订了借款协议，借款金额为200万元，借款期限为1年，由某服装公司为贷款提供了连带责任担保。

2015年2月，建材公司因经营不善负债累累，法院宣告建材公司破产还债。在破产清算中，银行向法院提起诉讼，要求服装公司承担连带清偿责任。服装公司认为，建材公司的破产清算尚在进行，银行无权对其提起诉讼。

请问：债务人破产了，债权人可以向担保人主张还款责任吗？

本案分析

按照我国《担保法》的规定，债务人破产后，债权人可以向法院申报债权，也可向保证人主张权利。这是债权人的法定权利，债权人不会因为向法院申报债权而丧失了对担保人的追偿权。

在本案中，基于保护债权的理论，如果银行在建材公司破产程序中未受清偿，可在债务人破产程序终结后6个月内提出，要求服装公司承担连带清偿责任。因此，债务人破产后，债权人仍可向担保人主张还款责任。

风险防范建议

如果债权人既向破产企业申报债权，又向法院起诉向担保人主张担保责任，如何处理呢？建议如下：

(1)如果法院受理了担保纠纷案件，但债务人的破产案件尚未处理终结，则法院应裁定中止审理。破产企业的破产案件处理完毕后，法院应就债权人未得到受偿的部分债权作出判决。

(2)如果债权人在法律规定的6个月内未提出诉讼的,则保证人的保证责任予以免除。

相关法规

《担保法》第31条 保证人承担保证责任后,有权向债务人追偿。

《担保法》第32条 人民法院受理债务人破产案件后,债权人未申报债权的,保证人可以参加破产财产分配,预先行使追偿权。

《最高人民法院关于适用〈中华人民共和国担保法〉若干问题的解释》第44条 保证期间,人民法院受理债务人破产案件的,债权人既可以向人民法院申报债权,也可以向保证人主张权利。

债权人申报债权后在破产程序中未受清偿的部分,保证人仍应当承担保证责任。债权人要求保证人承担保证责任的,应当在破产程序终结后六个月内提出。

259.担保人死亡,家属获得的死亡赔偿金要用于偿还担保债务吗?

情景案例

徐某的朋友经营一家广告公司,2013年9月,广告公司因资金周转向小额贷款公司借款12万元,借款期限为6个月,徐某为广告公司提供了担保。

2014年4月,借款期限届满,广告公司因经营不善关闭,无力偿还借款。经法院强制执行,广告公司和徐某没有任何财产可供执行。

2014年10月,徐某因交通事故死亡。徐某生前在中国人寿保险公司购买了一份意外伤害综合保险,指定第一受益人为妻子黄某。黄某在领到保险赔偿金20万元后,贷款公司找到黄某,称这笔赔偿金属于徐某的遗产,须偿还担保债务12万元。黄某则认为,这是保险公司支付给自己的保险赔款,没有理由为他人还款。

请问:担保人死亡,受益人获得的赔偿金要偿还担保债务吗?

本案分析

有些人简单地认为,担保就是给朋友帮忙签个名而已,如果不思量自己的经济实力、不观察借款人的偿债能力,贸然替人担保,可能会使自己陷入纠纷或麻烦。

黄某领取的保险赔偿金,是基于徐某意外死亡而获得的死亡赔偿金。死亡赔偿金的性质是属于精神损害抚慰金,是保险公司基于保险合同约定支付给死者近亲属的精神抚慰金,不属于《继承法》规定的遗产范围。

既然保险赔偿款不属于遗产性质,故不能作为遗产来处理。因此,小额贷款公司不能据此主张偿还责任,黄某也没有义务用此款来清偿担保债务。

风险防范建议

在为亲友或公司提供担保时,要谨慎对待。比如要求提供反担保或其他形式的担保,否则当债务人面临破产时,可能因为一时之念而招致官司缠身、结果难料的被动局面。

相关法规

《继承法》第3条　遗产是公民死亡时遗留的个人合法财产。

《最高人民法院关于审理人身损害赔偿案件适用法律的若干问题的解释》第18条　受害人或者死者近亲属遭受精神损害，赔偿权利人向人民法院请求赔偿精神损害抚慰金的，适用《最高人民法院关于确定民事侵权精神损害赔偿责任若干问题的解释》予以确定。

精神损害抚慰金的请求权，不得让与或者继承。但赔偿义务人已经以书面方式承诺给予金钱赔偿，或者赔偿权利人已经向人民法院起诉的除外。

第十六章　政府行政

企业与政府、企业与企业、企业与消费者、企业内部关系，都要通过相应的法律规范来调整。

如果企业由于经验不足或者对法律知识的了解不够，就可能遭受行政处罚，可能影响企业声誉和形象。

企业在经营中应增强风险防范意识，建立企业风险防控机制，积极防范行政责任的风险。

一、行政处罚

260. 企业未按合同约定支付劳动报酬，会受到什么行政处罚？

情景案例

林某于2012年8月应聘于某广告公司任业务员，双方签订了为期2年的劳动合同，合同中约定，林某的工资由基本工资和业绩提成组成，基本工资为1200元，另按林某业务业绩的15%发放提成。

由于林某业务能力强，业绩突出，每月的提成不少。但公司认为，林某的业绩不是其一个人努力的结果，也有公司服务质量改变的原因，于是，从2014年3月开始按基本工资800元，提成8%发放给林某。林某不服，将公司诉至当地劳动行政管理部门。

请问：林某所在的广告公司会面临什么行政处罚？

本案分析

根据我国《劳动法》的规定，企业未按照劳动合同的约定或者国家规定及时足额支付劳动者劳动报酬的，由劳动行政部门责令限期支付，逾期不支付的，企业按应付金额50%以上100%以下的标准向劳动者加付赔偿金。

劳动合同双方应诚信履行，如果企业因主观恶意而未及时、足额支付劳动报酬的，劳动者可以解除劳动合同，企业应当向劳动者支付经济补偿金。

本案中，林某与广告公司签订劳动合同中明确约定了工资报酬标准，但公司擅自减少劳动报酬数额，侵犯了林某的合法权益。在林某向劳动部门投诉后，劳动行政部门在查明事实的情况下，应当依法责令广告公司限期支付林某的工资报酬及逾期加倍赔偿金。另外，林某可以此为由要求解除合劳动同，并要求公司承担经济补偿。

风险防范建议

劳动报酬的发放属于劳动关系中的权利义务,实践中因发放劳动报酬引发的纠纷层出不穷。如何减少此类纠纷呢?建议如下:

(1)企业应当增强法律风险防范,严格履行劳动报酬的支付义务。如果企业因为客观原因造成劳动报酬支付的迟延、减少,应当及时履行相关的手续,并与工会和职工沟通,公示相关信息。

(2)完善工资发放制度,避免由于制度原因所造成的工资延迟发放、缺额发放等问题的发生。

(3)企业也可提议让员工自愿在工资单上签名,表示单位已经足额支付了劳动报酬,这样对于企业无疑是双保险。

相关法规

《劳动法》第91条 用人单位有下列侵害劳动者合法权益情形之一的,由劳动行政部门责令支付劳动者的工资报酬、经济补偿,并可以责令支付赔偿金:

(一)克扣或者无故拖欠劳动者工资的;

(二)拒不支付劳动者延长工作时间工资报酬的;

(三)低于当地最低工资标准支付劳动者工资的;

(四)解除劳动合同后,未依照本法规定给予劳动者经济补偿的。

《劳动合同法》第85条 用人单位有下列情形之一的,由劳动行政部门责令限期支付劳动报酬、加班费或者经济补偿;劳动报酬低于当地最低工资标准的,应当支付其差额部分;逾期不支付的,责令用人单位按应付金额百分之五十以上百分之一百以下的标准向劳动者加付赔偿金:

(一)未按照劳动合同的约定或者国家规定及时足额支付劳动者劳动报酬的;

(二)低于当地最低工资标准支付劳动者工资的;

(三)安排加班不支付加班费的;

(四)解除或者终止劳动合同,未依照本法规定向劳动者支付经济补偿的。

261. 企业违章搭建,会受到什么行政处罚?

情景案例

2015年6月,A公司在厂房旁边未报批搭建了一个铁皮棚进行生产经营,后经举报,政府管理部门前来查处,要求A公司拆除违建设施。但A公司以不会造成影响且确有需要为由,拒不自行改正。

请问:A公司会受到什么样的行政处罚?

本案分析

根据我国规划法等相关法律规定,在城镇规划区内进行建筑物、构筑物工程建设的必须向政府单位申报建设工程规划许可证,方可进行施工,否则属于违建,相关管理部门可以依法采取法律措施,包括责令停止建设、限期改正、限期拆除、罚款、没收、强制拆除等。

本案中，A公司未经批准，也未获得建设工程规划许可证，擅自搭建铁皮棚用于生产，违反了《城乡规划法》。在相关部门指出其违法行为，拒不执行的情况下，执法部门可以依法予以强拆并处以罚款。

风险防范建议

为保障城镇良好、有序的发展、建设，我国《城乡规划法》中明确要求了进行工程建设的，应当取得规划许可证，因此，企业因在经营过程中需要扩建的，务必提前做好方案进行申报。

相关法规

《城乡规划法》第40条第1款 在城市、镇规划区内进行建筑物、构筑物、道路、管线和其他工程建设的，建设单位或者个人应当向城市、县人民政府城乡规划主管部门或者省、自治区、直辖市人民政府确定的镇人民政府申请办理建设工程规划许可证。

《城乡规划法》第64条 未取得建设工程规划许可证或者未按照建设工程规划许可证的规定进行建设的，由县级以上地方人民政府城乡规划主管部门责令停止建设；尚可采取改正措施消除对规划实施的影响的，限期改正，处建设工程造价百分之五以上百分之十以下的罚款；无法采取改正措施消除影响的，限期拆除，不能拆除的，没收实物或者违法收入，可以并处建设工程造价百分之十以下的罚款。

《城乡规划法》第68条 城乡规划主管部门作出责令停止建设或者限期拆除的决定后，当事人不停止建设或者逾期不拆除的，建设工程所在地县级以上地方人民政府可以责成有关部门采取查封施工现场、强制拆除等措施。

262. 企业违法排放污染物，会受到什么行政处罚？

情景案例

2015年3月9日，某市环保局执法人员对A公司进行了突击检查，A公司主要从事服装辅料染色生产，在未报批环评、未建成污染物处理设施的情况下擅自投入生产，生产过程中产生的染色废水未经处理通过雨水沟外排至大河。

执法人员对外排废水采样送检，监测结果显示，废水所含污染物COD（化学耗氧量）、色度浓度均超过了《纺织染整工业水污染物排放标准GB 4287—92》中表3规定的排放限值。

请问：甲企业会受到什么样的行政处罚？

本案分析

随着人们环境保护意识的不断提高，我国对环境保护的力度不断加大，通过加强立法、严格执法等多种途径对违反法律规定污染环境的行为进行严厉打击。

企业造成环境污染损害他人权益的，依法应当承担民事、行政责任，甚至是刑事责任，其中行政责任包括罚款、限制生产、停产整治、责令停业、关闭、拘留等。

本案中,A 公司未申报环评、未采取污染物处理设施的情况下擅自投产,造成了环境污染,违反了《环保法》的规定,应根据其污染程度予以处罚。

风险防范建议

保护和改善环境,防治污染和其他公害,保障公众健康,推进生态文明建设,促进经济社会可持续发展是企业经营获得利益的同时,必须履行的法定义务,必须严格遵守。

相关法规

《环保法》第 59 条　企业事业单位和其他生产经营者违法排放污染物,受到罚款处罚,被责令改正,拒不改正的,依法作出处罚决定的行政机关可以自责令改正之日的次日起,按照原处罚数额按日连续处罚。

前款规定的罚款处罚,依照有关法律法规按照防治污染设施的运行成本、违法行为造成的直接损失或者违法所得等因素确定的规定执行。

地方性法规可以根据环境保护的实际需要,增加第一款规定的按日连续处罚的违法行为的种类。

《环保法》第 60 条　企业事业单位和其他生产经营者超过污染物排放标准或者超过重点污染物排放总量控制指标排放污染物的,县级以上人民政府环境保护主管部门可以责令其采取限制生产、停产整治等措施;情节严重的,报经有批准权的人民政府批准,责令停业、关闭。

《环保法》第 69 条　违反本法规定,构成犯罪的,依法追究刑事责任。

263. 销售仿冒知名商品，会受到什么行政处罚?

情景案例

2015 年 6 月,某市工商局执法人员日前在市场巡查时,发现某服装门市的门楣上,悬挂着"(香港)AA 服饰国际集团有限公司"的招牌,随即对该门市进行了现场检查。业主伍某坚称 1000 余件服装是"正宗"的 AA 服饰。

这些服装共同特征为:商标图案与知名的 AA 公司注册商标图案非常近似,执法人员当即扣留涉嫌侵权的服装,并立案调查。

请问:伍某的门市会受到什么行政处罚?

本案分析

假冒产品是指伪造或假冒他人厂名、厂址、商标、产品名称、认证标志等从而使客户、消费者误以为该产品就是正版的产品。我国对于生产、销售假冒伪劣产品建立了从生产、销售到售后一系列的打击制度,《产品质量法》《反不正当竞争法》《消费者权益保护法》等均有对销售假冒伪劣产品予以了禁止性规定,严重的甚至触犯《刑法》。

《产品质量法》对于冒用他人厂名的,依法可以责令其改正,没收产品,并处于等值以下罚款;没收违法所得;情节严重的吊销营业执照。

本案中,该门市假冒使用"(香港)AA 服饰国际集团有限公司"销售服饰,已经违反《产品质量法》之规定，执法部门有权根据情况依法予以处罚。

风险防范建议

尊重和保护他人的商品商标、标致、厂名、厂址，不仿冒生产、销售，对于明显低于市场价格的进货渠道应予以审慎注意，要求供应方提供正规的产品来源说明，避免受到损失。

相关法规

《产品质量法》第37条 销售者不得伪造产地，不得伪造或者冒用他人的厂名、厂址。

《产品质量法》第53条 伪造产品产地的，伪造或者冒用他人厂名、厂址的，伪造或者冒用认证标志等质量标志的，责令改正，没收违法生产、销售的产品，并处违法生产、销售产品货值金额等值以下的罚款；有违法所得的，并处没收违法所得；情节严重的，吊销营业执照。

《反不正当竞争法》第5条 经营者不得采用下列不正当手段从事市场交易，损害竞争对手：

（一）假冒他人的注册商标；

（二）擅自使用知名商品特有的名称、包装、装潢，或者使用与知名商品近似的名称、包装、装潢，造成和他人的知名商品相混淆，使购买者误认为是该知名商品；

（三）擅自使用他人的企业名称或者姓名，引人误认为是他人的商品；

（四）在商品上伪造或者冒用认证标志、名优标志等质量标志，伪造产地，对商品质量作引人误解的虚假表示。

《反不正当竞争法》第21条第1款 经营者假冒他人的注册商标，擅自使用他人的企业名称或者姓名，伪造或者冒用认证标志、名优标志等质量标志，伪造产地，对商品质量作引人误解的虚假表示的，依照《中华人民共和国商标法》、《中华人民共和国产品质量法》的规定处罚。

264. 企业偷税漏税，会受到什么行政处罚？

情景案例

某医疗器械有限公司成立于2003年1月，是一家以经营二类、三类医疗器械为主的企业。2012年1月至2014年11月，陆续卖给本市人民医院、肿瘤医院等7家医院共500多万元的器械，却未申报销售收入，少缴增值税18万元。市国税局稽查局对该单位进行了稽查。

请问：医疗器械公司会受到什么行政处罚？

本案分析

本案涉及税法中的偷税问题。偷税是指纳税人故意违反税收法规，采用欺骗、隐瞒等方式逃避纳税的违法行为。如采用瞒报销售收入、虚增生产成本、伪造记账凭证等做法，均可能涉及偷税问题，情节严重的还可能涉嫌刑事责任。

有些企业认为，纳税是一笔损失，而不是每个公民的义务。因此，通过隐匿收入夸大成本，而达到不缴税和少缴税的目的。同时对于国家的法律惩罚，部分企业决策者对于偷漏税行为存在侥幸心理，这样的做法是十分危险的。

本案中，某医疗器械有限公司在经营中未如实申报销售收入，导致少缴增值税额达到18万元，属于逃税行为。依据我国《税收征收管理法》的规定，医疗器械公司除了向税务机关补缴18万元应纳税款及滞纳金外，还要承担一笔较大数额的罚款。如果经税务机关调查，构成犯罪的，将移送到司法机关依法追究刑事责任。

风险防范建议

如何防范可能出现的偷漏税风险呢？建议如下：

(1)企业要及时、系统地学习税收政策，准确理解和把握税收政策的内涵，树立税收筹划的风险意识，立足于事先防范。

(2)因税务征收涉及地方性规定，要充分了解当地税务征管的特点和具体要求，如实申报，依法纳税，减少和规避此类法律风险。

(3)如果遇到税务检查，要积极配合，依法处理。

相关法规

《宪法》第56条 中华人民共和国公民有依照法律纳税的义务。

《税收征收管理法》第63条 纳税人伪造、变造、隐匿、擅自销毁账簿、记账凭证，或者在账簿上多列支出或者不列、少列收入，或者经税务机关通知申报而拒不申报或者进行虚假的纳税申报，不缴或者少缴应纳税款的，是偷税。对纳税人偷税的，由税务机关追缴其不缴或者少缴的税款、滞纳金，并处不缴或者少缴的税款百分之五十以上五倍以下的罚款；构成犯罪的，依法追究刑事责任。

265. 产品造成消费者人身或财产损害的，企业会受到什么行政处罚？

情景案例

2014年7月8日，谢某从某商场购买某公司生产的蓄电池一只。10月8日，谢某在使用蓄电池的过程中，因蓄电池充电电压偏高，长时间充电，且蓄电池存在局部短路，致使蓄电池爆炸，谢某受伤。

在医院接受治疗期间，共计花费医疗费56,000元。谢某找到商场和厂家，要求赔偿损失。厂家辩称，其生产的蓄电池没有质量问题，谢某受伤因自身对蓄电池使用不当造成的。于是谢某向法院起诉了生产厂家，该厂家担心受到行政处罚。

请问：厂家是否会因此受到行政处罚？

本案分析

本案涉及行政处罚的问题。行政处罚是指行政机关或其他行政主体依法定职权和程序，对违反行政法规尚未构成犯罪的相对人给予行政制裁的具体行政行为。行政处罚包括警告，罚款，没收违法所得和没收非法财物，责令停产停业，暂扣或吊销许可证、执照，拘留等。

根据我国《产品质量法》的规定,生产者应当对其生产的产品质量负责。产品责任风险的发生不仅会给消费者带来伤害,而且会给企业造成极大的负面影响。

本案中,厂家作为销售商,其生产的蓄电池因局部短路,存在不合理的危险,造成电池爆炸伤害他人的严重后果。在产品质量责任纠纷中,涉及产品质量缺陷或质量问题均应通过司法鉴定程序,确定涉案产品是否存在质量问题。任何的主观推断或猜测均不能成为认定的依据。

如果司法鉴定结论明确该案属于产品不达标而引起的质量责任,厂家除了承担受害者的民事赔偿责任外,还要受到相应的行政处罚。根据《产品质量法》的规定,生产不符合人体健康和人身、财产安全的国家标准、行业标准的产品的,可能被处以停止生产、罚款、没收非法所得、吊销营业执照等。

风险防范建议

企业如何在日常经营中加强产品质量管理,防范质量责任事故呢？建议如下:

(1)加强产品质量管理,对于企业潜在影响产品质量的问题,制定合理的制度,预防不合格产品发生。

(2)强化产品质量的合格证制度,使产品达到国家标准,使产品的质量有标准可循。

(3)建议购买产品质量责任险,如果一旦发生质量事故,由承保的保险公司承担赔偿责任,以达到减少损失的目的。

相关法规

《产品质量法》第26条 规定生产者应当对其生产的产品质量负责。

产品质量应当符合下列要求:

(一)不存在危及人身、财产安全的不合理的危险,有保障人体健康和人身、财产安全的国家标准、行业标准的,应当符合该标准;

(二)具备产品应当具备的使用性能,但是,对产品存在使用性能的瑕疵作出说明的除外;

(三)符合在产品或者其包装上注明采用的产品标准,符合以产品说明、实物样品等方式表明的质量状况。

《产品质量法》第49条 生产、销售不符合保障人体健康和人身、财产安全的国家标准、行业标准的产品的,责令停止生产、销售,没收违法生产、销售的产品,并处违法生产、销售产品(包括已售出和未售出的产品,下同)货值金额等值以上三倍以下的罚款;有违法所得的,并处没收违法所得;情节严重的,吊销营业执照;构成犯罪的,依法追究刑事责任。

266. 企业消防设施、器材不符合国家标准,会受到什么行政处罚?

情景案例

A公司成立于2008年,在本市的风景区经营多家酒店、度假村等,共有员工360名,企业效益一直较好。

2015年国庆节前夕，某市公安消防支队开展全市酒店消防监督检查，发现其消防设施、器材、消防安全标志配置、设置不符合标准，还存在着损坏、挪用消防设施、器材的情况。

请问：A企业会受到行政处罚吗？

本案分析

俗话讲，水火无情，消防安全是每个企业的头等大事。企业作为公共场所，每天会有很多人出入，防止随处乱丢烟蒂，防止超负荷用电，防止可燃物、易燃物，但实际上很多企业并不重视消防安全问题，厂区内的消防设施存在严重的欠缺或安全隐患，一旦发生火灾，造成财产人身伤害的严重后果不可估量。

消防安全重在预防。企业的消防设施、器材作为消防重要的工具，应当保持良好的性能。

本案中，A公司所属的度假村配置的消防设施、器材、消防安全标志配置、设置不符合标准，同时存在着损坏、挪用消防设施、器材的情况，不仅不能控制发挥其消防器材本身的作用，还存在着重大的安全隐患。这种情况，消防主管部门可以依职权对A公司进行行政处罚。

风险防范建议

企业如何在日常经营中进行消防安全防范呢？建议如下：

(1)自觉遵守消防法规，在厂区内配备符合安全的消防器材、设施，掌握本企业可能存在的火灾危险区域并加以防范。

(2)接受消防安全教育和培训，掌握本职工作所需要的消防技能，正确使用灭火器材，熟悉相关消防设施的性能。

(3)发现火险事故隐患应及时向上级领导报告，及时消除火险隐患，积极纠正和制止违反消防法规的行为。

相关法规

《消防法》第16条　机关、团体、企业、事业等单位应当履行下列消防安全职责：

(一)落实消防安全责任制，制定本单位的消防安全制度、消防安全操作规程，制定灭火和应急疏散预案；

(二)按照国家标准、行业标准配置消防设施、器材，设置消防安全标志，并定期组织检验、维修，确保完好有效；

(三)对建筑消防设施每年至少进行一次全面检测，确保完好有效，检测记录应当完整准确，存档备查；

(四)保障疏散通道、安全出口、消防车通道畅通，保证防火防烟分区、防火间距符合消防技术标准；

(五)组织防火检查，及时消除火灾隐患；

(六)组织进行有针对性的消防演练；

（七）法律、法规规定的其他消防安全职责。

单位的主要负责人是本单位的消防安全责任人。

《消防法》第60条 单位违反本法规定，有下列行为之一的，责令改正，处五千元以上五万元以下罚款：

（一）消防设施、器材或者消防安全标志的配置、设置不符合国家标准、行业标准，或者未保持完好有效的；

（二）损坏、挪用或者擅自拆除、停用消防设施、器材的；

（三）占用、堵塞、封闭疏散通道、安全出口或者有其他妨碍安全疏散行为的；

（四）埋压、圈占、遮挡消火栓或者占用防火间距的；

（五）占用、堵塞、封闭消防车通道，妨碍消防车通行的；

（六）人员密集场所在门窗上设置影响逃生和灭火救援的障碍物的；

（七）对火灾隐患经公安机关消防机构通知后不及时采取措施消除的。

个人有前款第二项、第三项、第四项、第五项行为之一的，处警告或者五百元以下罚款。

有本条第一款第三项、第四项、第五项、第六项行为，经责令改正拒不改正的，强制执行，所需费用由违法行为人承担。

二、行政纠纷处理

267. 企业对行政处罚不服，如何处理？

情景案例

某化工厂系2006年8月成立，主要经营化工原料等系列产品，化工厂经常排放烟尘等废气。

2015年5月8日，某市环保局应当地居民的举报，对排放烟尘超过国家规定指标的某化工厂作出了罚款5万元的行政处罚，并责令其限期改正。化工厂对环保局的行政处罚决定不服，于2015年6月向法院提起行政诉讼。

请问：企业对行政处罚不服的，如何处理？

本案分析

行政诉讼是个人、法人或其他组织认为行政主体以及法律法规授权的组织作出的行政行为侵犯其合法权益而向法院提起的诉讼。行政诉讼就是俗称的“民告官”。

我国的《行政诉讼法》实施二十多年来，司法机关人员素质不断提高，公民的权利意识和自主意识越来越强，但行政主体与行政相对人之间的矛盾，却呈现日趋增长的趋势。当企业或个人在遇到行政机关侵犯其合法权益时，行政诉讼成为及时、有效地获得法律保护的重要手段。

本案中，如果化工厂不服环保局作出的行政处罚决定，可以申请行政复议，也可以市环保局为被告，向人民法院提起行政诉讼，通过法院的司法审查权，确认该行政处罚是否合法。根据我国《行政诉讼法》的规定，环保局应当负举证责任，向法院提供行政处罚的法律依据和事实依据，由法院作出维持行政处罚决定或撤销行政处罚决定的书面判决。

风险防范建议

在环境污染日益加剧的今天,政府环保部门加大了执法力度,在此情况下,企业的经营方式应当适时转变。为此,建议如下:

(1)树立法律意识和环保意识,认识到只有环保才能可持续发展。

(2)企业在排污方面要达标;若存在问题,应当通过提升技术水平,购买先进设备进行认真整改。

(3)在接到行政处罚时,应当平和理性分析,处罚是否存在法律依据和事实依据。若认为依据不足,可以向人民法院提起行政诉讼。

相关法规

《大气污染防治法》第99条 违反本法规定,有下列行为之一的,由县级以上人民政府环境保护主部门责令改正或者限制生产、停产整治,并处十万元以上一百万元以下的罚款;情节严重的,报经有批准权的人民政府批准,责令停业、关闭:

(一)未依法取得排污许可证排放大气污染物的;

(二)超过大气污染物排放标准或者超过重点大气污染物排放总量控制指标排放大气污染物的;

(三)通过逃避监管的方式排放大气污染物的。

《行政诉讼法》第2条 公民、法人或者其他组织认为行政机关和行政机关工作人员的行政行为侵犯其合法权益,有权依照本法向人民法院提起诉讼。

前款所称行政行为,包括法律、法规、规章授权的组织作出的行政行为。

268. 销货方为企业提供虚开的增值税发票,如何处理?

情景案例

2014年7月5日,甲公司与乙公司签订了一份货物购销合同,收到货物后,甲公司给乙公司开具了增值税发票,乙公司支付了货款。

半年之后,税务部门接到举报,此份发票系甲企业虚开的,要对乙公司进行处罚。乙公司百思不得其解,在实际货物交易的情况下,对方开具并提供了发票,自己根本不知情,为何要受到处罚呢?

请问:税务部门对乙公司的处罚合理吗?

本案分析

虚开增值税发票是指为他人虚开、为自己虚开、让他人为自己虚开、介绍他人虚开行为之一的,违反有关规范,使国家造成损失的行为。虚开增值税发票是属于违反我国发票管理制度的行为,轻则受到行政处罚,重则可构成虚开增值税发票罪,受到刑事处罚。

本案中,税务部门对企业进行的处罚属于行政处罚,由于乙公司与甲公司有真实交易行为，发票系甲公司开具，乙公司并未实施虚开发票的行为，也未授权虚开，故责任应由虚开发票的甲公司承担。

因此，乙公司可如实向税务机关说明案件事实，以避免处罚。如果税务机关继续对乙公司进行行政处罚，可向人民法院提起行政诉讼，以维护自己的合法权益。

风险防范建议

如何防范虚开增值税发票问题呢？建议如下：

(1)企业作为购货方，要了解销货方是否为一般纳税人，是否具有防伪税控开票资格。要求销货方提供营业执照、税务登记证、一般纳税人资格证书以及发票领购簿等重要的书面资料。

(2)核对发票方的名称是否与销货方名称一致，通过银行转账付款时的收款单位是否与发票上销货方单位名称一致，不要违反规定用现金支付。

(3)如果发现存在疑点的发票，要暂缓付款和暂缓申报抵扣其中的进项税金，待查证落实后再作处理。

相关法规

《发票管理办法》第22条 开具发票应当按照规定的时限、顺序、栏目，全部联次一次性如实开具，并加盖发票专用章。

任何单位和个人不得有下列虚开发票行为：

(一)为他人、为自己开具与实际经营业务情况不符的发票；

(二)让他人为自己开具与实际经营业务情况不符的发票；

(三)介绍他人开具与实际经营业务情况不符的发票。

《发票管理办法》第37条 违反本办法第二十二条第二款的规定虚开发票的，由税务机关没收违法所得；虚开金额在1万元以下的，可以并处5万元以下的罚款；虚开金额超过1万元的，并处5万元以上50万元以下的罚款；构成犯罪的，依法追究刑事责任。

非法代开发票的，依照前款规定处罚。

《刑法》第205条 虚开增值税专用发票或者虚开用于骗取出口退税、抵扣税款的其他发票的，处三年以下有期徒刑或者拘役，并处二万元以上二十万元以下罚金；虚开的税款数额较大或者有其他严重情节的，处三年以上十年以下有期徒刑，并处五万元以上五十万元以下罚金；虚开的税款数额巨大或者有其他特别严重情节的，处十年以上有期徒刑或者无期徒刑，并处五万元以上五十万元以下罚金或者没收财产。

单位犯本条规定之罪的，对单位判处罚金，并对其直接负责的主管人员和其他直接责任人员，处三年以下有期徒刑或者拘役；虚开的税款数额较大或者有其他严重情节的，处三年以上十年以下有期徒刑；虚开的税款数额巨大或者有其他特别严重情节的，处十年以上有期徒刑或者无期徒刑。

虚开增值税专用发票或者虚开用于骗取出口退税、抵扣税款的其他发票，是指有为他人虚开、为自己虚开、让他人为自己虚开、介绍他人虚开行为之一的。

269. 工商局以企业涉嫌侵权为由扣押货物，怎么办？

情景案例

甲公司是一家服饰贸易公司，主营女装，在某步行街拥有一个独立的门店进行销售。由于服装款式新、价格低，门店的销量稳步上升。

2015年9月12日，有人举报甲公司销售的女装侵犯了别人的注册商标权，于是，工商局执法人员上门查处，并扣押了甲公司店面的大量女装货物，导致门店无法再继续经营，损失很大。

请问：甲公司应该如何应对呢？

本案分析

本案涉及商标侵权引发的行政处罚问题。工商行政管理部门在受理涉嫌侵犯商标侵权的举报后，有权检查与侵权活动有关的物品；有权扣押或查封涉嫌侵权物品；有权查阅、复制当事人与侵权活动有关的合同、发票、账簿以及其他有关资料；可以询问有关当事人，调查与侵犯他人注册商标专用权有关的情况等。在工商部门依法行使相关职权时，当事人应当予以协助、配合，不得拒绝、阻挠。

销售侵犯他人注册商标专用权的商品是一种严重的商标侵权行为，可能导致民事赔偿责任、行政责任等，情节严重的还要依法追究刑事责任。由于甲公司涉嫌销售侵犯别人注册商标专用权商品的行为，这类侵权行为的主体是商品经销商，不管行为人主观上是否有过错，只要实施了销售侵犯注册商标专用权的商品的行为，均构成侵权。

本案中，甲公司应当提供商标权人授权使用或销售的文件，如果无法提供的，应提供合法进货的单据或票证，并向工商部门说明供货者信息及货源的详细情况，配合工商行政部门予以处理。

风险防范建议

为避免此类纠纷，建议如下：

(1)签订经销合同涉及使用他人的注册商标时，应同时签订注册商标使用许可协议或取得商标权人的书面授权文件，应注意许可期限要大于等于经销期限。

(2)进货时，应从合法渠道进货，并注意保留进货凭证和供货者信息。

相关法规

《商标法》第60条第1、2款　有本法第五十七条所列侵犯注册商标专用权行为之一，引起纠纷的，由当事人协商解决；不愿协商或者协商不成的，商标注册人或者利害关系人可以向人民法院起诉，也可以请求工商行政管理部门处理。

工商行政管理部门处理时，认定侵权行为成立的，责令立即停止侵权行为，没收、销毁侵权商品和主要用于制造侵权商品、伪造注册商标标识的工具，违法经营额五万元以上的，可以处违法经营额五倍以下的罚款，没有违法经营额或者违法经营额不足五万元的，可以处二十五万元以下的罚款。对五年内实施两次以上商标侵权行为或者有其他严重情节的，应当从重处罚。销售不知道是侵犯注册商标专用权的商品，能证明该商品是自己合法取得并说明提供者的，由工商行政管理部门责令停止销售。

《刑法》第214条 销售明知是假冒注册商标的商品，销售金额数额较大的，处三年以下有期徒刑或者拘役，并处或者单处罚金；销售金额数额巨大的，处三年以上七年以下有期徒刑，并处罚金。

270. 规划局以违建为由责令企业拆除厂房，如何处理？

情景案例

2011年3月，某物流有限公司与某水环境建设开发有限公司签订租赁合同，租赁后者污水处理厂二期约5万平方米预留地使用。

2015年8月，因业务发展需要，物流公司将其中的3万平方米用来搭建单层钢架铁皮厂房。规划局认为物流有限公司未依法取得规划许可，所建的厂房不符合城市规划，发出限期拆除通知书。

请问：物流公司应该如何应对？

本案分析

违章建筑，是指在城市规划区内，未取得建设工程规划许可证或违反建筑工程规划许可证的规定建设的，或采取欺骗手段骗取批准而占地新建、扩建和改建的建筑物。违章建筑对城市规划建设存在极大的安全隐患，故随时面临被拆除的法律风险。根据我国法律的规定，违章建筑一旦被有关部门进行强制拆除之后，是无法获得任何经济补偿的。

本案中，物流公司未取得规划许可证的情况下，擅自搭建铁皮房，所建房屋属于违章建筑。由于规划局已经发出通知，要求公司拆除违章建筑。按照规划局的行政执法流程，行政机关会对拆除事宜予以公告，限期当事人自行拆除。如果公司对规划局的行政行为不服的，可以申请行政复议或者提起行政诉讼。如果逾期未行使复议权或诉讼权，又不拆除违章建筑的，规划局可以依法申请人民法院进行强制拆除。

风险防范建议

工程建设应科学规划，依法进行。为防止违反规划造成不必要的损失，建议如下：

(1)企业在进行工程建设时，应履行法定的规划审批手续，取得建设工程规划许可证后，依法施工建设。

(2)如果企业需要租赁厂房或其他建筑物时，要审查房屋是否取得了合法的资料和手续，防止租赁违章建筑物后，引发不必要的损失。

(3)因未履行规划审批手续而被责令停止建设后，应区别情况分别处理。如果能补办手续的，及时补办；不能补办的，自行拆除，以免扩大损失。

相关法规

《城乡规划法》第40条第1款　在城市、镇规划区内进行建筑物、构筑物、道路、管线和其他工程建设的，建设单位或者个人应当向城市、县人民政府城乡规划主管部门或者省、自治区、直辖市人民政府确定的镇人民政府申请办理建设工程规划许可证。

《城乡规划法》第68条　城乡规划主管部门作出责令停止建设或者限期拆除的决定后，当事人不停止建设或者逾期不拆除的，建设工程所在地县级以上地方人民政府可以责成有关部门采取查封施工现场、强制拆除等措施。

《行政强制法》第44条　对违法的建筑物、构筑物、设施等需要强制拆除的，应当由行政机关予以公告，限期当事人自行拆除。当事人在法定期限内不申请行政复议或者提起行政诉讼，又不拆除的，行政机关可以依法强制拆除。

271. 环保局责令非法排放污染物的企业承担代履行费用，合法吗？

情景案例

A公司是一家印染有限公司，2015年5月，环保局执法人员到A公司检查，认定A公司将生产过程中所产生的废油排放后，对河道产生了污染，要求A公司采取措施，阻断排放物继续污染环境。同时，要求3日内清理已污染的河道。

A公司由于近几年经营不善，资金困难，没有资金完成清理事宜。不久，环保局找了本市其他企业对河道进行了清理，并要求A公司承担清理费用。

请问：环保局的做法正确吗？

本案分析

本案中涉及代履行的法律问题。代履行是指义务人逾期不履行行政法上的义务，由他人代为履行可以达到相同目的时，行政机关可以自己代为履行或者委托没有利害关系的第三人代为履行，向义务人征收代履行费用的强制执行制度。代履行主要适用于该行政法义务属于可以由他人代替履行的作为义务，如排除障碍、恢复原状、强制拆除等。

根据行政法规的规定，代履行是有严格程序要求的。环保局已向A公司下达了清理受污河道通知书，如果A公司无能力立即履行，应向行政机关说明相关理由。如果环保局决定由其他公司代履行的，应当向A公司送达代履行决定书，在决定书应当载明代履行的理由和依据、方式和时间、标的、费用预算以及代履行人等其他事项。在代履行过程中，环保局应派出工作人员到场监督，并制作相应的法律文书。如果出现情况紧急，不及时清理可能影响居民生产、生活的，可以马上作出代履行决定，事后告知有负有清理义务的企业。

如果在环保局发出代履行通知书后，A公司决定自行清理的，代履行终止；一旦实施了代履行的法律程序，所产生的合理成本费用由A公司承担。故环保局的做法是正确的。

风险防范建议

保护环境,人人有责。排放污染物的企业应当特别注意如下几点:

(1)排放污染物的企业,应依法取得环保部门的审批后方能投入生产经营。

(2)防治污染的设施,应与主体工程同时设计、同时施工、同时验收、同时投产使用。防治污染的设施不得擅自拆除或者闲置,确有必要拆除或者闲置的,必须征得所在地的环境保护行政主管部门同意。

(3)如果发生排放污染物造成环境污染事件时,排污企业应及时采取措施处理,履行清理义务,及时通报可能受到污染危害的单位和居民,并向当地环境保护行政主管部门和有关部门报告,接受调查处理,避免损失扩大。

相关法规

《行政强制法》第50条 行政机关依法作出要求当事人履行排除妨碍、恢复原状等义务的行政决定,当事人逾期不履行,经催告仍不履行,其后果已经或者将危害交通安全、造成环境污染或者破坏自然资源的,行政机关可以代履行,或者委托没有利害关系的第三人代履行。

272. 政府收回企业的厂房土地,企业要怎么办?

情景案例

A公司是一家化工有限公司,2007年招商引资进入某市,之后开始租地营业。2014年通过政府征地取得土地使用权并开发建房,企业占地面积2800平方米。国土局出具证明文件因没有用地指标,所以递交办理土地证和房产证后一直未颁证。

2015年3月,政府机关向A公司发出通知,说明企业厂房未办理房产证,要收回厂房土地。

请问:A企业应该如何应对?

本案分析

收回国有土地使用权是指当出现土地闲置时,原批准用地的人民政府土地行政主管部门经批准后依法收回用地单位或者个人使用的国有土地使用权。收回土地使用权,重新进行市场化的资源配置,对规范土地市场,促进可持续发展,充分利用土地资源,具有特别重要的意义。

企业在土地开发利用过程中,如果因为土地闲置而被收回,会给企业的经营和发展带来阻碍和麻烦。

本案中,A公司作为土地使用权人,已进行了开发建设房屋的行为,该土地已被利用,这种情形不属于闲置土地的范围;但是,由于政府以用地指标为由,致使A公司未取得合法的房产凭证,故政府机关作出的收回土地无事实依据。

为了维护企业的合法权益,A公司应当在收到通过后向上一级人民政府申请行政复议,或向人民法院提出行政诉讼,充分阐述相关理由和依据,请求撤销政府收回土地的行政决定。

风险防范建议

国有土地出让后，进行不动产登记取得国有土地使用权证，是国土资源部门与土地受让人的共同义务。建议如下：

(1)在国有土地使用权出让合同中，明确约定国土资源部门办理国有土地使用权证的办证义务。

(2)在国有土地使用权出让合同中，明确约定非因受让人原因未办理国有土地使用权证的，政府不得收回土地。

(3)国有土地使用权出让合同中若将办证约定为受让人的义务时，应当及时申请国有土地使用权登记。

相关法规

《闲置土地处置办法》第2条　本办法所称闲置土地，是指国有建设用地使用权人超过国有建设用地使用权有偿使用合同或者划拨决定书约定、规定的动工开发日期满一年未动工开发的国有建设用地。已动工开发但开发建设用地面积占应动工开发建设用地总面积不足三分之一或者已投资额占总投资额不足百分之二十五，中止开发建设满一年的国有建设用地，也可以认定为闲置土地。

《闲置土地处置办法》第14条第2项　未动工开发满两年的，由市、县国土资源主管部门按照《中华人民共和国土地管理法》第三十七条和《中华人民共和国城市房地产管理法》第二十六条的规定，报经有批准权的人民政府批准后，向国有建设用地使用权人下达《收回国有建设用地使用权决定书》，无偿收回国有建设用地使用权。闲置土地设有抵押权的，同时抄送相关土地抵押权人。

《行政复议法》第9条第1款　公民、法人或者其他组织认为具体行政行为侵犯其合法权益的，可以自知道该具体行政行为之日起六十日内提出行政复议申请；但是法律规定的申请期限超过六十日的除外。

《行政诉讼法》第46条第1款　公民、法人或者其他组织直接向人民法院提起诉讼的，应当自知道或者应当知道作出行政行为之日起六个月内提出。法律另有规定的除外。

273. 购买未经批准的国有资产会有风险吗？

情景案例

A公司是一家汽车配件公司，因拥有独创的核心技术，申请3项发明专利及2项实用新型专利，企业发展迅度。

2015年6月，A企业得知一家国有企业的厂房土地要出售，详细了解评估后认为，无论是位置、旧厂房的结构、价格等都特别适合A公司目前的需求，于是产生了购买的念头。当得到此国有资产还未经批准，一时不知如何是好。

请问：如果A公司购买此国有资产，会有风险吗？

本案分析

本案涉及国有资产转让的问题。国有资产转让,是指依法将国家对企业的出资所形成的权益转移给其他单位或者个人的行为。

为了防止国有资产流失,维护交易各方的合法权益,国有资产转让通常要履行严格的程序。通常情况下,要履行必要的三个程序,包括决策、审批程序;评估、定价程序;进场交易、公开竞价程序。

本案中,国有企业出售的厂房、土地,均属于国有企业的重大资产,按照规定需经政府审查批准。如果A公司购买未经批准的国有资产,可能存在重大的法律风险和安全隐患,造成资产无法交付或巨额的资金损失。因此,A公司应当先由国有企业办理国有资产出让的批准、评估手续,在产权交易所内以公开方式竞价购买,才是合法有效的。

风险防范建议

国有资产的转让需经批准方才有效。购买国有资产时,应注意防范风险,并特别关注以下问题:

(1)要认真审查国有资产的转让是否经过了批准程序,未经批准的转让无效。

(2)国有资产的转让应经过评估程序,并按照评估价确定转让价格。当交易价格低于评估结果的90%时,应报国资委或者有关机构批准。

(3)国有资产的转让应遵守场内交易制度,在产权交易所内挂牌交易。当出现2个或2个以上意向受让方时,应当采用拍卖、招投标等公开竞价的交易方式确定受让人。

相关法规

《企业国有资产法》第53条 国有资产转让由履行出资人职责的机构决定。履行出资人职责的机构决定转让全部国有资产的,或者转让部分国有资产致使国家对该企业不再具有控股地位的,应当报请本级人民政府批准。

《企业国有资产法》第54条 国有资产转让应当遵循等价有偿和公开、公平、公正的原则。

除按照国家规定可以直接协议转让的以外,国有资产转让应当在依法设立的产权交易场所公开进行。转让方应当如实披露有关信息,征集受让方;征集产生的受让方为两个以上的,转让应当采用公开竞价的交易方式。

《企业国有资产法》第55条 国有资产转让应当以依法评估的、经履行出资人职责的机构认可或者由履行出资人职责的机构报经本级人民政府核准的价格为依据,合理确定最低转让价格。

《企业国有资产监督管理暂行条例》第32条 所出资企业中的国有独资企业、国有独资公司的重大资产处置,需由国有资产监督管理机构批准的,依照有关规定执行。

第十七章　企业财务

财会制度是一个企业健康发展与持续经营的重要制度，企业如果缺乏健全的财会制度和必要的法律保障手段，就很容易造成管理失控、资金流失。

财务风险的特点决定了法律风险，法律风险的控制效果又决定着财务风险的大小。

企业的偷税、漏税、避税等涉税行为也会使企业承担严重的法律后果。

一、财务规范

274. 企业之间拆借资金的行为合法吗？

情景案例

2009年5月10日，A公司与B公司签订借款合同，约定：A公司向B公司出借100万元；借款期限：自借款到账之日起2年；借款利息为年利息24%；借款当日A公司从借款数额中扣除首年利息。

同日，B公司股东郭某向A公司出具一份担保承诺书，承诺以其个人全部资产为A公司的全部借款本息提供保证担保。上述借款合同签订当日，A公司向B公司转款76万元。同日，A向B公司出具收据，载明收到借款100万元。

2年借款期限到期后，B公司未按照借款合同约定偿还本息。于是，A公司向法院提起诉讼。

请问：A、B两公司的拆借行为合法吗？

本案分析

企业之间相互借贷，是指企业法人相互之间或者企业法人与非法人其他社会组织之间以及双方均为其他非法人社会组织之间，通过达成的书面或口头协议所发生的一种资金拆借行为。企业的发展需要大量资金支持，除从金融机构融资外，有时涉及企业之间相互拆借，以达到快速融资的目的。

很多企业以自有资金，为其他企业因经营需要提供短期或临时资金支持，这种企业之间的资金拆借行为也属于民间借贷合同的一种，是有效的。

本案中，由于A公司与B公司双方自愿签订借款合同，借款100万元用于资金周转，双方约定的24%年利率未超过法律保护范围内，是合法有效的。但A公司在借款当日从借款数额中扣除首年利息的行为,是不妥的,应视为A公司出借本金为76万元。

风险防范建议

企业在借贷过程中,如何规范手续,避免相关风险呢?建议如下:

(1)企业间借贷合同要保证合法有效,首要条件是该借贷合同之目的是生产经营需要,故借贷双方要存留相关证据材料。

(2)借贷合同中明确出借资金系自有资金,用于经营需要,应避免在合同中约定预先直接扣除利息。

(3)第三人为借款人提供保证或担保的,明确担保的范围、利息、期限等。保证担保合同应签订书面合同,由担保方签字盖章,如果是不动产的担保还需要前往相关部门办理抵押登记。

相关法规

《最高人民法院关于审理民间借贷案件适用法律若干问题的规定》第11条 法人之间、其他组织之间以及它们相互之间为生产、经营需要订立的民间借贷合同,除存在合同法第五十二条、本规定第十四条规定的情形外,当事人主张民间借贷合同有效的,人民法院应予支持。

275.关联企业间无息借款,是否合法?

情景案例

A公司是B公司旗下的子公司,由于公司效益不佳,A公司在2014年3月出现资金周转困难,如果没有资金注入,A公司可能会被债权人申请破产。此时,B公司将自有的闲置资金200万元暂借给A公司,借款期为3个月,协议规定无须支付利息。

请问:关联企业间无息借款,是否合法?

本案分析

民间借贷作为一种资源丰富、操作灵便的融资手段,从一定程度上缓解了银行信贷资金不足的矛盾,促进了经济的发展。我国法律并不禁止法人之间、其他组织之间为生产、经营需要而进行的民间借贷行为,无论借贷双方企业是否为关联企业,都应当认可其合法性。

本案中,A公司与B公司形成借款法律关系,目的是缓解A公司的经营困难,又不存在其他违反法律法规的情形,因此双方之间形成的借款关系是合法有效的。

由于A公司与B公司属于关联企业之间的借款,未约定利息,借款期间A公司无偿使用。在这种情况下,税务机关有权根据《税收征管法》的规定核定B公司的利息收入,并要求B公司缴纳营业税和企业所得税。

风险防范建议

企业在借贷过程中,如何规范关联企业的借款行为呢?建议如下:

(1)要保证关联企业之间的借贷合同合法有效。

(2)避免企业被缴营业税,除了要证明借款为无息借款,同时也要证明未收取其他形式的经济利益。

(3)避免企业被缴企业所得税,总目标是证明该交易没有直接或间接导致国家总体税收减少,比如借贷双方关联企业为实际税负相同企业。

相关法规

《最高人民法院关于审理民间借贷案件适用法律若干问题的规定》第14条　具有下列情形之一,人民法院应当认定民间借贷合同无效:

(一)套取金融机构信贷资金又高利转贷给借款人,且借款人事先知道或者应当知道的;

(二)以向其他企业借贷或者向本单位职工集资取得的资金又转贷给借款人牟利,且借款人事先知道或者应当知道的;

(三)出借人事先知道或者应当知道借款人借款用于违法犯罪活动仍然提供借款的;

(四)违背社会公序良俗的;

(五)其他违反法律、行政法规效力性强制性规定的。

《税收征管法》第36条　企业或者外国企业在中国境内设立的从事生产、经营的机构、场所与其关联企业之间的业务往来,应当按照独立企业之间的业务往来收取或者支付价款、费用;不按照独立企业之间的业务往来收取或者支付价款、费用,而减少其应纳税的收入或者所得额的,税务机关有权进行合理调整。

276. 股东用公司资金购买个人住房,合法吗?

情景案例

刘某于2011年3月创办某服装加工公司,股东是刘某与妻子张某。2012年8月,刘某以消费性支出名义从公司支出买房款100万元。

2012年6月25日,税务机关在检查过程中发现,税务人员认为该笔支出与公司开展业务无关,应视同利息、股息、红利所得计征个人所得税,同时调增企业所得税。

由于刘某少缴税款,税务机关责成其补缴相应税款、滞纳金并处以罚款。对此,刘某认为,花自己公司的钱还要受罚,真不能理解。

请问:刘某的说法符合我国法律规定吗?

本案分析

本案涉及公司法人的财产所有权。公司法人财产所有权是指法律赋予公司法人对自己的法定财产所应享有并行使的一切法定权利,其中包括占有权、使用权、处置权以及财产收益分配权等。股东一旦出资企业,就丧失了其对所出资财产的所有权,交换而来的是股东的股权,即资产收益、参与重大决策和选择管理者等权利。

公司法人的财产权与股东的股权是两个各自独立的民事权利。在公司担任“董事长”“执行董事”或“总经理”等职位,只是代表公司这个独立的法律主体管理并不属于股东个人的资产,如果企业产生效益和利润,股东可以就其股权享有分红。

本案中,刘某以消费性支出名义从公司支出买房款100万元用于个人购买住房,100万元款项实际上属于公司财产,刘某作为公司股东无权任意使用或处置。刘某的该行为实际上导致了公司与股东财产混同,属于损害公司或者其他股东利益行为,违反了《公司法》的相关规定。

税务机关根据《财政部、国家税务总局关于规范个人投资者个人所得税征收管理的通知》,认定该100万元为个人从公司获得的投资收益,对其违法行为进行处罚,责成刘某补缴相应税款、滞纳金是有法律依据的。

风险防范建议

为防范公司和股东人格混同,建议采取如下防范措施:

(1)强化公司法人治理,细化公司章程,明确股东会、董事会、监事会等职能部门的职权分工,确保公司在优化的组织架构内有效运行。

(2)董事会和总经理是公司核心管理机构,因此公司章程应明确董事、总经理的选任和免职程序,避免部分股东控制公司意志,影响公司独立人格。

(3)如果出现股东与公司人格混同的情形,应及时通过公司内部的自救程序或者借助法律诉讼程序追究股东个人责任。

相关法规

《公司法》第3条 公司是企业法人,有独立的法人财产,享有法人财产权。公司以其全部财产对公司的债务承担责任。

公司股东滥用公司法人独立地位和股东有限责任,逃避债务,严重损害公司债权人利益的,应当对公司债务承担连带责任。

《财政部、国家税务总局关于规范个人投资者个人所得税征收管理的通知》关于个人投资者以企业(包括个人独资企业、合伙企业和其他企业)资金为本人家庭成员及其相关人员支付消费性支出及购买家庭财产的处理问题。

个人独资企业、合伙企业的个人投资者以企业资金为本人、家庭成员及其相关人员支与企业生产经营无关的消费性支出及购买汽车、住房等财产性支出,视为企业对个人投资者利润分配,并入投资者个人的生产经营所得,依照"个体工商户的生产经营所得"项目计征个人所得税。

除个人独资企业、合伙企业以外的其他企业的个人投资者,以企业资金为本人、家庭成员及其相关人员支付与企业生产经营无关的消费性支出及购买汽车、住房等财产性支出,视为企业对个人投资者的红利分配,依照"利息、股息、红利所得"项目计征个人所得税。

277. 财务人员擅自使用财务印章对外提供担保,企业是否承担责任?

情景案例

小王是A公司的会计,自2008年3月始在A公司上班。由于小王工作认真负责、一丝不苟,于是很快得到A公司老板刘某的信任。

2012年12月,刘某到上海出差一周,于是将公司财务印章交给小王管理。不久,小王离职。

2013 年 12 月，某银行致函 A 公司，要求其对一笔银行借款承担保证责任。经查，原来是小王在刘某出差期间，私自用公司的财务章印以 A 公司的名义帮助朋友孙某作了一个银行贷款担保，借款金额为 10 万元。现在，银行联系不到孙某，于是找到 A 公司还款。

请问：A 公司要承担该担保责任吗？

本案分析

本案涉及表见代理的问题。所谓表见代理，是指行为人没有代理权、超越代理权或者代理权终止后签订了合同，如果相对人有理由相信其有代理权，那么相对人就可以向本人主张该合同的效力，要求本人承担合同中所规定的义务，受合同的约束。

《合同法》设立表见代理制度是为保护合同相对人的利益，并维护交易的安全，根据诚实信用原则，使怠于履行其注意义务的本人直接承受行为人签订合同的责任。如果企业在公章使用过程中，缺乏严格的审批程序，极易引发纠纷产生。

本案中，小王擅自使用 A 公司的公章，对外向银行提供了担保，这种行为构成表见代理。如果刘老板以担保不知情为由抗辩，也不能免除 A 公司的担保责任。故 A 公司应按照合同约定承担相应的担保责任。

风险防范建议

企业如何健全公章管理制度，防范相关风险呢？建议如下：

（1）严格印章使用登记程序，完成审批手续后方可使用印章；如果不符合规定和不经主管领导签发的文件、资料、合同等，公章保管人有权拒印。

（2）任何情况不得携带外或外借各类公章。若因工作需要，确需将印章带出，需提交申请，批准后方可带出。

（3）各类公章的保管人严格执行公司印章管理制度，不得私自使用公章，不得外借，不因任何人指示、要求而违规用章。

相关法规

《合同法》第 49 条　行为人没有代理权、超越代理权或者代理权终止后以被代理人名义订立合同，相对人有理由相信行为人有代理权的，该代理行为有效。

278. 公司不小心将钱转到他人银行账号，怎么办？

情景案例

李某是某皮鞋厂老板，2015 年 3 月 18 日，在银行转账时不小心将一笔 20 万元的货款转错了，本来是想转给 A 公司，但转到 B 公司的账户上去了。

B 公司是皮鞋厂三年前的原材料供应商，多年没有合作。李某发现转错后，马上向银行反馈情况，希望银行能将款退回来，但银行拒绝退款，建议李某与 B 公司协商解决,如果协商不成,可通过诉讼程序解决。

请问:银行的说法符合法律规定吗?

本案分析

本案涉及不当得利的问题。不当得利是指没有法律上或合同上的根据,使他人受损而自己取得的利益。根据《民法通则》的规定,在得利人与受损人之间便产生了以利益返还为内容的债权关系,即不当得利之债。

李某在银行向A公司转账,却因一时疏忽转至B公司,B公司在没有任何合同依据或合法交易的情况下,意外获得了20万元,款项性质就属于不当得利。如果李某与银行在协商无果的情况下,B公司负有返还20万元款项的义务。

银行向李某的建议是符合法律规定的。李某如果催收未果,可以不当得利纠纷向法院提起诉讼,要求B公司返还不当得利20万元。

风险防范建议

企业在办理转账、汇款时,有哪些注意事项呢?建议如下:

(1)要反复核对收款人的户名、账号、开户行等信息,谨慎操作。

(2)在办理之前与收款人电话确认收款信息是否发生变更,防止损失发生。

相关法规

《民法通则》第92条 没有合法根据,取得不当利益,造成他人损失的,应当将取得的不当利益返还受损失的人。

《最高人民法院关于贯彻执行〈中华人民共和国民法通则〉若干问题的意见(试行)》第131条 返还的不当利益,应当包括原物和原物所生的孳息。利用不当得利所取得的其他利益扣除劳务管理费用后,应当予以收缴。

279. 先开发票后付款,有什么法律风险?

情景案例

2015年7月10日,A服装公司与B布匹公司签订采购合同,约定A公司向B公司采购30万元布匹。7月12日,B公司交货后,就按A公司的要求开具了一张税务发票,票面金额总计为30万元。

7月13日,A公司给B公司支付了15万元货款,余款拖欠不付。7月31日,B公司催A公司支付余款时,A公司称自己已经全额支付了货款,发票就是付款凭证。

经多次催款无果,B公司于2015年9月向法院提起诉讼,要求A公司支付剩余货款15万元,并支付相应的利息。

请问:B公司的诉讼请求能得到法院支持吗?

本案分析

发票,是指在购销商品、提供或者接受服务以及从事其他经营活动中,开具、收取的收付款凭证。在正常的商业交易中,销售方向购买方交付货物,购买方在收货后,当即或者在约定时间内向销售方结清货款。销售方在收款后才出具发票,发票为收付款的凭证,购买方收到了发票,说明销售方已收到并确认相应款项。

对于先开发票后付款的情况,在现实交易中也是普遍存在的,这是基于交易双方的互相信赖,长时间合作所形成的一种商业交易习惯。但这种交易习惯存在一定的风险,因为发票是收付款的凭证,如果购买方依此发票证明已经支付了货款,则销售方将会处于不利地位。

本案中,B公司将货物布匹交付给了A公司,在A公司没有付款的情况下,即向A公司开具了全额发票。B公司向法院提起诉讼,要求A公司支付剩余款项,A公司如果以开具发票为由主张货款已经付清,则B公司要提出合理的抗辩理由及凭证。至于B公司的诉讼请求可否得到法院支持,要根据双方的交易习惯、付款凭证及其他证据综合认定。

风险防范建议

当企业遇到先开发票后付款的情形时,如何防范相关风险呢?建议如下:

(1)双方在签订销售合同时,应当在合同条款中明确约定开具发票和支付款项事项。

(2)如果在合同没有约定的情况下,尽量按规定在取得款项后再开具发票,因为货物已置于购买方实际控制下。

(3)确需先开发票后付款的,销售方可以在交付发票时,在发票背面注明"货款尚未支付",或者由对方签字"货款未付";也可以在买方索取发票时,要求收票人出具收件收据,并在收件收据上注明:"今收到某发票,票面货款未付",这样避免对方借机赖账时的被动局面。

相关法规

《发票管理办法》第3条 本办法所称发票,是指在购销商品、提供或者接受服务以及从事其他经营活动中,开具、收取的收付款凭证。

《发票管理办法实施细则》第26条 填开发票的单位和个人必须在发生经营业务确认营业收入时开具发票。未发生经营业务一律不准开具发票。

《最高人民法院关于审理买卖合同纠纷案件适用法律问题的解释》第8条第2款 合同约定或者当事人之间习惯以普通发票作为付款凭证,买受人以普通发票证明已经履行付款义务的,人民法院应予支持,但有相反证据足以推翻的除外。

二、票证管理

280. 企业加盖公章的空白收据丢失,怎么办?

情景案例

2012年8月,甲与乙共同成立了一家有限责任公司。2013年6月,甲开了一张加盖公司公章的空白收据外出办事,不小心将收据弄丢。甲很担心收据被他人捡到,给公司带来麻烦。

请问:企业加盖公章的空白收据丢失,怎么办?

本案分析

空白收据是指未填制的收据。空白收据一经填制并加盖有关印鉴,即可成为办理转账结算和现金支付的一种书面证明,直接关系到资金结算的准确、及时和安全,因此,企业必须按规定加以保管和使用空白收据。

通常企业都会使用单位内部的自制收据,用于单位内部或对外发生的业务,如材料内部调拨、收取员工押金、退还多余出差借款、暂收货款。如果因财务人员的疏忽,未妥善保管空白收据,可能给企业带来不必要的麻烦。

本案中,甲将加盖公司公章的空白收据丢失,可能给公司带来相应的法律风险。遇到这种情况,甲应当及时向公司主管人员汇报情况,及时在报纸或其他媒体上发布遗失声明,尽可能减少公司可能遭受的损失。

风险防范建议

企业如何加强公司内部收据的管理呢?提出如下建议:

(1)明确公司的收据由主管会计统一保管,建立收据登记簿制度,将收据的领用日期、领用人、起讫号码由领用人签字,收据使用完毕后,应及时归还、核销。

(2)禁止将本单位的内部收据带出企业使用,不得转借、赠送或买卖,不得弄虚作假或开具实物与票面不相符的收据,更不能开具存根联与其他联不符的收据。

(3)如果确需将空白收据交付他人暂存的,应将收据号码、领用人以及使用情况进行详细登记,一旦发生遗失的情形,当及时登报发布遗失声明。

相关法规

《民法通则》第43条 企业法人对它的法定代表人和其他工作人员的经营活动,承担民事责任。

《公司法》第149条 董事、监事、高级管理人员执行公司职务时违反法律、行政法规或者公司章程的规定,给公司造成损失的,应当承担赔偿责任。

281.企业收到空头支票,怎么办?

情景案例

2013年4月15日,A公司与B公司进行业务结算,A公司给B公司出具了票面金额为5万元的转账支票一张。B公司于2013年4月18日持支票到银行兑现时,银行以出票公司账户内资金不足,该支票系空头支票为由退票拒付。

B公司多次联系A公司,要求重新签发有效支票或用现金支付,A公司虽口头答应,却一直拖延未予办理。

2015年8月,B公司以票据追索权纠纷为由将A公司告到法院,要求法院判令该公司向自己支付票面金额并给付相应的利息。

请问：企业收到空头支票，怎么办？

本案分析

支票是出票人签发的委托付款人在见票时无条件支付票面金额给收款人或者持票人的票据。支票是一种票据，由出票人签发给收款人，委托办理支票存款业务的银行或其他金融机构在收到持票人送来支票提示付款时，无条件立即按支票上记载的数额付款的一种票据。

空头支票是指支票持有人请求付款时，出票人在付款人处实有的可供合法支配的存款不足以支付票据金额的支票。签发空头支票是我国法律禁止的。有的企业因一时资金周转困难或应付讨债人，以签发空头支票的做法来达到拖延付款的目的，但这种做法极为不妥。作为企业应当意识到签发空头支票行为的严重后果，提高自己的守法意识，规范企业间的结算活动。

本案中，A公司签发空头支票的行为违反了法律规定，B公司可行使举报权，向当地人民银行举报A公司签发空头支票的违法行为，另外可向法院起诉，依法行使票据追诉权，要求A公司履行票据的支付义务。

风险防范建议

如果收到空头支票如何处理呢？提出如下建议：

(1)企业在收到支票后，持票人应先到付款行要求付款，核实支票是否是空头支票；如果查询确定为空头支票的，可直接找出票人履行付款义务。

(2)企业作为持票人收到空头支票后，应当及时以票据追索权纠纷向人民法院起诉出票人，要求出票人支付票据金额、利息及费用，防止错过6个月的权利追偿期限。

(3)如果发现出票人以骗取财物为目的签发空头支票，持票人应马上向公安机关报案，追究出票人的刑事责任。

相关法规

《票据法》第17条第1款　票据权利在下列期限内不行使而消灭：

……

(二)持票人对支票出票人的权利，自出票日起六个月；

……

《票据法》第87条　支票的出票人所签发的支票金额不得超过其付款时在付款人处实有的存款金额。出票人签发的支票金额超过其付款时在付款人处实有的存款金额的，为空头支票。禁止签发空头支票。

《票据法》第102条　有下列票据欺诈行为之一的，依法追究刑事责任：

……

(三)签发空头支票或者故意签发与其预留的本名签名式样或者印鉴不符的支票，骗取财物的；

……

《票据管理实施办法》第31条　签发空头支票或者签发与其预留的签章不符的支票，不以骗取财物为目的的，由中国人民银行处以票面金额5%但不低于1000元的罚款；持票人有权要求出票人赔偿支票金额2%的赔偿金。

282. 为关联企业代开发票的行为合法吗？

情景案例

1999年，杨某与郭某共同创办A公司。2010年，A公司与吴某共同成立B公司。2014年8月，由于B公司的发票不够用，杨某想从A公司开具发票，遭到B公司会计张某的反对。

张某认为，为其他企业代开发票是违法行为，会计要承担责任的，不同意开具；杨某认为，B公司是A公司的子公司，是关联企业，代开发票没有问题的。

请问：为关联企业代开发票的行为合法吗？

本案分析

按照我国税法的规定，只有税务机关才能代开发票，禁止其他任何人或企业从事代开发票的行为。除了未销售货物、未提供劳务之外，代索票人开具发票的行为，也属于虚开发票的违法行为。

在企业发生经营活动过程中，购货方需要收取款项，收款方则需要向购货方开具发票，这是收款方的一项法定义务。但发票开具方须与收款方的名称保持一致，如果违反法律规定，进行非法代开发票的行为，会受到行政机关的行政处罚，甚至牵连遭受刑事制裁。

本案中，虽然A公司与B公司是母公司与子公司的关系，二者属于投资、业务等方面的关联公司，但在法律上二者都是具有独立主体资格的法人，依法独立承担民事责任，不能互替开具发票。因此，A公司为B公司代开发票的行为，是税法所禁止从事的违法行为，A公司会被牵涉承担相关法律责任。

因此，为关联企业代开发票是不合法的。

风险防范建议

公司在经营中，如何防止非法代开发票的行为发生呢？提出如下建议：

（1）对于母公司与子公司、总公司与分公司或其他关联公司，均做到资金独立、业务独立以及发票独立。

（2）加强公司发票管理，严禁以任何形式、为任何单位代开发票的行为，并制定责任追究制度，杜绝类似事件发生。

（3）提高公司主管人员及财务人员的法律意识，普及票据相关金融犯罪知识。

相关法规

《发票管理办法》第24条 任何单位和个人应当按照发票管理规定使用发票，不得有下列行为：

（一）转借、转让、介绍他人转让发票、发票监制章和发票防伪专用品；

(二)知道或者应当知道是私自印制、伪造、变造、非法取得或者废止的发票而受让、开具、存放、携带、邮寄、运输;

(三)拆本使用发票;

(四)扩大发票使用范围;

(五)以其他凭证代替发票使用。

税务机关应当提供查询发票真伪的便捷渠道。

《发票管理办法》第37条 违反本办法第二十二条第二款的规定虚开发票的,由税务机关没收违法所得;虚开金额在1万元以下的,可以并处5万元以下的罚款;虚开金额超过1万元的,并处5万元以上50万元以下的罚款;构成犯罪的,依法追究刑事责任。非法代开发票的,依照前款规定处罚。

《发票管理办法实施细则》第26条 填开发票的单位和个人必须在发生经营业务确认营业收入时开具发票。未发生经营业务一律不准开具发票。

《刑法》第205条 虚开本法第二百零五条规定以外的其他发票,情节严重的,处二年以下有期徒刑、拘役或者管制,并处罚金。单位犯前款罪的,对单位判处罚金,并对其直接负责的主管人员和其他直接责任人员,依照前款的规定处罚。

283.企业虚开发票承担什么法律责任?

情景案例

2012年8月,甲与乙共同成立A公司。丙是甲的大学同学,经营一家贸易公司。2013年10月,丙找到甲,让甲帮自己的贸易公司开空头发票,可以给甲一定的比例提成。甲很爽快地答应了。

2013年10月至2015年12月期间,甲私下以A公司名义给丙的贸易公司开具5份空头发票,金额共计30万元。后来乙知道此事后,极力反对。乙认为,这是违法行为,不能再继续,否则要坐牢的。

请问:企业虚开发票的行为合法吗?

本案分析

发票,是指在购销商品,提供或者接受服务以及从事其他经营活动中,开具、收取的收付款项凭证。现行税制发票分为普通发票和增值税专用发票两大类。我国税法规定严格禁止开具空头发票。

税务部门要求票、款、物必须是一致的。目前,很多虚假注册的公司,采用虚开增值税发票的方式,从中收取费用而自己不交纳税款。而受票单位在收取该发票后可以抵缴进项税,给国家税款造成损失。如果公司的股东或负责人,利用开具空头发票来谋利,这种做法不但影响国家税收,还可能害人害己。

本案中,由于A公司与丙的贸易公司未发生真实经营业务,这种情况禁止开具发票。股东甲私下以A公司的名义开具不真实的空头发票为私人谋利,这种虚开发票的行为是违法行为。A公司轻则承担补缴税款及滞纳金的行政责任,重则涉嫌刑事责任，将受到刑事制裁。

风险防范建议

公司在经营中，如何防范空头发票引发的相关风险呢？建议如下：

(1)提高公司内部的财务人员和业务经办人的发票意识，组织和培训学习金融、财务犯罪知识，提升防范意识。

(2)公司对开出的发票禁止空头发票，将公司的账目管理、发票开具等事项，明确具体的责任人。

(3)公司在收取增值税发票付款时，特别留意发票指向是否与开票单位不一致，是否存在代收款、债权转让或其他可能涉及虚开发票的违法行为。

相关法规

《发票管理办法》第22条 开具发票应当按照规定的时限、顺序、栏目，全部联次一次性如实开具，并加盖发票专用章。

任何单位和个人不得有下列虚开发票行为：

(一)为他人、为自己开具与实际经营业务情况不符的发票；

(二)让他人为自己开具与实际经营业务情况不符的发票；

(三)介绍他人开具与实际经营业务情况不符的发票。

《发票管理办法》第37条 违反本办法第二十二条第二款的规定虚开发票的，由税务机关没收违法所得；虚开金额在1万元以下的，可以并处5万元以下的罚款；虚开金额超过1万元的，并处5万元以上50万元以下的罚款；构成犯罪的，依法追究刑事责任。非法代开发票的，依照前款规定处罚。

《发票管理办法实施细则》第26条 填开发票的单位和个人必须在发生经营业务确认营业收入时开具发票。未发生经营业务一律不准开具发票。

《刑法》第205条 虚开本法第二百零五条规定以外的其他发票，情节严重的，处二年以下有期徒刑、拘役或者管制，并处罚金。单位犯前款罪的，对单位判处罚金，并对其直接负责的主管人员和其他直接责任人员，依照前款的规定处罚。

284. 银行承兑汇票被确认无效后，债务人还承担还款责任吗？

情景案例

2012年8月，A公司与B公司签订了一份供货协议，A公司向B公司提供了价值20万元的货物，2012年12月B公司给付A公司一张20万元的银行承兑汇票，汇票到期日是2013年4月。

2013年1月，A公司原告持该汇票进行承兑时，被银行拒付，理由是该银行承兑汇票被某市法院责令停止支付。2013年5月，某法院经审理作出除权判决，宣告该汇票无效。

A公司多次要求B公司支付货款，B公司以自己支付的汇票真实有效、已履行了支付货款为由，拒绝承担付款义务。

请问:A 公司可以向 B 公司主张还款吗?

本案分析

银行承兑汇票是商业汇票的一种。是由在承兑银行开立存款账户的存款人出票,向开户银行申请并经银行审查同意承兑的,保证在指定日期无条件支付确定的金额给收款人或持票人的票据。

银行承兑汇票作为一种高信用保障、使用便捷的支付结算工具,受到企业的追捧,但如果支付的票据无效、被停止支付或票据有瑕疵的情况下,均会影响票据兑现相应的票面价值。

本案中,A 公司与 B 公司之间的买卖合同关系合法有效,A 公司向 B 公司提供商品,B 公司应依约支付相应价款。B 公司以银行承兑汇票的方式支付了货款,由于该承兑汇票已被法院宣告无效,并通知支付行停止支付,故该汇票最终没有实现兑换为等额货币的作用。

故 A 公司应依据所基础合同关系,要求 B 公司支付 20 万元货款。

风险防范建议

企业在收取银行承兑汇票时,有哪些注意事项呢?建议如下:

企业应审查是否有真实的交易背景、持票人的合法性等,防止收取假票和瑕疵票据,避免产生不必要的损失。

相关法规

《票据法》第 61 条 汇票到期被拒绝付款的,持票人可以对背书人、出票人以及汇票的其他债务人行使追索权。

汇票到期日前,有下列情形之一的,持票人也可以行使追索权:

(一)汇票被拒绝承兑的;

(二)承兑人或者付款人死亡、逃匿的;

(三)承兑人或者付款人被依法宣告破产的或者因违法被责令终止业务活动的。

《票据法》第 68 条 汇票的出票人、背书人、承兑人和保证人对持票人承担连带责任。

持票人可以不按照汇票债务人的先后顺序,对其中任何一人、数人或者全体行使追索权。

持票人对汇票债务人中的一人或者数人已经进行追索的,对其他汇票债务人仍可以行使追索权。被追索人清偿债务后,与持票人享有同一权利。

《票据法》第 70 条 持票人行使追索权,可以请求被追索人支付下列金额和费用:

(一)被拒绝付款的汇票金额;

(二)汇票金额自到期日或者提示付款日起至清偿日止,按照中国人民银行规定的利率计算的利息;

(三)取得有关拒绝证明和发出通知书的费用。

被追索人清偿债务时,持票人应当交出汇票和有关拒绝证明,并出具所收到利息和费用的收据。

285. 银行承兑汇票背书不连续，能否取得票据权利？

情景案例

2015年1月,A公司因业务往来向B公司签发银行承兑汇票一张,汇票上记载收款人为B公司、金额为100万元、付款人为某工商银行,汇票到期日为2015年4月1日。

B公司取得汇票后,将其背书转让给C公司。但C公司收到汇票之后转让给D公司,但没有背书。D公司再背书转让给甲,甲再背书转让给乙。乙要求付款银行某工商银行支行付款时,银行以背书不具连续性为由拒绝付款。

请问:银行承兑汇票背书不连续,能否取得票据权利?

本案分析

背书是指持票人为了转让票据权利或者为了将票据权利授予他人行使,在票据的背面或粘单上记载法律要求的事项并签章,然后把票据交付给被背书人的票据行为。

根据《票据法》的要求,持票人必须审查背书在形式上是否连续。因为一张票据往往在很多法律主体之间流通,这些经手票据的主体在票据上的背书如果是连续的,至少在形式上证明票据在流通过程中没有发生意外,如偷盗、抢夺或遗失。相反,如果背书不连续,将会引起更多的麻烦。

本案中,因为C公司与D公司进行票据转让时没有背书,D公司背书转让给甲时,双方之间属于无背书转让,D公司与甲之间的无背书转让使票据的背书无法与之前相衔接,这张票据的背书就不具有连续性。因此,乙作为票据的持票人到银行承兑时被银行以背书不具连续性为由拒绝付款,是符合法律规定的。

风险防范建议

在企业往来货款的结算过程中,银行承兑汇票起着非常重要的作用。在票据背书的过程中应注意以下事项:

在票据上作第一次背书的人应当是票据上记载的收款人,自第二次背书起,每一次背书的背书人必须是上一次背书的被背书人,最后的持票人必须是最后一次背书的被背书人。票据流通过程中的每次背书应紧密衔接、连续不间断。

相关法规

《票据法》第30条 汇票以背书转让或者以背书将一定的汇票权利授予他人行使时,必须记载被背书人名称。

《票据法》第31条 以背书转让的汇票,背书应当连续。持票人以背书的连续,证明其汇票权利;非经背书转让,而以其他合法方式取得汇票的,依法举证,证明其汇票权利。

前款所称背书连续,是指在票据转让中,转让汇票的背书人与受让汇票的被背书人在汇票上的签章依次前后衔接。

《最高人民法院关于审理票据纠纷案件若干问题的规定》第49条 依照票据法第二十七条和第三十条的规定，背书人未记载被背书人名称即将票据交付他人的，持票人在票据被背书人栏内记载自己的名称与背书人记载具有同等法律效力。

三、企业税收

286. 股东向企业借款长期不还，还要缴纳个税吗？

情景案例

2012年11月，A公司股东雷某向公司借款60万元，直到2013年年底未归还。2015年3月，税务机关发现A公司这笔款未按规定代扣利息、股息、红利所得个人所得税。

税务机关经调查发现，A公司未能提供此笔借款用于生产经营的相关证明。据此，税务机关责令A公司补扣股东雷某的个人所得税税款12万元，并对该企业未按规定代扣代缴个人所得税的行为作出相应处罚。

请问：股东向企业借款长期不还，还要缴纳个税吗？

本案分析

个人所得税是以纳税人个人取得的各项应税所得为征税对象征收的一种税。个人所得税既是筹集财政收入的重要来源，又是调节个人收入分配的重要手段，在我国税收体系中占有重要地位。我国有的采用分税制模式，有的采用累进税率，有的实行比例税率，税负因类别不同差别较大。

本案中，股东雷某于2012年11月份向A公司借款60万元，直到2013年年底仍未归还，该借款使用期限已经超过了规定的一年纳税年度，A公司也未提供该笔借款未用于企业生产经营的凭证和依据。根据《财政部、国家税务总局关于规范个人投资者个人所得税征收管理的通知》的规定，雷某的60万元借款视为A公司分配给雷某个人的红利，依照“利息、股息、红利所得”项目计征个人所得税。

因此，股东雷某向企业借款长期不还，要缴纳个人所得税。

风险防范建议

股东向企业借款在所难免，如何避免被计征个人所得税？可从两方面防范：

(1)借款目的是用于企业生产经营，并保留相关证明材料，如合同、转账凭证及该笔款收支的明细，以备税务机关核查。

(2)借款期限限制在借款时间所在的纳税年度内。即如果借款后，必须在当年度内偿还，如果继续使用，可以在偿还后，再在另一年度内办理续借手续。如果确实不能偿还的，自行主动进行缴纳税款处理。

相关法规

《财政部、国家税务总局关于规范个人投资者个人所得税征收管理的通知》第2条 关于个人投资者从其投资的企业(个人独资企业、合伙企业除外)借款长期不还的处理问题。纳税年度内个人投资者从其投资企业(个人独资企业、合伙企业除外)借款,在该纳税年度终了后既不归还,又未用于企业生产经营的,其未归还的借款可视为企业对个人投资者的红利分配,依照“利息、股息、红利所得”项目计征个人所得税。

287. 企业在支付员工的经济补偿金时，要按照薪资收入扣税吗?

情景案例

李某在A公司从事销售工作,2015年3月,公司因亏损裁员,A公司人事部经理与李某谈话后,双方签订了解除劳动合同协议书,合同约定:李某办完离职手续后,A公司将按国家规定向其支付3个月的经济补偿金。

李某每月的平均工资为4000元,应该有12,000元的补偿金。财务人员称部分款项用于扣除个人所得税。

请问:企业在支付员工的经济补偿金时,要按照薪资收入扣税吗?

本案分析

经济补偿金是用人单位解除劳动合同时,给予劳动者的经济补偿。经济补偿金是在劳动合同解除或终止后,用人单位依法一次性支付给劳动者的经济上的补助。根据我国税法的规定,用人单位发放给员工个人的经济补偿金、生活补助费和其他补助费用收入,均属于员工的收入,当超过一定数额的上限时,均应依法纳税。

依法纳税是每个公民的法定义务。本案中,如果李某与公司解除劳动关系时,从公司取得的12,000元经济补偿金收入,在当地上年职工平均工资3倍数额内的部分,免征个人所得税。对于超过当地上年职工平均工资3倍的部分,还是要按照工资薪金项目计征个税,履行纳税义务。

李某对经济补偿金的纳税金额提出异议时,公司的财务人员应告知个人所得税的具体计算标准和依据,以便由员工核实、核对,以达到合法、及时、准确纳税的目的。

风险防范建议

如何防范相关风险呢?建议如下:

(1)在公司日常经营中,除了增产创收、规范经营外,还应加强税收中知识宣传,提高员工纳税意识。

(2)将对经济补偿金征收个税的法律规定、相关平均工资标准及计算方式在单位张贴,并对相关员工进行提示和告知,做到公平、公正、公开。

相关法规

《关于个人与用人单位解除劳动关系取得的一次性补偿收入征免个人所得税问题的通知》

一、个人因与用人单位解除劳动关系而取得的一次性补偿收入(包括用人单位发放的经济补偿金、生活补助费和其他补助费用),其收入在当地上年职工平均工资3倍数额以内的部分,免征个人所得税;超过的部分按照《国家税务总局关于个人因解除劳动合同取得经济补偿金征收个人所得税问题的通知》(国税发〔1999〕178号)的有关规定,计算征收个人所得税。

《国家税务总局关于个人因解除劳动合同取得经济补偿金征收个人所得税问题的通知》

一、对于个人因解除劳动合同而取得一次性经济补偿收入，应按"工资、薪金所得"项目计征个人所得税；

二、考虑到个人取得的一次性经济补偿收入数额较大，而且被解聘的人员可能在一段时间内没有固定收入，因此，对于个人取得的一次性经济补偿收入，可视为一次取得数月的工资、薪金收入，允许在一定期限内进行平均。具体平均办法为：以个人取得的一次性经济补偿收入，除以个人在本企业的工作年限数，以其商数作为个人的月工资、薪金收入，按照税法规定计算缴纳个人所得税。个人在本企业的工作年限数按实际工作年限数计算，超过12年的按12计算。

288. 企业奖励员工车辆、房产等奖品，员工需要纳税吗？

情景案例

A公司成立于2008年，是一家生产保健品的企业。2014年3月，为激励销售人员的积极性，A公司颁布奖励政策：如果员工2014年销售额达300万元以上，可奖励价值8万元的汽车一部。

2014年12月31日，郑某等10人完成了任务，公司也举行了颁奖大会，公开表扬了获奖者。当郑某到财务处办理领车手续时，财务要求郑某先交个人所得税才能领车。郑某不同意，认为企业给员工发奖品是内部行为，是不用交税的，颁奖时公司也没有说明要交税。

请问：郑某的说法正确吗？

本案分析

本案涉及个人所得税的问题。个人所得税是以纳税人个人取得的各项应税所得为征税对象征收的一种税。个人所得的形式，包括现金、实物、有价证券和其他形式的经济利益，主要包括工资薪金所得、经营所得、劳务报酬所得、利息及红利所得、财产租赁所得、偶然所得等。

随着我国经济的迅速发展，奖金已经成为企业员工收入的主要来源之一。根据我国税法规定，员工所取得的薪金、奖金等收入，在扣除一定数额后，要依法计征个人所得税。对员工的奖金分配如何进行合理的纳税筹划，从而减轻员工的纳税负担，是每个企业都应该考虑的问题。

本案中，郑某等作为A公司的员工，按照公司的销售政策获得了奖励。A公司将汽车作为奖品奖励给员工，根据个人所得税法相关规定，该行为实质上为A公司对员工进行了实物性质的分配。因此，对于郑某等取得的车辆所得，应按照"工资、薪金所得"项目计征个人所得税。故郑某认为不用交税的说法是错误的。

风险防范建议

企业在进行奖金发放时，如何充分考虑税务风险呢？建议如下：

(1)公司既要考虑到激励效果和员工的利益，同时要考虑到国家税法规定的刚性要求。公司在年初整体对薪酬结构进行税务筹划时，要与员工充分沟通，事前筹划各月工资、年终奖的比例关系，找到一个税负最小的发放比例，减轻员工的负担。

(2)我国个人所得税征收实行超额累进税率制度，故存在“临界点”效应，根据测算，单位发放年终奖如果在“临界点”附近，年终奖的数额的微小变化，可能带来的是高达几万元的税负，因此企业应事先制订具体方案。

(3)针对较大金额的奖金发放，可采取股权激励的方式，将现金或实物支付变为股权支付。

相关法规

《财政部、国家税务总局关于企业为个人购买房屋或其他财产征收个人所得税问题的批复》

第1条 根据《中华人民共和国个人所得税法》和《财政部、国家税务总局关于规范个人投资者个人所得税征收管理的通知》(财税〔2003〕158号)的有关规定，符合以下情形的房屋或其他财产，不论所有权人是否将财产无偿或有偿交付企业使用，其实质均为企业对个人进行了实物性质的分配，应依法计征个人所得税。

(一)企业出资购买房屋及其他财产，将所有权登记为投资者个人、投资者家庭成员或企业其他人员的；

(二)企业投资者个人、投资者家庭成员或企业其他人员向企业借款用于购买房屋及其他财产，将所有权登记为投资者、投资者家庭成员或企业其他人员，且借款年度终了后未归还借款的。

《财政部、国家税务总局关于企业为个人购买房屋或其他财产征收个人所得税问题的批复》

第2条 对个人独资企业、合伙企业的个人投资者或其家庭成员取得的上述所得，视为企业对个人投资者的利润分配，按照“个体工商户的生产、经营所得”项目计征个人所得税；对除个人独资企业、合伙企业以外其他企业的个人投资者或其家庭成员取得的上述所得，视为企业对个人投资者的红利分配，按照“利息、股息、红利所得”项目计征个人所得税；对企业其他人员取得的上述所得，按照“工资、薪金所得”项目计征个人所得税。

289. 股权转让所得要缴纳个人所得税吗？

情景案例

A公司注册资本100万元，由甲、乙、丙三位股东出资设立，分别持有公司40%、30%、30%的股权。公司成立之初，甲出资40万元。

2015年3月，甲由于要移民到美国，故想将股权转让丁，价格为50万元。

请问：甲需要缴纳个人所得税吗？

本案分析

随着我国资本市场的发展，股权转让越来越普遍。很多人对于股权转让涉及的税负问题理解较为片面，以为只要以平价或低价形式转让股权，不产生所得，无须申报缴纳或扣缴个人所得税；甚至有的受让人不知道在向转让人支付股权转让款项时有扣缴其个人所得税的义务，从而给双方增加不必要的损失。

个人股权转让所得个人所得税,以股权转让方为纳税人,以受让方为扣缴义务人。扣缴义务人有义务向税务机关如实申报,如果违反相关规定的,要承担相应的法律责任。

本案中,甲作为股权转让方,股权出资40万元,转让价款50万元,其中10万元差额属于甲收入所得,应按照税法规定缴纳个人所得税。丁作为受让方负有代扣代缴的权利和义务。

风险防范建议

有些转让股权的股东为防止自己多交税,在签订股权转让合同中明确:所有税费由股权受让方承担。以为这样就可以达到节税之目的。实际上,虽然双方在合同如此约定,但法律上负有纳税义务的,仍然是股权转让方。因为这种约定在税务机关处是不生效的,也是无法执行的条款,还可能导致相应的法律责任。

相关法规

《国家税务总局关于发布〈股权转让所得个人所得税管理办法(试行)〉的公告》第4条 个人转让股权,以股权转让收入减除股权原值和合理费用后的余额为应纳税所得额,按"财产转让所得"缴纳个人所得税。

合理费用是指股权转让时按照规定支付的有关税费。

《国家税务总局关于发布〈股权转让所得个人所得税管理办法(试行)〉的公告》第11条 符合下列情形之一的,主管税务机关可以核定股权转让收入:

(一)申报的股权转让收入明显偏低且无正当理由的;

(二)未按照规定期限办理纳税申报,经税务机关责令限期申报,逾期仍不申报的;

(三)转让方无法提供或拒不提供股权转让收入的有关资料;

(四)其他应核定股权转让收入的情形。

290. 企业利用"两套账"逃税,承担什么法律责任?

情景案例

2011年1月至2015年4月,刘女士在A公司担任会计期间,受A公司总经理黄某指使,刘女士对A公司设立真假两套公司财务账,通过隐藏公司主营业务收入,偷逃税款。

经税务局调查后发现,2011年1月1日至2015年4月30日,A公司隐瞒主营业务收入50万元,案发后黄某已补交应纳税款。

请问:黄某与刘女士分别要承担什么法律责任?

本案分析

依法纳税是每个从事经营企业的法定义务。合法税收筹划、提前做出税收安排是被国家法律所允许的,但有的企业视税负为沉重的负担,为了减少税负,外账采取少计收入,多记成本费用等的方法来进行会计核算;内账用财务数据反映经营情况,利用财务数据进行管理。如果企业采取编制两套账的做法,是不符合我国会计法及税法规定的。

现实中,许多企业的财会人员按照老板的安排设置两套账方便核算,有发票的收入及费用做到外账,按照形式重于实质的方式处理;而实际的业务,不管有没有发票,只要老板签字,就做到内账,按照实质重于形式的方式处理。这种做法存在极大的税务风险和隐患,轻则受到补缴并罚款,重则涉及刑事责任。

本案中,A公司老板黄某指使会计人员设立真假两套公司财务账,通过隐藏公司主营业务收入,偷逃税款。黄某作为公司负责人、刘女士作为财务经办人,二人共同利用虚假账目来达到偷逃税款的不法目的,妨碍国家征税管理秩序,其行为均涉嫌逃税罪。即使A公司补缴税款及滞纳金,黄某和刘女士还可能被追究刑事责任。

风险防范建议

我国法律禁止企业设置"两套账",对于财务人员应当成为老板的参谋和助手,要提醒老板不要误入歧途,更不能成为帮凶。这样不合法的做法,可能会使公司产生高额负债,还可能让企业经营走入万劫不复之地。

相关法规

《税收征收管理法》第63条第1款 纳税人伪造、变造、隐匿、擅自销毁账簿、记账凭证,或者在账簿上多列支出或者不列、少列收入,或者经税务机关通知申报而拒不申报或者进行虚假的纳税申报,不缴或者少缴应纳税款的,是偷税。对纳税人偷税的,由税务机关追缴其不缴或者少缴的税款、滞纳金,并处不缴或者少缴的税款百分之五十以上五倍以下的罚款;构成犯罪的,依法追究刑事责任。

《会计法》第40条 因有提供虚假财务会计报告,做假账,隐匿或者故意销毁会计凭证、会计账簿、财务会计报告,贪污,挪用公款,职务侵占等与会计职务有关的违法行为被依法追究刑事责任的人员,不得取得或者重新取得会计从业资格证书。除前款规定的人员外,因违法违纪行为被吊销会计从业资格证书的人员,自被吊销会计从业资格证书之日起五年内,不得重新取得会计从业资格证书。

《刑法》第201条第1款 纳税人采取欺骗、隐瞒手段进行虚假纳税申报或者不申报,逃避缴纳税款数额较大并且占应纳税额百分之十以上的,处三年以下有期徒刑或者拘役,并处罚金;数额巨大并且占应纳税额百分之三十以上的,处三年以上七年以下有期徒刑,并处罚金。

第十八章　安全生产

企业安全生产是我国的一项重要政策，也是社会、企业管理的重要内容之一。

企业应有效消除危险和有害因素，无人身伤亡和财产损失等生产事故发生，使生产经营活动有序进行。

做好安全生产工作，对于保障员工在生产过程中的安全与健康，搞好企业生产经营，促进企业发展具有非常重要的意义。

一、内部管理

291. 员工退休时可以享受工伤待遇吗？

情景案例

A在某机械有限公司做技工。2012年11月，A在工作车间往炉中加料时，钢水溅出，全身多处烧伤，经医院诊断，全身多处钢水烧伤。2013年8月4日，经劳动部门认定A受伤情形属于工伤，评定为伤残九级。A于2014年1月20日年满60周岁，达到法定退休年龄，公司已办理工伤保险。

2014年5月，A要求享受工伤待遇时，某机械厂以A已经达到了退休年龄，拒绝支付一次性医疗补助金及一次性就业补助金，双方因此产生纠纷。

请问：A可以享受工伤待遇吗？

本案分析

本案涉及工伤保险待遇问题。工伤保险待遇是指职工因工发生暂时或永久人身健康或生命损害的一种补救和补偿，其作用是使伤残者的医疗、生活有保障，使工亡者的遗属的基本生活得到保障。

企业因行业不同，发生工伤的概率也大不相同，尤其在特种行业、机械制造行业更为多见。有的中小企业为了节省成本而忽视参加社会保险，一旦发生重大事故，往往无力支付工伤费用，致使工伤职工不能得到及时治疗、康复，工伤职工和遗属的基本生活得不到保障，企业也可能难以存续。通过为员工办理社会保险，可以起到分散企业风险，减轻企业负担的作用。

本案中，A申请享受工伤待遇时，确实已达到法定退休年龄，但关键问题是，A在发生工伤时尚未达到退休年龄，因此A仍应享受工伤待遇。A发生工伤时，尚未达到退休年龄,劳动部门也已认定A属于工伤范围,应依法享受工伤待遇。A已被市劳动能力鉴定委员会鉴定为九级伤残,在达到退休年龄之日,A与公司的劳动合同自然解除,应享受一次伤残补助金、一次性医疗补助金和一次性就业补助金等待遇。

风险防范建议

如果员工发生工伤时,企业如何处理呢?建议如下:

(1)对于符合工伤条件的情形,按照相关的法律法规,本着维护员工合法权益的原则,为发生工伤的员工及时申报工伤认定,使员工及时享受工伤待遇,履行企业应尽的义务。

(2)已评定为伤残级别的员工如果与企业解除劳动合同,应当按照工伤保险待遇的规定,除由工伤基金承担相应费用外,其他的费用由企业自负。

相关法规

《劳动合同法实施条例》第21条 劳动者达到法定退休年龄的,劳动合同终止。

《社会保险法》第40条 工伤职工符合领取基本养老金条件的,停发伤残津贴,享受基本养老保险待遇。基本养老保险待遇低于伤残津贴的,从工伤保险基金中补足差额。

《最高人民法院关于审理劳动争议案件适用法律若干问题的解释(三)》第7条 用人单位与其招用的已经依法享受养老保险待遇或领取退休金的人员发生用工争议,向人民法院提起诉讼的,人民法院应当按劳务关系处理。

《工伤保险条例》第37条 职工因工致残被鉴定为七级至十级伤残的,享受以下待遇:

(一)从工伤保险基金按伤残等级支付一次性伤残补助金,标准为:七级伤残为13个月的本人工资,八级伤残为11个月的本人工资,九级伤残为9个月的本人工资,十级伤残为7个月的本人工资;

(二)劳动、聘用合同期满终止,或者职工本人提出解除劳动、聘用合同的,由工伤保险基金支付一次性工伤医疗补助金,由用人单位支付一次性伤残就业补助金。一次性工伤医疗补助金和一次性伤残就业补助金的具体标准由省、自治区、直辖市人民政府规定。

292. 员工在饭堂吃饭时摔伤,是否属于工伤?

情景案例

27岁的小梦是某电器公司的员工。2014年12月8日,小梦与其他同事到公司饭堂吃完中饭,在洗碗时因饭堂地面有水滑倒,小梦摔倒受伤。同事立即拨打了120,将小梦送到市中心医院治疗。医院确诊小梦左髌骨粉碎性骨折,左膝双侧半月板三度损伤,左胫侧副韧带损伤。

小梦以工伤为由,向公司主张赔偿。公司则认为,公司中午休息2小时,用于员工就餐和休息,事发时间不属于工作时间而拒绝赔偿。

请问:员工在饭堂吃饭时摔伤,是否属于工伤?

本案分析

工伤事故,是指本公司员工(包括建立劳动关系的人员)在生产、工作区域范围内和工作时间发生的公司生产经营有关(包括国家法规规定的其他情形)的人身伤害事故。通常情况下,工作时间、工作场所、工作原因,这“三工”原则上是劳动者受到事故伤害是否能被认定为工伤的前提条件。

目前,员工在公司饭堂就餐时受到伤害,如摔伤、滑倒、食物中毒是否属于工伤,法律规定并不明确。但员工在上下班途中因非本人主要责任或员工出差受到伤害均认定为工伤,那么员工在工作间歇在饭堂吃饭摔伤,也视同工伤。

饭堂是公司建筑的一部分,除了办公室、车间属于工作场所,饭堂也是工作场所的延伸;小梦的中午用餐时间视作工间休息时间,虽然不从工时角度进行要求,是工作时间的合理延伸;午餐行为并非属于员工直接的工作,却是员工从事劳动的正常生理需要,应当属于工作原因的范畴。公司对饭堂有管理监督的义务,如果公司未尽到管理义务,应承担相应的管理责任。

因此,小梦在饭堂吃饭摔伤,应认定为工伤,享受工伤待遇。公司拒绝赔偿的做法是不符合法律规定的。

风险防范建议

现阶段,工伤赔偿及工伤认定已成为劳资纠纷中的重点。如何防范工伤事故发生呢?建议如下:

(1)有些企业重经济效益,忽视对劳动者安全、卫生、社保等合法权益的保障,这种做法是不可取的。企业应增强自己的防范措施,预防事故发生。

(2)有的员工自身也缺乏保护意识,造成生产过程中常常发生事故。员工是企业的一分子,要增强员工主人翁精神,加强企业文化,从每个员工做起。

相关法规

《工伤保险条例》第 14 条　职工有下列情形之一的,应当认定为工伤:

(一)在工作时间和工作场所内,因工作原因受到事故伤害的;

(二)工作时间前后在工作场所内,从事与工作有关的预备性或者收尾性工作受到事故伤害的;

(三)在工作时间和工作场所内,因履行工作职责受到暴力等意外伤害的;

(四)患职业病的;

(五)因工外出期间,由于工作原因受到伤害或者发生事故下落不明的;

(六)在上下班途中,受到非本人主要责任的交通事故或者城市轨道交通、客运轮渡、火车事故伤害的;

(七)法律、行政法规规定应当认定为工伤的其他情形。

《工伤保险条例》第 15 条第 1 款　职工有下列情形之一的,视同工伤:

(一)在工作时间和工作岗位,突发疾病死亡或者在 48 小时之内经抢救无效死亡的;

(二)在抢险救灾等维护国家利益、公共利益活动中受到伤害的;

(三)职工原在军队服役,因战、因公负伤致残,已取得革命伤残军人证,到用人单位后旧伤复发的。

293. 员工因工出差途中发生交通事故，是否属于工伤？

情景案例

甲系丙公司的员工，公司未办理工伤保险。2014年7月，公司指派甲到某市出差，甲从客户单位返回酒店，行至某街口时，迎面快速驶来一辆小面包车，面包车司机乙为了避让对面的摩托车，向右猛打方向，结果车冲向人行道，造成甲腿部受伤，随后，肇事者逃逸。

一个月后，某市交警大队出具交通事故证明：甲行走在人行道上发生交通事故受伤，肇事车辆乙因逃逸负全部事故责任。甲无事故责任。

甲被某市劳动部门认定为工伤。甲要求享受待遇，丙公司告知甲应向肇事者追偿。

请问：员工因工出差途中发生交通事故，是否属于工伤？

本案分析

工伤保险补偿制度是指国家通过立法强制建立社会保险基金，在劳动者发生工伤后对其给予一定的补偿和救助的一项社会保障制度。劳动者在其单位工作、劳动，在劳动过程中，劳动者除获得合法报酬外，如果不幸而发生了事故，造成劳动者的伤残、死亡或患职业病，此时，劳动者就自然具有享受工伤保险的权利。劳动者的这种权利是由国家宪法和劳动法给予根本保障的。即使劳动者遭受工伤，是由于第三人的侵权行为造成的，仍然享受工伤待遇。

甲受公司的指派到外地出差，在履行职务的过程中发生机动车伤害的交通事故，甲本人并无责任，属于工伤范围。甲可向公司要求，主张享受工伤待遇。还可以依据交警部门作出的事故责任认定书，向负有交通事故的责任人追偿民事损失，要求其承担赔偿责任。至于甲先行使工伤索赔还是追偿民事赔偿，甲享有选择权。

公司以甲先进行交通事故赔偿作为承担工伤赔偿责任的前提条件，这种说法是错误的。

风险防范建议

目前，在工伤保险待遇和交通事故损害赔偿并存的体制下，企业如何防范相关的风险呢？建议如下：

(1)企业应为员工购买社会保险，使员工在患病、受伤、失业等情形发生时，享受社会保险待遇，以避免因未购买保险而增加额外的支出风险。

(2)一些企业以购买意外保险等方式，意图达到规避风险的目的，但不能完全替代工伤保险的作用。

相关法规

《工伤保险条例》第14条　职工有下列情形之一的，应当认定为工伤：

（六）在上下班途中，受到非本人主要责任的交通事故或者城市轨道交通、客运轮渡、炼事故伤害的。

《工伤保险条例》第62条　用人单位依照本条例规定应当参加工伤保险而未参加的，由社会保险行政部门责令限期参加，补缴应当缴纳的工伤保险费，并自欠缴之日起，按日加收万分之五的滞纳金；逾期仍不缴纳的，处欠缴数额1倍以上3倍以下的罚款。依照本条例规定应当参加工伤保险而未参加工伤保险的用人单位职工发生工伤的，由该用人单位按照本条例规定的工伤保险待遇项目和标准支付费用。用人单位参加工伤保险并补缴应当缴纳的工伤保险费、滞纳金后，由工伤保险基金和用人单位依照本条例的规定支付新发生的费用。

《社会保险法》第42条　由于第三人的原因造成工伤，第三人不支付工伤医疗费用或者无法确定第三人的，由工伤保险基金先行支付。工伤保险基金先行支付后，有权向第三人追偿。

《最高人民法院关于审理人身损害赔偿案件适用法律若干问题的解释》第12条　依法应当参加工伤保险统筹的用人单位的劳动者，因工伤事故遭受人身损害，劳动者或者其近亲属向人民法院起诉要求用人单位承担民事赔偿责任的，告知其按《工伤保险条例》的规定处理。因用人单位以外的第三人侵权造成劳动者人身损害，赔偿权利人请求第三人承担民事赔偿责任的，人民法院应予支持。

294. 员工假冒他人名义入职，患脑出血怎么办？

情景案例

2013年8月，阿富因担心公司体检不合格，在入职时使用了堂兄的身份证，填写了入职申请表，入职3个月后，在公司统一办理饭卡时，公司发现了相关情况，公司以真实姓名为阿富办理了饭卡、工卡，但公司未为其办理社保手续。

2015年5月16日，阿富在操作机器时，突然晕倒在地，当即被送往医院治疗。经过3个月的住院治疗，阿富基本康复，阿富被医院诊断为脑出血，花去医疗费78,000元。后阿富向公司索赔，要求公司全额赔偿78,000元医疗费。

请问：这种情况，公司要承担赔偿义务吗？

本案分析

许多企业遇到过员工冒名入职、使用虚假学历证明、隐瞒执业经历等情况，如果公司的人力资源部门未认真审查，即与劳动者签订了合同，劳动者一旦不能胜任工作，会给企业带来很多困扰和麻烦。

阿富入职时冒用他人名义办理体检手续，但在入职3个月后，公司在得知了阿富的真实身份后，并未要求阿富履行体检手续，并继续让阿富留厂工作，因此阿富与公司之间已形成事实劳动关系。公司员工办理包括医疗保险在内的社会保险，是公司的一项强制性义务。由于公司未给阿富办理社保，导致阿富在患病时自费全额承担医疗费，公司应予赔偿。

由于享受医保待遇也要经过费用核定的环节，故公司应只需在医保限额的范围内赔偿即可，对于阿富要求的全额赔偿，也是于法无据的。

风险防范建议

那么如何处理比较妥当？建议如下：

(1)入职时严格审查员工的身份信息，在发现员工的真实身份时，及时作出录用体检或违规处罚的决定，并将该项内容加入规章制度或纳入员工手册。

(2)如果使用虚假学历证明与所从事的职务、岗位有关键作用，企业可以考虑以重大违纪行为辞退员工。

(3)无论企业规模大小，企业均应为员工购买社会保险。有些企业采取员工以书面形式承诺不购买医保的、法律后果由自己承担，意图规避法律责任，这种做法不可取，一旦发生纠纷，可能会面临被认定无效的法律后果，还要承担相应的赔偿责任。

相关法规

《劳动法》第73条第1款 劳动者在下列情况下，依法享受社会保险待遇：

……

(二)患病、负伤；

……

《最高人民法院关于审理劳动争议案件适用法律若干问题的解释(三)》第1条 劳动者以用人单位未为其办理社会保险手续，且社会保险经办机构不能补办导致其无法享受社会保险待遇的，要求用人单位赔偿损失而发生争议的，人民法院应予受理。

295. 企业工作人员在搬卸货物时，将未戴安全帽的工人砸伤，如何处理？

情景案例

阿军是一家喷涂厂的杂工，负责在公司厂区内搬运货物、收放废品等工作。2014年5月12日下午，他在搬卸大货车上的货物时，因几个摆放在高处的铁皮油漆桶未摆放好，突然掉下来，车间工人小李去办公室取样品路过此处，小李当天未戴安全帽，油漆桶砸中头部，小李当场倒在地上，头部鲜血直流。其他工人马上拨打120将他送到医院救治。

经医院诊断，小李头部外伤、脑震荡。经过工伤部门认定，小李属于工伤，经劳动能力委员会鉴定为十级伤残。

公司在支付了相关药费后，小李提出购买工伤保险的基数仅为1500元，要求按照实际工资的3000元赔付一次性伤残费用等，并与公司解除劳动合同。

请问：喷涂厂应该如何处理？

本案分析

工伤保险是社会保险制度中的重要组成部分，是指国家和社会为在生产、工作中遭受事故伤害和患职业性疾病的劳动者及亲属提供医疗救治、生活保障、经济补偿、医疗和职业康复等物质帮助的一种社会保障制度。

我国工伤保险实行无过错、无责任补偿原则，即发生工伤，不管行为人有无过错，只要有损害结果,就应认定为工伤。即使员工意外疏忽,违反企业的操作规程或行为,导致受伤、致残或其他严重后果,只要不是自杀或自残,都应当认定为工伤,并享受工伤保险待遇。

小李受伤的时间为工作时间,受伤地点为公司厂区,从事的工作也是公司的工作内容,因此完全符合工伤认定的标准,被劳动局认定为工伤是符合法律规定的。小李在车间工作,公司的员工手册明确规定,上班期间必须戴安全帽,小李的行为系违反规章制度的行为;阿军在搬运货物时疏忽大意,也存在过失;这些因素与小李的受伤存在一定的关联性,但事发偶然,小李和阿军的这些行为不影响工伤成立。

小李已构成十级伤残,又向公司提出解除劳动合同,公司要按照工伤标准赔偿,小李也应享受工伤待遇。由于企业的参保基数低于员工实际工资数,员工在领取了社保基金支付的赔偿数额外,中间的差额部分仍由企业负责补足。

风险防范建议

在企业中,由于员工违章行为导致发生工伤的情形十分常见。对于企业如何预防和防范呢?建议如下:

(1)公司制定详细的违章罚则及守约奖励制度,将戴安全帽、穿工作服等日常安全注意事项写入员工手册,让员工自主将安全生产、安全管理、安全作业的行为日常化,自觉遵守员工手册。

(2)组织员工学习《安全生产法》,将安全事故防范进行宣讲,进行安全生产培训,提高安全生产意识,防止安全事故发生。

(3)如果员工出现不戴安全帽、违规操作等违反规章制度的行为,及时进行罚款或其他处理,起到警戒和提醒的作用。

相关法规

《劳动法》第52条 用人单位必须建立、健全劳动安全卫生制度,严格执行国家劳动安全卫生规程和标准,对劳动者进行劳动安全卫生教育,防止劳动过程中的事故,减少职业危害。

《劳动合同法》第38条第1款 用人单位有下列情形之一的,劳动者可以解除劳动合同:

……

(三)未依法为劳动者缴纳社会保险费的;

……

《劳动合同法》第46条 有下列情形之一的,用人单位应当向劳动者支付经济补偿:

(一)劳动者依照本法第三十八条规定解除劳动合同的;

……

《最高人民法院关于审理劳动争议案件适用法律若干问题的解释(一)》第20条第2款 对于追索劳动报酬、养老金、医疗费以及工伤保险待遇、经济补偿金、培训费及其他相关费用等案件,给付数额不当的,人民法院可以予以变更。

二、安全保障

296.公司员工擅自驾车发生重大交通事故，公司要负赔偿责任吗？

情景案例

方某系某贸易公司中巴车的司机，平时主要负责接送公司高管人员外出办事。2014年端午节放假期间，方某的朋友从外地过来游玩，想使用公司的车辆给公司的主管打电话，但因手机关机未接通。

方某就开着小车带一个同学、两个朋友去旅游区玩。不料在返回途中，方某在车辆掉头时，与一辆小轿车相撞，造成轿车司机死亡、一人受伤、车辆损坏的后果。经交警部门认定，方某负事故的全部责任，轿车无责任。

经查，该车辆办理了交强险及商业险的投保手续，但当公司收到死者家属80万元的索赔单时，还是不知所措，公司的车辆已被损坏，公司还要承担事故的赔偿吗？

请问：方某擅自驾车发生重大交通事故，公司要负赔偿责任吗？

本案分析

随着经济的不断增长，车辆已作为企业的必备交通工具。但由于车辆增多，交通事故也频繁发生。企业作为车主，当交通事故发生时，少则几万元，多则几十万元的赔偿金额，给企业带来沉重的负担。尤其是当车辆管理方面出现疏漏，法定的车主责任无疑对企业更是雪上加霜。

方某作为驾驶者，在道路上违规掉头，属于重大违章行为，造成死亡一人以上的严重后果，其行为已触犯刑律，构成交通肇事罪，依法应承担交通肇事罪的刑事责任。这起交通事故中的人员受伤、车辆受损的经济损失，应由投保的保险公司在保险限额内赔偿，不足部分由责任方承担。由于方某在休息期间公车私用，其行为并非受公司指派或取得同意，公司的内部事务管理问题，由于公司在车辆管理方面存在明显过错，因此，公司对交通事故的民事赔偿承担法律责任。

风险防范建议

通常情况下，企业都会遇到车辆挂靠、外借、被盗等情形，如何防范车辆使用风险呢？建议如下：

（1）如果出现挂靠、外借车辆的情况，须与有驾驶资格证的成年人签订书面协议，明确风险、义务、责任。

（2）严格监控企业车辆使用情况，一旦发现丢失、被盗，及时报警，并取得报警回执。

（3）充实企业规章制度的内容，将被司法机关判刑或造成公司财产重大损失的情形，纳入员工手册，明确相关人员的责任。

相关法规

《侵权责任法》第 34 条第 1 款　用人单位的工作人员因执行工作任务造成他人损害的，由用人单位承担侵权责任。

《侵权责任法》第 49 条　因租赁、借用等情形机动车所有人与使用人不是同一人时，发生交通事故后属于该机动车一方责任的，由保险公司在机动车强制保险责任限额范围内予以赔偿。不足部分，由机动车使用人承担赔偿责任；机动车所有人对损害的发生有过错的，承担相应的赔偿责任。

《最高人民法院关于审理人身损害赔偿案件适用法律若干问题的解释》第 8 条第 1 款　法人或者其他组织的法定代表人、负责人以及工作人员，在执行职务中致人损害的，依照民法通则第一百二十一条的规定，由该法人或者其他组织承担民事责任。上述人员实施与职务无关的行为致人损害的，应当由行为人承担赔偿责任。

《最高人民法院关于审理人身损害赔偿案件适用法律若干问题的解释》第 9 条　雇员在从事雇佣活动中致人损害的，雇主应当承担赔偿责任；雇员因故意或者重大过失致人损害的，应当与雇主承担连带赔偿责任。雇主承担连带赔偿责任的，可以向雇员追偿。

前款所称“从事雇佣活动”，是指从事雇主授权或者指示范围内的生产经营活动或者其他劳务活动。雇员的行为超出授权范围，但其表现形式是履行职务或者与履行职务有内在联系的，应当认定为“从事雇佣活动”。

297. 企业在路面整修过程中，外来人员摔伤谁负责？

情景案例

A 公司系某市工业园内食品加工厂，因厂区的一段路面损毁，就自行找了几个工人整修路面。2014 年 5 月 24 日，小张驾驶电动三轮车来 A 公司订货，当行驶至施工路段时，忽然发现前方有一个大坑，小张赶快避让，结果三轮车发生侧翻，人车倒地，三轮车被损坏，小张腿部、脚部骨折，被送往医院进行治疗。

经现场检查，A 公司的施工人员在开挖路面，形成了宽 0.9 米、深 0.2 米、长 15 米的坑，周围未设立施工标志，也未将施工区域用隔离带隔离。小张出院后，经鉴定构成 9 级伤残。小张将 A 公司起诉至法院，要求赔偿。

请问：企业在路面整修过程中，外来人员摔伤谁负责？

本案分析

本案涉及特殊侵权损害赔偿的民事责任问题。特殊侵权民事责任，是指当事人基于自己有关的行为、物件、事件或者其他特别原因致人损害，依照民法上的特别责任条款或者民事特别法的规定仍应对他人的人身、财产损失承担的民事责任。作为在路面进行施工的施工人，在施工现场须设置明显标志和采取安全措施，这两项义务必须同时履行，否则不能免责。

A 公司作为施工单位，应当预见到在道路上挖坑可能发生的危险，却未在挖坑周围设置明显的警示标志，以防范损害的发生，对小张受伤存在过错，应承担赔偿责任。尽管可能现场路面挖坑的情景显而易见，但由于开挖路面致人损害适用无过错责任，故本案的全部赔偿责任由公司承担。

风险防范建议

当企业遇到突发事件时，应该如何处理呢？建议如下：

(1)企业在遇到突发事件时，应第一时间报警，查清现场状况，保留必要证据。

(2)要尽力做好受害者家属的工作，如果确实存在管理不到位或其他过错情形，可与家属协商，在法律规定的限度内予以赔偿解决。

相关法规

《侵权责任法》第16条 侵害他人造成人身损害的，应当赔偿医疗费、护理费、交通费等为治疗和康复支出的合理费用，以及因误工减少的收入。造成残疾的，还应当赔偿残疾生活辅助具费和残疾赔偿金。造成死亡的，还应当赔偿丧葬费和死亡赔偿金。

《侵权责任法》第91条第1款 在公共场所或者道路上挖坑、修缮安装地下设施等，没有设置明显标志和采取安全措施造成他人损害的，施工人应当承担侵权责任。

298. 承揽企业工程的包工头雇佣的工人摔伤，企业有无责任？

情景案例

某食品公司因拆除铁棚、拆除围墙、搭建厕所等工程，遂将所有工程承包给江某进行施工。江某是个小包工头，他找来了5个老乡施工，每天工资150元。2014年7月12日下午，江某带着工人拆除铁棚，其中一个工人在铁棚上面不小心踩到了塑胶瓦，从铁棚顶部摔下，当即昏迷不醒。

经医院诊断，伤者颅脑损伤、左侧气胸、左手骨折等，经过住院治疗后，被鉴定为9级伤残。受伤工人住院期间，食品公司及包工头共计垫付了16万元的医疗费，后伤者向食品公司及包工头进行索赔。食品公司认为，公司已将施工工程承包他人，自己无赔偿义务。

请问：食品公司需要承担责任吗？

本案分析

随着社会经济的高速发展，各领域出现社会分工不断精细化的趋势，雇佣关系及雇主责任随之产生。雇主责任制是为了确保受害人的损害得到充分、及时的救济，主要体现在对雇员的选任、监督方面。企业在遇到建设工程、拆除工程、装修工程等事项时，如果为了节省成本，贪图方便，选择一些零工、杂工、个人包工头等无资质的人员进行施工，可能会因选任过错而导致雇主责任。

本案中，江某雇佣了伤者，与受伤工人形成了雇佣与被雇佣的关系。作为承揽铁棚拆除工程的雇主，江某在施工过程中未能提供有效的、必要的安全保障措施，造成伤者受伤的严重后果,江某应承担相应的赔偿责任。江某是个人包工头,显然并不具备施工资质,也没有能力完成拆除铁棚、搭建厕所工程,食品公司没有充分考虑资质问题,将工程承包给无资质的个人施工,同样存在选任不当的过失,因此,食品公司也应承担相应的赔偿责任。

在雇佣关系中,还要根据受伤时的具体细节进行判断,如果伤者本人存在重大过失的情形,也要自负部分责任。

风险防范建议

如何避免突发事件,防止企业卷入纠纷呢?建议如下:

(1)在对外承包工程时,要选择有施工资质的专业公司和专业人员,比如土建工程要有施工资质,装修工程要有装修资质,不要轻信口头承诺,贪图成本低廉,避免因选任主体不当而带来的法律风险。

(2)企业与承揽方须签订书面的工程承揽合同,约定工期、工程款、结算方式、安全责任等条款,明确安全事故责任的承担,避免事后无从追究或缺乏追究的合同依据。

(3)在救治、索赔、解决等每个环节,都保留好所有凭证,制作必要的手续,以备不时之需。

相关法规

《最高人民法院关于审理人身损害赔偿案件若干问题的解释》第9条第1款 雇员在从事雇佣活动中致人损害的,雇主应当承担赔偿责任。

《最高人民法院关于审理人身损害赔偿案件若干问题的解释》第11条第1、2款 雇员在从事雇佣活动中遭受人身损害,雇主应当承担赔偿责任。雇佣关系以外的第三人造成雇员人身损害的,赔偿权利人可以请求第三人承担赔偿责任,也可以请求雇主承担赔偿责任。雇主承担赔偿责任后,可以向第三人追偿。

雇员在从事雇佣活动中因安全生产事故遭受人身损害,发包人、分包人知道或者应当知道接受发包或者分包业务的雇主没有相应资质或者安全生产条件的,应当与雇主承担连带赔偿责任。

299. 企业的员工被查出患尘肺病,已享受了工伤待遇,企业还要赔偿吗?

情景案例

小Y系一家五金制品厂的工人,2000年入职,在研磨部从事五金研磨工作,厂方为其办理了社会保险手续,小Y工作环境接触粉尘较多,但五金厂只发放了普通口罩。

2015年4月,小Y感觉咳嗽、胸部疼痛,经医院诊断为:双肺大量小结节病灶,建议进一步检查。小Y找到五金厂要求住院检查,厂方未予重视。同年9月,小Y因肺病入院治疗,被某省职业病医院确诊为“尘肺一期,建议调离粉尘工作”。

经某市社劳动部门认定为工伤,小Y符合职业病的情形。小Y在收到社保赔偿后,向法院提起诉讼,要求民事赔偿。

请问：小Y已享受了社会保险待遇，五金厂还要负民事赔偿责任吗？

本案分析

工伤保险是社会保险制度中的重要组成部分，是指国家和社会为在生产、工作中遭受事故伤害和患职业性疾病的劳动及亲属提供医疗救治、生活保障、经济补偿、医疗和职业康复等物质帮助的一种社会保障制度。

职业病伤害所造成的直接后果是伤害到职工生命健康权、生存权、劳动权，并可能造成职工及家庭成员的精神痛苦和经济损失。企业一旦发生群体性职业病赔偿问题，无疑是一场灾难。

本案中，五金厂在小Y入职时未提供健康体检，工作期间未提供任何劳动安全保障措施，小Y被确诊为“职业尘肺病”，其健康受到损害与五金厂的行为存在直接的因果关系，故应当享受工伤待遇。同时，还可依据《职业病防治法》向五金厂提出民事索赔。

风险防范建议

那么，如何减少职业病发生，防范风险呢？

(1)规范入职体检制度，预防职业病发生。有的员工在入职时，曾经有接触污染环境工作的历史。当疾病突然发生时，无法通过鉴定确定患者得病的时间是在入职前还入职后，因此入职体检是必要的。

(2)如果职业病一旦发生，企业要承担治疗义务。如果员工愿意继续留在企业，要调离接触有害物的岗位，妥善安排工作。

(3)企业要为员工提供必要的、安全的劳动保护措施，防范职业病的发生。有的企业通过提高员工的工资，而忽视了安全防护的义务，这种做法是不可取的。

相关法规

《劳动法》第54条 用人单位必须为劳动者提供符合国家规定的劳动安全卫生条件和必要的劳动防护用品，对从事有职业危害作业的劳动者应当定期进行健康检查。

《职业病防治法》第59条 职业病病人除依法享有工伤保险外，依照有关民事法律，尚有获得赔偿的权利的，有权向用人单位提出赔偿要求。

《最高人民法院关于审理人身损害赔偿案件适用法律若干问题的解释》第17条第1款 受害人遭受人身损害，因就医治疗支出的各项费用以及因误工减少的收入，包括医疗费、误工费、护理费、交通费、住宿费、住院伙食补助费、必要的营养费，赔偿义务人应当予以赔偿。

300. 仓库大门倾倒砸伤送货人，是否承担赔偿责任？

情景案例

A公司系经营冷冻食品的公司，在某市郊区租赁了仓库，并聘用人员值班看守。因仓库看守人年纪较大，只负责仓库大门开锁上锁。因仓库的大铁门非常沉重，通常取货者自己开门和关门。

2014 年 7 月 18 日，于某开着一辆小货车到仓库拉货。于某在仓库拉货后，在走出大门关门时，沉重的大铁门突然倾倒，将于某的腰腿部砸伤。于某被送往医院治疗，花去医疗费 18 万元，后被评定为伤残三级。于某找到 A 公司，要求赔偿相关损失。

本案分析

建筑物致人损害责任是一种特殊侵权责任，归责原则同地面施工致人损害责任一样，采过错推定原则。被告可通过证明自己没有过错而获免责，其可以主张的事由通常有不可抗力、受害人的过错、第三人的过错等。

在本案中，A 公司系涉案的仓库大门的所有人和管理人，对大铁门疏于管理，在大铁门存在安全隐患的情况下没有及时采取措施，导致于某受伤。A 公司在不能证明自己没有过错的情况下，应承担相应的赔偿责任。

风险防范建议

在企业的日常经营中，如何规范管理，防范事故发生呢？建议如下：

(1)企业应加强建筑物及附属设施的安全管理，定期维护，预防安全事故。

(2)如有废弃设备或搁置设施，不能弃之不理，要采取适当的维护措施或设置警示标志，承担相应的管理职责，消除安全隐患。

(3)企业应配备安全管理的专门人员，负责处理突发事件，进行信息搜集、证据整理、处理汇总等工作，提升企业处理应急事件的能力。

相关法规

《民法通则》第 126 条 建筑物或者其他设施以及建筑物上的搁置物、悬挂物发生倒塌、脱落、坠落造成他人损害的，它的所有人或者管理人应当承担民事责任，但能够证明自己没有过错的除外。

《侵权责任法》第 85 条 建筑物、构筑物或者其他设施及其搁置物、悬挂物发生脱落、坠落造成他人损害，所有人、管理人或者使用人不能证明自己没有过错的，应当承担侵权责任。所有人、管理人或者使用人赔偿后，有其他责任人的，有权向其他责任人追偿。

第十九章　企业诉讼

法律风险存在于企业运营的各个环节,法律是贯穿企业经营活动始终的重要标尺和依据。

对企业可能发生的纠纷以及经营决策事项的法律风险,有效地进行防范,有助于化解经营风险,避免纠纷与损失。

企业要制定法律安全保障体系,有效地防范经营风险,避免法律陷阱,在波涛汹涌的商海中立于不败之地。

一、诉讼主体

301. 被告在外省，可以在本地法院起诉吗?

情景案例

2015 年 6 月,广州的 A 公司向浙江的 B 公司采购机械设备。双方签订购销合同,约定 A 公司于签订合同 3 日内支付货款的 20% 作为定金,收货当日支付 70% 货款,余款于收货 1 个月内全部付清。B 公司须于 1 个月之内送货上门,由 A 公司负责验收。

合同签订的第二天,A 公司向 B 公司转账 60,000 元。但 B 公司一直未发货。2 个月之后,A 公司要求 B 公司退还定金,B 公司不予理睬。A 公司想起诉至法院,但想到 B 公司远在外省,不知如何处理。

请问:A 企业可以在本地起诉 B 厂家吗?

本案分析

案件的诉讼管辖涉及成本支出的问题,一般企业都希望能够在企业所在地起诉,由当地法院管辖,便于自己进行诉讼,但实践中并非选择自己所在地法院管辖就一定便利,尤其是涉及跨省范围的案件,更应考虑后期执行便利的问题。

对于案件管辖,《民事诉讼法》有明确的规定,在法律允许的范围内合同双方以选定的法院或仲裁机构具有优先管辖权;未约定或约定不明确的,在被告所在地或合同履行地法院管辖,由于合同履行地涉及的情况较为复杂,应根据实际情况具体分析,不能一概而论。

本案中,A 公司可以选择在 B 公司所在地即浙江起诉,也可以选择在合同履行地即广州起诉,具体则要综合考虑起诉成本和执行成本等因素。

风险防范建议

选择管辖权法院应具体情况具体分析，应在便利诉讼、节约诉讼成本、利于公正判决、利于判决执行的基础上，综合考量，合理取舍，不要固守在本地法院起诉思维。

相关法规

《民事诉讼法》第23条　因合同纠纷提起的诉讼，由被告住所地或者合同履行地人民法院管辖。

《民事诉讼法》第34条　合同或者其他财产权益纠纷的当事人可以书面协议选择被告住所地、合同履行地、合同签订地、原告住所地、标的物所在地等与争议有实际联系的地点的人民法院管辖，但不得违反本法对级别管辖和专属管辖的规定。

《民事诉讼法》第35条　两个以上人民法院都有管辖权的诉讼，原告可以向其中一个人民法院起诉；原告向两个以上人民法院起诉的，由最先立案的人民法院管辖。

《最高人民法院关于适用〈中华人民共和国民事诉讼法〉的解释》第18条　合同约定履行地点的，以约定的履行地点为合同履行地。

合同对履行地点没有约定或者约定不明确，争议标的为给付货币的，接收货币一方所在地为合同履行地；交付不动产的，不动产所在地为合同履行地；其他标的，履行义务一方所在地为合同履行地。即时结清的合同，交易行为地为合同履行地。

合同没有实际履行，当事人双方住所地都不在合同约定的履行地的，由被告住所地人民法院管辖。

302. 起诉个体户、个人独资企业、合伙企业，可将老板夫妇一并起诉吗？

情景案例

甲企业成立于2001年，是一家生产塑料制品的独资企业，投资人为李某。2014年7月30日，甲企业与供应商乙公司进行结算，甲企业向乙公司出具还款承诺书，确认甲企业拖欠乙公司的货款共计88万元。经乙公司多次追付，均未偿还。

乙公司经过了解，甲企业的房产系租赁的，有几台破旧的机器设备，但甲企业的投资人李某名下有房产及车辆，李某的妻子在另一家公司拥有股份。2014年10月，乙公司将甲企业李某夫妇一并起诉到法院。

请问：乙公司的做法正确吗？

本案分析

个体户、个人独资企业、合伙企业属于不同的市场经营主体，与公司具有较大的差异，不具有独立法人资格，财产分别由投资者个人和合伙人所有，都需以投资人的资产对债务承担连带清偿责任，只是承担的程度和形式有所不同。

个体户实质就是个人，以个人全部资产对债务承担清偿责任；个人独资企业是一种特殊的企业形式，具有相对独立性，首先以企业的资产对外清偿债务，企业资产不足以清偿的则由投资人承担补充清偿责任；合伙企业是两个以上自然人或法人的联合，投资人对合伙企业所负债务承担连带清偿责任。

本案中，根据上述规定，李某作为投资人应当承担补充清偿责任，而李某妻子应当对夫妻关系存续期间产生的债务承担共同清偿责任，故乙公司有权将甲企业、李某夫妇一并起诉至法院，请求法院判决承担补充责任。

风险防范建议

(1)企业形态对投资人会产生重大影响。每一种企业形态对应的是不同的法律责任，因此在企业设立过程中应予以重视。

(2)对于以公司形态存在的企业，如发现信用变坏的情况，应及时采取补救措施，以免损失。

相关法规

《民法通则》第29条 个体工商户、农村经营承包户的债务，个人经营的，以个人财产承担；家庭经营户，以家庭财产承担。

《个人独资企业法》第2条 本法所称个人独资企业，是指依照本法在中国境内设立，由一个自然人投资，财产为投资个人所有，投资人以其个人财产对企业债务承担无限责任的经营实体。

《合伙企业法》第2条第1、2款 本法所称合伙企业，是指自然人、法人和其他组织依照本法在中国境内设立的普通合伙企业和有限合伙企业。

普通合伙企业由普通合伙人和有限合伙人组成，普通合伙人对合伙企业债务承担无限连带责任，有限合伙人以其认缴的出资额为限对合伙企业承担责任。

《最高人民法院关于适用〈中华人民共和民事诉讼法〉的解释》第59条 在诉讼中，个体工商户以营业执照上登记的经营者为当事人。有字号的，以营业执照上登记的字号为当事人，但应同时注明该字号经营者的基本信息。

营业执照上登记的经营者与实际经营者不一致的，以登记的经营者和实际经营者为共同诉讼人。

303. 债务人为个人，可以要求其配偶共同承担还款责任吗？

情景案例

2015年6月12日，刘先生以名下的贸易商行向A公司购买了30万元的货物，货款结算方式是先支付15万元，余款两个月内付清。

截至2015年8月13日，刘先生一直没有支付余款。A公司得知，刘先生最近由于赌博，将自己的财产全部输光。经查，刘先生登记的贸易商行为个体工商户，已经经营了4年时间，刘先生结婚7年。A公司想起诉法院，要求刘先生和妻子共同还款。

请问：A公司可向刘先生的妻子追讨债务吗？

本案分析

本案涉及夫妻共同债务的承担问题。夫妻共同债务是指为满足夫妻共同生活需要所负的债务。夫妻共同债务主要是基于夫妻家庭共同生活的需要，以及对共有财产的管理、使用、收益和处分而产生的债务。

通常情况下，夫妻中任何一方从事生产经营活动，经营收入用于家庭生活的，则属于夫妻共同债务，由配偶分享所负的债务。法律如此规定，其目的是维护债权人的合法权益，体现公平原则。

本案中，刘先生名下的贸易商行登记为个体工商户，在夫妻生活期间经营 4 年之久，商行所负债务应当属于夫妻共同债务。至于刘先生因赌博输掉了自己的财产，并不能成为免除还款责任的理由。因此，A 公司可以向刘先生的妻子追讨债务，要求清偿债务。

风险防范建议

企业在与个人独资企业、个体工商户或一人有限公司发生交易时，应尽可能多方了解对方的财产状况、履约能力、诚信情况等，甚至家庭情况、配偶信息等，一旦追讨债务时，可能涉及家庭财产状况或配偶承担的情形。

相关法规

《最高人民法院关于适用〈中华人民共和国婚姻法〉若干问题的解释(二)》第 24 条　债权人就婚姻关系存续期间夫妻一方以个人名义所负债务主张权利的，应当按夫妻共同债务处理。但夫妻一方能够证明债权人与债务人明确约定为个人债务，或者能够证明属于婚姻法第十九条第三款规定情形的除外。

304. 货款逾期后，能否以公司老板个人名义支付过货款为由，要求老板承担连带付款责任？

情景案例

2014 年 3 月 12 日，A 公司与 B 公司签订了一份长期的家具供货合同。合同约定结算方式：B 公司每月 5 日前结算上一个月的货款，逾期付款按照货款总额每日 3‰支付违约金。

2014 年 5 月前，B 公司用公司账号给 A 公司支付货款，B 公司老板郑某是公司的股东之一，从 6 月到 9 月，开始用个人银行账号给 A 公司支付货款。10 月到 12 月，B 公司一直拖欠货款没有支付，拖欠金额共计 50 万元。

随后 A 公司得知，B 公司被骗走了 500 万元货款，现在经营十分困难，公司已无流动资金。但是，郑某拥有一辆价值 20 万元的宝马车、一套价值 300 万元的别墅与另外几家公司的股权。A 公司向法院起诉，要求 B 公司与郑某承担连带还款责任。

请问：A 公司可以要求 B 公司与郑某承担连带还款责任吗？

本案分析

根据我国《公司法》的规定,除一人有限公司外,公司财产与股东个人财产是相互独立的。通常情况下,股东以出资额为限对公司承担责任,公司的对外债务由公司承担还款责任。

本案中,A公司与B公司签订供货合同,B公司作为签约主体和支付货款的义务人,对A公司的债务负有清偿责任。至于B公司的老板是股东之一,以个人名义向A公司支付货款,在B公司的老板未出具任何担保书或承诺函的情况下,这种行为只能认定为代付货款行为,因此A公司只能向B公司行使追偿权,而不能向A公司老板主张还款责任。

当然,如果出现B公司的股东有瑕疵出资或不履行清算义务等法定情形,A公司可视情况向公司股东或实际投资人追究法律责任。

风险防范建议

企业在经营中如何防范此类风险呢?建议如下:

(1)跟踪客户信息,如果发现付款异常或经营状况恶化时,及时采取应对措施,如停止供货、要求退回货物、提供履约担保,并进行对账,补充欠款证据。

(2)设立企业信用制度,根据客户的信用情况进行设计防范预案,防止风险发生。

相关法规

《公司法》第3条第1款 公司是企业法人,有独立的法人财产,享有法人财产权。公司以其全部财产对公司的债务承担责任。

《公司法》第63条 一人有限责任公司的股东不能证明公司财产独立于股东自己的财产的,应当对公司债务承担连带责任。

305.债务人系港资公司在内地设立的分公司,如何追讨欠款?

情景案例

A公司是某港资公司在内地设立的分公司,2015年4月18日,B公司给A公司出售了一批货物,货款共为28万元。双方约定交货后7天内付款。但是,A公司没按合同约定时间付款。

经多次协商未果,B公司考虑通过法律途径收回欠款。但是,A公司是港资公司在内地设立的分公司,B公司在向法院起诉,不知如何处理。

请问:B公司如何才能追回欠款呢?

本案分析

随着我国对外贸易的迅速发展,经济纠纷也有所增加。由于很多企业在对外贸易交往中,不重视合作方的资信调查,不及时关注买家的风险变动情况,导致在合同履行过程中产生很多风险。

本案中，A 公司是港资公司设立的分公司，不具有独立法人资格，无法独立承担法律责任。因此，B 公司在向法院起诉时，应将 A 公司与总公司列为共同被告，要求共同承担还款责任。

如果 A 公司在内地有开设账户、拥有资产，可在起诉时向法院申请财产保全，冻结账户、查封财产，以便于实现债权，维护财产权利。

风险防范建议

企业在外对贸易中，如何防范相关风险呢？建议如下：

（1）公司在进行大额交易或投资时，应做必要的尽职调查，了解其资产状况、经营状况、诚信状况，判断其是否具有相应的交易能力。

（2）与境外主体进行交易时，建议在合同中约定适用中国内地法律，便于维护自身合法权益。

（3）如果境外主体在中国内地有资产的，尽可能要求提供相应担保。

相关法规

《涉外民事关系法律适用法》第 41 条　当事人可以协议选择合同适用的法律。当事人没有选择的，适用履行义务最能体现该合同特征的一方当事人经常居所地法律或者其他与该合同有最密切联系的法律。

《公司法》第 14 条第 1 款　公司可以设立分公司。设立分公司，应当向公司登记机关申请登记，领取营业执照。分公司不具有法人资格，其民事责任由公司承担。

306. 债务人个人去世后，可向继承人主张还款责任吗？

情景案例

2015 年 4 月 10 日，黄先生向 A 公司购买了一批布料，价款共为 30 万元，合同约定付款方式是：前期预付 5 万元，4 月 30 日前一次性付清。

2015 年 4 月 20 日，黄先生突然离世。黄先生共有房产、现金等遗产 80 多万元，分别由他的妻子与儿子继承。A 公司向法院提起诉讼，并将继承人黄先生的妻子及儿子列为被告。

请问：A 公司可向黄先生的妻子与儿子主张债权吗？

本案分析

本案涉及财产继承问题。根据我国法律规定，债务应当清偿，债务人死亡的，继承人应当在继承遗产的范围内清偿债务。当债务人死亡后，继承人表示接受遗产时，就意味着他不仅取得了被继承人生前所享有的财产权利，而且同时又承担了被继承人生前所负担的财产义务。

本案中，A 公司与黄先生的债权债务关系是合法的，应受法律保护。在黄先生去世后，由黄先生妻子、儿子继承遗产 80 万元，故应先用于清偿黄先生欠 A 公司的债务

25万元。因此,A公司可以向黄先生的妻子、儿子主张还款,维护合法的财产权益。

风险防范建议

实践中,债务人突然死亡的情况偶有发生。企业在遇到类似问题时,如何处理呢?建议如下:

(1)充分调查债务人的遗产信息,如果协商不成的,可持债权凭证向法院提起诉讼,以实现债权。

(2)及时行使相关权利,如果债务人遗留房产、车辆等财产的,可以申请法院查封财产,以防止财产被变卖或处置的情形发生。

相关法规

《继承法》第33条 继承遗产应当清偿被继承人依法应当缴纳的税款和债务,缴纳税款和清偿债务以他的遗产实际价值为限。超过遗产实际价值部分,继承人自愿偿还的不在此限。

继承人放弃继承的,对被继承人依法应当缴纳的税款和债务可以不负偿还责任。

二、企业起诉

307. 没有被告身份证复印件或营业执照复印件,可以起诉吗?

情景案例

甲公司与乙公司系多年的合作关系。2014年5月,乙公司向甲公司订购一批运动服,要求在3个月内全部交货,甲公司通过物流公司完成交货,但乙公司以资金紧张为由,一直未付清货款。

无奈之下,甲公司准备通过诉讼途径追回货款,但没有乙公司的营业执照复印件,担心无法起诉。

请问:甲公司有办法起诉乙公司吗?

本案分析

根据我国《民事诉讼法》的规定,起诉状中必须有明确的被告,其是指必须提供被告的名称、住址及其他真实、有效的联系信息,法院以此向明确的被告送达诉讼资料、通知参加诉讼,否则不利于保障被告的合法诉讼权利。所以在立案时,通常法院会要求提供身份信息或者营业信息。

本案中,甲公司完全可以通过工商部门查询打印乙公司的工商登记资料,或者直接在工商总局网站打印乙公司的信息。

风险防范建议

提供被告的身份信息是原告在起诉时经常会遇到的一些小障碍,企业营业执照较为方便查询提供。但对于被告是公民个人的则相对而言较为困难,会为起诉造成一定的麻烦,因此建议涉及个人的应在签订合同、履行合同期间要求对方提供身份证复印件作为附件。

相关法规

《民事诉讼法》第119条 起诉必须符合下列条件：

（一）原告是与本案有直接利害关系的公民、法人和其他组织；

（二）有明确的被告；

（三）有具体的诉讼请求和事实、理由；

（四）属于人民法院受理民事诉讼的范围和受诉人民法院管辖。

《最高人民法院关于适用〈中华人民共和国民事诉讼法〉的解释》第209条 原告提供被告的姓名或者名称、住所等信息具体明确，足以使被告与他人相区别的，可以认定为有明确的被告。

起诉状列写被告信息不足以认定明确的被告的，人民法院可以告知原告补正。原告补正后仍不能确定明确的被告的，人民法院裁定不予受理。

308. 查封被告财产，但原告无法提供财产担保，怎么办？

情景案例

乙公司是甲公司的客户，长期向甲公司订购货物。2013年下半年开始，乙公司因经营不善，一直拖欠甲公司的货款。截至2015年7月，总拖欠甲公司货款52万元。

因担心对方转移财产，同年10月，甲公司起诉了乙公司，并向法院提交了查封财产的申请。法院要求甲公司提供财产担保，甲公司没有足够的财产进行担保。

请问：甲公司应该怎么办？

本案分析

根据我国《民事诉讼法》的规定，当事人申请财产保全的应当提供担保，未提供担保的，法院将驳回当事人的保全申请。这一规定一方面保护了原告滥用保全措施影响被告的生产经营，但另一方面对于原告无法提供担保而被告确有转移财产或难以确保后期执行的情况，保障性措施较少。对于担保财产，法律并未强制性要求现金，可以多种多样。

本案中，甲公司除自身提供现金担保外，还可以提供自身或他人所有的房产、土地、汽车、机器设备或有资质的担保公司，甚至部分地方已经试点财产保全保险等方式予以担保。

风险防范建议

提供财产担保是民事诉讼法律明确规定的，也有其实际意义，因此注意如下几点：

（1）担保财产并非一定要自己的，也可以是他人所有的，但一般要求担保财产不存在权利限制。

（2）如果无法提供财产担保的，法院原则上不接受保全申请，所以起诉前应予以充分准备。

相关法规

《民事诉讼法》第100条 人民法院对于可能因当事人一方的行为或者其他原因，使判决难以执行或者造成当事人其他损害的案件，根据对方当事人的申请，可以裁定对其财产进行保全、责令其作出一定的行为或者禁止其作出一定的行为；当事人没有提出申请的，人民法院在必要时也可以裁定采取保全措施。

人民法院采取保全措施，可以责令申请人提供担保，申请人不提供担保的，裁定驳回申请。

人民法院接受申请后，对情况紧急的，必须在四十八小时内作出裁定；裁定采取保全措施的，应当立即开始执行。

309. 债务人的口头承诺有效吗？

情景案例

2015年4月，A公司向B公司订购1000套茶具，B公司口头承诺以60元/套的最低价格供货，随后，A公司将定金转账至B公司的银行账户。

7月，B公司要求A司付清余款后可马上提货，A公司发现B公司以88元/套的价格计算，而不是口头承诺的60元，双方因此发生纠纷。

请问：A公司应该怎么办？

本案分析

合同包括书面和口头的，但由于口头合同不具有可视性，无法固定具体内容，因此极易产生纠纷。如果无相关证据予以证实，则无法按照口头合同内容予以执行。

本案中，由于无其他证据证实此前双方约定的价格是60元，所以很难采信A公司的诉求。

风险防范建议

以事实为依据，以法律为准绳，其中事实主要就是用证据来予以反映的，可见其重要性，因此需注意以下事项：

（1）签订书面合同：书面合同直观清楚，权利义务白纸黑字即可查阅。

（2）确认口头合同内容：在达成口头合同时，应及时签署备忘录或者确认函，必要时可采取录音、录像、证人证言等方式，以便保存相关依据。

相关法规

《合同法》第10条第1款 当事人订立合同，有书面形式、口头形式和其他形式。

《民法通则》第56条 民事法律行为可以采用书面形式、口头形式或者其他形式。法律规定用特定形式的，应当依照法律规定。

310. 买卖合同中未约定付款期限，如何追讨货款？

情景案例

杨某是某建材公司老板，2014年3月2日，建材公司与某建筑公司签订了一份建材买卖合同，合同对钢材的价格、数量、质量、履行地点等作出了约定，但双方对付款的期限没有作出约定。

同年4月,供货后找建筑公司要求付款时,建筑公司以双方未约定付款期限为由,只答应年终付款。

请问:杨某只能等到年终才能收到货款吗?

本案分析

买卖合同是出卖人转移标的物的所有权于买受人,买受人支付价款的合同。出卖方要按期提供质量合格的产品,购买方负有足额支付货款的义务。

买卖合同付款期限的确定是买受人履行付款义务的实质性内容之一。如果买卖合同明确了付款期限,则购买方应当按照约定的时间支付价款。关于付款时间的约定,可以约定交货与付款同时进行,也可以先交货后付款或者先付款后交货,可以约定一次性支付价款,也可以约定分期支付。如果付款期限约定不明确,出卖方可以随时要求购买方支付货款。

本案中,杨某作为出卖方已经向建筑公司交付货物,合同中的交货义务已履行完毕。由于未明确约定付款期限,杨某可以随时要求建筑公司一次性清偿债务,但应给对方必要的准备时间。

风险防范建议

付款期限是合同中的必备条款,如何约定付款期限,防范相关风险呢?建议如下:

(1)明确约定支付货款的具体时间,如果分期支付的,明确付款的最后截止日期。

(2)明确约定逾期付款的利息、违约责任及损失赔偿等,以此制约对方尽快履行义务。

相关法规

《合同法》第62条 当事人就有关合同内容约定不明确,依照本法第六十一条的规定仍不能确定的,适用下列规定:

(一)质量要求不明确的,按照国家标准、行业标准履行;没有国家标准、行业标准的,按照通常标准或者符合合同目的的特定标准履行。

(二)价款或者报酬不明确的,按照订立合同时履行地的市场价格履行;依法应当执行政府定价或者政府指导价的,按照规定履行。

(三)履行地点不明确,给付货币的,在接受货币一方所在地履行;交付不动产的,在不动产所在地履行;其他标的,在履行义务一方所在地履行。

(四)履行期限不明确的,债务人可以随时履行,债权人也可以随时要求履行,但应当给对方必要的准备时间。

(五)履行方式不明确的,按照有利于实现合同目的的方式履行。

(六)履行费用的负担不明确的,由履行义务一方负担。

三、企业应诉

311. 公司被起诉至法院，会影响企业或法定代表人的信用吗?

情景案例

甲公司是一家灯饰公司,成立于2008年10月。一直以来,诚信经营,从没有出现过法律纠纷。

2015年6月,为了提高知名度,扩大产品销量,公司聘请专人负责公司官网和微信平台的维护和推广,没想到因官网和微信平台下载使用了另一家公司的图片而被起诉。

甲公司担心,公司被起诉了,是否会影响到企业或法定代表人的信用?

请问:甲公司的担心有道理吗?

本案分析

企业作为案件当事人的原、被告,因为纠纷无法解决而提起或者参与诉讼在日常社会中是非常正常的事情,并不能据此就认为作为原告的企业就是信用良好,而作为被告的企业就是信用不好,孰是孰非需待法院判决。即使法院判决,败诉方履行了判决内容仍然不影响企业、法定代表人、股东的信用。

如果在法院判决后,败诉方拒不履行法院判决,法院就可根据执行情况上传相关信息,此时将影响到企业的信用。如果出现破产、倒闭且个人存在责任的,则会影响到相关负责人今后任职。同时,由于案件审理是公开的,判决书原则上是会网上公开的,如果被客户、供应商知悉,是否会影响他们的判断是另一层面的问题,也应予以注意。

风险防范建议

目前我国很多企业尤其是有限责任公司、股份有限公司等中小型企业人合性质还是较为明显的,股东(特别是大股东)或负责人与企业之间相互影响还是非常大的。

有限公司被起诉不会对企业、股东、负责人、法定代表人在形式上产生影响,但对于公司相关联的客户、供应商有可能造成影响,因此应慎重对待,妥善解决纠纷。

相关法规

《民事诉讼法》第255条 被执行人不履行法律文书确定的义务的,人民法院可以对其采取或者通知有关单位协助采取限制出境,在征信系统记录、通过媒体公布不履行义务信息以及法律规定的其他措施。

《公司法》第147条 董事、监事、高级管理人员应当遵守法律、行政法规和公司章程,对公司负有忠实义务和勤勉义务。

董事、监事、高级管理人员不得利用职权收受贿赂或者其他非法收入,不得侵占公司的财产。

312. 企业作为被告错过了举证期限，应该如何处理？

情景案例

2015 年 3 月，因买卖合同纠纷，甲公司被供应商乙公司起诉至法院。当时，甲公司要参加一个年度最大的行业展览会，整个公司都忙于参展的准备工作，没有留意举证期限。甲公司参展结束后，才发现已错过了举证期限。

请问：甲公司应该如何处理呢？

本案分析

举证期限是指法院根据法律规定，对案件原、被告方确定的提交证据的期间，原、被告方应在此期间内及时准备、提交证据，以便对方有时间核实相关事实，进行质证，同时也有助于节省庭审时间，节约司法资源。

对于未在举证期限内提交证据的，法院有可能不再组织证据交换，对方可能不予质证或者申请质证期限延期从而拖延庭审。法院有权予以训诫甚至罚款处理。

风险防范建议

诉讼活动涉及大量专业实务，需要有一定经验的人士进行处理更为妥当，因此建议如下：

(1)专业的事交由专业的人员负责：举证期限涉及自身重大权益，直接影响到案件结果，应予以重视并委托、委派专业、专门人员负责处理，及时在此期限内提交证据。

(2)严格企业内部的收、发管理制度，确保法院的诉讼文书及时发送到专业部门或人员手中，以免延误举证。

相关法规

《民事诉讼法》第 65 条 当事人对自己提出的主张应当及时提供证据。

人民法院根据当事人的主张和案件审理情况，确定当事人应当提供的证据及其期限。当事人在该期限内提供证据确有困难的，可以向人民法院申请延长期限，人民法院根据当事人的申请适当延长。当事人逾期提供证据的，人民法院应当责令其说明理由；拒不说明理由或者理由不成立的，人民法院根据不同情形可以不予采纳该证据，或者采纳该证据予以训诫、罚款。

《最高人民法院关于适用〈中华人民共和国民事诉讼法〉的解释》第 101 条 当事人逾期提供证据的，人民法院应当责令其说明理由，必要时可以要求其提供相应的证据。

当事人因客观原因逾期提供证据，或者对方当事人对逾期提供证据未提出异议的，视为未逾期。

《最高人民法院关于适用〈中华人民共和国民事诉讼法〉的解释》第 102 条 当事人因故意或者重大过失逾期提供的证据，人民法院不予采纳。但该证据与案件基本事实有关的，人民法院应当采纳，并依照民事诉讼法第六十五条、第一百一十五条第一款的规定予以训诫、罚款。

当事人非因故意或者重大过失逾期提供的证据，人民法院应当采纳，并对当事人予以训诫。

当事人一方要求另一方赔偿因逾期提供证据致使其增加的交通、住宿、就餐、误工、证人出庭作证等必要费用的,人民法院可予支持。

313. 股东因个人债务导致公司账户被冻结,如何处理?

情景案例

2013年8月,林某和朋友张某一起投资创办了某网络公司,随着客户的积累,公司的业务渐渐稳定,公司的发展也走上了轨道。

正当林某对公司的未来充满憧憬的时候,2015年5月9日,因股东张某的个人债务,公司的账户被冻结,严重影响了公司的正常经营。

请问:网络公司应该如何处理?

本案分析

“有限公司承担有限责任”这是原则,公司与股东在法律上属于两个独立的主体,一般情况下股东个人债务可能会导致其在公司的股权被限制,但通常不影响公司财产。

本案中,如确因张某个人债务而导致公司账户被冻结的,相关人员应及时与采取冻结措施的法院联系,查明原因,尽快解除冻结,必要时可以出具法律意见或提出执行异议申请,请求法院纠正。

风险防范建议

公司资产与股东个人债务一般情况下应予以严格区分,不得任意处置:

(1)谨慎因股东个人债务保全公司财产,否则造成公司损失的申请人应予赔偿。

(2)对于因股东债务而保全公司财产行为,被诉股东、公司均有权向法院提出意见。

相关法规

《民事诉讼法》第108条 当事人对保全或者先予执行的裁定不服的,可以申请复议一次。复议期间不停止裁定的执行。

《最高人民法院关于人民法院办理执行异议和复议案件若干问题的规定》第17条 人民法院对执行行为异议,应当按照下列情形,分别处理:

(一)异议不成立的,裁定驳回异议;

(二)异议成立的,裁定撤销相关执行行为;

(三)异议部分成立的,裁定变更相关执行行为;

(四)异议成立或者部分成立,但执行行为无撤销、变更内容的,裁定异议成立或者相应部分异议成立。

314. 企业遭遇员工索赔,应如何处理?

情景案例

甲公司是一家销售型的小公司。2014年9月10日,李某入职公司,由于疏忽大意，公司未与其签订劳动合同，李某在清楚还没有签订合同的情况下继续工作。

由于李某工作散漫，不听从公司安排，在自行离职后未作任何工作交接，导致公司业务上断链，造成一定的损失。半个月后，李某向当地劳动部门申请仲裁，要求公司赔偿经济损失10万元。

请问：甲公司应该如何应对？

本案分析

随着2008年《劳动合同法》的颁布与实施，越来越多的企业不断完善与员工签订劳动合同的工作，一般都会在入职1个月内与员工签订劳动合同，从而保障劳动关系双方的权利义务，避免不必要的损失。

根据《劳动合同法》的规定，未与劳动者签订合同的应当支付经济补偿金，经济补偿金的标准以劳动者前12个月的平均工资为准，每满1年按1个月赔偿，至多不超过11个月。

本案中，甲公司未与员工李某签订劳动合同，显然违反《劳动合同法》的规定，应予补偿。

风险防范建议

签订劳动合同是企业应尽的职责和义务，未签订需要承担相应的法律责任，因此请注意以下事项：

（1）员工入职当天即签订劳动合同：部分企业由于人员众多、事务繁杂，往往出现并非不与员工签合同，而是忘记签，导致后期员工索赔，因此建议在入职时立即签订则不易遗忘。

（2）员工工作期间重大过错造成损失，证据充分的，也可向员工主张损害赔偿。

相关法规

《劳动合同法》第10条　建立劳动关系，应当订立书面劳动合同。

已建立劳动关系，未同时订立书面劳动合同的，应当自用工之日起一个月内订立书面劳动合同。

用人单位与劳动者在用工前订立劳动合同的，劳动关系自用工之日起建立。

《劳动合同法》第47条　经济补偿按劳动者在本单位工作的年限，每满一年支付一个月工资的标准向劳动者支付。六个月以上不满一年的，按一年计算；不满六个月的，向劳动者支付半个月工资的经济补偿。

劳动者月工资高于用人单位所在直辖市、设区的市级人民政府公布的本地区上年度职工月平均工资三倍的，向其支付经济补偿的标准按职工月平均工资三倍的数额支付，向其支付经济补偿的年限最高不超过十二年。

本条所称月工资是指劳动者在劳动合同解除或者终止前十二个月的平均工资。

《劳动合同法》第82条　用人单位自用工之日起超过一个月不满一年未与劳动者订立书面劳动合同的，应当向劳动者每月支付二倍的工资。

用人单位违反本法规定不与劳动者订立无固定期限劳动合同的，自应当订立无固定期限劳动合同之日起向劳动者每月支付二倍的工资。

《劳动合同法》第90条 劳动者违反本法规定解除劳动合同，或者违反劳动合同中约定的保密义务或者竞业限制，给用人单位造成损失的，应当承担赔偿责任。

315. 天价索赔案，法院是否支持？

情景案例

2013年2月份，甲在某商场花费了20,000元购买一台品牌笔记本电脑，在使用过程中频繁出现死机、蓝屏等故障，甲向当地消费者协会投诉，又向生产商B公司提出500万美元的赔偿要求。

甲多次以电话、短信、通知等方式向B公司索赔，B公司提出更换同款电脑，被甲拒绝，坚持赔偿500万美元。

本案分析

高价索赔是消费者维护自身权益的体现，但最终是否能够落实要通过双方协商或法院来判定。

在本案中，甲向B公司提出高额索赔要求，是基于购买的电脑存在故障。根据相关法律规定，甲应对其赔偿主张，提供真实有效的证据。由于甲提出的500万美元索赔金额，与问题商品造成的损失相去甚远，在这种情况下，是无法得到支持的。

风险防范建议

在高价索赔案中，如果消费者不理智，对商家及其家属的生命、身体自由、名誉等进行威胁，易导致维权行为与敲诈勒索罪的构成要件相吻合，可能变性为敲诈勒索。因此，消费者在维权时应保持理性，尽量与商家合理协商，不要随性乱为，否则这种“维权过度”行为，会更加激化双方的矛盾，达不到合法维权的目的。

相关法规

《消费者权益保护法》第24条 经营者提供的商品或者服务不符合质量要求的，消费者可以依照国家规定、当事人约定退货，或者要求经营者履行更换、修理等义务。没有国家规定和当事人约定的，消费者可以自收到商品之日起七日内退货；七日后符合法定解除合同条件的，消费者可以及时退货，不符合法定解除合同条件的，可以要求经营者履行更换、修理等义务。

依照前款规定进行退货、更换、修理的，经营者应当承担运输等必要费用。

《消费者权益保护法》第52条 经营者提供商品或者服务，造成消费者财产损害的，应当依照法律规定或者当事人约定承担修理、重作、更换、退货、补足商品数量、退还货款和服务费用或者赔偿损失等民事责任。

四、违约赔偿

316. 买方以产品合格证明未移交为由拒付货款，卖方可以追究违约责任吗？

情景案例

2015年3月13日，甲、乙两公司签订了一份机械设备的买卖合同。合同约定：甲公司于2015年3月20日前给乙公司交货，乙公司要在收货后30天内给甲公司支付货款，延期付款按照货款总额每日万分之五支付违约金。

3月30日，甲公司准时交货，乙公司当场验货合格。随后，乙公司以甲公司没有提供产品合格证明、保修手册为由拒绝付款，双方因此发生纠纷。3个月后，甲公司因收不到货款，向当地法院提起诉讼。

请问：乙公司的做法合法吗？

本案分析

本案涉及合同履行的问题。合同履行是指签约双方当事人按照合同约定完成合同义务，享受合同权利的行为。全部完成合同规定的义务，为全部履行；部分完成合同规定的义务，为部分履行。

合同的履行原则除了遵守平等、公平、诚实信用等民法基本原则外，还应遵循合同履行的特有原则，即适当履行原则、协作履行原则、经济合理原则和情势变更原则。

本案中，甲公司根据买卖合同的约定向乙公司供货，乙公司也验收合格。乙公司应严格履行合同收货30日内付款的约定，向甲公司支付货款。至于乙公司以未收到产品合格证明及保修手册的理由，不能作为拒付货款的合法理由，但可以要求甲公司在一定期限内向乙公司提供相关资料和凭证，全面履行合同义务。

风险防范建议

为了减少企业在交易活动中的争议或扯皮现象，尽可能在订立合同中细化流程、明确权责，以减少违约的空间。

相关法规

《合同法》第60条 当事人应当按照约定全面履行自己的义务。

当事人应当遵循诚实信用原则，根据合同的性质、目的和交易习惯履行通知、协助、保密等义务。

《合同法》第159条 买受人应当按照约定的数额支付价款。对价款没有约定或者约定不明确的，适用本法第六十一条、第六十二条第二项的规定。

317. 合同未约定违约金，销售方能否要求赔偿损失？

情景案例

2015年6月13日，A公司与B公司签订一份机械设备供货合同，合同总价款共计20万元。合同约定了设备数量与价格，付款方式约定为：合同签订时付总价款的50%，机械设备安装调试合格后再付总价款的50%;合同没有约定逾期付款违约金。不久,A公司按照约定全面履行了合同义务,B公司于6月20日书面确认设备安装调试合格,但B公司没有按约定支付余款10万元。

2015年8月10日,A公司诉至法院,请求判令B公司支付拖欠的10万元货款、违约金及按银行同期同类贷款利率支付利息。

请问:合同没有约定逾期付款违约金,A公司能向B公司主张吗?

本案分析

逾期付款违约金就是合同双方约定当一方不按期履行其付款义务时,应向另一方支付的违约金。欠款利息,是指一方有向另一方支付一定金钱的义务,而其并未履行这个义务,另一方有权在向其主张支付本金时,同时主张本金延付期间的利息。

因此,如果向债务人主张逾期付款违约金,必须基于合同的明确约定;如果主张欠款利息,则不一定有合同的约定,甚至不一定是合同纠纷,只要能够证明存在欠款的事实即可。

本案中,A公司与B公司签订的设备供货合同中未约定逾期付款违约金,那么在B公司违约的情况下,A公司也不能向B公司主张任何违约金。但由于双方约定了付款期限,在B公司逾期付款的情况下,A公司可主张利息损失,按照中国人民银行同期同类贷款利率的标准计付。

风险防范建议

为了保护债权人的利益,企业可在合同中约定逾期付款违约金,且违约金的标准可适当高于银行贷款利率的标准,在合理的范围之内,法律均保护企业之间关于违约金的自由约定。

相关法规

《合同法》第114条 当事人可以约定一方违约时应当根据违约情况向对方支付一定数额的违约金,也可以约定因违约产生的损失赔偿额的计算方法。

约定的违约金低于造成的损失的,当事人可以请求人民法院或者仲裁机构予以增加;约定的违约金过分高于造成的损失的,当事人可以请求人民法院或者仲裁机构予以适当减少。

当事人就迟延履行约定违约金的,违约方支付违约金后,还应当履行债务。

《最高人民法院关于审理买卖合同纠纷案件适用法律问题的解释》第24条第4款 买卖合同没有约定逾期付款违约金或者该违约金的计算方法,出卖人以买受人违约为由主张赔偿逾期付款损失的,人民法院可以中国人民银行同期同类人民币贷款基准利率为基础,参照逾期罚息利率标准计算。

318. 物流公司将承运的货物毁损,可以起诉赔偿吗?

情景案例

广州A公司与长春B公司于2014年6月18日签订购销合同书,约定由长春B公司向广州 A 公司购买雕花铝单板 600 平方米,单价 560 元,总价 336,000 元,并约定由广州 A 公司代办运输。

同年 6 月 20 日,广州 A 公司作为托运人将一批雕花铝板交由广州某物流公司托运,并签订编号为 × ×169349 的 × × 物流货运单,载明:目的地“吉林长春”,收货人“等通知放货”,货物品名“铝板”,件数“6 件”,单价声明价值“50,000”,付款方式“到付 1772 元”,其他费用说明及储运事项“保丢不保损”。

货物送达长春后,长春 B 公司在检查物流公司所承运货物时,称货物雕花铝板绝大部分已经压坏变形无法使用,拒绝收货。该批货物至今仍存放于某物流公司长春收货点的仓库内。

为此,广州 A 公司向法院提起诉讼,请求判令物流公司赔偿损失 50,000 元及利息。

请问:物流公司需要承担责任吗?

本案分析

运输合同是承运人将旅客或者货物从起运地点运输到约定地点,旅客、托运人或者收货人支付票款或者运输费用的合同。

随着电子商务、网络购物等销售方式的普及和发展,很多企业都会通过快递公司或物流公司交付货物。但由于运输市场不规范,服务人员参差不齐,货物损坏、遗失、被盗的事件屡屡发生,导致托运人与承运人之间纠纷不断。

本案中,A 公司与物流公司签订的货运单等同于合同,物流公司负有安全及时将货物送达目的地的合同义务。由于物流公司在运输过程中将运输的雕花铝板压坏变形,未能完好、安全地完成交付义务,B 公司自然有权拒绝收货,物流公司应承担相应的过错责任。

因此,物流公司以运单所载“保丢不保损”的内容拒绝赔偿,是不符合法律规定的,物流公司应承担赔偿责任。A 公司向法院提起诉讼,要求赔偿的诉讼请求应当得到支持。

风险防范建议

企业在托运货物时,如何节约交易成本、降低交易风险,避免因损失赔偿标准认定问题陷入纠纷呢?建议如下:

(1)慎用物流企业提供的格式合同,审查对托运人不利的格式条款。

(2)在运输合同中约定损失的承担方式以及计算方法,尽可能为承运货物投保。

(3)在办理托运中在托运单上详细注明货物品种、规格、性状、价值等记录,并保留交易合同、发票,作为核定货品价值的依据。

相关法规

《合同法》第 311 条　承运人对运输过程中货物的毁损、灭失承担损害赔偿责任,但承运人证明货物的毁损、灭失是因不可抗力、货物本身的自然性质或者合理损耗以及托运人、收货人的过错造成的，不承担损害赔偿责任。

《合同法》第312条 货物毁损灭失赔偿额，当事人有约定按其约定。没有约定或约定不明，依照本法第六十一条仍不能确定的，按照交付或应当交付时货物到达地的市场价格计算，法律、行政法规对赔偿额的计算方法和赔偿限额另有规定的，从其规定。

《合同法》第61条 合同生效后，当事人就质量价款或者报酬、履行地点等内容没有约定或者约定不明确的，可协议补充。不能达成补充协议的，按合同有关条款或者交易习惯确定。

319. 供应商不能如期提供生产原料，可以主张赔偿经济损失吗？

情景案例

2014年7月16日，A公司与B公司签订了一份供货合同，合同约定：A公司必须于2014年7月31日前给B公司提供1吨某化工用品进口原材料。双方没有约定违约责任。

A公司逾期至8月30日交货，严重影响了B公司的正常生产，致使B公司的化工产品延期出货，向客户赔偿10万元。于是，B公司向法院起诉，要求A公司赔偿经济损失10万元。

请问：B公司可以向A公司主张赔偿损失吗？

本案分析

本案涉及赔偿损失的问题。所谓赔偿损失，是指合同当事人由于不履行合同义务或者履行合同义务不符合约定，给对方造成财产上的损失时，由违约方以其财产赔偿对方所蒙受的财产损失的一种违约责任形式。赔偿损失是世界各国一致认可的也是最重要的一种违约救济方法。

根据《合同法》的规定，当事人一方不履行合同义务或者履行合同义务不符合约定的，应当承担继续履行、采取补救措施或者赔偿损失等违约责任。赔偿损失的范围可由法律直接规定，或由双方约定。在法律没有特别规定和当事人没有另行约定的情况下，应按完全赔偿原则，赔偿全部损失。

本案中，由于A公司的延迟交货，影响了B公司的正常生产，致使B公司不能按时给客户交货，造成B公司的经济损失10万元。A公司的严重违约行为，使B公司利益受损，尽管双方未约定违约责任，但B公司的经济损失是客观的、实际的，故可向A公司索赔10万元。

风险防范建议

实践中，许多企业在签订合同时草率行事，对自己十分不利。如何防范相关风险呢？建议如下：

(1)可在合同中既约定违约金又约定损失，如果对方出现违约情形时，企业可在损失无法确定的情况下选择违约金。

(2)企业应注意保留、收集合同履行中的各种证据,一旦出现主张赔偿经济损失时,不会因无法证明损失的具体金额而无法主张。

相关法规

《合同法》第107条 当事人一方不履行合同义务或者履行合同义务不符合约定的,应当承担继续履行、采取补救措施或者赔偿损失等违约责任。

《合同法》第113条第1款 当事人一方不履行合同义务或者履行合同义务不符合约定,给对方造成损失的,损失赔偿额应当相当于因违约所造成的损失,包括合同履行后可以获得的利益,但不得超过违反合同一方订立合同时预见到或者应当预见到的因违反合同可能造成的损失。

第二十章 企业刑事风险

一位企业家,斥巨资投资项目,通常会详尽评估商业风险,但对于经营企业可能牵涉的刑事责任,可能是很多人没有想过的。

企业家最大的法律风险,不在于商业风险,而在于刑事法律风险。企业的核心人物一旦涉及刑事法律风险,不仅经济蒙受巨大损失,而且面临牢狱之灾,人身自由难以得到保障。

一、企业经营的刑事风险

320. 公司使用虚假的出资证明,是否构成虚报注册资本罪?

情景案例

2015年3月,A医疗科技有限公司在办理注册登记的过程中,以股东肖某的名义通过B房地产公司虚开一张同址的购房专用发票和房屋入住通知。A公司使用该发票及通知验资125万元,后经开发商证实,该发票原件已作废。

请问:A公司使用了虚假的出资证明,是否构成虚报注册资本罪?

本案分析

2014年3月1日我国新《公司法》正式实施,除特殊行业及性质的公司注册资本依然保留了实缴登记制外,注册资本由实缴登记制转为认缴登记制。在这种情况下,原有刑法中关于虚报注册资本罪及虚假出资、抽逃出资罪的适用范围及犯罪主体均发生了变化,意味着注册公司"门槛"和创业成本最大限度地降低。

本案中,A公司不属于特殊规定的实缴登记制公司,因此不构成犯罪,但仍然面临违反其他法律规定,承担行政或民事责任的情况。

风险防范建议

虚报注册资本罪,虚假出资、抽逃出资罪虽然在适用范围上进行了减缩,但公司出现虚报注册资本、虚假出资、抽逃出资等行为,仍应承担相应的法律责任。

(1)股东不按规定缴纳出资的,除应补足外还需向其他足额缴纳的股东承担违约责任。

(2)除另有约定外,股东按照实缴的出资比例分取红利;公司新增资本时,股东有权优先按照实缴的出资比例认缴出资。

(3)股东未足额履行出资义务的,其他股东在未足额出资范围内对公司债务承担连带责任。

相关法规

《刑法》第158条　申请公司登记使用虚假证明文件或者采取其他欺诈手段虚报注册资本,欺骗公司登记主管部门,取得公司登记,虚报注册资本数额巨大、后果严重或者有其他严重情节的,处三年以下有期徒刑或者拘役,并处或者单处虚报注册资本金额百分之一以上百分之五以下罚金。单位犯前款罪的,对单位判处罚金,并对其直接负责的主管人员和其他直接责任人员,处三年以下有期徒刑或者拘役。

《刑法》第159条　公司发起人、股东违反公司法的规定未交付货币、实物或者未转移财产权,虚假出资,或者在公司成立后又抽逃其出资,数额巨大、后果严重或者有其他严重情节的,处五年以下有期徒刑或者拘役,并处或者单处虚假出资金额或者抽逃出资金额百分之二以上百分之十以下罚金。单位犯前款罪的,对单位判处罚金,并对其直接负责的主管人员和其他直接责任人员,处五年以下有期徒刑或者拘役。

《全国人民代表大会常务委员会关于〈中华人民共和国刑法〉第一百五十八条、第一百五十九条的解释》　全国人民代表大会常务委员会讨论了公司法修改后刑法第一百五十八条、第一百五十九条对实行注册资本实缴登记制、认缴登记制的公司的适用范围问题,解释如下:

刑法第一百五十八条、第一百五十九条的规定,只适用于依法实行注册资本实缴登记制的公司。

321. 企业以高利率吸收社会公众的存款，是否构成犯罪？

情景案例

朱某于2009年6月设立某保健品有限公司,任法定代表人。至2013年5月,朱某以开发益智类产品为由,以一年期月利率4%的优厚条件,公开向范某、施某、王某等139名社会人员吸收存款达1100万元,所得款项朱某用于还债及赌博。2015年7月,范某等人发现朱某不知去向,于是向当地派出所报警。

请问:朱某的行为构成什么罪行?

本案分析

非法吸收公众存款罪是指违反国家金融管理法规,非法吸收公众存款或变相吸收公众存款,扰乱金融秩序的行为,通常表现为向不特定的对象以高回报利率为噱头进行揽储。该行为严重扰乱了国家金融管理秩序,在一定程度上造成了极大的不稳定因素,应予以监管和改革,以适应企业正常融资需要。

本案中,朱某未经中国人民银行批准,以高额利息为条件,公开向社会公众吸收存款高达1000余万元,触犯了《刑法》第176条,构成非法吸收公众存款罪。

风险防范建议

资金是保障企业生存和发展的生命线,但必须加强企业融资过程中的刑事风险防范:

(1)依法融资,加强企业融资的内部控制,注重在融资过程中的法律风险管理,建立融资预警体系。

(2)注重引进风险投资,促进投资主体的多元化,完善公司治理结构,健全法律风险的内部控制,充分利用资本市场筹集资金。

相关法规

《刑法》第176条 非法吸收公众存款或者变相吸收公众存款,扰乱金融秩序的,处三年以下有期徒刑或者拘役,并处或者单处二万元以上二十万元以下罚金;数额巨大或者有其他严重情节的,处三年以上十年以下有期徒刑,并处五万元以上五十万元以下罚金。

单位犯前款罪的,对单位判处罚金,并对其直接负责的主管人员和其他直接责任人员,依照前款的规定处罚。

《最高人民法院关于审理非法集资刑事案件具体应用法律若干问题的解释》第1条 违反国家金融管理法律规定,向社会公众(包括单位和个人)吸收资金的行为,同时具备下列四个条件的,除刑法另有规定的以外,应当认定为刑法第一百七十六条规定的“非法吸收公众存款或者变相吸收公众存款”:

(一)未经有关部门依法批准或者借用合法经营的形式吸收资金;

(二)通过媒体、推介会、传单、手机短信等途径向社会公开宣传;

(三)承诺在一定期限内以货币、实物、股权等方式还本付息或者给付回报;

(四)向社会公众即社会不特定对象吸收资金。

未向社会公开宣传,在亲友或者单位内部针对特定对象吸收资金的,不属于非法吸收或者变相吸收公众存款。

322. 企业虚开增值税专用发票用于抵扣税款,构成犯罪吗?

情景案例

2014年8月,某贸易公司负责人张某在上海结识了黄某。双方约定,由黄某按张某要求定时向贸易公司提供增值税专用发票,张某按票面5%的比例支付给黄某开票费。

之后,张某在与某服装公司无实际货物交易情况下,以购进服装为名,收受了黄某提供的增值税专用发票30份,发票显示,货品休闲装,开具单位为某贸易公司,发票金额共计212万元。张某收到发票后,按约向黄某支付了开票费。

请问:张某与黄某的行为构成犯罪吗?

本案分析

很多人都知道卖假发票犯法,对于出售真发票行为的违法性缺乏准确的认识。非法出售发票不仅是指出售伪造、擅自制造的可以用于骗取出口退税、抵扣税款的发票,还包括了日常餐饮、交通费等普通消费发票,非法出售真实普通发票的行为和出售假发票一样会危害国家税收征管制度。

非法购买增值税专用发票是指非法购买增值税专用发票或者购买伪造的增值税专用发票的行为。非法出售增值税专用发票是指非法出售增值税发票的行为，并且行为人出售的为真实的增值税专用发票。

本案中，张某与某服装公司并无实际货物交易，以开票费的形式购买增值税专用发票，其行为涉嫌非法购买增值税专用发票罪。黄某以获得开票费为目的，向张某出售增值税专用发票，其行为涉嫌非法出售增值税专用发票罪。

风险防范建议

企业如何防范购买或出售增值税专用发票罪的情形发生呢？建议如下：

(1)健全财务管理机制。强化财务人员的法律意识，建立有效的监督机制，培养财务人员守法的工作作风，合法经营。

(2)法税同审，合理缴税。考虑财务和税务因素，对法律和税务同时审查，从而做到签对合同少缴税。

相关法规

《刑法》第207条 非法出售增值税专用发票的，处三年以下有期徒刑、拘役或者管制，并处二万元以上二十万元以下罚金；数量较大的，处三年以上十年以下有期徒刑，并处五万元以上五十万元以下罚金；数量巨大的，处十年以上有期徒刑或者无期徒刑，并处五万元以上五十万元以下罚金或者没收财产。

《刑法》第208条 非法购买增值税专用发票或者购买伪造的增值税专用发票的，处五年以下有期徒刑或者拘役，并处或者单处二万元以上二十万元以下罚金。

非法购买增值税专用发票或者购买伪造的增值税专用发票又虚开或者出售的，分别依照本法第二百零五条、第二百零六条、第二百零七条的规定定罪处罚。

《最高人民法院关于适用〈全国人民代表大会常务委员会关于惩治虚开、伪造和非法出售增值税专用发票犯罪的决定〉的若干问题的解释》第4条 非法购买增值税专用发票或者购买伪造的增值税专用发票的，构成非法购买增值税专用发票、伪造的增值税专用发票罪。

非法购买增值税专用发票或者购买伪造的增值税专用发票25份以上或者票面额累计10万元以上的，应当依法定罪处罚。

323. 介绍他人虚开增值税专用发票，是否构成犯罪？

情景案例

A公司成立于2010年8月，于2013年7月20日起被认定为增值税一般纳税人。A公司董事长任某发现公司账目进销不平衡，找公司财务顾问张某商量解决方案。

2014年9月1日起，张某介绍B公司给A公司虚开了8张增值税专用发票，金额共50万元。张某从中收取了好处费2万元。

请问：张某的行为构成犯罪吗？

本案分析

虚开增值税专用发票罪，是指违反增值税专用发票管理规定，通常表现为为他人虚开、为自己虚开、让他人为自己虚开、介绍他人虚开增值税专用发票或者用于骗取出口退税、抵扣税款发票的行为。

本案中，张某作为A公司的财务顾问介绍他人虚开增值税发票，金额高达50万元，其行为涉嫌与A公司共同构成虚开增值税发票罪。

风险防范建议

随着我国2016年开始正式启动“营改增”，税务征收方式的改变，可能会出现越来越多虚开增值税专用发票的情况，因此企业在经营中：

(1)企业首先要增强依法纳税意识，在纳税问题上一定不要心存侥幸。

(2)企业财务管理人员应及时了解“营改增”税收征收方式的情况，在使用和开具增值税发票中一定要依法操作，千万不能让人情世故代替了法律。

相关法规

《刑法》第205条 虚开增值税专用发票或者虚开用于骗取出口退税、抵扣税款的其他发票的，处三年以下有期徒刑或者拘役，并处二万元以上二十万元以下罚金；虚开的税款数额较大或者有其他严重情节的，处三年以上十年以下有期徒刑，并处五万元以上五十万元以下罚金；虚开的税款数额巨大或者有其他特别严重情节的，处十年以上有期徒刑或者无期徒刑，并处五万元以上五十万元以下罚金或者没收财产。

单位犯本条规定之罪的，对单位判处罚金，并对其直接负责的主管人员和其他直接责任人员，处三年以下有期徒刑或者拘役；虚开的税款数额较大或者有其他严重情节的，处三年以上十年以下有期徒刑；虚开的税款数额巨大或者有其他特别严重情节的，处十年以上有期徒刑或者无期徒刑。

虚开增值税专用发票或者虚开用于骗取出口退税、抵扣税款的其他发票，是指有为他人虚开、为自己虚开、让他人为自己虚开、介绍他人虚开行为之一的。

《最高人民法院关于适用〈全国人民代表大会常务委员会关于惩治虚开、伪造和非法出售增值税专用发票犯罪的决定〉的若干问题的解释》第4条 根据《决定》第四条规定，非法购买增值税专用发票或者购买伪造的增值税专用发票的，构成非法购买增值税专用发票、伪造的增值税专用发票罪。

非法购买增值税专用发票或者购买伪造的增值税专用发票25份以上或者票面额累计10万元以上的，应当依法定罪处罚。

非法购买真、伪两种增值税专用发票的，数量累计计算，不实行数罪并罚。

324. 购买增值税专用发票是否构成犯罪？

情景案例

吴某是某家具公司老板，2013年公司销售收入1200万元。2015年8月，吴某在夜总会认识了某商贸公司财务经理张某,后来,他们成为好朋友。

张某了解吴某企业情况后,提出可帮吴某的家具公司开具增值税专用发票,这样可避税。基于对张某的信任,吴某陆续通过张某出具了24份发票,合计金额共19万元。吴某按票面5%的比例支付给张某开票费,以表示答谢。

请问:吴某的行为构成犯罪吗?

本案分析

虚开增值税专用发票罪是指个人或者单位故意虚开增值税专用发票的行为。

虚开增值税专用发票,包括为他人虚开、为自己虚开、让他人为自己虚开、介绍他人为自己虚开。

由于行为人实施虚开增值税专用发票、用于骗取抵扣税款发票的行为,给国家造成了税款被骗的结果。无论是一次还是几次骗取国家税款,只要骗取国家税款的数额累计达到规定的金额,就已符合公安机关立案的受理标准。

本案中,吴某与张某在缺乏真实交易往来的前提下,为达到逃漏税款目的,张某向吴某开具了24份发票合计金额共19万元,已触犯刑律,达到法律规定的追诉标准,构成虚开增值税专用发票罪。

风险防范建议

实践中,关联企业或者私交甚好的企业老板间相互开增值税专用发票的现象十分常见。企业应规范经营,做到不虚开,不为他人虚开,不让他人为自己虚开,不介绍他人虚开谋利,避免开具金额不实和数量不实的增值税专用发票而受到严重处罚。

相关法规

《刑法》第205条　虚开增值税专用发票或者虚开用于骗取出口退税、抵扣税款的其他发票的,处三年以下有期徒刑或者拘役,并处二万元以上二十万元以下罚金;虚开的税款数额较大或者有其他严重情节的,处三年以上十年以下有期徒刑,并处五万元以上五十万元以下罚金;虚开的税款数额巨大或者有其他特别严重情节的,处十年以上有期徒刑或者无期徒刑,并处五万元以上五十万元以下罚金或者没收财产。

单位犯本条规定之罪的,对单位判处罚金,并对其直接负责的主管人员和其他直接责任人员,处三年以下有期徒刑或者拘役;虚开的税款数额较大或者有其他严重情节的,处三年以上十年以下有期徒刑;虚开的税款数额巨大或者有其他特别严重情节的,处十年以上有期徒刑或者无期徒刑。

虚开增值税专用发票或者虚开用于骗取出口退税、抵扣税款的其他发票,是指有为他人虚开、为自己虚开、让他人为自己虚开、介绍他人虚开行为之一的。

《最高人民法院关于适用〈全国人民代表大会常务委员会关于惩治虚开、伪造和非法出售增值税专用发票犯罪的决定〉的若干问题的解释》第4条　非法购买增值税专用发票或者购买伪造的增值税专用发票的,构成非法购买增值税专用发票、伪造的增值税专用发票罪。

非法购买增值税专用发票或者购买伪造的增值税专用发票25份以上或者票面额累计10万

元以上的，应当依法定罪处罚。

325. 企业虚报材料取得国家的出口退税款，是否构成犯罪？

情景案例

甲与乙是某灯具企业老板，由于近年来生产成本高，出口生意难做，为提高企业效益，甲与乙商量，节能灯与LED灯的出口退税率存在差额，在报关时，可将LED灯改为节能灯。

乙认为，这的确是一条生财之道，但这是虚报材料骗取国家税款的行为，是触犯刑法的。甲认为，如果被海关查到，最多也是补缴税款，不会坐牢的。

请问：甲的说法符合法律规定吗？

本案分析

骗取出口退税罪是指以假报出口或者其他欺骗手段，骗取国家出口退税款，数额较大的行为。

我国的出口退税制度，是为了体现税收鼓励出口的政策，使出口商品以不含税的价格进入国际市场，以提高出口商品在国际市场的竞争能力，依法对在国内已征增值税、营业税、消费税的产品，在其出口时将已征税款予以退还的制度。有些企业却趁机采取假报出口等手段，骗取国家出口退税款，扰乱了国家出口退税政策的顺利执行，而且还给国家财政造成严重损失。

本案中，甲与乙商量在报关时，将LED灯改为节能灯，以欺骗手段骗取国家出口退税款的行为，严重损害国家出口退税的管理秩序和国家的财产所有权。如果骗取国家出口退税款5万元以上的，将涉嫌骗取出口退税罪。

风险防范建议

我国的出口退税是我国为鼓励出口创汇，如果个别不法企业钻空子采用假报出口的方式骗取国家退税，是法律明文所禁止的，企业应遵纪守法，规范经营，不虚构出口事实，不虚报出口税额。

相关法规

《刑法》第204条第1款 以假报出口或者其他欺骗手段，骗取国家出口退税款，数额较大的，处五年以下有期徒刑或者拘役，并处骗取税款一倍以上五倍以下罚金；数额巨大或者有其他严重情节的，处五年以上十年以下有期徒刑，并处骗取税款一倍以上五倍以下罚金；数额特别巨大或者有其他特别严重情节的，处十年以上有期徒刑或者无期徒刑，并处骗取税款一倍以上五倍以下罚金或者没收财产。

《最高人民法院关于审理骗取出口退税刑事案件具体应用法律若干问题的解释》第1条 刑法第二百零四条规定的“假报出口”，是指以虚构已税货物出口事实为目的，具有下列情形之一的行为：

（一）伪造或者签订虚假的买卖合同；

（二）以伪造、变造或者其他非法手段取得出口货物报关单、出口收汇核销单、出口货物专用缴款书等有关出口退税单据、凭证；

（三）虚开、伪造、非法购买增值税专用发票或者其他可以用于出口退税的发票；

（四）其他虚构已税货物出口事实的行为。

《最高人民法院关于审理骗取出口退税刑事案件具体应用法律若干问题的解释》第2条 具有下列情形之一的，应当认定为刑法第二百零四条规定的“其他欺骗手段”：

（一）骗取出口货物退税资格的；

（二）将未纳税或者免税货物作为已税货物出口的；

（三）虽有货物出口，但虚构该出口货物的品名、数量、单价等要素，骗取未实际纳税部分出口退税款的；

（四）以其他手段骗取出口退税款的。

《最高人民法院关于审理骗取出口退税刑事案件具体应用法律若干问题的解释》第3条 骗取国家出口退税款5万元以上的，为刑法第二百零四条规定的“数额较大”；骗取国家出口退税款50万元以上的，为刑法第二百零四条规定的“数额巨大”；骗取国家出口退税款250万元以上的，为刑法第二百零四条规定的“数额特别巨大”。

326. 企业第一次逃税被抓，可以免除刑事责任吗？

情景案例

2009年3月，郑某与林某一起创办了一家公司，专门经营红木家具等产品。由于市场行情好，公司在2015年实际销售额为3000万元。为少交税，郑某安排会计王某做假账，虚报公司销售额为1000万元，后被他人举报。

请问：郑某与王某要承担刑事责任吗？

本案分析

逃避缴纳税款罪是指纳税人采取欺骗、隐瞒手段进行虚假纳税申报或者不申报，逃避缴纳税款数额较大，并且占应纳税额10%以上，扣缴义务人采取欺骗、隐瞒等手段，不缴或者少缴已扣已收税款，数额较大或者因逃税受到2次行政处罚又逃税的行为。

2009年2月28日《刑法修正案（七）》对第201条的偷税罪进行了修改，将罪名由“偷税罪”改为“逃税罪”，并增补了新规定。对偷逃税款经税务机关依法下达追缴通知后，补缴了应纳税款，缴纳滞纳金，已受行政处罚的，不予追究刑事责任；但是，5年内因逃避缴纳税款受过刑事处罚或者被税务机关给予2次以上行政处罚的除外。

本案中，郑某为少交税金，安排会计王某做假账，虚报公司销售额高达2000万元，其行为已经符合“逃税罪”的构成要件。但新规实施后，如王某在税务局查账时发现其做假账逃避缴纳税款问题后，能够如实承认做假账的事实，接受税务机关的处罚，在税务局下达追缴税款通知后，郑某也按时补缴了税款与滞纳金，已受行政处罚，则依法可以不再追究其刑事责任。

风险防范建议

依法经营，依法纳税是每个企业应尽的义务，逃避缴纳应纳税的后果很严重，务必注意：

(1)企业应认真学习税法，聘请专业财会人员，增强依法纳税的意识。

(2)企业依法纳税是正常经营的必要条件，在依法纳税的同时要学会合理合法避税，在税法框架内为企业获取更大的利润。

相关法规

《刑法》第201条 纳税人采取欺骗、隐瞒手段进行虚假纳税申报或者不申报，逃避缴纳税款数额较大并且占应纳税额百分之十以上的，处三年以下有期徒刑或者拘役，并处罚金；数额巨大并且占应纳税额百分之三十以上的，处三年以上七年以下有期徒刑，并处罚金。

扣缴义务人采取前款所列手段，不缴或者少缴已扣、已收税款，数额较大的，依照前款的规定处罚。

对多次实施前两款行为，未经处理的，按照累计数额计算。

有第一款行为，经税务机关依法下达追缴通知后，补缴应纳税款，缴纳滞纳金，已受行政处罚的，不予追究刑事责任；但是，五年内因逃避缴纳税款受过刑事处罚或者被税务机关给予二次以上行政处罚的除外。

327. 多次实施逃税行为，犯罪数额如何计算？

情景案例

A公司系一家经营保健品的公司，股东有自然人6人，于1999年3月成立，由于产品质量稳定、市场美誉度较高，在国内销售市场占据大量份额。

从2012年12月至2013年12月，A公司采用将利息收入不入账的方式，偷逃税款达51万元。从2014年1月至2015年12月，A公司采用将利息收入不入账的方式，偷逃税款合计金额为85万元。

请问：A公司的犯罪数额是多少元？如果A公司及时补缴税款与滞纳金，还要承担刑事责任吗？

本案分析

逃避缴纳税款罪是指纳税人采取欺骗、隐瞒手段进行虚假纳税申报或者不申报，逃避缴纳税款数额较大，并且占应纳税额10%以上，扣缴义务人采取欺骗、隐瞒等手段，不缴或者少缴已扣已收税款，数额较大或者因逃税受到2次行政处罚又逃税的行为。

根据最新的刑法关于逃避缴纳税款罪的规定，对多次实施逃税行为，未经处理的，按照累计数额计算。也就是说，在一定时期内多次实施偷逃税款行为未被发现或者已被发现未受处罚的，其逃税金额按照每次数额累加计算，按一罪处理，不得适用数罪并罚。

本案中，A公司从2012年12月至2015年12月累计逃税额高达136万元。根据我国《刑法》第201条第3款的规定，多次逃税的累计计算，本案中公司的犯罪数额为136万元。但根据最新的规定，如果A公司能够认识到自身的错误，经税务机关依法下达追缴通知后，积极补缴应纳税款，缴纳滞纳金并接受行政处罚的，则可以免受刑事责任的追究。

风险防范建议

依法经营、依法纳税是每个企业应尽的义务，逃避缴纳应纳税的后果很严重，务必注意。同时，在税务部门核查时应积极配合，对查处问题应及时改正，补缴应纳税款、滞纳金并接受行政处罚。

相关法规

《刑法》第201条　纳税人采取欺骗、隐瞒手段进行虚假纳税申报或者不申报，逃避缴纳税款数额较大并且占应纳税额百分之十以上的，处三年以下有期徒刑或者拘役，并处罚金；数额巨大并且占应纳税额百分之三十以上的，处三年以上七年以下有期徒刑，并处罚金。

扣缴义务人采取前款所列手段，不缴或者少缴已扣、已收税款，数额较大的，依照前款的规定处罚。

对多次实施前两款行为，未经处理的，按照累计数额计算。

有第一款行为，经税务机关依法下达追缴通知后，补缴应纳税款，缴纳滞纳金，已受行政处罚的，不予追究刑事责任；但是，五年内因逃避缴纳税款受过刑事处罚或者被税务机关给予二次以上行政处罚的除外。

328. 企业购买公民个人信息用于营销宣传，违法吗？

情景案例

甲是某房产公司总经理，2014年8月，房产公司聘请乙为公司营销中心负责人。乙任职后，向甲提出电话营销的方法，并建议购买本市企业老板、公务员、老师等群体的手机号码。

于是，乙从网上找到一位专门出售信息的丙，与丙取得联系后，以每个号码0.01元的价格购买了50万个。

乙拿到号码后，安排公司营销人员逐个打电话和群发信息，用于促销活动。

请问：甲、乙的行为犯法吗？

本案分析

随着电话、网络等新兴营销方式的大规模发展，个人信息也逐渐被一些不法分子作为商业信息进行倒买倒卖，获取利益，该行为严重侵害了公民个人信息安全，造成极大的困扰，因此，我国《刑法》第253条规定了“侵犯公民个人信息罪”。

侵犯公民个人信息行为，不仅包括卖出，也包括买入，不仅个人可以构成犯罪，单位也可以构成此罪。关于情节严重的认定目前暂无明确的数字化标准，通常将根据是否进行违法犯罪活动、严重损坏权益、手段恶劣、获利较大等综合因素予以判断。

本案中，甲、乙二人作为房地产公司的直接负责人，出于营销使用的目的，未经相关人员的同意，买入他人的个人信息，已经涉嫌非法获取个人信息的行为。此二人应当对单位犯罪承担责任。

风险防范建议

随着法律对个人隐私的不断保护，涉及个人信息来源问题的电话营销、短信营销、网络营销等方式将越来越具有风险性，为此建议在收集个人信息时规范操作：

(1)可通过网站注册或活动客户自愿参与的形式，由客户自己填写信息，并同意使用。

(2)可通过有权使用客户信息的公司渠道与掌握客户信息的公司合作。

相关法规

《刑法》第253条之一 违反国家有关规定，向他人出售或者提供公民个人信息，情节严重的，处三年以下有期徒刑或者拘役，并处或者单处罚金；情节特别严重的，处三年以上七年以下有期徒刑，并处罚金。

违反国家有关规定，将在履行职责或者提供服务过程中获得的公民个人信息，出售或者提供给他人的，依照前款的规定从重处罚。

窃取或者以其他方法非法获取公民个人信息的，依照第一款的规定处罚。

单位犯前三款罪的，对单位判处罚金，并对其直接负责的主管人员和其他直接责任人员，依照各该款的规定处罚。

329. 企业利用竞争对手的员工获取经营信息，构成犯罪吗？

情景案例

A公司是一家生产机械设备的公司，拥有200多项国家专利，技术实力雄厚。B公司经营同类产品，但产品工艺相对落后。

2014年12月，B公司董事长高某在同乡会上认识了田某，得知田某系A公司的核心技术员。在聊天中得知，田某今年30岁，正在为购房结婚的事而烦。于是，高某向田某提出：只要田某能将A公司的核心技术秘密透露给高某，高某给田某50万元作为报酬，并当场支付田某3万元诚意金。

高某利用田某提供的核心技术用于原有产品的工艺改进，销量大增，占领了A公司一定的市场份额。高某履行了承诺，向田某支付了余款。

请问：高某的行为构成犯罪吗？

本案分析

雇请商业间谍刺探他方尤其是竞争对手的商业秘密，这些仿佛只有在电影电视中才能看到的情节越来越多地发生在企业身边。采用非法手段获取商业秘密或者明知是非法获取的商业秘密而使用的，实际上已经构成不正当竞争行为。严重的甚至已经构成了我国《刑法》中的侵犯商业秘密罪。

侵犯商业秘密罪是指以盗窃、利诱、胁迫或者其他不正当手段获取权利人的商业秘密，或者非法披露、使用或者允许他人使用其所掌握的或获取的商业秘密，给商业秘密的权利人造成重大损失的行为。该行为不仅侵害了企业的商业秘密，也扰乱了正常有序的市场秩序。同时，单位也可构成此罪，对直接负责的主管人员和其他直接责任人员予以处罚。

本案中，B公司老板高某采用利诱的手段，通过田某获得了A公司的重要商业秘密，造成了A公司巨大损失。该二人行为已经涉嫌侵犯商业秘密罪。

风险防范建议

拥有属于企业自身的商业秘密或者高精尖技术是企业的核心竞争力，能够给企业带来巨大的商业效益。而如何获得则至关重要：

(1)加强企业自身对于技术的投入和研发，通过自身努力获得优势技术是最为有效的方式。

(2)尊重和保护他人的知识产权。任何一项知识产权的取得都是他人付出努力的结果，应当予以尊重，未经同意不得非法获取或使用，否则构成侵权。

(3)加强员工保密意识，建立健全企业保密制度，与员工签署保密协议，明确违约责任。

相关法规

《刑法》第219条　有下列侵犯商业秘密行为之一，给商业秘密的权利人造成重大损失的，处三年以下有期徒刑或者拘役，并处或者单处罚金；造成特别严重后果的，处三年以上七年以下有期徒刑，并处罚金：

(一)以盗窃、利诱、胁迫或者其他不正当手段获取权利人的商业秘密的；

(二)披露、使用或者允许他人使用以前项手段获取的权利人的商业秘密的；

(三)违反约定或者违反权利人有关保守商业秘密的要求，披露、使用或者允许他人使用其所掌握的商业秘密的。

明知或者应知前款所列行为，获取、使用或者披露他人的商业秘密的，以侵犯商业秘密论。

本条所称商业秘密，是指不为公众所知悉，能为权利人带来经济利益，具有实用性并经权利人采取保密措施的技术信息和经营信息。

本条所称权利人，是指商业秘密的所有人和经商业秘密所有人许可的商业秘密使用人。

《刑法》第220条　单位犯本节第二百一十三条至第二百一十九条规定之罪的，对单位判处罚金，并对其直接负责的主管人员和其他直接责任人员，依照本节各该条的规定处罚。

330. 在生产的食品中掺入有毒有害物，承担什么法律责任？

情景案例

2012年10月，朱某投资设立了食品厂，主要生产饼干、沙琪玛等食品，产品主要销往本省及外市地区。

2015年3月,在市技术监督部门的执法大检查中,有群众举报,该食品厂卫生条件差、出售变质食品等,在调查过程中,发现生产车间有大量的硼砂。市技术监督部门查扣了560箱沙琪玛、硼砂22公斤。经抽样检测,沙琪玛含有非食用硼砂成分。据朱某陈述,大约有800件已经售出。

请问:朱某的行为涉及什么罪行?

本案分析

本案涉嫌生产、销售有毒、有害食品的问题,指生产者、销售者违反国家食品卫生管理法规,故意在生产、销售的食品中掺入有毒、有害的非食品原料的或者销售明知掺有有毒、有害的非食品原料的食品的行为。民以食为天,食品安全关乎广大消费者的生命、健康安全。

本案中,朱某作为食品生产者,为获取非法利润,在食品中违法添加有毒、有害物质,损害不特定人的身体健康,具有极大的社会危害性,故朱某的行为涉嫌生产、销售有毒、有害食品罪。

风险防范建议

食品安全直接关系千家万户的生命、健康,确保每一份食品都是健康、安全的,符合人体食用标准是每一个企业应做到的最低要求:

(1)明确食品安全标准,确保生产、销售的每一份食品均应符合相关安全标准,没有国家标准的应做到不损害人体健康,绝对不得生产、销售危害人体健康的食品。

(2)在企业内部加强培训,让企业内每一个员工都能树立食品安全意识,加强内部监管,让意识走在行动的前面。

(3)加强机器设备的自动化管理,对能够采取机器、自动化设施的应多采用机器,并对机器卫生进行定期处理。

相关法规

《刑法》第144条 在生产、销售的食品中掺入有毒、有害的非食品原料的,或者销售明知掺有有毒、有害的非食品原料的食品的,处五年以下有期徒刑,并处罚金;对人体健康造成严重危害或者有其他严重情节的,处五年以上十年以下有期徒刑,并处罚金;致人死亡或者有其他特别严重情节的,依照本法第一百四十一条的规定处罚。

二、高管人员刑事风险

331.向客户单位工作人员行贿是否构成犯罪?

情景案例

秦某为甲公司经理。2013年4月,秦某为感谢乙公司主任林某在业务上的关照,向林某行贿人民币10万元;2015年10月,再次向林某行贿人民币10万元。秦某为感谢某公司运行部经理许某在相关工程施工审核上的关照，于2015年11月向许某行贿人民币10万元。综上，秦某共向两名非国家工作人员行贿，行贿的数额共计人民币30万元。

请问：秦某的行为构成犯罪吗？

本案分析

我国刑法体系中不仅设置了对国家工作人员行贿的行贿罪，也设置了对非国家工作人员行贿罪，其中最为典型的就是向企业人员行贿。

根据我国《刑法》第164条的规定，对非国家工作人员行贿罪是指为谋取不正当利益，给予公司、企业或者其他单位的工作人员以财物，数额较大的行为。其中所谓不正当利益是指违反规定的非法利益或其他不应得的利益；数额较大是指个人行贿数额在1万元以上，单位行贿数额在20万元以上。

本案中，秦某为感谢关照，给多家企业的工作人员行贿，金额共计30万元，无论是否构成单位犯罪，都已涉嫌触犯对非国家工作人员行贿罪，应承担刑事责任。

风险防范建议

对非国家工作人员行贿侵害了国家、企业的正常管理秩序和市场竞争秩序，损害相关各方企业的利益。因此，对非国家工作人员行贿也是构成犯罪的，同样是企业和企业家需要高度关注和防范的刑事风险之一。

相关法规

《刑法》第164条　为谋取不正当利益，给予公司、企业或者其他单位的工作人员以财物，数额较大的，处三年以下有期徒刑或者拘役，并处罚金；数额巨大的，处三年以上十年以下有期徒刑，并处罚金。

为谋取不正当商业利益，给予外国公职人员或者国际公共组织官员以财物的，依照前款的规定处罚。

单位犯前两款罪的，对单位判处罚金，并对其直接负责的主管人员和其他直接责任人员，依照第一款的规定处罚。

行贿人在被追诉前主动交代行贿行为的，可以减轻处罚或者免除处罚。

332. 民营公司高管收受贿赂是否构成犯罪？

情景案例

甲公司是一家电冰箱有限公司，股东为3人，公司经过十多年的运营和发展，在行业树立了自己的品牌。王某于1999年入职公司，担任公司供应链管理部总监。

2014年5月，王某前往外地出差。为取得甲公司长期合作，在入住的酒店内，材料商张某送给王某6万元的现金；同年6月，配件商送给王某8万元现金。

请问：王某的行为是否构成犯罪？

本案分析

本案涉及非国家工作人员受贿罪的问题。非国家工作人员受贿罪是指公司、企业或者其他单位的工作人员利用职务上的便利,索取他人财物或者非法收受他人财物,为他人谋取利益,数额较大的行为。公司、企业或者其他单位的工作人员在经济往来中,利用职务上的便利,违反国家规定,收受各种名义的回扣、手续费,归个人所有的,依照非国家工作人员受贿罪定罪处罚。

对公司、企业人员受贿罪的规定,我国2007年11月6日刑法修正案中加入了单独条文,目的在于保护非公有制经济更好的发展,规范市场经济秩序,特别是保护私有制经济的合法权益。很多企业认为,民营企业发生财物往来纯属私事或个人情感,殊不知,我国法律对非国家工作人员收受贿赂也是禁止的。近年来,民营企业家特别是管理层和财务人员,因为收受贿赂触犯法律、构成犯罪的案件屡见不鲜,必须引起重视。

本案中,王某作为公司的供应部总监,在经济往来中,利用职务上的便利,接受他人财物,为他人谋取利益。王某主观上为明显的故意,客观上表现为主动收取他人财物金额达到14万元,根据《刑法》的相关规定,王某的行为构成非国家工作人员受贿罪。

风险防范建议

企业在经营过程中,如何防范受贿犯罪呢?建议如下:

(1)加强监督。从公司的基层到高层,从供应商到客户,建立一条畅通的举报渠道,一旦发现不正之风,任何人可以举报。

(2)企业的组织架构设置合理,尤其是采购、品控等部门,防止权力过度集中。

(3)建立员工和经理人的职业档案以及背景调查,通过这些工作,使有腐败等污点的人遭遇信誉危机及就业的门槛,使有良好职业操守的人更加受欢迎,间接强化员工廉洁从业的意识。

相关法规

《刑法》第163条 公司、企业或者其他单位的工作人员利用职务上的便利,索取他人财物或者非法收受他人财物,为他人谋取利益,数额较大的,处五年以下有期徒刑或者拘役;数额巨大的,处五年以上有期徒刑,可以并处没收财产。

公司、企业或者其他单位的工作人员在经济往来中,利用职务上的便利,违反国家规定,收受各种名义的回扣、手续费,归个人所有的,依照前款的规定处罚。

国有公司、企业或者其他国有单位中从事公务的人员和国有公司、企业或者其他国有单位委派到非国有公司、企业以及其他单位从事公务的人员有前两款行为的,依照本法第三百八十五条、第三百八十六条的规定定罪处罚。

《最高人民法院、最高人民检察院关于办理商业贿赂刑事案件适用法律若干问题的意见》第10条 办理商业贿赂犯罪案件,要注意区分贿赂与馈赠的界限。主要应当结合以下因素全面分析、综合判断:

(1)发生财物往来的背景,如双方是否存在亲友关系及历史上交往的情形和程度;
(2)往来财物的价值;
(3)财物往来的缘由、时机和方式,提供财物方对于接受方有无职务上的请托;
(4)接受方是否利用职务上的便利为提供方谋取利益。

333. 给客户相关负责人"公关费用",是否构成犯罪?

情景案例

A公司是某市从事药品生产的民营企业,B公司是A公司的原材料供应商,但市场竞争力较差。2014年12月,A公司召开会议,新上任的采购部王某提出,因B公司产品质量不稳定,希望更换供应商。但财务主管提出B公司的产品价格性价比较高,不同意更换。

B公司的销售部经理黄某担心与A公司明年的合作取消,便请大学同学出面约请王某,以见面礼的名义送给王某3万元现金。王某心中暗想:我不是公务员或国有企业职工,黄某也没有要求我做什么,这只是朋友给面子而已。于是,王某收下了此款。

请问:黄某的行为构成犯罪吗?

本案分析

本案涉及对非国家工作人员行贿罪的问题。对非国家工作人员行贿罪是指为谋取不正当经济利益,给予公司、企业的工作人员或其他非国家工作人员以数额较大的财物的行为。

由于B公司的产品市场竞争力较差,采用向合作单位以见面礼的方式支付王某3万元,以达到双方继续合作的目的。黄某的行贿数额已到刑法立案的追诉标准,符合对非国家工作人员行贿罪的构成要件,涉嫌犯罪。

相关法规

《刑法》第164条 为谋取不正当利益,给予公司、企业或者其他单位的工作人员以财物,数额较大的,处三年以下有期徒刑或者拘役,并处罚金;数额巨大的,处三年以上十年以下有期徒刑,并处罚金。

为谋取不正当商业利益,给予外国公职人员或者国际公共组织官员以财物的,依照前款的规定处罚。

单位犯前两款罪的,对单位判处罚金,并对其直接负责的主管人员和其他直接责任人员,依照第一款的规定处罚。

行贿人在被追诉前主动交代行贿行为的,可以减轻处罚或者免除处罚。

《最高人民法院、最高人民检察院关于办理商业贿赂刑事案件适用法律若干问题的意见》第9条第2款 在招标投标、政府采购等商业活动中,违背公平原则,给予相关人员财物以谋取竞争优势的,属于谋取不正当利益。

334. 企业经理强迫职工加班，会被追究刑事责任吗?

情景案例

2015年8月5日,公司接到一张800万元的出口订单,由于订单时间紧急,按照正常生产进度,难以完成交货任务。为保证生产时间,公司老板于某在公司采取了以下措施:

(1)将员工封闭生产车间,不准到车间外的地方活动,加派保安严格监管,限制员工人身自由。

(2)每天工作时间由8小时升到14小时,加班费为20元/小时。坚持一周后,公司员工小唐感觉头晕,向于某申请不加班,但遭到于某拒绝并殴打致腿部青紫。

请问:于某要承担刑事责任吗?

本案分析

强迫他人劳动罪是指以暴力、威胁或者限制人身自由的方法强迫他人劳动的行为,就是行为人将劳动者的人身自由控制在一定的范围内或一定限度内,不准到其他地方活动,并派人严格监管以限制劳动者的人身自由,同时,加大劳动者的劳动强度,迫使其超体力劳动,延长劳动时间、强迫其劳动等。

实践中,行为人在强迫职工劳动时,如果对职工又实施了其他故意犯罪行为,如故意伤害、侮辱等行为的,对行为人应当实行数罪并罚。每个人都有合理行使自己劳动的权利,任何人都不得以任何形式强制他人劳动,强迫劳动构成犯罪,要受到相应的刑事处罚。

本案中,于某为了达到强迫劳动、实现交货的目的,违反劳动管理法规,采取暴力和限制人身自由,增加劳动强度,延长工作时间,其行为已构成强迫劳动罪。同时,由于于某在强迫劳动的过程中,又对员工实施殴打行为,如果产生伤害后果,轻则违反治安处罚法,重则涉嫌故意伤害罪,并罪处罚。

风险防范建议

实践中,公司负责人采用暴力、威胁或者限制人身自由的方法强迫他人劳动的现象时有发生。劳动是一种权利,我国法律禁止采用非法手段强迫劳动者劳动。建议公司规范经营,保证员工的休息权、休假权和和人身自由权。

相关法规

《刑法》第244条 以暴力、威胁或者限制人身自由的方法强迫他人劳动的,处三年以下有期徒刑或者拘役,并处罚金;情节严重的,处三年以上十年以下有期徒刑,并处罚金。

明知他人实施前款行为,为其招募、运送人员或者有其他协助强迫他人劳动行为的,依照前款的规定处罚。

单位犯前两款罪的,对单位判处罚金,并对其直接负责的主管人员和其他直接责任人员,依照第一款的规定处罚。

《最高人民检察院、公安部关于公安机关管辖的刑事案件立案追诉标准的规定(一)》第31条 用人单位违反劳动管理法规,以限制人身自由方法强迫职工劳动,涉嫌下列情形之一的,应予立案追诉:

(一)强迫他人劳动,造成人员伤亡或者患职业病的;

(二)采用殴打、胁迫、扣发工资、扣留身份证件等手段限制人身自由,强迫他人劳动的;

(三)强迫妇女从事井下劳动、国家规定的第四级体力劳动强度的劳动或者其他禁忌从事的劳动,或者强迫处于经期、孕期和哺乳期妇女从事国家规定的第三级体力劳动强度以上的劳动或者其他禁忌从事的劳动的;

(四)强迫已满十六周岁未满十八周岁的未成年人从事国家规定的第四级体力劳动强度的劳动,或者从事高空、井下劳动,或者在爆炸性、易燃性、放射性、毒害性等危险环境下从事劳动的;

(五)其他情节严重的情形。

335. 财务总监挪用公司款项给亲戚救急,构成犯罪吗?

情景案例

张某是A公司财务总监,主管公司的财务事项。2015年3月12日,张某的侄子患脑出血,手术费需要25万元。由于事发突然,张某及家人无法筹齐医疗费,张某从公司账户支取20万元用于支付手术费。

10天之后,张某主动向公司刘总经理报告此事,提出分期还款方案。但刘总不同意张某的还款方案,并限张某在10日之内归还20万元,逾期则报警处理。

请问:张某的行为构成犯罪吗?

本案分析

挪用资金罪是指公司、企业或者其他单位的人员,利用职务上的便利,挪用本单位资金归个人使用或者借贷给他人,数额较大、超过3个月未还的,或者虽未超过3个月,但数额较大,进行营利活动或者进行非法活动的行为。

挪用是指无权动用而不经批准许可,违反公司财务制度,擅自将公司资金挪作私用;或者虽有权动用,但违反公司财务制度,私自将公司资金挪作私用。实践中,公司、企业或者其他单位的人员,利用职务上的便利,挪用本单位资金的现象屡见不鲜。有的处于就医、生活的动机,有些用于挥霍或谋取非法利益,一旦达到追诉标准,将面临牢狱之灾。

本案中,张某利用担任公司财务总监的便利,未经公司批准或许可,擅自从公司账户上取款20万元私用,改变了资金款项的用途,危害了公司对资金的占有、使用和收益权,如果张某使用资金超过3个月未归还,将构成挪用资金罪。按照相关司法解释的规定,挪用资金数额超过6万元以上的,属于刑法规定的"数额较大"的范围,被判处3年以下有期徒刑或拘役。

风险防范建议

任何侵犯企业资金的行为，都将危及企业发展的基石，对企业造成巨大危害。企业在经营过程中，如何防范挪用资金的行为发生呢？建议如下：

(1)公司的工作人员利用职务之便以借据、借条、收据等形式支取资金，往往是实践中挪用资金罪常见的犯罪手段，因此完善财务审批制度，规范财务记账流程，减少不法分子侵占资金的机会。

(2)堵塞漏洞，防止利用管理、调配、使用、经手本单位资金的便利条件，用于非法目的。

(3)增强法律意识，对财务、销售人员要定期对账和审计，防患于未然。

相关法规

《刑法》第272条 公司、企业或者其他单位的工作人员，利用职务上的便利，挪用本单位资金归个人使用或者借贷给他人，数额较大、超过三个月未还的，或者虽未超过三个月，但数额较大、进行营利活动的，或者进行非法活动的，处三年以下有期徒刑或者拘役；挪用本单位资金数额巨大的，或者数额较大不退还的，处三年以上十年以下有期徒刑。

国有公司、企业或者其他国有单位中从事公务的人员和国有公司、企业或者其他国有单位委派到非国有公司、企业以及其他单位从事公务的人员有前款行为的，依照本法第三百八十四条的规定定罪处罚。

《最高人民法院、最高人民检察院关于办理贪污贿赂刑事案件适用法律若干问题的解释》第11条第2款 刑法第二百七十二条规定的挪用资金罪中的“数额较大”“数额巨大”以及“进行非法活动”情形的数额起点，按照本解释关于挪用公款罪“数额较大”“情节严重”以及“进行非法活动”的数额标准规定的二倍执行。

336. 企业高管收集发票报销业务费用，构成犯罪吗？

情景案例

甲是某公司营销副总经理，由于拓展市场需要，甲每年都到国内国外的多个城市出差，在公司财务报销的差旅费、用餐费、公关费等金额较大。

2014年12月，甲与下属员工乙发生争吵，乙向公司监事会反映：甲经常到处收集发票，采用提供不实的报销凭证，添加报销项目及金额，大量套取公司钱款。经监事会核查，仅2013年11月至2014年11月，甲通过收集发票的方式多报销18万元。

请问：甲的行为构成犯罪吗？

本案分析

诈骗罪指以非法占有为目的，用虚构事实或者隐瞒真相的方法，骗取数额较大的公私财物的行为。诈骗的形式多种多样，只要符合该罪的构成要件即涉嫌犯罪。

很多企业的工作人员法制观念淡薄，存在侥幸心理，利益驱动，铤而走险，导致诈骗罪的发生。规范企业法律风险防范制度，提高员工的法律意识，了解经济犯罪的相关规定，保护公司财产不受侵犯，对公司和员工来讲，都有十分重要的作用。

本案中，甲利用虚假报销、虚构报销项目，骗取公司款项，涉及金额达到18万元之多，已构成诈骗罪。

风险防范建议

公司在日常管理中，如何防范费用报销的相关风险呢？建议如下：

（1）公司在录用、安排人员时谨慎审查，防止录用品质低、素质差的人员担任重要岗位或角色。

（2）合理安排工作人员的薪酬，规范报销流程及报销方式。

（3）加强法制教育，如果发现诈骗案件，要及时向公安经侦部门报警，寻求法律途径解决。

相关法规

《刑法》第266条　诈骗公私财物，数额较大的，处三年以下有期徒刑、拘役或者管制，并处或者单处罚金；数额巨大或者有其他严重情节的，处三年以上十年以下有期徒刑，并处罚金；数额特别巨大或者有其他特别严重情节的，处十年以上有期徒刑或者无期徒刑，并处罚金或者没收财产。本法另有规定的，依照规定。

《最高人民法院关于审理诈骗案件具体应用法律的若干问题的解释》　一、根据《刑法》第一百五十一条和第一百五十二条的规定，诈骗公私财物数额较大的，构成诈骗罪。个人诈骗公私财物2千元以上的，属于"数额较大"；个人诈骗公私财物3万元以上的，属于"数额巨大"。个人诈骗公私财物20万元以上的，属于诈骗数额特别巨大。

337. 高管将公司财物据为已有冲抵工资，合法吗？

情景案例

A公司是一家网络科技公司，拥有员工60名，张某是公司技术总监，月薪12,000元。

2015年8月开始，公司由于资金困难，连续欠张某5个月工资。在生活压力之下，张某被逼无奈，遂到公司将价值6万元电脑、打印机等物品搬走，算是抵扣工资。A公司负责人得知后，随即报警。

请问：张某的行为构成犯罪吗？

本案分析

所谓破坏生产经营罪，是指由于泄愤报复或者其他个人目的，毁坏机器设备、残害耕畜或者以其他方法破坏生产经营的行为。

本案中，张某当众将属于公司的财产不顾劝阻占为已有，以抵冲工资的行为，显然是违反法律强制性规定的。需要注意的是，张某的行为不构成盗窃罪、职务侵占或侵占罪，而是构成破坏生产经营秩序罪。

风险防范建议

员工是构成企业运行的最基本的元素，只有调动企业每一位员工的积极性才能保证企业健康发展。拖欠员工工资是最容易导致企业出现严重风险的因素之一，严重的构成“恶意欠薪罪”。但员工也需注意，公司财产不得随意处置，否则也属于违法。因此企业应当：

(1)企业效益应保证员工工资。提取员工工资保障基金作为优先保证员工工资发放的保障，确保员工安心工作。

(2)加强企业员工的法制教育，加强企业文化建设。平时要多让员工参与企业的经营管理，培养员工的主人翁意识，在企业遇到困难时，多与员工进行沟通，大家齐心协力共渡难关。

(3)在遇到类似情况时，因由企业欠薪纠纷引起，当事人双方应先进行协调解决。协商无果后，可报警处理。

相关法规

《治安管理处罚法》第26条 有下列行为之一的，处五日以上十日以下拘留，可以并处五百元以下罚款；情节较重的，处十日以上十五日以下拘留，可以并处一千元以下罚款：

(一)结伙斗殴的；

(二)追逐、拦截他人的；

(三)强拿硬要或者任意损毁、占用公私财物的；

(四)其他寻衅滋事行为。

《治安管理处罚法》第49条 盗窃、诈骗、哄抢、抢夺、敲诈勒索或者故意损毁公私财物的，处五日以上十日以下拘留，可以并处五百元以下罚款；情节较重的，处十日以上十五日以下拘留，可以并处一千元以下罚款。

《刑法》第276条 由于泄愤报复或者其他个人目的，毁坏机器设备、残害耕畜或者以其他方法破坏生产经营的，处三年以下有期徒刑、拘役或者管制；情节严重的，处三年以上七年以下有期徒刑。

338. 公司业务员将公司货款占为已有，是否违法？

情景案例

A公司是一家经营小家电业的有限公司，股东为三个自然人。胡某是A公司的资深业务员，由于公司业绩欠佳，胡某在2015年3月13日向公司提出辞职。公司同意他辞职，但要求胡某将某客户的应收账款收回来。

同年3月20日，胡某收回某客户10万元的应收账款。但是，胡某担心公司以资金周转困难为由拖欠自己的工资和业务提成，于是将这笔钱占为已有，并对公司谎称该客户的欠款要过一段时间才能收回，随后离开公司。

后来，公司和客户对账才发现，该款项已经交给胡某。公司与胡某多次联系要求归还该款项,但胡某置之不理。

请问:胡某的行为构成犯罪吗?

本案分析

本案涉及职务侵占罪的问题。职务侵占罪是指公司、企业或者其他单位的人员,利用职务上的便利,将本单位财物非法占为己有,数额较大的行为。

本案中,胡某从客户处收回的应收账款,所有权属于公司。胡某作为公司员工,利用业务员回收账款的职务便利,将收取的10万元货款非法占为己有,还向公司隐瞒回款的事实,该行为已侵犯了公司财产所有权。胡某的行为符合《刑法》中职务侵占罪的构成要件。胡某侵占公司10万元,其行为涉嫌职务侵占罪。

至于胡某以未付工资和支付业务提成作为侵占货款的理由,是不能成立的。胡某与公司因劳动法律关系而产生的争议,可以向劳动部门投诉或申请劳动仲裁解决。胡某采用擅自占用公司货款的方法,来抵作工资和业务提成,这种违法的做法极不可取,而且可能招致牢狱之灾。

风险防范建议

企业如何防范职务侵占事件发生呢?建议如下:

(1)公司应当定期为员工进行法制教育培训,告知员工各岗位日常工作中容易违法之处,并强调违法的法律后果。

(2)公司要建立严格的单据审批制度,如收款凭据(发票或收据)规定款项到账后再予以开出。

(3)公司可以在合同中约定客户不得支付现金或转账至业务员个人账户,应将款项付到公司指定账户。同时要求业务员一律通过公司企业邮箱与客户沟通联系,否则严加处罚。

相关法规

《刑法》第271条第1款 公司、企业或者其他单位的人员,利用职务上的便利,将本单位财物非法占为己有,数额较大的,处五年以下有期徒刑或者拘役;数额巨大的,处五年以上有期徒刑,可以并处没收财产。

《最高人民法院关于审理贪污、职务侵占案件如何认定共同犯罪几个问题的解释》第2条 行为人与公司、企业或者其他单位的人员勾结,利用公司、企业或者其他单位人员的职务便利,共同将该单位财物非法占为己有,数额较大的,以职务侵占罪共犯论处。

339. 个人行贿与单位行贿有什么区别?

情景案例

A公司是一家经营钢材的公司,吕某为法定代表人。2015年8月,国有企业B公司向A公司采购钢材,成为A公司的大客户。

为了建立稳定的合作保关系，A公司的总经理吕某在业务往来中先后多次向B公司分管业务的副经理俞某，供应科长肖某、供应计划员王某行贿，共计32万元。

请问：吕某构成个人行贿罪还是单位行贿罪？两者有何区别？

本案分析

无论是向国家工作人员的行贿罪还是对非国家工作人员行贿罪，单位均可以构成犯罪，根据《刑法》的规定，对单位判处罚金，对直接负责的主管人员和其他直接责任人员按照规定予以处罚。

所谓单位犯罪，通俗的理解是指为单位利益，代表单位意志，通常以单位决策为表现形式，所得利益归属于单位整体(也存在集体私分的情况)。

本案中，吕某作为A公司的法定代表人，其为了公司利益代表公司履行职务，其目的是长期保持业务关系使A公司获得长期收益。因此，吕某的行为属于单位犯罪，对单位判处罚金，对吕某个人按照行贿罪判决。

风险防范建议

无论是个人行贿还是单位行贿，均属于我国《刑法》所明确禁止的行为，不仅可以对单位判处刑罚，对直接负责的主管人员和其他直接责任人员也会带来牢狱之灾，因此企业务必杜绝此类行为。企业应通过正当、合法途径获得商业利益，否则对于企业或企业家本身而言具有极大的风险。

相关法规

《刑法》第393条 单位为谋取不正当利益而行贿，或者违反国家规定，给予国家工作人员以回扣、手续费，情节严重的，对单位判处罚金，并对其直接负责的主管人员和其他直接责任人员，处五年以下有期徒刑或者拘役，并处罚金。因行贿取得的违法所得归个人所有的，依照本法第三百八十九条、第三百九十条的规定定罪处罚。

《刑法》第389条 为谋取不正当利益，给予国家工作人员以财物的，是行贿罪。在经济往来中，违反国家规定，给予国家工作人员以财物，数额较大的，或者违反国家规定，给予国家工作人员以各种名义的回扣手续费的，以行贿论处。因被勒索给予国家工作人员以财物，没有获得不正当利益的，不是行贿。

《刑法》第390条 对犯行贿罪的，处五年以下有期徒刑或者拘役，并处罚金；因行贿谋取不正当利益，情节严重的，或者使国家利益遭受重大损失的，处五年以上十年以下有期徒刑，并处罚金；情节特别严重的，或者使国家利益遭受特别重大损失的，处十年以上有期徒刑或者无期徒刑，并处罚金或者没收财产。

行贿人在被追诉前主动交代行贿行为的，可以从轻或者减轻处罚。其中，犯罪较轻的，对侦破重大案件起关键作用的，或者有重大立功表现的，可以减轻或者免除处罚。

《最高人民法院关于审理单位犯罪案件具体应用法律有关问题的解释》 为依法惩治单位犯罪活动，根据刑法的有关规定，现对审理单位犯罪案件具体应用法律的有关问题解释如下：

第一条 刑法第三十条规定的“公司、企业、事业单位”，既包括国有、集体所有的公司、企业、事业单位，也包括依法设立的合资经营、合作经营企业和具有法人资格的独资、私营等公司、企业、事业单位。

第二条　个人为进行违法犯罪活动而设立的公司、企业、事业单位实施犯罪的，或者公司、企业、事业单位设立后，以实施犯罪为主要活动的，不以单位犯罪论处。

第三条　盗用单位名义实施犯罪，违法所得由实施犯罪的个人私分的，依照刑法有关自然人犯罪的规定定罪处罚。

三、企业终结类刑事风险

340. 企业转移财产拒不支付劳动者工资，是否构成犯罪?

情景案例

某外贸服务公司成立于2009年，公司注册资本3000万元，员工人数500多人。由于同行业竞争激烈，公司业务量下降，连续两年严重亏损。

2014年3月开始，公司连续3个月没有给员工发放工资，公司刘某向全体员工保证：公司正在催收货款，一旦收到回款，马上发工资，希望得到全体员工谅解。

2014年7月，有的员工发现公司刘某很少回办公室，公司财务人员阿莉无意中听到，刘总正在联系卡车，计划搬离公司资产。于是，马上向派出所报警，刘某的确有转移财产的行为。

请问：刘某的行为构成犯罪吗?

本案分析

随着我国对劳动者权益保护的重视，2011年5月1日拒不支付劳动报酬行为正式入刑，2015年1月6日最高人民法院、最高人民检察院、劳动和社会保障部、公安部四部门联合出台的《关于加强涉嫌拒不支付劳动报酬犯罪案件查处衔接工作的通知》更是对拒不支付劳动报酬罪予以更加明确的规定。

拒不支付劳动报酬罪是指以转移财产、逃匿等方法逃避支付劳动者的劳动报酬或者有能力支付而不支付劳动者的劳动报酬，数额较大，经政府有关部门责令支付仍不支付的行为。其中，数额较大是指："(一)拒不支付一名劳动者三个月以上的劳动报酬且数额在五千元至二万元以上的；(二)拒不支付十名以上劳动者的劳动报酬且数额累计在三万元至十万元以上的。各省、自治区、直辖市高级人民法院可以根据本地区经济社会发展状况，在前款规定的数额幅度内，研究确定本地区执行的具体数额标准，报最高人民法院备案。"

本案中，刘某作为公司老板转移公司财产，且拖欠500余名员工工资长达3个月，该行为和金额显然已经达到了刑法追诉标准，但根据罪刑法定原则，其中还需要经过政府部门责令支付而拒不支付的行为。因此，刘某的行为暂不构成犯罪。

风险防范建议

企业应当建立机制优先保障员工的工资支付，确保员工能够稳定生产。对于确实因为经营不善，面临破产等状况的企业也应当依法处理劳资关系，不得转移财产、逃匿支付工资，有能力支付而拒不支付。

(1)客观无法支付不是拒不支付，区别于转移、隐匿资产，有能力支付拒不支付。

(2)依法申请破产程序，进行清算。

相关法规

《刑法》第276条 以转移财产、逃匿等方法逃避支付劳动者的劳动报酬或者有能力支付而不支付劳动者的劳动报酬，数额较大，经政府有关部门责令支付仍不支付的，处三年以下有期徒刑或者拘役，并处或者单处罚金；造成严重后果的，处三年以上七年以下有期徒刑，并处罚金。

单位犯前款罪的，对单位判处罚金，并对其直接负责的主管人员和其他直接责任人员，依照前款的规定处罚。

有前两款行为，尚未造成严重后果，在提起公诉前支付劳动者的劳动报酬，并依法承担相应赔偿责任的，可以减轻或者免除处罚。

《最高人民法院关于审理拒不支付劳动报酬刑事案件适用法律若干问题的解释》第2条 以逃避支付劳动者的劳动报酬为目的，具有下列情形之一的，应当认定为刑法第二百七十六条之一第一款规定的“以转移财产、逃匿等方法逃避支付劳动者的劳动报酬”：

(一)隐匿财产、恶意清偿、虚构债务、虚假破产、虚假倒闭或者以其他方法转移、处分财产的；

(二)逃跑、藏匿的；

(三)隐匿、销毁或者篡改账目、职工名册、工资支付记录、考勤记录等与劳动报酬相关的材料的；

(四)以其他方法逃避支付劳动报酬的。

《最高人民法院关于审理拒不支付劳动报酬刑事案件适用法律若干问题的解释》第3条 具有下列情形之一的，应当认定为刑法第二百七十六条之一第一款规定的“数额较大”：

(一)拒不支付一名劳动者三个月以上的劳动报酬且数额在五千元至二万元以上的；

(二)拒不支付十名以上劳动者的劳动报酬且数额累计在三万元至十万元以上的。

各省、自治区、直辖市高级人民法院可以根据本地区经济社会发展状况，在前款规定的数额幅度内，研究确定本地区执行的具体数额标准，报最高人民法院备案。

341. 股东未将清算企业财产移交给清算组，构成犯罪吗？

情景案例

2012年6月，马某经营的毛纱厂向市法院申请破产还债。经统计，公司债务为1000万元，拖欠工人工资30多万元。在破产管理人接管企业时，多次向马某发出通知，要求移交破产企业财产，但马某只将公司的厂房移交，车辆、机器设备及库存材料等账面反映的财产拒绝移交，马某和财产均不知去向。

请问：马某的行为构成犯罪吗？

本案分析

妨害清算罪，是指公司、企业进行清算时，隐匿财产，对资产负债表或者财产清单作虚假记载，或者在未清偿债务前擅自分配公司、企业财产，严重损害债权人或者其他人利益的行为。

在公司进入清算程序后，应及时向清算组移交公司实际财产及公司的债权债务情况，便于清算组清算。公司相关人员不要抱着侥幸的心态隐匿财产以达到逃避债务，一旦被查处隐匿财产事实，就有刑事风险。

本案中，毛纱厂老板马某在公司进行破产还债的情况下，故意未将公司全部财产上交给清算组，擅自截留流动资金及房产，其行为严重妨害了清算工作，损害债权人的合法利益，故马某的行为涉嫌妨害清算罪。

风险防范建议

破产清算是终结公司的行为，但不能作为股东逃避法律义务、牟取非法利益的工具。企业在清算期间，采取隐匿财产、在资产负债表或财产清单上虚伪记载或者在未清偿债务前分配公司、企业财产，严重损害债权人及其他人利益的行为，均可能涉嫌犯罪。企业应积极配合法院破产清算，保障清算程序顺利进行。

相关法规

《刑法》第162条 公司、企业进行清算时，隐匿财产，对资产负债表或者财产清单作虚伪记载或者在未清偿债务前分配公司、企业财产，严重损害债权人或者其他人利益的，对其直接负责的主管人员和其他直接责任人员，处五年以下有期徒刑或者拘役，并处或者单处二万元以上二十万元以下罚金。

《公司法》第204条第2款 公司在进行清算时，隐匿财产，对资产负债表或者财产清单作虚假记载或者在未清偿债务前分配公司财产的，由公司登记机关责令改正，对公司处以隐匿财产或者未清偿债务前分配公司财产金额百分之五以上百分之十以下的罚款；对直接负责的主管人员和其他直接责任人员处以一万元以上十万元以下的罚款。

342. 公司在清算前将公司财产分配给股东，是否构成犯罪？

情景案例

2012年8月，甲、乙、丙共同创办A公司，注册资本500万元，员工100人，专门生产卫浴产品。

2014年8月，随着出口订单减少，A公司的经营受挫，由于公司筹资困难，已拖欠员工3个月工资共计50万元，外欠供应商800万元货款。2014年年底，甲、乙、丙经过商量，将公司账面的60万元现金及价值200万元的货品进行私分。2015年4月，A公司向法院申请破产还债。

请问：A公司这种行为构成犯罪吗？

本案分析

在实践中，出现过有些公司、企业通过隐匿财产、承担虚构的债务或者以其他方法转移、处分财产，实施虚假破产的行为。该行为严重损害债权人或者其他人利益，使得债权人或其他人利益原本可以全部或部分得到维护而最终完全或部分丧失，并进而造成更为严重的影响。对此，我国刑法专门设立法律规定，予以明确打击此类违法犯罪行为。

本案中，甲、乙、丙作为公司股东，在拖欠巨额应付款项时并不是采取正确的方式予以支付、偿还，而是私分属于A公司可以用于偿还债务的财产，其行为触犯了刑法规定，涉嫌虚假破产犯罪。

风险防范建议

企业经营存在风险，出现严重亏损、效益不佳、资不抵债的情况下，应积极采取合法的方式如申请破产、重整、清算等方式解决债务问题。特别是有限公司性质的企业，由于我国法律对不同性质的企业所作出的承担责任的方式有所不同，有限公司在正常情况下不会影响股东的个人资产，采取上述合法方式有助于正常解决公司的债权债务纠纷，但如果采取隐匿资产、私分财产、转移财产等方式实施虚假破产的，则不仅需要承担民事责任，还将承担刑事责任，在经营中应引起重视。

相关法规

《刑法》第162条之二 公司、企业通过隐匿财产、承担虚构的债务或者以其他方法转移、处分财产，实施虚假破产，严重损害债权人或者其他人利益的，对其直接负责的主管人员和其他直接责任人员，处五年以下有期徒刑或者拘役，并处或者单处二万元以上二十万元以下罚金。

343. 债务人转移法院查封财产，会被追究刑事责任吗？

情景案例

A公司是一家布料公司，甲与乙是公司股东，各持公司50%股权。2014年3月1日，A公司向某小额贷款公司借了500万元周转，借款期限6个月，利息为每月2%，以公司的机器设备抵押。

2014年9月1日，A公司资金周转困难，一再拖欠，贷款公司将A公司起诉到法院，要求返还500万元本金及利息，并申请法院查封了机器设备及两台车。在法院执行过程中，发现A公司机器设备不知去向。经查明，股东甲和乙担心抵押物被法院拍卖，造成停产，遂将设备转移至外省低价折卖。

请问：甲和乙转卖法院已查封财产，构成犯罪吗？

本案分析

本案涉及拒不执行判决、裁定罪。拒不执行判决、裁定罪是指对人民法院的判决、裁定有能力执行而拒不执行，情节严重的行为。法院的判决和裁定一经生效，就具有法律强制力，任何单位和个人，都必须坚持执行。这一罪名的设定，既是维护法律的权威，也是维护司法机关的正常活动。

实践中，有些当事人故意隐藏、转移、毁损财产，以明显不合理的低价转让财产、违反人民法院限制高消费及有关消费令，经采取罚款或者拘留等强制措施后仍不执行，致使判决、裁定无法执行的，均可能涉嫌拒不执行判决、裁定罪，承担刑事责任。

本案中，A公司因对外负债较大而长期内无法清偿债务，没有能力履行法院判决书确定的还款义务，与有能力而拒绝履行的故意行为是有着本质区别的，因此，A公司的行为不构成拒不执行判决、裁定罪。

风险防范建议

实践中，采用暴力抗拒法院执行以及为逃避执行下落不明的行为屡见不鲜，拒不执行法院判决、裁定行为给我国法治化进程带来了不小的负面影响。在企业面临被法院执行的纠纷时，如何防范相关风险呢？建议如下：

（1）企业如果在具有支付债务能力的情况下，切勿采取拖延、躲避和欺骗的手段，拒不履行判决书或裁定书。

（2）企业如果确无清偿能力，要及时申请破产还债或自行清算，依照法定程序还债。

（3）对于法院已查封财产，不得擅自转移、变卖或处分。

相关法规

《刑法》第313条　对人民法院的判决、裁定有能力执行而拒不执行，情节严重的，处三年以下有期徒刑、拘役或者罚金；情节特别严重的，处三年以上七年以下有期徒刑，并处罚金。

单位犯前款罪的，对单位判处罚金，并对其直接负责的主管人员和其他直接责任人员，依照前款的规定处罚。

第二十一章 企业清算

任何一家企业都不是为死亡而设立的,但优胜劣汰始终是市场经济的法则。

企业清算是终结企业法律关系,消灭企业法人资格的行为,是企业退出市场的必经途径。企业清算意味着企业生命的终结,法人人格的灭亡。

企业清算对维护股东、债权人和其他利害关系人的利益具有重大意义。

一、自行清算

344. 公司经营不下去,可以自行清算吗?

情景案例

2013年5月,甲、乙、丙三人共同成立了一间网络公司,注册资本10万元,由于人工成本上涨及竞争激烈,至2015年3月,公司已无法再继续经营。

请问:网络公司可以自行清算吗?

本案分析

公司清算是指公司解散后,依照法定程序清理公司债权债务,处理公司剩余财产,妥善处理经营期间的各种法律关系。在我国,除因公司合并或分立导致公司解散外,因其他事由解散的公司均应进行清算。公司可以自行组成清算组,按法定程序进行清算。

本案中,甲、乙、丙作为网络公司的股东,因公司实际经营状况的原因,股东有权通过股东会决议方式宣布公司解散,在作出解散决议之日起15日内成立清算组,开始自行清算公司债权债务。在清算结束后,可以注销公司登记。

风险防范建议

在公司清算过程中,有哪些注意事项呢?建议如下:

(1)公司在办理注销手续前必须依法履行法定清算程序,如果股东未履行清算义务,则可能对公司债务承担连带清偿责任。

(2)根据公司的资产、负债等状况考量是否存在资不抵债的可能,从而选择清算方式,是破产清算还是非破产清算。

(3)公司股东在公司清算费用未支付、企业债务未清偿以前,不得对公司财产进行分配。

相关法规

《民法通则》第47条 企业法人解散,应当成立清算组织,进行清算。企业法人被撤销、被宣告破产的,应当由主管机关或者人民法院组织有关机关和有关人员成立清算组织,进行清算。

《公司法》第180条 公司因下列原因解散:

(一)公司章程规定的营业期限届满或者公司章程规定的其他解散事由出现;

(二)股东会或者股东大会决议解散;

(三)因公司合并或者分立需要解散;

(四)依法被吊销营业执照、责令关闭或者被撤销;

(五)人民法院依照本法第一百八十二条的规定予以解散。

《公司法》第183条 公司因本法第一百八十条第(一)项、第(二)项、第(四)项、第(五)项规定而解散的,应当在解散事由出现之日起十五日内成立清算组,开始清算。有限责任公司的清算组由股东组成,股份有限公司的清算组由董事或者股东大会确定的人员组成。

345. 公司有股东对清算事项持不同意见时,如何处理?

情景案例

A公司由甲、乙、丙、丁四位股东投资设立,所占的股份分别为30%、25%、25%、20%,甲是公司法定代表人。

2014年8月,由于公司经营遇到挫折,甲、乙、丙提出解散公司,并进行公司清算,但丁不同意,丁认为公司坚持一段时间就能渡过难关。

请问:目前的情况下,A公司如何是好?

本案分析

公司清算的目的是股东能够在个人对公司出资范围内了结公司的全部对外债务,由公司资产承担债务,避免个人另行承担。对于一个经营中的公司,如果各股东之间因公司解散问题持有不同意见,要通过股东会进行表决,来决定是否进入清算程序。

在公司运营中,有时因股东之间产生矛盾,有时因股东会无法召开导致公司进入僵局,有时因僵局对峙无法形成决议,有时股东滥用公司控制权损害其他股东权益,当公司出现此类重大事件时,持有10%股权的股东还可以向法院申请强制解散公司。

本案中,A公司的股东为甲、乙、丙、丁四人,可以按照在公司的持股比例享有股东表决权。由于丁股东仅持有公司20%的股份,故公司可通过召开股东会,按照甲、乙、丙三人所占公司80%股份的比例,可以获得公司2/3以上股东同意的决议,故可决定对A公司进行解散。

如果公司因内部意见分歧出现僵局,无法形成公司决议的,从公司的实际状况考虑,可申请按照强制解散公司的程序进行。

风险防范建议

实践中,通过股东会表决是否清算时,有如下注意事项:

(1)各股东充分考虑公司解散是否确有必要,公司经营状况及内部管理是否已处严重恶劣程度及僵局状态,股东权利是否将受到严重损失。

(2)在现行认缴制的体制下,股东尚未缴纳的出资均应作为清算财产,故股东应确保已严格完成公司出资义务。

相关法规

《公司法》第43条第2款 股东会会议作出修改公司章程、增加或者减少注册资本的决议,以及公司合并、分立、解散或者变更公司形式的决议,必须经代表三分之二以上表决权的股东通过。

《公司法》第182条 公司经营管理发生严重困难,继续存续会使股东利益受到重大损失,通过其他途径不能解决的,持有公司全部股东表决权百分之十以上的股东,可以请求人民法院解散公司。

346. 公司自行清算过程中,公司还能承接业务吗?

情景案例

孙某与雷某于2010年创建某服装公司,主要从事服装OEM加工业务。2014年8月13日,由于订单减少,服装生意难做,孙某与雷某决定关闭工厂,并开始对服装厂进行清算。

2014年8月20日,孙某向工商部门办理公司清算的备案手续。8月30日,客户赵某突然下了一张300万元出口大订单,孙某很开心,于是很爽快地将这张订单接了下来。

请问:孙某在公司自行清算期间承接业务,合法吗?

本案分析

通常情况下,公司清算在经济上要公正地处分公司的财产,是一项比较复杂的事务。公司一旦进入清算程序,只处理与清算有关的法律事务,比如清理公司财产、通知债权人、清理债权债务、处理公司剩余财产等。公司应停止一切经营活动。但在极少数的特殊情况下,公司在破产清算阶段,为了不使资产或债权人的合法利益受损,经过法院准许,公司可以继续经营活动。

本案中,服装公司自2013年8月13日开始清算,截至2013年8月30日该公司已处于法定清算阶段,属于停产停业状态,已不具备合格的商事经营主体资格。客户赵某的300万元出口大订单,属于与清算无关的经营业务,故孙某不能以公司名义进行业务接洽。

风险防范建议

为了更好地履行清算程序,在公司解散清算期间,避免再以公司名义对外进行商事经济活动,以规避股东对公司债务及侵权行为等承担连带给付责任。

相关法规

《公司法》第186条第3款 清算期间，公司存续，但不得开展与清算无关的经营活动。公司财产在未依照前款规定清偿前，不得分配给股东。

《公司法》第188条 公司清算结束后，清算组应当制作清算报告，报股东会、股东大会或者人民法院确认，并报送公司登记机关，申请注销公司登记，公告公司终止。

347. 公司清算之时，发现财产不足以清偿公司债务，如何处理？

情景案例

A公司由郑某与王某于2003年5月共同创办，专门生产LED灯饰，郑某是公司的法定代表人。

2015年5月，A公司因营业期限届满而解散。在公司清算过程中，郑某发现公司财产只有400万元，但债务有530万元。郑某认为，现在公司资不抵债，我们可以向法院申请破产。公司破产后，对于不足清偿的130万元债务，无须用个人财产偿还。

请问：郑某的说法符合法律规定吗？

本案分析

破产是指对丧失清偿能力的债务人，经法院审理并在其监督之下，强制清算其全部财产，公平清偿全体债权人的法律制度。公司在自行清算过程中，清算组在清理公司财产、编制资产负债表和财产清单后，发现公司财产不足以清偿债务的，应当向人民法院申请宣告破产。

本案中，A公司的股东郑某和王某可以自行清算公司。股东郑某和王某在自行清算过程中，已发现公司财产不足以清偿公司债务，在这种情况下，公司将自行清算程序转入破产清算程序，即向法院申请破产还债。

法院会审查A公司的偿债能力、现金支付能力、担保财产情况等，审查公司是否符合具备破产条件，是否符合破产还债的受理标准。

如果法院受理了A公司的破产还债案件，所有债务的清偿均按照法定程序进行。所以郑某的说法不尽全对，应当结合公司实际情况综合考量，谨慎操作。

风险防范建议

企业从自行清算转向破产清算的过程中，有如下注意事项：

(1)如果企业因资不抵债问题，而向人民法院提起破产申请的，还是要提交公司资产负债表或审计报告、资产评估报告等材料，以便证实其全部资产不足以偿付全部负债。

(2)梳理企业至少一年期内的公司交易和清偿行为，厘清和及时剔除或恢复违法交易及清偿行为，使破产财产保持恒定，避免股东个人承担不利后果。

相关法规

《企业破产法》第7条 债务人有本法第二条规定的情形，可以向人民法院提出重整、和解或者破产清算申请。

债务人不能清偿到期债务，债权人可以向人民法院提出对债务人进行重整或者破产清算的申请。

企业法人已解散但未清算或者未清算完毕，资产不足以清偿债务的，依法负有清算责任的人应当向人民法院申请破产清算。

《公司法》第187条第1款 清算组在清理公司财产、编制资产负债表和财产清单后，发现公司财产不足以清偿债务的，应当向人民法院申请宣告破产。

《企业破产法》第30条 破产申请受理时属于债务人的全部财产，以及破产申请受理后至破产程序终结前债务人取得的财产，为债务人财产。

二、法律责任

348. 公司自行清算完成注销登记后，发现有遗漏债务，如何处理？

情景案例

2011年3月，甲、乙、丙共同出资成立了一家红木家具公司。2013年6月，由于公司经营不善，甲、乙、丙共同决定关闭公司，并办理了公司清算与注销所有手续。

2014年3月，甲发现在清算时有一笔6万元的债务遗漏了，这笔债务是由于公司当时资金周转困难，向甲的好朋友丁所借，由于金额较小，当时忘记了这笔债务。甲认为，丁是出于好心帮我们的，这笔钱一定要还。乙、丙认为，公司已注销，这笔债务与公司没有关系了。丁认为，家具公司有义务在清算时通知，但他们没有通知，所以可以起诉甲、乙、丙三人追偿债权。

请问：丁的债务应该如何处理？

本案分析

公司清算的目的和重要内容之一，是清理和了结公司的对外债务。在自行清算程序中，破产财产的分配去向是核心内容，但破产程序的合法性也同样重要。公司在清算期间，要履行必要的通知义务，将清算事宜对外告知债权人，并通知债权人申报债权，以保障清算顺利进行。如果公司未履行通知义务的，要承担相应的法律责任。

公司清算组成立后，对于住所明确的债权人，应当从成立之日起10天内以书面的方式通知债权人申报债权；对于住所不明确的，应当在60天内在省级报纸上公告公司解散事项，催促债权人申报债权。

本案中，甲、乙、丙作为公司股东在清算期间遗漏通知债权人丁，这种情况属于清算组的重大过失行为，造成债权人丁未及时申报债权而未获清偿，丁要求股东甲、乙、丙承担清偿责任，是有法律依据的。

风险防范建议

公司清算在清算期间应当全面梳理公司债务，要避免程序性的疏漏。通过针对性地书面告知和媒体报纸公告两种形式，全方位地通知债权人申报全部债权，杜绝和避免清算遗漏债权债务的情形而引发股东的连带赔偿责任。

相关法规

《公司法》第185条第1款 清算组应当自成立之日起十日内通知债权人，并于六十日内在报纸上公告。债权人应当自接到通知书之日起三十日内，未接到通知书的自公告之日起四十五日内，向清算组申报其债权。

《最高人民法院关于适用〈中华人民共和国公司法〉若干问题的规定（二）》第11条 公司清算时，清算组应当按照公司法第一百八十五条的规定，将公司解散清算事宜书面通知全体已知债权人，并根据公司规模和营业地域范围在全国或者公司注册登记地省级有影响的报纸上进行公告。

清算组未按照前款规定履行通知和公告义务，导致债权人未及时申报债权而未获清偿，债权人主张清算组成员对因此造成的损失承担赔偿责任的，人民法院应依法予以支持。

349. 使用虚假的清算报告注销公司，需要承担什么责任？

情景案例

A公司由甲、乙两人创办，2013年3月开始，丙为A公司供货，截至2014年5月，A公司累计欠丙20万元货款。

2014年6月，A公司给本地工商部门出具清算报告并办理了注销登记，并在清算报告中称："A公司债务已清算完毕，若内容虚假，股东愿意承担一切法律责任。"事实上，A公司没有给丙支付20万元货款。

请问：甲、乙利用虚假的清算报告注销公司，需要承担什么责任？

本案分析

公司在申请注销之前，股东应根据法律规定对公司进行清算，在偿还公司债务后方可分配清算剩余财产，如果清算财产不足以偿付企业债务的，应当向法院启动公司破产程序。

清算是公司注销前必须履行的前置程序，是股东的义务，公司未经清算不得注销，是为了保护债权人的利益。如果公司未实际履行清算程序，向工商部门提供虚假材料骗取注销登记的，要承担相应的法律责任。

本案中，甲、乙提供虚假的清算报告办理公司注销手续，其行为是不合法的。在这种情况下，股东甲、乙可能会受到公司登记机关的行政处罚，A公司和直接责任人员甲、乙被处以一定数额的罚款。

由于股东甲、乙未履行股东的法定清算义务，即A公司未按规定办理注销手续，侵害了债权人的合法权益，因此，A公司股东甲、乙对丙的债权承担赔偿责任。

风险防范建议

企业应严格履行清算程序，如果公司股东会决议注销公司的，必须按照法定程序进行清算，禁止向登记机关提供虚假清算报告，防止出现对股东不利的局面。

相关法规

《公司法》第204条 公司在合并、分立、减少注册资本或者进行清算时，不依照本法规定通知或者公告债权人的，由公司登记机关责令改正，对公司处以一万元以上十万元以下的罚款。

公司在进行清算时，隐匿财产，对资产负债表或者财产清单作虚假记载或者在未清偿债务前分配公司财产的，由公司登记机关责令改正，对公司处以隐匿财产或者未清偿债务前分配公司财产金额百分之五以上百分之十以下的罚款；对直接负责的主管人员和其他直接责任人员处以一万元以上十万元以下的罚款。

《最高人民法院关于适用〈中华人民共和国公司法〉若干问题的规定(二)》第18条 有限责任公司的股东、股份有限公司的董事和控股股东未在法定期限内成立清算组开始清算，导致公司财产贬值、流失、毁损或者灭失，债权人主张其在造成损失范围内对公司债务承担赔偿责任的，人民法院应依法予以支持。

有限责任公司的股东、股份有限公司的董事和控股股东因怠于履行义务，导致公司主要财产、账册、重要文件等灭失，无法进行清算，债权人主张其对公司债务承担连带清偿责任的，人民法院应依法予以支持。

上述情形系实际控制人原因造成，债权人主张实际控制人对公司债务承担相应民事责任的，人民法院应依法予以支持。

《最高人民法院关于适用〈中华人民共和国公司法〉若干问题的规定(二)》第19条 有限责任公司的股东、股份有限公司的董事和控股股东，以及公司的实际控制人在公司解散后，恶意处置公司财产给债权人造成损失，或者未经依法清算，以虚假的清算报告骗取公司登记机关办理法人注销登记，债权人主张其对公司债务承担相应赔偿责任的，人民法院应依法予以支持。

350. 公司倒闭后股东未办理清算与注销手续，要承担法律责任吗？

情景案例

2014年8月，黄某与张某共同出资创办了一家广告公司，注册资本10万元，黄某是法定代表人。由于业务一直很差，经营至2015年9月，公司无法继续支撑，黄某与张某决定关闭企业。

关于如何关闭企业，黄某认为，公司不办理年检就可以，届时工商局会自动吊销营业执照，这样不仅可节省时间，还可节省一笔注销费用。

请问：黄某的说法正确吗？

本案分析

吊销公司营业执照和公司注销是两个不同的程序。公司营业执照被吊销，是一种行政处罚，是公司解散的原因之一，而所有的公司解散都必须经过清算，方可办理注销登记。

有的企业负责人在经营失败时，为了逃避责任，有的自主停业，有的置之不理，有的甚至不办理注销登记就一走了之。这样的做法极为不妥。实际上，在企业被吊销营业执照后，如果企业不尽清算责任，造成企业财产流失，使债权人的债权无法得到清偿的，即构成对债权人债权的侵害，应赔偿债权人的损失。

我国自2014年3月起，将企业年检制度改为企业年度报告公示制度，对于不按时提交年度报告的企业，由工商登记机关将企业载入经营异常名录，并纳入企业信用监管系统。

风险防范建议

公司只要没有注销，其主体资格一直存续，如想注销公司，必须经过解散清算的程序，及时履行清算事宜，避免因清算不及时或其他过错导致股东承担赔偿责任。

相关法规

《公司法》第188条 公司清算结束后，清算组应当制作清算报告，报股东会、股东大会或者人民法院确认，并报送公司登记机关，申请注销公司登记，公告公司终止。

《最高人民法院关于适用〈中华人民共和国公司法〉若干问题的规定（二）》第19条 有限责任公司的股东、股份有限公司的董事和控股股东，以及公司的实际控制人在公司解散后，恶意处置公司财产给债权人造成损失，或者未经依法清算，以虚假的清算报告骗取公司登记机关办理法人注销登记，债权人主张其对公司债务承担相应赔偿责任的，人民法院应依法予以支持。

《最高人民法院关于适用〈中华人民共和国公司法〉若干问题的规定（二）》第20条 公司未经清算即办理注销登记，导致公司无法进行清算，债权人主张有限责任公司的股东、股份有限公司的董事和控股股东，以及公司的实际控制人对公司债务承担清偿责任的，人民法院应依法予以支持。

第二十二章 破产清算

经过市场的角逐争斗，是树立了屹立不倒的百年品牌，还是历经千难万险濒临关闭？那些曾经存在过的公司，在市场的汪洋大海中只留下几粒泡沫。

通过破产清算，用法律手段淘汰已无生命力的少数企业，使出局的企业顺利退出市场，以实现重新分配生产要素，保障大多数企业的利益，从面维护公平的交易秩序。

一、破产申请

351. 不能清偿到期债务，可以申请破产吗？

情景案例

A 公司自 2012 年开始资金链断裂，于 2013 年 2 月停业。A 公司因拖欠银行贷款、供应商货款、设备款等，被起诉至当地法院，诉讼案件累计 50 余件，合计金额为 1309 万元。

法院在强制执行过程中，查询到 A 公司的银行账户没有余额，厂房、机器设备均抵押于银行，遂查封了两台车、少量原材料等现有财产，无其他财产可供执行。

2014 年 8 月，A 公司以资不抵债为由，向法院申请宣告破产。

请问：企业不能清偿到期债务，可以申请破产吗？

本案分析

企业破产是指债务人丧失清偿能力时，由法院强制执行其全部财产，公平清偿全体债权人的法律制度。企业法人不能清偿到期债务，且资产不足以清偿全部债务的或者明显缺乏清偿能力的，可以进行破产清算。

企业申请破产还债，应具备两个条件：第一，债务人不能清偿到期债务且资产不足以清偿全部债务；第二，债务人明显缺乏清偿能力。

在本案中，由于 A 公司无法清偿到期债务，诉讼案件达到 50 余件，均未得到执行。经过法院查询财产状况，A 公司资产显然远远小于负债，无法回转。在这种情况下，A 公司可以申请破产还债。

风险防范建议

破产企业在向法院申请破产时，需要提交以下资料：

破产申请书、财务状况说明、债权债务清册、财务会计报告、职工安置预案、工资支付和社会保险费用的缴纳情况等。

相关法规

《企业破产法》第2条　企业法人不能清偿到期债务，并且资产不足以清偿全部债务或者明显缺乏清偿能力的，依照本法规定清理债务。

企业法人有前款规定情形，或者有明显丧失清偿能力可能的，可以依照本法规定进行重整。

《企业破产法》第7条　债务人有本法第二条规定的情形，可以向人民法院提出重整、和解或者破产清算申请。

债务人不能清偿到期债务，债权人可以向人民法院提出对债务人进行重整或者破产清算的申请。

企业法人已解散但未清算或者未清算完毕，资产不足以清偿债务的，依法负有清算责任的人应当向人民法院申请破产清算。

352. 一人有限责任公司申请破产，法院会受理吗？

情景案例

B公司于2000年成立，是张先生个人投资的一人有限责任公司，主要经营电子产品。2014年10月，因公司的货款回款率极低，流动资金严重不足，已无力摆脱困境。2014年12月，B公司向法院申请破产还债。

经法院审查，张先生在经营期间，以个人名义开设了多个银行账户，用于收取B公司货款，故法院裁定不予受理。

请问：一人有限责任公司申请破产，法院会受理吗？

本案分析

一人有限责任公司简称一人公司或独资公司或独股公司，是指由一名股东（自然人或法人）持有公司的全部出资的有限责任公司。

按照《公司法》及《破产法》的规定，一人有限公司是可以申请宣告破产还债的。由于张先生以个人账户收取公司货款，导致了公司财产与刘先生个人财产混同，无法区分，刘先生应对公司债务承担连带责任。基于此理由，法院可裁定不予受理B公司破产还债申请。

风险防范建议

一人有限公司在哪种情况下可以申请破产还债呢？具体如下：

（1）法院会审查公司财产与股东财产是否混同。当公司股东不能证明公司财产独立于股东自己的财产的，应当对公司债务承担连带责任。

（2）经法院审查，如果公司能够证明公司财产独立，可以破产还债。

相关法规

《企业破产法》第7条　债务人有本法第二条规定的情形，可以向人民法院提出重整、和解或者破产清算申请。

债务人不能清偿到期债务，债权人可以向人民法院提出对债务人进行重整或者破产清算的申请。

企业法人已解散但未清算或者未清算完毕，资产不足以清偿债务的，依法负有清算责任的人应当向人民法院申请破产清算。

《公司法》第63条 一人有限责任公司的股东不能证明公司财产独立于股东自己的财产的，应当对公司债务承担连带责任。

353. 个体工商户可以申请破产清算吗？

情景案例

赵某于2005年在某大学校区附近开了一间200平方米的大型快餐店，办理了个体工商户的营业执照，生意一直不错。2012年8月该大学搬迁到郊区，快餐店生意一落千丈，持续发生亏损。截至2013年3月，快餐店已欠供应商货款56万元。

看到快餐店无法继续经营，赵某的朋友建议，只要向法院申请破产，拖欠的56万多元的债务就不用归还，还可以保住自家的住房。

请问：个体工商户可以申请破产清算吗？

本案分析

个体工商户，是指有经营能力并依照相关规定经工商行政管理部门登记，从事工商业经营的公民。根据我国《破产法》的规定，申请破产还债的对象仅为具有法人资格的企业以及企业法人以外的组织，而不包括作为自然人的公民个人。个体工商户是在法律允许的范围之内，从事工商业经营的自然人，不属于法人。

目前我国法律不允许自然人个人申请破产还债，因此，本案的赵某作为个体工商户，不能申请破产还债。如果快餐店的资产不足以清偿债务，赵某应承担连带清偿责任。

风险防范建议

个体工商户在不能破产还债的情况下，债权人如何实现债权呢？

（1）个体工商户不能申请破产还债，但债权人可向法院提起诉讼，并将个体工商户与业主列为共同被告，要求共同承担清偿责任。

（2）由于业主对个体工商户的债务承担无限清偿责任，比如业主的房产、车辆等其他财产，也可用于清偿债务。

相关法规

《民法通则》第29条 个体工商户、农村承包经营户的债务，个人经营的，以个人财产承担；家庭经营的，以家庭财产承担。

《最高人民法院关于适用〈中华人民共和国民事诉讼法〉的解释》第59条 在诉讼中，个体工商户以营业执照上登记的经营者为当事人。有字号的，以营业执照上登记的字号为当事人，但应同时注明该字号经营者的基本信息。

营业执照上登记的经营者与实际经营者不一致的，以登记的经营者和实际经营者为共同诉讼人。

354. 个人独资企业可以申请破产还债吗？

情景案例

小李自己筹集资金10万元，于2012年成立了C工厂，登记性质为个人独资企业，经营小家电产品。历经三年的发展，工厂仍处于经营传统产品阶段，缺乏市场竞争力。2015年5月，小李决定关闭工厂。

小李属于自主创业，其个人名下没有任何房产，儿子还在上学，小李一家人与父母同住。小李想向法院申请破产还债，又担心父母的房产也用于还债。

请问：小李的担心有道理吗？

本案分析

个人独资企业，即个人出资经营、归个人所有和控制、由个人承担经营风险和享有全部经营收益的企业。个人独资企业属于企业法人，当企业不能清偿到期债务时，可以申请破产还债。

本案中，小李自筹资金成立C工厂，未以家庭共有财产出资，故C工厂所产生的债务与家庭共有财产无关。小李父母的房产属于其个人合法财产，与小李的个人财产无关，也与个人独资企业的财产无关。因此，小李父母的房产在破产程序中不能作为独资企业财产用于破产还债。

风险防范建议

如果个人独资企业向法院申请破产还债，不能受偿的债权人，还可以向投资人追偿吗？

对于债权人来讲，如果破产案件中无法全部受偿的，在破产程序终结后仍可向投资人小李主张债权。

相关法规

《个人独资企业法》第2条　本法所称个人独资企业，是指依照本法在中国境内设立，由一个自然人投资，财产为投资人个人所有，投资人以其个人财产对企业债务承担无限责任的经营实体。

《个人独资企业法》第18条　个人独资企业投资人在申请企业设立登记时明确以其家庭共有财产作为个人出资的，应当依法以家庭共有财产对企业债务承担无限责任。

《个人独资企业法》第28条　个人独资企业解散后，原投资人对个人独资企业存续期间的债务仍应承担偿还责任，但债权人在五年内未向债务人提出偿债请求的，该责任消灭。

355. 合伙企业不能清偿到期债务，债权人可以向法院提出破产清算吗？

情景案例

2011年3月，甲、乙、丙三人共同创办A企业，登记性质为合伙企业，专门经营服装加工。2013年8月，为购买一套先进的生产设备，甲向朋友李某借了60万元，借款期1年。

2014年12月，A企业由于产品质量出现严重问题，导致销售商大量退货，加之货品涉嫌商标侵权被查扣，使企业进入了困境，A企业外债高达600多万元。向法院申请破产还债。李某资金也很紧张，多次向甲催款，但甲都以资金紧张为由拒绝还款。

请问：合伙企业向法院提出破产清算，李某如何实现自己的债权呢？

本案分析

合伙企业，是指自然人、法人和其他组织依照法律规定在中国境内设立的，由两个或两个以上的自然人通过订立合伙协议，共同出资经营、共负盈亏、共担风险的企业组织形式。

在本案中，债权人李某可以选择以下两种途径保护自己的债权：

（1）根据《企业破产法》的规定，李某作为债权人向人民法院提出A企业的破产清算申请，通过清算程序实现自己的债权。

（2）如果A企业无财产可供还债，李某可以要求普通合伙人甲、乙、丙三人按照无限连带责任的规定清偿债务。

如果李某选择了破产清算程序，合伙企业在依法被宣告破产后，普通合伙人对合伙企业的债务仍然承担无限连带清偿责任。

风险防范建议

合伙企业在支付清算费用后，清偿顺序如下：

合伙企业所欠职工工资和劳动保险费，所欠税款，外欠债务，退还合伙人的出资。合伙企业财产按照上述顺序清偿后仍有余款的，则按照合伙人约定或法定的比例在原合伙人间分配。如果合伙企业的财产不足以清偿其债务的，由原合伙人承担无限连带责任。

相关法规

《合伙企业法》第91条 合伙企业注销后，原普通合伙人对合伙企业存续期间的债务仍应承担无限连带责任。

《合伙企业法》第92条 合伙企业不能清偿到期债务的，债权人可以依法向人民法院提出破产清算申请，也可以要求普通合伙人清偿。

合伙企业依法被宣告破产的，普通合伙人对合伙企业债务仍应承担无限连带责任。

二、破产财产处理

356. 破产企业在破产期间还可以继续营业吗？

情景案例

A公司是一家经营游乐项目的有限公司，包括酒店、餐厅、游乐场、商务中心等。2014年3月，A公司以严重亏损、无力清偿到期债务为由，向当地法院申请宣告破产还债。

A公司在破产清算过程中，破产管理人向法院提出，A公司目前资不抵债，但该公司的连锁酒店及游乐场在国内市场具有广泛的知名度，有相对稳定的客流量，有一定的继续经营能力，如果停止经营，会造成大量人员失业，设备荒废，不利于整体资产的变现和处理。故向法院申请继续债务人的营业事务。

请问：破产企业已被法院裁定破产还债，还可以继续营业吗？

本案分析

破产企业自法院宣告破产之日丧失生产经营权。但破产企业丧失生产经营权并不意味着企业必须停止生产经营。

在司法实践中，法院处理破产企业的继续经营问题非常慎重。如果继续营业不能起到降低破产成本，反而因此引发产生额外的费用和负担，加重债权人的负担，对破产起消极作用，那无疑是对司法资源的浪费，继续营业是不能获得准许的。目前我国仅有个别准许破产企业继续营业的案例。

本案中，如果A公司继续营业，可以最大限度地发挥资产作用，不使大量工人面临失业，既维护了稳定局面，又兼顾了社会公益，还会使债权人的利益最大化，A公司则有可能继续营业。针对破产企业继续经营的方案，可由破产管理人向法院提交申请，并经过债权人会议决议通过，方可实施。

风险防范建议

债务人是否继续营业，通常会从哪些方面考量呢？

(1)继续营业是否有利于破产财产的保值增值，维护债权人的利益。

(2)继续营业是否有利于社会稳定，有利于减轻社会负担。

(3)继续营业是否有利于破产程序的顺利、快速进行。

相关法规

《企业破产法》第25条　管理人履行下列职责：

(一)接管债务人的财产、印章和账簿、文书等资料；

(二)调查债务人财产状况，制作财产状况报告；

(三)决定债务人的内部管理事务；

(四)决定债务人的日常开支和其他必要开支；

(五)在第一次债权人会议召开之前,决定继续或者停止债务人的营业。

《企业破产法》第26条 在第一次债权人会议召开之前,管理人决定继续或者停止债务人的营业或者有本法第六十九条规定行为之一的,应当经人民法院许可。

《企业破产法》第61条 债权人会议行使下列职权:

(一)核查债权;

(二)申请人民法院更换管理人,审查管理人的费用和报酬;

(三)监督管理人;

(四)选任和更换债权人委员会成员;

(五)决定继续或者停止债务人的营业。

357. 破产过程中,如何处理已抵押财产?

情景案例

2008年,甲与乙共同投资100万元创办一家灯饰公司。2012年5月,为了资金周转,灯饰公司用公司的生产设备向银行抵押贷款了50万元,借款期1年,并办理了抵押登记手续。2012年10月,公司资不抵债向法院提出破产申请。

请问,法院该如何处理这套已抵押的生产设备?

本案分析

抵押,是指抵押人和债权人以书面形式订立约定,不转移抵押财产的占有,将该财产作为债权的担保。当债务人不履行债务时,债权人有权依法以该财产折价或者以拍卖、变卖该财产的价款优先受偿。

本案中,由于灯饰公司的生产设备已向银行设定了合法抵押,按照《破产法》的规定,已抵押的财产不属于破产财产,银行对抵押物享有优先受偿权。

在破产财产处理的过程中,灯饰公司抵押的生产设备与其他财产一同移交破产管理人,通过评估、拍卖程序,待财产变现扣除相关费用,所得款项由抵押权人优先受偿。

风险防范建议

如果抵押物拍卖所得价款不足以清偿债务时,如何处理呢?建议如下:

破产管理人将破产财产变现后,将所得款项遵照法律规定的清偿顺序,平等地分配给各债权人。如果银行在抵押财产变现后未得到足额清偿,剩余欠款作为普通债权。

相关法规

《最高人民法院关于审理企业破产案件若干问题的规定》第71条 下列财产不属于破产财产:

(一)债务人基于仓储、保管、加工承揽、委托交易、代销、借用、寄存、租赁等法律关系占有、使用的他人财产;

(二)抵押物、留置物、出质物,但权利人放弃优先受偿权的或者优先偿付被担保债权剩余的部分除外;

（三）担保物灭失后产生的保险金、补偿金、赔偿金等代位物；

（四）依照法律规定存在优先权的财产，但权利人放弃优先受偿权或者优先偿付特定债权剩余的部分除外；

（五）特定物买卖中，尚未转移占有但相对人已完全支付对价的特定物；

（六）尚未办理产权证或者产权过户手续但已向买方交付的财产；

（七）债务人在所有权保留买卖中尚未取得所有权的财产；

（八）所有权专属于国家且不得转让的财产；

（九）破产企业工会所有的财产。

358. 企业破产后，员工的社会保险费用缴纳到何时？

情景案例

阿兴于2010年入职一家五金厂，在生产车间做一名普工。自2012年6月起，五金厂经营状况不佳，有时还拖欠工人工资。2014年7月，阿兴到市社保局查询得知，五金厂已拖欠2年的部分社会保险费未缴。

2014年8月20日，该五金厂被法院宣告破产还债。阿兴找到了新工作，于是找到清算组，询问自己的社会保险费用缴纳到何时？

请问：阿兴可以要求五金厂补缴拖欠的社保费吗？

本案分析

社会保险费是指在社会保险基金的筹集过程当中，雇员和雇主按照规定的数额和期限向社会保险管理机构缴纳的费用，它是社会保险基金的最主要来源，也是国家为了承担法定的社会保险责任，而向雇员和雇主收缴的费用。

通常情况下，企业向法院申请破产还债，如果经过审查，符合受理的条件，法院会出具宣告破产裁定书，宣告破产之日即意味着企业的生命终结，故企业承担员工保险费用的缴纳义务也就终止了。

因此，企业破产后，员工的社会保险费用缴至法院裁定宣告企业破产之日。

风险防范建议

在企业破产案件中，如果破产之前存在社会保险费用欠缴的情况，如何处理呢？

（1）对于欠缴的社会保险费用需要补缴，在破产财产变现款中进行支付。

（2）宣告破产裁定之前欠缴的社会保险费需要补缴或依法核销。

相关法规

《最高人民法院关于实行社会保险的企业破产后各种社会保险统筹费用应缴纳至何时的批复》　参加社会保险的企业破产的，欠缴的社会保险统筹费用应当缴纳至人民法院裁定宣告破产之日。

《劳动部、国家经贸委、财政部关于清理收回企业欠缴社会保险费有关问题的通知》第5条　破产的企业，其欠费按《中华人民共和国民事诉讼法》、《中华人民共和国企业破产法》（试行）和国务院有关规定,在资产变现收入中予以清偿;无法完全清偿欠费的部分,经社会保险经办机构提出,劳动保障部门审核,财政部门复核,报当地人民政府批准后可以核销。实行公司制改造的企业,改造前应对欠费进行清理,整体改造的,应由改造后的企业负责补缴;分立式改造的,应根据企业分离和资产分离的性质划分补缴欠费的责任,分别予以补缴。

359. 破产企业在破产1个月前清偿个别债务，合法吗?

情景案例

A公司系一家经营体育用品的有限公司,于2014年11月被某市法院裁定宣告破产还债,经过随机抽选,某律师事务所担任A公司的破产申请破产管理人。

A公司的破产管理人审查企业账册时发现,A公司向法院提出破产之前1个月,归还了一笔设备款38万元。破产管理人调查得知,收款单位系一家外地工厂,该笔设备款已拖欠了5年之久。A公司在停产期间用收回的一笔货款清偿的。

请问:债务发生在破产还债之前,这种还债行为合法吗?

本案分析

为了保障在债务人被宣告破产之后,所有的破产债权能够平等清偿,就有必要在破产案件中,限制债务人对部分债权人的清偿,并否认这种清偿的法律效力,从而防止债务人借用个别清偿行为,达到转移或转让企业的财产,以保护债权人的合法权益。

本案中,A公司在破产前清偿外地工厂38万元,发生在A公司停产期间,故清偿设备款与保证正常生产经营毫无关联。A公司的这种个别清偿债务行为,损害了其他债权人的利益,是不合法的行为。

风险防范建议

当遇到这种情况时,破产管理人如何处理呢?建议如下:

(1)破产管理人可代表破产企业向法院提起撤销之诉,追回已清偿的款项。

(2)款项追回后与其他财产一并列入破产财产,该债权视为普通债权,在企业财产变现后按照法定顺序和比例进行受偿。

相关法规

《企业破产法》第16条　人民法院受理破产申请后,债务人对个别债权人的债务清偿无效。

《企业破产法》第32条　人民法院受理破产申请前六个月内,债务人有本法第二条第一款规定的情形,仍对个别债权人进行清偿的,管理人有权请求人民法院予以撤销。但是,个别清偿使债务人财产受益的除外。

《企业破产法》第34条　因本法第三十一条、第三十二条或者第三十三条规定的行为而取得的债务人的财产,管理人有权追回。

三、破产清算

360. 破产管理人可以由破产企业自行选择吗?

情景案例

A电器公司系一家由兄弟三人投资设立的家族企业,成立之初,经营状况良好,拥有员工约300人。近几年,由于缺乏规范管理,人工与原材料成本浪费严重,公司最大的一笔高额债权因对方破产无法收回,A公司已资不抵债。

2014年9月,A公司已拖欠员工3个月工资,数十家供应商2000多万元的货款也无力清偿,于是向当地法院申请破产还债。

请问:A电器公司想自己选择一家律师事务所担任破产管理人,可以吗?

本案分析

破产管理人,是指破产案件中作为管理、处分破产财产的法定主体,在法院的指挥和监督之下全面接管破产财产并负责对其进行保管、清理、估价、处理和分配的专门机构。

破产管理人由法院根据债务人的实际情况,在征询有关社会中介机构的意见后,指定具备相关专业知识并取得执业资格的人员担任管理人,如律师事务所、会计师事务所、破产清算事务所等。破产管理人必须对法院负责并报告工作,并接受债权人会议的监督。

破产管理人通常以随机方式产生,由司法技术辅助部门通过轮候、抽签、摇号等随机方式从本地管理人名册中选定破产管理人。为了保证破产程序的公平公正,破产管理人通常由法院指定,而不能由破产企业自己推荐或选定。

风险防范建议

在破产清算程序中,破产管理人履行哪些法定职责呢?具体如下:

(1)全面接管破产企业。

(2)保管和清理破产财产。

(3)代表破产人进行必要的民事及其他活动。

(4)对破产财产进行估价、处理、变价和分配。

(5)办理破产企业的注销登记。

相关法规

《企业破产法》第22条第1、2款　管理人由人民法院指定。

债权人会议认为管理人不能依法、公正执行职务或者有其他不能胜任职务情形的,可以申请人民法院予以更换。

《企业破产法》第24条　管理人可以由有关部门、机构的人员组成的清算组或者依法设立的律师事务所、会计师事务所、破产清算事务所等社会中介机构担任。

人民法院根据债务人的实际情况,可以在征询有关社会中介机构的意见后,指定该机构具备相关专业知识并取得执业资格的人员担任管理人。

361.破产公司的债权人已超过申报日期,如何处理?

情景案例

2013年1月,A公司向黄某借款5万元,双方签订借款合同,借款期限为2年。2013年9月6日,A公司因经营不善向法院提出申请破产。当时,法院通知黄某在10月31日前申报债权。当时黄某出差在外地,债权金额又不大,一时将此事忘记了。

2013年12月,当黄某想起时,已经过了申报日期。经向法院查询,破产企业正处于资产评估阶段。

请问:在这种情况下,黄某应如何处理为好?

本案分析

债权申报是指人民法院审理破产案件时,当受理破产申请后,债权人要申报债权。债权申报是有时间限制的。债权人应当在人民法院确定的债权申报期限内向管理人申报债权。人民法院应当确定债权人申报债权的期限。债权申报期限自人民法院发布受理破产申请公告之日起计算,最短不得少于30日,最长不得超过3个月。

本案中,黄某作为债权人,通常情况下应当按照法院通知的日期申报债权,并同时提供债权凭证,待债权确认后等待分配受偿。黄某因自己的原因错过了债权申报日期,目前破产企业尚处于资产评估阶段,黄某还可以补充申报债权,并说明原因和理由。如果因此产生确认债权的相关费用,由黄某本人承担。

风险防范建议

在向破产企业申报债权时,有哪些注意事项呢?

(1)债权人申报债权时,应当提交书面申报材料,并提供债权凭证、有无担保等相关证据。

(2)如果债务人的保证人或其他连带债务人已经替代清偿债务的,以要求行使债务人的求偿权进行申报。

(3)破产企业拖欠的职工工资、社会保险费用、拖欠税款不用申报。

相关法规

《企业破产法》第45条 人民法院受理破产申请后,应当确定债权人申报债权的期限。债权申报期限自人民法院发布受理破产申请公告之日起计算,最短不得少于三十日,最长不得超过三个月。

《企业破产法》第48条第1款 债权人应当在人民法院确定的债权申报期限内向管理人申报债权。

《企业破产法》第56条 在人民法院确定的债权申报期限内,债权人未申报债权的,可以在破产财产最后分配前补充申报；但是，此前已进行的分配，不再对其补充分配。为审查和确认补充申报债权的费用，由补充申报人承担。

债权人未依照本法规定申报债权的，不得依照本法规定的程序行使权利。

362. 债权人主张的加倍迟延履行利息，是破产债权吗？

情景案例

某机电公司于2014年2月19日向某法院申请破产还债，法院受理后并选定破产管理人进行清算。在清算过程中，债权人高某向破产管理人申报债权，债权包括货款本金69万元、利息及加倍迟延履行利息，高某向破产管理人提交了某市法院的民事判决书。

10天后，高某收到破产管理人出具的意见书，确认高某的债权为69万元及利息。高某不服，要求破产管理人予以更正，将加倍迟延履行利息计入债权金额。

请问：高某债权中的加倍迟延履行利息，是破产债权吗？

本案分析

加倍迟延履行利息，是在债务人具有清偿能力而不愿意承担生效判决所确定的支付义务时，而进行的惩罚性措施，是为了保护债权人的合法权利。

在破产案件中，破产企业已经不足以清偿全部债权，如果将惩罚性债权也列入破产债权，这样势必损害其他债权人的利益。

本案中，高某债权中的加倍迟延履行利息，属于惩罚性债权，不属于破产债权，故破产管理人将其排除在破产债权之外的做法，是正确的。

风险防范建议

在本案中，如果债权人不服破产管理人认定的破产债权意见时，如何处理呢？建议如下：

（1）债权人可向破产管理人申请复核，破产管理人审查后，出具更正或不予更正的复核意见。

（2）如果债权人对破产管理人的意见仍不服的，可以向法院提起破产债权确认之诉，由法院最终确定债权人享有的破产债权金额。

相关法规

《企业破产法》第47条　附条件、附期限的债权和诉讼、仲裁未决的债权，债权人可以申报。

363. 破产申请受理前的财产看管费用，如何处理？

情景案例

2006年，甲、乙、丙、丁人创建A公司，甲任公司法定代表人，专门生产灯具产品。经过多年的发展，企业经营比较稳定。自2013年8月开始，公司因涉嫌专利侵权，被多家公司起诉索赔,对外所欠债务约800万元。

2014年春节期间,股东乙出国,股东丙、丁两人不知去向,公司只好停业。甲无奈之下就聘请专人看管公司的厂房、机器设备等财产,自己在外负责清收应收账款。

2015年3月,A公司向法院提出破产申请。案件处理过程中,甲认为应付的财产看管费用,属于破产费用,甲的说法成立吗?

本案分析

破产费用是在破产程序进行和债务人财产管理过程中支出的常规性、程序性费用,如诉讼费、保全费、公告费、评估费、拍卖费、聘用工作人员的费用等,属于"成本性支出"。

本案中,甲聘请人员所应付的看管费用,是保管人为妥善保管财产,防止财产损坏、灭失而产生的必要费用,属于共益债务。共益债务是在破产程序中为了债权人的共同利益而支出的不确定费用。甲实际履行了相当于管理人管理破产企业财产的义务,减少债务人财产损失,使全体债权人获益。

风险防范建议

共益债务与破产费用,是为了破产程序的顺利进行,为了更好地管理债务人财产,为了保护债权人或者有利害关系第三人的利益。当债务人的财产不能完全支付所有的破产费用和共益债务的时候,应当先清偿破产费用,债务人财产不足以清偿所有破产费用或者共益债务的,按照比例清偿。

相关法规

《企业破产法》第41条 人民法院受理破产申请后发生的下列费用,为破产费用:

(一)破产案件的诉讼费用;

(二)管理、变价和分配债务人财产的费用;

(三)管理人执行职务的费用、报酬和聘用工作人员的费用。

《企业破产法》第42条 人民法院受理破产申请后发生的下列债务,为共益债务:

(一)因管理人或者债务人请求对方当事人履行双方均未履行完毕的合同所产生的债务;

(二)债务人财产受无因管理所产生的债务;

(三)因债务人不当得利所产生的债务;

(四)为债务人继续营业而应支付的劳动报酬和社会保险费用以及由此产生的其他债务;

(五)管理人或者相关人员执行职务致人损害所产生的债务;

(六)债务人财产致人损害所产生的债务。

《企业破产法》第43条 破产费用和共益债务由债务人财产随时清偿。

债务人财产不足以清偿所有破产费用和共益债务的,先行清偿破产费用。

债务人财产不足以清偿所有破产费用或者共益债务的,按照比例清偿。

债务人财产不足以清偿破产费用的,管理人应当提请人民法院终结破产程序。人民法院应当自收到请求之日起十五日内裁定终结破产程序,并予以公告。

364. 企业破产后，股东未补足的出资款如何处理？

情景案例

2013 年 11 月，A 公司因海外货款无法收回，资金链断裂引发债务危机，法定代表人逃债前往国外，后又回国。

3 个月后，A 公司向法院申请破产还债，并指定了破产管理人。在资产清查中发现，根据公司章程约定，A 公司的其中一位股东持有公司 5% 股份，尚有 60 万元的出资款仍处于拖欠状态。

请问：对于股东未补足的出资款，A 公司应如何处理？

本案分析

股东出资是指股东在公司设立或者增加资本时，为取得股份或股权，根据协议约定或章程规定向公司交付财产或履行其他给付义务。向公司缴纳出资款，是股东的法定义务，即使公司宣告破产，仍不能免除股东足额出资的法定义务。

企业在进入破产程序后，包括清偿在内债务的一切行为均应符合《破产法》的规定。企业股东未缴足的出资款，应作为破产企业的财产，按照破产程序进行公平清偿。股东个人在履行了全部出资义务后，不再对债务人负有任何法律责任。

因此，A 公司可以要求股东补足出资款 60 万元，股东负有偿还义务。

风险防范建议

在公司注册资金认缴制的制度下，如果股东未达到缴纳出资期限，公司即宣告破产的，如何处理呢？

尽管章程约定的出资时间尚未到期，但公司的协议和章程只能对股东有效，只能约束公司内部行为，对外不具有约束力。一旦发生债权人求偿的情形，则不受章程约束，企业宣告破产之日，即为股东出资款缴纳之日。股东应承担补缴出资款的法律责任。

相关法规

《企业破产法》第 35 条　人民法院受理破产申请后，债务人的出资人尚未完全履行出资义务的，管理人应当要求该出资人缴纳所认缴的出资，而不受出资期限的限制。

365. 股东不配合法院破产清算程序，将承担什么法律责任？

情景案例

肖某系一家电子厂的员工，2012 年 12 月，肖某受工伤，经过劳动仲裁、法院审理，判决电子厂承担赔偿责任共计 26 万元。法院执行过程中，因电子厂关闭，财产去向不明，法院裁定本次执行程序中止。

2014 年 3 月，电子厂的债权人向市法院提出破产还债申请，法院裁定宣告电子厂破产还债，并向电子厂的股东陈某、张某、范某送达了移交财产通知书，要求限期移交电子厂的全部财产、印章、财务清册、财务会计报告等，股东三人拒绝提交公司的财产和相关资料，破产清算无法进行。

2014年8月，肖某以股东陈某、张某、范某为被告诉至法院，要求三股东对26万元承担连带清偿责任。

请问：股东不配合法院破产清算程序，将承担什么法律责任？

本案分析

公司基于法人的独立地位，公司人格独立、财产独立、责任独立，公司的股东仅以出资额为限对公司债务承担责任。法人人格否认制度，是《公司法》规定在特定的情况下，不顾公司法人的人格独立特性，责令特定的公司股东直接承担公司的义务和责任。

法人人格否认制度，即揭开公司的面纱，不承认公司的法人人格，将公司与股东视为一人，从而向股东追究公司的责任，从而防止法人制度被股东利用，逃避法律义务，牟取非法利益。

本案中，由于三股东不配合破产清算程序，拒绝提供公司资料，公司的财产、债权债务状况均无法查清，导致破产清算无法进行，三股东应对公司支付给黄某的款项承担法律责任。

风险防范建议

那么实践中，运用法人人格否认制度来揭开公司的面纱，适用于哪些情况呢？

（1）公司股东组成多个公司，各个公司表面独立，实际上各公司之间财产混同、业务混同、人员混同。

（2）公司股东滥用股东权利，客观上严重损害公司债权人利益。例如，公司利益与股东利益无法区分、公司资金与股东资金交叉。

（3）在公司负债累累的情况下，为转移财产、逃避债务，以公司财产成立一个新的公司或其他企业法人，让旧公司成为一个空壳公司，以利用公司规避债务。

相关法规

《公司法》第20条第1、3款 公司股东应当遵守法律、行政法规和公司章程，依法行使股东权利，不得滥用股东权利损害公司或者其他股东的利益；不得滥用公司法人独立地位和股东有限责任损害公司债权人的利益。公司股东滥用公司法人独立地位和股东有限责任，逃避债务，严重损害公司债权人利益的，应当对公司债务承担连带责任。

《最高人民法院关于正确审理企业破产案件为维护市场经济秩序提供司法保障若干问题的意见》第14条 人民法院在审理企业破产案件中，要充分调动管理人的积极性，促使其利用法律手段，努力查找和追收债务人财产，最大限度保护债权人利益。对出资不实、抽逃出资的，要依法追回；对于不当处置公司财产的行为，要依法撤销或者认定无效，并追回有关财产；对于违反法律、行政法规等规定，给公司或债权人造成损失的，要依法追究行为人的民事责任；对于发现妨碍清算行为的犯罪线索，要及时向侦查机关通报情况。

《最高人民法院关于债权人对人员下落不明或者财产状况不清的债务人申请破产清算案件如何处理的批复》 债务人的有关人员不履行法定义务，人民法院可依据有关法律规定追究其相应法律责任；其行为导致无法清算或者造成损失，有关权利人起诉请求其承担相应民事责任的，人民法院应依法予以支持。

图书在版编目(CIP)数据

驾驭风险:企业经营365个法律痛点解决之道 / 雍雪林,刘庭清,贺俊主编.—北京:法律出版社,2016.11(2017.4重印)
ISBN 978-7-5197-0098-0

Ⅰ.①驾… Ⅱ.①雍…②刘…③贺… Ⅲ.①公司法—基本知识—中国 Ⅳ.①D922.291.91

中国版本图书馆CIP数据核字(2016)第253631号

驾驭风险
——企业经营365个法律痛点解决之道
雍雪林 刘庭清 贺 俊 主编

编辑统筹 法律应用·大众读物出版第一分社
责任编辑 何海刚
装帧设计 乔智炜

出版 法律出版社
总发行 中国法律图书有限公司
经销 新华书店
印刷 固安华明印业有限公司
责任印制 胡晓雅

开本 710毫米×1000毫米 1/16
印张 26.5
字数 479千
版本 2017年1月第1版
印次 2017年4月第2次印刷

法律出版社/北京市丰台区莲花池西里7号(100073)
网址/www.lawpress.com.cn
投稿邮箱/info@lawpress.com.cn
举报维权邮箱/jbwq@lawpress.com.cn
销售热线/010-63939792/9779
咨询电话/010-63939796

中国法律图书有限公司/北京市丰台区莲花池西里7号(100073)
全国各地中法图分、子公司销售电话:
统一销售客服/400-660-6393
第一法律书店/010-63939781/9782
西安分公司/029-85330678
重庆分公司/023-67453036
上海分公司/021-62071010/1636
深圳分公司/0755-83072995

书号:ISBN 978-7-5197-0098-0
定价:69.00元
(如有缺页或倒装,中国法律图书有限公司负责退换)